사람은 어떻게 / 변화되는가

HOW PEOPLE CHANGE
by Timothy S. Lane and Paul David Tripp

Originally published in the USA
by New Growth Press, under the title
HOW PEOPLE CHANGE
Copyright ⓒ2006, 2008 by Timothy S. Lane and Paul David Tripp
All rights reserved. First edition 2006, Second edition 2008
Translated and used by permission of New Growth Press

Korean Edition published by Word of Life Press, Seoul 2009, 2021
Printed in Korea.

사람은 어떻게 변화되는가

ⓒ 생명의말씀사 2009, 2021

2009년 10월 30일 1판 1쇄 발행
2019년 3월 8일   4쇄 발행
2021년 7월 20일 2판 1쇄 발행
2024년 10월 10일   4쇄 발행

펴낸이 | 김창영
펴낸곳 | 생명의말씀사

등록 | 1962. 1. 10. No.300-1962-1
주소 | 서울시 종로구 경희궁1길 6 (03176)
전화 | 02)738-6555(본사) · 02)3159-7979(영업)
팩스 | 02)739-3824(본사) · 080-022-8585(영업)

기획편집 | 유영란
디자인 | 조현진, 윤보람
인쇄 | 영진문원
제본 | 보경문화사

ISBN 978-89-04-09055-6 (03230)

저작권자의 허락없이 이 책의 일부 또는 전체를
무단 복제, 전재, 발췌하면 저작권법에 의해 처벌을 받습니다.

사람은 어떻게 변화 되는가

폴 트립 & 티모시 레인 지음
김준수 외 옮김
황규명 감수

생명의말씀사

역자의 글

　세상은 정신이 아찔할 정도로 빠르게 변하고 있습니다. 우리는 4차 산업혁명 시대에 살고 있습니다. 1차 산업혁명은 18세기 증기기관 기반의 기계화 혁명으로 100년 이상을 거쳐서 진행되었습니다. 2차 산업혁명은 19세기 중반부터 20세기 초반까지 약 70년에 걸쳐서 일어났으며 전기 에너지 기반의 대량생산 혁명이었습니다. 그리고 3차 산업혁명은 20세기 후반에 일어난 컴퓨터와 인터넷 기반의 지식정보 혁명이었는데 약 30년에 걸쳐서 진행되었습니다. 그리고 4차 혁명은 빅데이터, 인공지능을 기반으로 한 정보기술 기반의 초연결 혁명이고 이제 시작하는 단계입니다. 이처럼 산업혁명의 대변혁의 주기는 계속 빨라지고 있습니다. 그리고 코로나 팬데믹은 뉴 노멀(New Normal)을 만들었습니다. 노멀이 사라진 시대입니다. 바로 1~2년 전까지 노멀이 아니었지만, 이제는 노멀이 된 세상을 받아들여야 합니다.

　시대의 변화에 뒤처지지 않기 위해서는 사람도 변해야 한다고 합니다. 매사추세츠공대(MIT) 미디어랩 소장이었던 조이 이토(Joi Ito)는 미래 시대에 적응하기 위해서 변해야 하는 아홉 가지를 제시하는데 그중에는 '권위보다 창조성', '순종보다 불복종', '이론보다 실제', '견고함보다 회복력' 등이 있습니다. 사람도 변하지 않으면 하루아침에 뒤처지고 쓸모없는 존재가 되기에 시대의 변화에 뒤처지지 않도록 창의성과 유연성, 회복력을 갖추는 것은 중요합니다. 그러나 세상의 변화는 시대에 뒤처지지 않고 경쟁에서 앞서가기 위한 변화를 강조합니다. 세상의 무한경쟁에 내몰리는 변화입니다. 생존을 위한 변화입니다. 이러한 변화는 인간성을 파괴하고 가중된 스트레스를 가져옵니다.

그러나 『사람은 어떻게 변화되는가』는 사람의 근본적인 변화와 회복의 내용을 담고 있습니다. 성경은 창세기에서 요한계시록까지 사람의 변화에 관한 이야기입니다. 하나님이 세상을 지으시고 보시기에 심히 좋은 모습으로 평가받은 인간이 어떻게 죄로 인하여 악한 모습으로 변질하였고 그리스도의 복음으로 어떻게 새롭게 되는가를 보여 줍니다. 예수님의 약속인 풍성한 삶은 마음의 변화를 통해서 가능합니다. 인간의 마음은 그 사람의 실체입니다. 무엇을 위해서 살고 무엇을 갈망하며 무엇을 예배할 것인가는 모두 마음의 활동입니다. 자신의 마음을 이해하지 못하면 왜 자신이 특정한 생각을 하고 감정을 나타내며 행동을 하는지를 이해할 수 없습니다. 그러기에 모든 변화의 핵심은 사람의 마음입니다. 그래서 본서는 먼저 우리 마음의 실체를 보도록 도와줍니다. 내 마음에는 무엇이 있는지 그리고 이 마음이 어떻게 작동하는지를 성경적으로 설명해 줍니다. 나를 움직이는 마음의 실체를 이해하면 마음을 다스리기가 쉽습니다. 내가 왜 화를 내고 시기하고 불안해

하는지를 알아야 화를 다스리고 시기를 거두며 불안을 극복할 수 있습니다. 나도 잘 모르는 내 마음을 보여 주는 것이 이 책이 가지고 있는 탁월한 점입니다. 하나님이 우리의 마음을 지으셨기에 심리학의 이론이 아니라 성경의 말씀으로 내 마음의 실체를 들여다볼 수 있는 것은 신자들에게 큰 기쁨이며 신기한 경험입니다.

이 책의 내용은 미국 필라델피아 웨스트민스터신학교 상담학 교수였던 데이비드 폴리슨(David Powlison)의 '성경적 변화의 역동'(Dynamics of Biblical Change)이란 수업 내용에 기초하고 있습니다. 성경적 상담의 발전에 큰 기여를 하신 교수님이셨는데 안타깝게도 최근에 심장병으로 먼저 천국에 가셨습니다. 저도 1980년대 웨스트민스터신학교 학생으로서 폴리슨 교수님의 강의를 통해 큰 도전과 유익을 얻은 기억이 있습니다. 인간의 마음이 무엇이고 어떻게 변화하는지를 성경적인 관점에서 탁월하게 제시한 명강의였습니다.

복음은 단순히 천국 가는 티켓이 아닙니다. 복음은 이 땅에서 하나님의 자녀로 풍성하고 행복하게 살아가는 능력입니다. 복음 안에는 세상 사람들이 이해할 수 없는 깊은 감사와 삶의 만족이 있습니다. 나를 알고 이해하는 것은 풍성한 삶을 살아가는 첫 단추입니다. 그러기에 나의 마음을 이해하고 싶은 분들이나 구원을 받은 후에도 눈에 보이는 변화가 없는 신자들에게 이 책을 권하고 싶습니다. 자신과의 관계를 새롭게 하고 싶은 신자들도 꼭 읽어 보시면 좋겠습니다. 자신을 보면서 실망하고 좌절한 분들에게도 필독서입니다. 우리 삶의 일시적인 변화가 아니라 근본적이고 영구적인 변화를 위해서 본서가 들려주는 묵직한 메시지에 귀를 기울여 보시기를 바랍니다.

김준수, 아세아연합신학대학교 기독교상담학 교수

추천의 글

성경에는 수백 수천 가지 단어들이 있습니다. 사진이나 그림, 도표나 지도는 없지요. 성경은 오직 말씀으로 이루어져 있습니다. 그러나 성경은 총천연색 책이며, 생생한 이야기책일 뿐 아니라 그 이상입니다. 성경은 우리가 살아가는 삶 그 자체만큼이나 오감으로 이해할 수 있습니다.

우리는 오직 하나님만이 기르시는 야생화를 마음의 눈으로 보아야 합니다. 우리는 초대받지 않은 에스더가 왕의 방에 한 걸음씩 들어서는 불안을 느껴야 합니다. 우리는 호산나의 감격과 조롱과 비난을 느껴야 합니다. 우리는 볶은 곡물과 사과, 건포도 빵 그리고 꿀을 맛보아야 합니다. 그리고 어떻게 지혜가 꿀보다 더 달콤한지 상상할 수 있어야 합니다. 우리는 향과 소나무, 갓 구운 빵과 등불의 기름, 피와 불과 연기의 냄새를 맡으면서 하나님의 긍휼과 영광을 배워야 합니다. 예수님의 생애가 펼쳐지는 가운데 더해지는 종교 지도자들의 위협, 예수님이 죽음을 당하셨을 때 제자들이 받은 충격과 실망, 그리고 예수님이 다시 사셨다는 사실을 알았을 때 그들 마음에 차오른 그 기쁨을 함께 느껴야 합니다.

하나님은 아주 생생하게 이야기를 들려주십니다. 하나님은 은유로 말씀하십니다. 하나님의 말씀을 읽고 듣는 과정에서 우리는 움직이는 영상을 머릿속에 그리게 됩니다. 그러기에 그 영향은 개념적인 동시에 감각적입니다.

그런데 하나님은 그분의 거룩한 말씀을 이 땅의 언어로 전하십니다. 왜일까요? 그 이유는 그분의 목적은 단순히 우리에게 정보를 주는 것이 아니라 우리를 변화시키는 것이기 때문입니다.

다음 두 문장이 주는 느낌을 비교해 보십시오. "성경은 하나님이 사람을 사랑하신다고 말한다." "나는 선한 목자이며, 선한 목자는 양을 위해 목숨을 버린다." 두 문장 모두 진실이며 같은 의미를 담고 있지만, 매우 다른 인상을 줍니다. 두 번째 문장이 더 마음에 다가오고 오래 머물 것입니다. 두 번째 문장에는 그림과 이야기가 담겨 있기 때문입니다. 이 책은 그리스도인의 삶이 어떻게 기능하는지 알려 줍니다. 단순한 이론이 아닌 실제적인 삶을 다루기에 이 책의 가르침에는 그림과 이야기가 있습니다. 이 책은 하나님의 은혜가 우리 삶에 어떻게 역사하는지 보여 주는 사람들의 이야기를 나누며, 이를 개인적으로 적용하도록 자신의 이야기를 더하라고 요청합니다. 또한 하나의 구체적인 시각적 이미지를 3장에서부터 14장까지 사용하는데, 곧 사막에서 자라는 두 종류의 나무 이미지입니다. 열매 없는 가시나무는 물이 없는 곳에서 자랍니다. 열매 맺는 나무는 그 뿌리를 마르지 않는 달콤한 생수의 근원에 내리고 번성합니다. 그리고 우리를 위해 자신의 생명을 버리신 주님이 바로 그 생수의 근원이십니다.

제가 추천의 글을 쓰게 된 이유는 이 책이 제가 1980년도에 처음으로 발전시킨 '성경적 변화의 역동'이라는 과목에서 사용한 시각적 이미지를 사용했기 때문입니다. 과거에는 저의 학생이었지만 지금은 존경받는 동료인 두 저자가 이 이미지를 사용한 것을 개인적으로 영광스럽게 생각합니다. 그러나 이 이미지도 제가 처음 만든 것은 아닙니다. 저도 이 시각적인 이미지를 성경의 예레미야 17장에서 빌려와 그리스도인의 삶을 위한 종합적인 은유로 단순히 적용한 것입니다. 개인적으로 모든 분들이 이 그림을 통해 이 책의 내용을 마음에 새기고 실천하는 데 도움을 얻기를 바랍니다.

교회에서도 그렇지만 이 넓은 세상에서는 "내 말을 좀 들어줘요. 나는 중요해요. 내가 당신에게 건강과 지식, 성공과 사랑을 주겠습니다!"와 같은 외침을 많이 들을 수 있습니다. 그중에는 중요하고 도움이 되는 소리도 있지만 대부분은 알맹이가 없습니다. 이들이 제시하는 것은 이들이 주장하는 만큼 중요하지 않습니다. 최악의 경우, 그 반대이기도 합니다.

이 책은 어떻습니까? 이 책이 말하는 것이 진리라면 우리는 귀를 기울여야 합니다. 이 책은 삶과 죽음의 문제, 우리가 더 지혜로운 사람으로 성숙할 수 있느냐의 문제를 다룹니다. "지혜는 진주보다 귀하니 네가 사모하는 모든 것으로도 이에 비교할 수 없도다"(잠 3:15). 실제로 이보다 더 중요한 것은 한 가지밖에 없습니다. 하나님이 이 질문에 어떻게 말씀하시는지 들어보십시오.

"여호와께서 이와 같이 말씀하시되 지혜로운 자는 그의 지혜를 자랑하지 말라 용사는 그의 용맹을 자랑하지 말라 부자는 그의 부함을 자랑하지 말라 자랑하는 자는 이것으로 자랑할지니 곧 명철하여 나를 아는 것과 나 여호와는 사랑과 정의와 공의를 땅에 행하는 자인 줄 깨닫는 것이라 나는 이 일을 기뻐하노라 여호와의 말씀이니라"(렘 9:23-24).

하나님으로부터 시작하는 이 책은, 심리학적 도움을 제시하는 다른 모든 책들이 범하는 치명적인 잘못을 피합니다. 곧 이기적인 인간인 자신에게 초점을 맞추지 않습니다. 이것이 이 책과 다른 책들의 근본적인 차이입니다. 이 책은 우리를 그분의 형상으로 새롭게 창조하셔서 자애와 정의, 의로움을 실천하는 공동체로 이끄시는 하나님께 초점을 맞춥니다. 이 책을 보고 하나님은 이렇게 말씀하실 것입니다. "나는 이 일을 기뻐하노라."

데이비드 폴리슨(David Powlison), 前 웨스트민스터신학교 상담학 교수

저자의 글

이 책을 쓰는 과정에서 여러 사람들의 도움을 받았습니다. 특히 친구요 동료인 데이비드 폴리슨 교수님의 리더십과 비전 그리고 통찰력 없었다면 이 책은 불가능했을 것입니다. 이 책은 폴리슨 교수님이 20여 년간 발전시키고 강의했던 수업 내용에서 시작했는데, 우리 둘 중 한 사람은 1984년에, 다른 한 사람은 2000년에 그의 수업을 수강하는 특권을 누렸습니다(누가 더 나이가 많은지는 상상에 맡깁니다). 이 책의 모든 칭찬은 그분께 돌리고 비판은 우리가 겸허히 받겠습니다.

우리가 누린 또 다른 유익은, 복음과 그 개인적인 적용이 일상적으로 나누어졌던 곳에서 일한 것입니다. 우리는 우리가 강의한 내용을 우리 삶과 관계에 적용해 볼 수많은 기회를 가졌습니다. 모든 믿음의 공동체가 그렇듯 우리도 온전하게 복음을 적용하지는 못했지만 하나님은 언제나 우리에게 신실하셨습니다. 우리가 은혜 가운데 함께 성숙해 가는 과정에서 데이비드(David), 에드(Ed), 빌(Bill), 윈스턴(Winston), 제인(Jayne), 존(John) 그리고 마이크(Mike)가 베푼 우정과 격려와 인내에 감사를 드립니다. 모두 우리의 삶과 사역에 큰 영향을 준 분들입니다.

탁월한 문장력과 함께 복음의 내용에 대한 깊은 이해와 감격을 가진 수 루츠(Sue Lutz)에게도 감사를 전합니다. 루츠는 우리의 모든 책들을 잘 점검해 주고 도와주었습니다. 그녀의 도움 덕분에 이 글도 더욱 잘 표현되었습니다.

이 책의 내용을 믿고 투자를 아끼지 않았을 뿐 아니라 처음부터 지속적으로 격려해 준 펀치 마케팅(Punch Marketing)의 조안 존슨(Joan Johnson)에게 감사를 드립니다. 특별히 우리를 위해서 열정과 창조성 그리고 섬김을 보여 준 레이 버네트(Ray Burnette)에게도 감사를 드립니다. 또한 우리의 프로젝트를 선택하고 헌신한 출판 파트너 뉴 그로스 프레스(New Growth Press)에 감사를 드립니다.

책을 쓰는 기회는 많지 않고, 친구인 동료와 함께 책을 쓰는 일은 더 드뭅니다. 그러나 우리는 이러한 기회와 특권을 누렸습니다. 이렇게 즐거운 일을 하면서 돈을 벌 수 있다는 사실이 얼마나 놀라운지 모릅니다. 2002년에 우리는 지역 교회를 위한 제자훈련 교제를 함께 집필한 적이 있는데 그 내용이 이 책의 토대가 되었습니다. 그때는 우리의 공동 집필이 성공할 수 있을지 확신이 없었습니다. 그러나 파트너로서 좋은 결실을 맺은 것에 감사하며 그 과정에서 서로에 대한 감사가 커졌습니다.

하나님은 우리 두 사람의 가정을 놀랍게 사용하셔서 이 책에서 기술한 복음의 감격이 우리에게 얼마나 필요한지 기억하게 하셨습니다. 우리가 남편과 아버지로서 성숙해 가는 과정을 인내해 준 바버라(Barbara, 티머시의 아내)와 루에라(Luella, 폴의 아내) 그리고 해나(Hannah), 티머시(Timothy), 캐스린(Kathryn), 벤저민(Benjamin)(이상 티머시의 자녀들) 그리고 저스틴(Justin), 이선(Ethan), 니콜(Nicole), 다네이(Darnay)(이상 폴의 자녀들)에게 고마움을 전합니다.

이 책을 읽는 동안, 우리에게 날마다 필요한 복음이 더욱 강하게 우리를 사로잡고 더욱 분명해지기를 바랍니다. 이 책을 마무리하면서 우리가 쓴 내용이 먼저 우리 자신에게 얼마나 필요한지 절감하고 있습니다. 복음을 어느 정도 분명하게 설명할 수 있다는 사실이 우리가 복음을 정복했다거나 복음에 완전하게 정복당했다는 뜻은 아닙니다. 우리는 삶의 마지막 순간까지 또는 예수님이 다시 오실 때까지 은혜가 필요한 죄인으로 살아갈 것입니다. 이 사실을 날마다 알게 하시는 하나님께 감사를 드립니다.

티머시 레인(Timothy S. Lane)
폴 트립(Paul David Tripp)

How people change

차례

역자의 글 04
추천의 글 08
저자의 글 12

chapter 1	믿는 대로 살고 있는가?	20
	_삶과 복음 사이	
chapter 2	변화는 정말 가능한가?	52
	_조작된 거짓 희망	
chapter 3	어떤 변화를 꿈꾸는가?	78
	_하나님이 인도하시는 곳	
chapter 4	누가 우리를 변화시키는가?	108
	_그리스도와의 결혼	
chapter 5	변화는 어디에서 일어나는가?	134
	_공동체적 과제	
chapter 6	변화는 어떻게 일어나는가?	162
	_변화의 네 가지 요소	
chapter 7	현실을 직시하고 있는가?	188
	_더위1: 성경이 말하는 현실	
chapter 8	현실에 어떻게 반응하는가?	206
	_더위2: 현실 속에서의 우리	

chapter 9	무엇이 그렇게 반응하게 하는가? _가시1: 우리를 얽어매는 것	224
chapter 10	왜 그렇게 반응하게 되는가? _가시2: 가장 큰 문제	246
chapter 11	우리는 왜 변화될 수 있는가? _십자가1: 새로운 정체성과 가능성	278
chapter 12	무엇이 우리를 변하게 하는가? _십자가2: 십자가와 매일의 삶	292
chapter 13	무엇이 변해야 하는가? _열매1: 진정한 마음의 변화	318
chapter 14	변화는 어떤 모습으로 나타나는가? _열매2: 새롭고 놀라운 결과	338
chapter 15	적용1: 어느 부부 이야기	362
chapter 16	적용2: 어느 교회 이야기	382

사람은 어떻게 변화되는가?
How people change

chapter 1

믿는 대로 살고 있는가?
_삶과 복음 사이

● 윤흥식 옮김

필과 처음 이야기를 나누었을 때 나는 그가 정말 대단하다고 생각했다. 그는 단지 성경과 조직신학에만 능통한 것이 아니었다. 이름만 대면 누구나 알 수 있는 유명한 신학자의 방대한 주석도 모두 소장하고 있었다. 필이 모르는 신학 주석이나 성경 내용은 거의 없는 듯했다. 그렇지만 그에게는 전혀 뜻밖의 문제가 있었다. 그의 서재에서 눈을 돌려 일상의 면면을 직접 들여다본다면, 우리는 앞서 들은 필과는 전혀 다른 필을 만나게 될 것이다.

필은 언제나 자기 주변에서 일어나는 잘못된 일들을 지적하기에 바빴다. 그러나 정작 자기 자신에 대해서는 거의 알지 못했다. 신학적으로는 현란한 지식을 가지고 있었지만 인간관계에서는 언제나 초보였다. 아내 엘리와의 결혼 생활이 날마다 위태로웠음에도, 그에게는 이 숨 막히는 갈등을 깨닫거나 해결할 힘이 전혀 없어 보였다. 이제 다 성장한 자녀들과의 관계 역시 소원했고, 항상 친척들과도 이런저런 문제에 휘말리고는 했다. 그는 자신의 일에 결코 만족할 줄 몰랐고, 30년 동안 네 번이나 교회를 옮겼다. 자기 문제를 해결하느라 늘 바빴기 때문에 필은 다른 사람들과의 문제를 해결할 틈이 없었다.

문제는 필의 이런 진짜 생활을 아는 사람이 별로 없다는 점이다. 그와 엘리는 사람들이 보는 앞에서는 결코 싸우지 않았고, 별거를 한다거나 이혼

이야기를 꺼내지도 않았다. 그들은 교회에 열심히 출석했으며 봉사도 언제나 열심이었다. 게다가 필은 주일학교 시간과 성경공부 시간에는 해박한 성경 지식을 가지고 헌신적인 모습으로 변했다. 그러나 집에 돌아오면 쉽게 짜증을 내고 불같이 화를 내는 경우가 많았다. 또한 집에서 보내는 시간 대부분은 컴퓨터를 하는 데 사용했다. 그와 엘리는 일정을 교환하는 것 외에는 별다른 이야기를 나누지 않았고, 설혹 그런 이야기를 할 때조차도 필은 매우 거칠고 퉁명스러웠다. 사랑이나 용납, 감사와 같은 단어들은 필의 삶에서 전혀 찾아볼 수 없었다.

엘리는 교회에도 실망감을 감추지 못했다. 아무도 '진짜' 필을 알려고 하지 않는다고 생각했기 때문이다. 필은 폭력을 행사하지도 않았고, 약물이나 포르노에 중독되거나 가족을 방치하지도 않았기에 교회의 관심으로부터 숨을 수 있었다. 엘리는 얼마나 많은 사람들이 필을 존경하는지 지켜보면서, 그리고 남편이 성경공부 인도를 부탁받거나 신학 관련 강의를 요청받는 것을 보면서 더욱 괴로워졌다. 엘리는 점점 신랄해지고 냉소적이 되는 자신이 견디기 힘들어 여러 수단을 다 써 보았지만, 점차 무기력해질 뿐이었다. 때로 그녀는 '남편 없이 혼자 살면 얼마나 행복할까?' 하고 생각하기도 했다.

마침내, 엘리는 필에게 더 이상 이렇게 살 수 없다고 말했다. 엘리는 도움이 필요하다는 것을 깨닫고 필에게 상담을 받으러 가자고 했다. 처음에 필은 완강히 거부했지만 결국에는 한번 받아 보자는 데 합의했다. 처음 이 부부를 만났을 때 우리는 그들이 서로에 대해 충분한 이야기를 할 수 있도록 많은 시간을 할애해 주었다. 그런데 그들의 이야기를 들으면서 나는 무언가 이상한 점을 발견했다. 사실 무엇이 이상한지 처음에는 잘 알아차릴 수 없었는데, 상담을 마치고 집에 돌아오는 길에서야 그것이 무엇이었는지 깨달았다. 그들은 내게 장황한 이야기를 늘어놓았지만 거기에 하나님에 대한 이야기는 거의, 아니 전혀 들어 있지 않았다. 신학적으로 무장된 남편이었고 신앙적으로 독실한 아내였음에도 그들의 이야기는 정말이지 너무나도 세속적이었다!

필과 엘리의 복음에 대한 이해에는 확연한 구멍이 있었다. 그들은 마치 집 한가운데에 커다란 구멍을 뚫어 놓은 채 사는 것 같았다. 그들은 매일 그 주위를 비켜 다닐 뿐이었다. 어떤 다툼이 생길 때마다 그 구멍은 점차 커졌지만, 그들은 그런 구멍이 있는지조차 의식하지 못했다. 다른 가정에는 그런 구멍이 없다는 것을 몰랐기 때문에 이 부부는 이 구멍을 메워야 한다는 사실조차 모르고 있었다. 더욱이 필은 그 구멍을 완벽하게 메우는 놀라운 '지침'을 가지고 있었지만, 그것을 사용해서 문제를 고치려는 생각은 하지 못했다. 엘리 역시 그 구멍에서 뿜어져 나오는 먼지와 악취와 고열로 인해 괴로워했지만, 이런 상황에서 무엇을 어떻게 해야 할지 전혀 가늠하지 못했다. 이것이 그들이 믿는 기독교였다.

나는 필과 엘리의 예가 단지 그들만의 경우라고 말하고 싶다. 그러나 사실 우리 중에는 수많은 필과 엘리가 가정을 이루고 살아간다. 때때로 복음에 대한 우리의 이해에는 커다란 구멍이 존재하는데, 이는 그리스도인으로서 우리의 정체성은 물론 현재 진행되는 하나님의 사역에 대한 이해를 모두 무너뜨린다. 이러한 구멍은 매일의 인간관계를 파괴시키고 우리가 하는 모든 선택들과 다른 사람들을 섬기려고 하는 모든 노력들을 무색하게 만든다. 그러나 우리는 마치 그런 구멍이 없다는 듯 스스로를 외면한 채 살아가고 있다.

구멍에 대한 이해

베드로후서 1장 3-9절은 다른 본문들보다 더욱 분명하게 이러한 괴리를 잘 보여 준다.

"그의 신기한 능력으로 생명과 경건에 속한 모든 것을 우리에게 주셨으니 이는 자기의 영광과 덕으로써 우리를 부르신 이를 앎으로 말미암음이라 이로써 그 보배롭고 지극히 큰 약속을 우리에게 주사 이 약속으로 말미암아 너희가 정욕 때문에 세상에서 썩어질 것을 피하여 신성한 성품에 참여하는 자가 되게 하려 하셨느니라 그러므로 너희가 더욱 힘써 너희 믿음에 덕을, 덕에 지식을, 지식에 절제를, 절제에 인내를, 인내에 경건을, 경건에 형제 우애를, 형제 우애에 사랑을 더하라 이런 것이 너희에게 있어 흡족한즉 너희로 우리 주 예수 그리스도를 알기에 게으르지 않고 열매 없는 자가 되지 않게 하려니와 이런 것이 없는 자는 맹인이라 멀리 보지 못하고 그의 옛 죄가 깨끗하게 된 것을 잊었느니라."

복음에 대한 이해의 차이를 적절히 비유하는 이 내용을 살펴보자. 9절에서 베드로는 하나님을 알지만 삶에서는 믿음의 열매를 맺지 못하는 사람들에 대해 말한다. 그런 사람들의 삶은 온유하고, 사람들을 넘치도록 사랑하고, 온화하고, 자연스러우며, 날마다 주님께 예배드리고, 세상의 것들에 대해 온전히 균형 잡힌 관계를 유지하며, 지속적으로 영적 성장을 이루는 행위들과는 영 거리가 멀다. 대신 이들은 깨어진 인간관계 속에서 아파하며, 하나님을 알지만 그분과 진심으로 동행하지 않고, 세상의 것들과 씨름하며, 개인적인 성장에 있어서도 한계에 부딪치는 모습을 보인다. 분명 열매를 거두는 과정에서 문제가 생긴 것이다. 더욱이 이런 식의 삶은 그 근본이어야 할 믿음과도 정면으로 배치된다.

베드로의 말은 필과 엘리의 상태를 잘 설명해 준다. 그들은 많은 부분에서 '게으르고 열매 없는' 자들이었다. 갈등의 상처는 둘 사이에 존중심을 잃게 했다. 그 어떤 신뢰나 자발적인 애정은 두 사람 사이에서 사라진 지 오래였다. 뿐만 아니라 그들은 이웃과도 잘 지내지 못했고 좋지 않은 모습으로 교회를 세 번이나 옮겼다. 하나님께 예배를 드리는 일에도 최소한의 성의와 노력만 보였을 뿐이다. 그들의 신앙심은 진실한 예배를 드리려는 마음이라기보다 비현실적인 무언가에 대한 지향이었다. 그들의 삶에 대한 하나님의 구체적인 부르심은 억지로 해야만 하는 의무였지 간절히 추구하는 기쁜 노력이 아니었다. 이러니 필과 엘리가 죄책감에 시달리는 것도 그리 놀랍지 않다. 그들에게는 이미 오래전에 물질적인 가치가 영적인 가치를 대치해 버렸다. 무엇보다 더욱 심각한 문제는 그들이 오랫동안 조금도 변하지 않았다는 사실이다. 10년 전에 서로에 대해 내뱉던 원망들을 지금 그들이 하는 논쟁 속에서도 고스란히 발견할 수 있다.

왜 그토록 많은 그리스도인이 '게으르고 열매 없는' 자가 되었을까? 베드로는 9절에서 그에 대해 명확히 진단하고 있다. 즉 그들은 눈이 멀었기 때문에 멀리 보지 못하고 자신들의 옛 죄가 깨끗하게 되었음을 잊어버렸다. 요컨대 그들은 복음의 능력과 소망에 대해 눈먼 자가 되었다. 그런데 이 말의 진정한 의미는 무엇일까?

다음 그림을 살펴보자.

그림 1.1 복음에 관한 구멍

예수 그리스도의 복음은 '그때-지금-그때'의 복음이다(그림 1.1). 먼저 과거의 '그때'가 있다. 내가 믿음으로 그리스도를 받아들였기에, 나의 죄는 완전히 용서함을 받았다. 그래서 이제 나는 하나님 앞에 의로운 자로 서 있다. 또한 미래의 '그때'가 있다. 다시 말해 죄와 갈등이 없는 곳에서 주님과 함께 영원히 살게 되리라는 약속이 있다. 지금까지 교회는 복음의 이 두 가지 '그때'에 대해 아주 잘 설명해 왔다. 그러나 그리스도의 속죄 사역으로 인한 '지금 여기'의 유익에 대해서는 설명이 미흡했거나 잘못 이해되어 온 경향이 있다.

복음은 바로 지금, 이곳에서 일어나는 일에 대해 어떠한 차이를 만들어 내는가? 복음은 우리가 아버지로서, 남편으로서, 직장인으로서 그리고 교회의 성도로서 살아가는 것을 어떻게 돕는가? 복음은 어려운 일에 대해 어떻게 반응하게 하며 어떠한 결정을 내리도록 돕는가? 복음은 우리 삶의 의미와 목적과 정체성에 대해 무어라 말하는가? 복음은 다른 사람들을 섬기는 일에서 나를 어떻게 격려하는가?

바로 '지금 여기'에서 우리 대부분이 복음에 대한 무지를 경험한다. 우리의 시력은 우리를 재촉하는 급한 일들과 더 일찍 성공하고자 하는 조급함, 물질에 대한 중독적인 탐닉, 자기 자신의 문제를 인정하지 않으려는 저항, 우리가 오해하여 교제라고 부르는 교회 안에서의 세속적인 인간관계 등에 의해 어두워져 간다. 더욱이 이러한 시력 상실은 때로 우리가 직면하는 삶의 구체적인 도전들에 복음을 적용시키지 못하는 설교로 인해 더욱 가중된다. 우리는 복음이 우리의 직장과 주방과 학교, 침실, 마당, 심지어 우리의 차 안에도 두루 미친다는 사실을 깨달아야만 한다. 우리는 자신이 하는 일들과 하나님이 하시는 일 사이를 연결 짓는 복음의 원리에 대해 알아야만 한다. 우리는 자기 삶의 이야기가 하나님의 더 큰 이야기 속에서 펼쳐진다는 사실을 이해해야만 한다. 그래야만 복음의 정신을 가지고 하루하루 살아가는 법을 배울 수 있다.

세 종류의 시력 상실

우리 삶 속에 있는 '지금 여기'라는 인식의 부재는 세 가지 형태의 영적 시력 상실을 불러온다.

첫째, 자기 정체성의 상실

많은 그리스도인이 자신이 누구인지에 대한 복음적인 관점을 가지고 있지 않다. 예컨대 필의 경우 훌륭한 신학적 지식으로 무장되어 있었지만, 그가 지닌 자기 정체성은 복음보다는 자기 자신과 자신이 이룬 업적에 더 많이 근거하고 있었다. 복음에 근거한 정체성의 결여는 다음 두 가지 현상에서 가장 잘 드러난다.

하나는, 많은 그리스도인이 자기 속에 존재하는 죄성과 그 힘을 쉽게 간과한다는 사실이다. 그들은 이 세상의 여러 가지 죄의 그물에 자신이 얼마나 쉽게 사로잡히는지 깨닫지 못한다(갈 6:1). 또한 모든 믿는 자의 마음속에서 항상 일어나는 전쟁의 본성을 구체적으로 이해하지 못한다(롬 7장). 그들은 자신이 얼마나 쉽게 하나님을 대신하는 우상들을 잘 따라가는지 의식하지 못한다. 그들의 가장 큰 문제는 자기 외부가 아닌 바로 자기 속에 있음을 미처 깨닫지 못하는 것이다.

나는 10대들을 상담하면서 그들이 복음에 냉랭하게 대하는 주된 이유는 자기에게 복음이 필요하지 않다고 생각하는 경향임을 확신하게 되었다. 많은 부모들이 알게 모르게 자기 의로 뭉친 작은 바리새인들을 키운다. 아이들은 자신을 절박하게 복음이 필요한 죄인으로 생각하지 않기 때문에 자연스레 구원자에 대해서도 별로 감사하지 않게 된다. 안타깝게도 이런 현상은 많은 부모들에게도 동일하게 나타난다.

다른 하나는, 많은 신자들이 자기 속에 내재된 복음 중심의 정체성의 또 다른 측면을 보지 못한다는 사실이다. 즉 자신이 그리스도 안에서 새로워진 자임을 알지 못한다. 그리스도께서는 우리에게 죄 사함과 새로운 성품뿐만 아니라 완전히 새로운 신분도 주셨다! 이제 우리는 하나님의 자녀로서 이 사실이 주는 모든 권한과 특권을 누릴 수 있다. 이를 깨닫는 일이 중요하다. 우리 각 사람은 나름의 정체성에 따라 살아가기 때문에 복음적인 정체성을 잊어버리면 어떤 형태로든 다른 정체성을 쉽게 따라가기 때문이다. 다시 말해 내가 그리스도 안에 있는 자라는 사실이 자기 자신을 바라보는 방식에 영향을 미치지 않는다면, 나는 자연히 다른 어떤 정체성을 따라 살게 된다는 뜻이다.

이런 영적 실명 상태는 우리가 자신의 문제를 곧 자신의 정체성으로 받아들이게 한다. 이혼의 위기나 우울증, 편부모 가정과 같은 일들이 심각한 문제이기는 하지만 그것이 우리의 정체성은 아니다. 또한 일이 하나님이 의도

하신 삶의 중요한 부분이기는 하지만, 우리의 정체성은 아니다. 그럼에도 너무나 많은 사람들이 하나님의 은혜보다는 자신의 능력에 더 많이 근거해 자신의 정체성을 인식하고 있다. 하나님이 하라고 부르신 일을 성공적으로 수행하는 것은 멋지지만, 그 성공으로 자신이 누구인지를 정의하려 한다면 늘 왜곡된 관점을 갖게 될 것이다.

둘째, 하나님의 비전을 보지 못함

베드로가 말했듯 그리스도 안에서 우리는 "생명과 경건에 속한 모든 것"(벧후 1:3)을 받았다. 그런데 왜 하필 베드로는 '생명'과 '경건'이라는 두 단어를 사용했을까? 우선, 두 번째 단어인 '경건'은 첫 번째 단어인 '생명'을 유효하게 한다. 만약 베드로가 단순히 하나님께서 우리에게 생명에 필요한 모든 것을 주셨다고 했다면, 우리는 손쉽게 그 앞에 '영원한'이란 수식어를 붙일 수 있었을 것이다. 실제로 이 구절은 때로 그런 방식으로 해석되기도 한다. 그러니까 우리는 이 구절을 죽음 이전에 놓인 생명의 약속이 아닌 죽음 이후에 찾아오는 생명의 약속이라고 이해하기 쉽다! 그러나 베드로는 하나님께서 우리에게 '경건'에 필요한 모든 것을 주셨다고 말했다. 이를 감안한다면, 그가 바로 현재의 삶에 대해 말하고 있다는 사실을 깨닫게 된다. 여기서 경건이란 내가 그리스도께로 온 이후부터 그분과 함께 본향에 가기까지 하나님을 영화롭게 하는 삶 그 자체를 말한다.

베드로는 우리가 하나님께서 우리를 위해 주시는 공급을 이해하지 않으면 현재를 올바로 살아갈 수 없다고 말한다. 그런데 많은 신자들은 이 공급이 우리가 경건한 삶을 살기 위해 일반적으로 따르는 계명이나 원리, 약속들보다 더욱 심오한 것이라는 사실을 알지 못한다. 이 공급은 심지어 죄를 깨닫게 하시는 성령님의 사역이나 우리가 받은 죄 사함보다 훨씬 더 근본적이다. 하나님은 우리가 지금 여기서 경건한 삶을 살도록 말 그대로 예수 그리스도, 그분 자신을 공급하셨다! 주님이 우리에게 자기 자신을 주셨기에 우리는 그분을 닮아 갈 수 있다.

바울 역시 갈라디아서 2장 20절에서 이렇게 말한다. "그런즉 이제는 내가 사는 것이 아니요 오직 내 안에 그리스도께서 사시는 것이라." 예수님은 임마누엘이시다. 단지 그분이 이 세상에 오셔서 우리와 함께 사셨기 때문이 아니라, 그분이 실제로 그의 영을 통하여 우리와 함께 계시기 때문이다. 그분이 함께하심으로써 우리는 우리가 되어야만 하는 모습에 다다르고 행해야만 하는 일을 하는 데 필요한 모든 것을 공급받을 수 있다.

그리스도의 거하심을 깨닫지 못한다면 우리는 늘 불안에 사로잡힌 채 살 것이다. 어려운 일은 피하고만 싶어 하고 쉽게 두려움에 휩싸일 것이다. 그러나 자기 정체성과 하나님의 공급하심을 분명하게 인식한다면, 우리는 삶의 길목에서 맞닥뜨리는 갈등과 유혹에 당당히 맞설 소망과 용기를 얻을 것이다.

셋째, 하나님의 사역에 대한 무지

신약성경은 우리가 하나님의 가족으로 받아들여진 사건은 하나님이 우리 안에 하신 일의 마침이 아니라 시작이라고 분명히 보여 준다. 하나님은 단순히 "나는 영적으로 하나님 나라에 이르렀다", 혹은 "나는 하나님 나라를 기다리고 있다"라고 말하는 삶으로 우리를 부르신 것이 아니다. 그분은 우리를 끊임없는 사역과 지속적인 성장, 계속적인 고백과 회개의 삶으로 부르셨다. 그러므로 우리의 성화는 그분과 함께 영원히 살아갈 본향에 이르기까지 지속되는, 우리를 향한 하나님의 흔들림 없는 목표이다. 우리 안에 거룩을 이루시기까지 하나님은 뜻하신 모든 일을 행하실 것이다. 그분은 우리가 기쁨의 공동체이기를 원하시지만, 우리 속에 그리스도의 형상을 이루도록 각각의 일시적인 즐거움마저도 적절히 조절하실 것이다.

언제든지 우리는 어려움이나 시련을 겪을 수 있다. 그럴 때마다 우리는 마치 하나님으로부터 버려졌다거나 거부되었다고 생각하기 쉽다. 그러나 그것은 하나님이 현재 하시는 사역을 우리가 이해하지 못하기 때문이다. 하나님은 단지 우리의 안위나 안락만을 위해 일하지 않으신다. 주님은 우리의 성장을 위해 일하신다. 우리가 그분의 신실하심을 의심하려는 유혹에 빠져드는 바로 그때, 주님은 우리 속에서 구속의 약속을 온전히 채워 주신다. 하나님은 반드시 변화가 필요한 몇몇 사람을 우리 중에 따로 떼어두신 것이 아니다. 하나님은 모든 사람이 변화되기 원하시며, 우리 안에서 그 사역을 완성하기 위해 쉬지 않고 일하신다.

무엇으로 그 구멍을 메우려 하는가?

영적인 구멍이든 물리적인 구멍이든 거기에는 한 가지 공통점이 있다. 곧 텅 빈 상태로 계속 남아 있지 않다는 사실이다. 바닷가 모래 속 구멍이 금방 물로 채워지듯 모든 구멍은 언제나 무언가로 채워지기 마련이다.

우리 집 계단 밑에는 사람이 들어갈 만한 크기의 커다란 벽장이 하나 있다. 내 아내는 그 장소에 매우 신경을 써서 6개월에 한 번씩은 꼭 대청소를 한다. 그동안 처박아 둔 것들을 내용물에 따라 분류하고 바닥을 청소하면서 그곳을 완전히 비운다. 그런 다음 "항상 이렇게 말끔히 정리된 상태를 유지하도록 우리 가족이 노력해 주길 바라"라고 말한다. 나도 그렇게 정리되어 있는 편이 좋기 때문에 별다른 반대를 하지 않는다. 하지만 얼마 지나지 않아 그 벽장은 다시금 온갖 잡동사니들로 가득 찬다. 아이들은 자기들이 왔다 갔다는 흔적을 남기기라도 하듯 들락거릴 때마다 여러 물건들을 놓고 나온다. 또 집에 소포만 오면 이상하게도 상자들이 영락없이 그 창고 안에 쌓이고는 한다. 말하자면 온갖 '잡동사니'들이 죄다 그 벽장 속에 자리하게 되는 것이다. 머지않아 벽장문은 간신히 닫힐 정도가 되고 아내는 결국 다시 그곳을 향해 돌진한다.

우리 대다수의 삶에서 나타나는 복음에 관한 구멍도 텅 빈 상태로 머무르지 않는다. 만약 우리가 복음의 원리에 충실하고 그리스도를 온전히 닮고자 하며 변화를 위해 늘 다짐하며 살지 않는다면, 그 구멍은 이내 다른 것들로 메워질 것이다. 아마 매우 그럴 듯하고 심지어 성경적인 것들이 그 구멍을 메울 수 있다. 그러나 그런 식으로 메워진 구멍은 실상 모든 믿는 자들에게 중요한 의미를 가지는 그리스도인의 참된 정체성을 상실하게 만든다.

나는 사도 바울이 고린도후서 10장 5절에서 이러한 위선의 면면을 언급하고자 사용한 용어들을 좋아한다. 그는 그런 모습들을 '이론'이라고 말한다. 물론 모든 거짓말이 곧 이론인 것은 아니다. 하지만 어떤 이론은 정말이지 그럴듯하게 들리는 거짓말이다. 만일 내가 전에 여자 올림픽 국가대표 선수였다고 말한다면, 이 말이 거짓말이기는 하지만 속임수가 될 수는 없다. 왜냐하면 내가 남자라는 사실이 너무나도 확실하기 때문이다. 하지만 내가 양복을 입고 서류 가방과 몇 가지 건축도면을 들고서 어느 사무실을 방문했다고 하자. 아마도 나는 자신을 건축회사의 계약 담당자라고 소개하며 그들을 간단히 속일 수 있을 것이다.

그중에서도 가장 위험한 속임수는 진정한 기독교 신앙인 척하지만 사실은 복음의 핵심(정체성-공급-일하심)을 놓치고 있는 위선들이다. 이것들은 진리에 뿌리를 두고 있기는 하지만 불완전하다. 그 결과, 피상적인 기독교가 탄생한다. 우리가 우리를 점진적으로 변화시키는 그리스도의 내주하시는 사역을 놓칠 때마다, 우리의 구멍은 중심보다는 외면에 더욱 초점을 맞추는 종교 활동으로 채워질 것이다. 이처럼 우리를 본질에서 벗어나 외면에 치우치게 하려는, 기독교 신앙의 본질에 관한 전쟁이 우리 주변에서 치열하게 일어나고 있다.

그렇다면 복음에 관한 구멍을 메우는 그리스도인의 외형주의로는 무엇이 있을까? 모두 일상적인 그리스도인의 삶에 자리하고 있다. 이 각각은 갖가지 경우에 따라 갖가지 다른 방식으로 우리를 유혹한다. 어디 한번 스스로를 잘 살펴보라. 나의 복음에도 구멍이 있는가? 이 구멍은 내가 모르는 사이에 어떻게 메워지고 있는가?

그리스도인의 외형주의: 그 구멍을 메우려는 것들

형식주의(Formalism)

만약 교회의 연중행사 스케줄이 궁금하다면 마크의 계획표를 들여다보라. 어떤 모임이나 사역 현장이든지 그는 항상 성경책을 지닌 채 그곳에 있다. 주일학교 교사인 마크는 자기에게 주어진 일을 철저히 해냈으며 정기적으로 단기 선교에도 참여했다. 뿐만 아니라 다른 사람에게 자신의 것을 기꺼이 베풀었고 봉사할 일이 있을 때면 기꺼이 자원해서 열심히 동참했다. 그러나 이 모든 일에도 불구하고 마크의 세계와 하나님의 세계는 일치하지 않았다. 마크의 모든 사역은 그의 마음과 그가 살아가는 방식에 아무런 영향을 미치지 못했다.

하나님은 이스라엘의 형식주의를 질책하셨고(사 1장), 그리스도께서는 바리새인들의 형식주의를 비판하셨다(마 23:23-28). 왜일까? 바로 형식주의는 자신의 삶과 시간 그리고 계획을 자기 자신이 지배하도록 조장하기 때문이다. 형식주의는 우리로 하여금 자신의 영적 상태의 심각성을 깨닫지 못하게 할 뿐 아니라 우리를 구원하신 하나님의 은혜에 대한 끊임없는 갈망을 사라지게 만든다. 마크에게 있어 교회에 출석하는 일은 그저 건강한 삶의 한 부분이었을 따름이다. 즉 삶의 다른 영역에 대해서는 하나님의 도우심을 간절히 바라는 마음이 없었다. 마크에게 있어 복음은 그저 '모임에 참여하고 교회 행사에 빠지지 않는 것' 정도에 국한되어 있었다.

율법주의(Legalism)

샐리는 해야 할 일과 하지 말아야 할 일에 대한 걸어 다니는 사전이었다. 그녀에게는 모든 일에 관한 일련의 법칙이 있었으며, 이 법칙들은 그녀가 자신과 다른 이들을 평가하는 잣대가 되었다. 그녀의 자녀들은 늘 샐리의 율법주의가 짓누르는 무거운 중압감 속에서 살아가야 했다. 그들에게 있어 하나님은 이해할 수 없는 기준들을 강요하는 냉혈한 심판자였고, 그 기준들을 지키지 못했을 때에는 가차 없이 벌을 내리는 엄한 분이었다. 사소한 잘못도 결코 그냥 넘어가는 법이 없던 샐리 때문에 그녀의 집에는 즐거움이 아예 존재하지 않았다. 샐리는 자신의 행동 규칙들을 준수하는 것이 곧 하나님의 뜻에 따라 사는 것이라고 생각했다. 그녀에게서는 예수 그리스도 안에서 자신이 받은 은혜에 대한 아무런 감사도 찾아볼 수 없었다.

율법주의는 아무도 하나님의 기준을 완전히 만족시킬 수 없다는 진리를 놓치게 한다. 샐리는 규칙을 엄격하게 지키면서 자신의 자존심, 조급함 그리고 정죄하는 마음을 그대로 두었다. 율법주의는 우리에게 하나님의 은혜를 획득할 능력이 전혀 없다는 사실을 무시하게 한다. 또 우리 마음이 하나님의 은혜로 변화되어야 할 필요가 있음을 망각하게 한다. 율법주의는 단순히 복음을 축소시키지 않는다. 그것은 전적으로 다른 복음이다. 율법주의는 우리가 세운 규칙들을 지키면 구원을 획득할 수 있다고 가르친다(갈라디아서를 보라).

신비주의(Mysticism)

크리스틴은 감정적인 체험에서 또 다른 감정적인 체험으로 위태롭게 내달렸다. 언제나 그녀는 영적이면서도 고차원적인 하나님과의 극적인 체험을 갈망했다. 이런 이유로 크리스틴은 결코 한 교회에 오래 머무르지 않았다. 그녀는 교회의 책임 있는 일원이기보다는 끊임없이 새로운 경험을 추구하는 사람에 가까웠다.

극적인 체험만을 추구하는 가운데 크리스틴의 믿음은 점차 약해지고 있었다. 그녀는 자기 속의 절망감과 싸웠고 때로는 자신이 정말 신자이기는 한지 자문하며 스스로를 의심했다. 강력한 영적 체험을 거듭했음에도 그녀는 믿음과 새로운 성품 속에서 전혀 성장하지 않았다.

성경적인 믿음은 결코 금욕주의가 아니다. 진정한 기독교 신앙이란 인간 감정의 모든 경험 속에서 더욱 성숙해진다. 그러나 복음을 하나님에 대한 극적이고도 감정적인 체험 정도로 국한시킬 수 없다. 성령님이 우리 안에 거하시고, 하나님의 말씀이 우리에게 강한 충격을 주는 것은 사실이지만,

우리 마음과 삶의 변화는 대부분 삶의 작은 순간들 속에서 일어난다. 신비주의는 우리로 하여금 그리스도를 따르기보다는 체험 그 자체를 더 따르게 만들 위험이 있다. 신비주의는 복음을 감정적이면서도 극적인 영적 체험 정도로 축소시켜 버린다.

실천주의(Activism)

셜리는 왜 더 많은 그리스도인이 동참하지 않는지 의아해하며 '똑바로 살자'라는 구호가 적힌 피켓을 들고 섰다. 물론 셜리는 성인용품점 앞에서 시위할 때나 지방선거 운동을 할 때도 똑같이 생각했다. 그녀의 주장들은 그녀가 생각하는 그리스도인이 무엇인지 보여 준다. 셜리가 끊임없이 주장하는 것은 바로 이런 것이다. "옳은 일을 위해 행동하라. 언제 어디서든 그렇게 하라." 시간과 열정과 돈을 옳은 일을 위해 기꺼이 헌신하는 그녀의 태도는 정말이지 존경할 만하다.

그러나 좀 더 자세히 그녀의 삶을 들여다보자. 사실 셜리의 믿음은 즐거이 그리스도께 헌신하는 것이기보다는 자기 생각에 옳은 일들을 지키려는 행위에 더 가깝다. 이런 방식의 기독교 실천주의는 언제나 외면적인 악에 초점이 맞춰져 있다. 말하자면 현대판 수도원 운동의 한 형태인 것이다. 이들은 기본적으로 이렇게 말한다. "이 세상은 악하다. 악과 싸우는 길은 오로지 거기로부터 분리되는 것뿐이다." 그러나 수도원 운동은 결국 실패하고 말았다. 수도원 안으로 들어오는 모든 수도사의 마음속에 있는 악에는 관심을 기울이는 데 실패했기 때문이다!

우리가 자기 밖에 있는 악이 자기 속에 있는 악보다 더 크다고 생각할 때, 그리스도를 진심으로 따르려는 노력은 우리 주변의 악과 싸우려는 마음으로 대치되어 버린다. 즉 우리를 죄에서 구원하신 은혜에 대한 감사가 주변의 죄악으로부터 교회를 구원해 내겠다는 책임감으로 대치되는 것이다. 이렇게 되면 그리스도인으로서의 성숙함이란 악으로부터 선을 보호하기 위해 애쓰는 행위로 한정되고 만다. 그리고 복음 역시 그리스도인이 제기하는 참여 활동 정도로 국한되어 버린다.

성경주의(Biblicism)

존은 성경과 신학에 있어서는 전문가였다. 그는 해박한 성경 지식을 바탕으로 희귀한 기독교 고전을 섭렵했으며, 최신 신학 서적들을 구입하는 데 열정을 쏟았다. 그러면서 '성경적인 세계관'이나 '신학적인 관점' 그리고 '그리스도인다운 사고방식'이라는 용어를 즐겨 사용했다. 그는 성경을 사랑했다. (이 얼마나 좋은 점인가!) 하지만 실제 삶 속에서는 그렇지 않은 면들이 더 많았다.

기독교 신학에 대한 존의 열정적인 연구에도 불구하고 그는 그리스도를 닮은 사람이라 할 수 없었다. 존은 거만하고 비판적이었으며, 자신이 잘 정리한 기독교 신앙의 지식 체계를 모르는 사람들을 무시했다. 존은 끊임없이 담임목사의 설교를 비판했을 뿐 아니라 함께 섬기는 주일학교 교사들을 낙심시키고는 했다.

존의 신앙 속에서 성도 간의 교제, 헌신 그리고 그리스도께 대한 경배는 성경의 내용과 조직 신학의 원리를 숙지해야 한다는 의지로 대치되었다. 그는 신학적으로 전문가였고, 기술적인 정확성을 가지고 '은혜'를 정의할 수는 있었지만, 그 은혜에 따라 살지는 못했다. 많은 시간과 노력을 말씀을 연구하는 데 투자했지만 정작 그 말씀을 통해 자신을 훈련시키지는 못했던 것이다. 요컨대 그의 성경주의 속에서 복음은 단지 성경의 내용과 신학을 섭렵하는 정도로 국한되고 말았다.

심리주의(Psychology-ism)

젠에게는 항상 그녀를 챙겨 주는 사람들이 있었다. 그래도 그녀는 교회에서 얼마나 많은 이들이 자신을 괴롭게 하는지를 이야기했다. 그리고 어째서 교회가 그들을 변화시키지 못하는지에 대해서도 성토했다. 기독교 상담 서적의 열렬한 애독자인 그녀는 항상 누군가에게 새로 나온 책을 적극적으로 권했다. 그러면서 기독교 신앙이 진정한 도움과 치유를 얻을 수 있는 유일한 안식처라고 말했다. 하지만 정작 본인은 그 신앙을 통해 치유받지 못하는 것 같았다. 젠은 많은 시간을 절망 속에서 보냈고, 가끔은 교회 모임에 나와 눈물을 흘리고는 했다.

젠은 우리의 궁극적인 필요가 그리스도 안에서만 채워질 수 있다고 생각했다. 하지만 그녀에게 있어 그리스도는 구원자이기보다 심리 치료사에 더 가까웠다. 그녀는 자신의 가장 깊은 갈망이, 무시당하고 거부당했던 경험에서 나온다고 확신했기에, 자신에게는 구원보다 치유가 더 필요하다고 생각했다. 그러나 그녀는 자신이 얼마나 요구가 많고 비판적이며 자기 함몰적인 사람인지 알지 못했다.

젠은 복음이 말하는 문제를 나름대로 재해석했다. 그녀는 우리의 문제를 도덕적이고 관계적인 것으로 보기보다, 다시 말해 우리가 창조주를 경배하고 섬기는 대신 자기 자신과 이 세상에 속한 것들을 기꺼이 경배하고 섬긴 결과로 보기보다(롬 1장), 충족되지 않은 욕구들의 결과라고 생각했다. 그러나 우리가 다른 이들이 행한 죄를 자기 죄보다 더 큰 문제로 인식할 때, 우리는 그리스도를 구원자가 아닌 심리 치료사로 따르는 우를 범하고 만다. 그렇게 되면 기독교 신앙은 거룩을 추구하는 것이 아니라 치유를 추구하는 것이 되어 버린다. 요컨대 복음이 감정적 필요에 대한 치유책 정도로 국한되는 것이다.

관계주의(Social-ism)

조지는 새로 나간 교회에서 맺은 성도 간의 교제에 대해 매우 감사했다. 이 관계는 이전에 경험했던 어떤 우정과도 달랐다. 그는 자신이 참여하게 된 새로운 기독교 공동체로 인해 커다란 기쁨을 누렸고, 덕분에 많은 신자들과 교제하게 되었다. 조지는 자신이 속한 20대 청년 성경공부 모임을 사랑했다. 하지만 모임 그 자체보다는 모임 이후에 사람들과 함께 밖으로 나가는 것을 더 좋아했다. 그는 또한 수련회와 야외 캠프, 단기 선교 등도 사랑했다. 조지는 난생 처음으로 자신이 살아있다고 느꼈으며 누군가와 긴밀히 연결되어 있음을 경험했다.

그런데 가장 친한 친구 하나가 다른 주로 이사하고 또 다른 친구는 결혼을 하면서 조지의 문제가 불거지기 시작했다. 때마침 교회에 새롭게 부임하신 목사님은 미혼 청년들에 대한 투자와 관심을 조금 줄이기로 결정했다. 그 대신 교회 소그룹을 새롭게 조직했는데, 이때 조지는 자신이 아무 상관도 없는 나이 든 기혼 성도들과의 모임에 갇혀 버린 것 같은 생각이 들었다. 조지에게 교회는 더 이상 이전과 같은 곳이 아니었다. 그래서 그는 성경공부 모임에 나가는 것을 그만두었다. 머지않아 주일 예배도 시들해지기 시작했다. 요즘 조지는 교회에 가는 일이 다른 사람의 집에 식사 초대를 받아 가는 일과 같은 느낌을 준다고 말한다.

조지가 깨닫지 못한 사이, 교회에서의 교제와 돌봄, 어떤 위치를 점하는 일 등이 그리스도를 의지하는 마음을 몰아내고 그 자리를 대신 차지해 버렸다. 교회는 영적인 사교 모임으로 전락했고, 그 모임이 깨지자 더 이상 교회에 나갈 필요를 느끼지 못하게 되고 말았다. 다시 말해 성도 간의 교제가 우리의 정체성 및 삶의 목적과 소망이신 그리스도를 대치해 버린 것이다. 더불어 복음은 성도 간의 교제를 이루는 도구 정도로 축소되고 말았다.

우리는 왜 이런 대체물에 끌리는가?

고린도후서 10장 5절에서 바울은 "하나님 아는 것을 대적하여 높아진 것"에 대해 말하고 있다. 그런데 이러한 '가장'은 비록 거짓임에도, 언뜻 그럴듯한 진리처럼 보인다는 사실을 기억해야 한다. 우리를 사로잡는 거짓말은 대개 기독교 신앙의 기준을 벗어나지 않으면서도 자신에게 매우 잘 들어맞는 것처럼 보인다. 어쩌면 포스트모더니즘이나 성적 타락만이 이 시대 교회에 대한 가장 큰 위협은 아닐 것이다. 오히려 우리가 복음을 어떻게 이해하고 있느냐에 대한 교묘하고도 사소한 거짓말들이 우리를 더욱 심각하게 위협하고 있다. 진리를 완전히 잊어버린 것은 아닐지라도, 성경이 말하는 복음과는 전혀 다른 방식으로 복음을 재해석하는 오류를 범하는 것이다.

이러한 잘못, 곧 복음에 대한 재해석은 일순간에 일어나지 않는다. 그것은 교회 내의 신학적인 공개 토론장에서도 드러나지 않는다. 이러한 재해석은 오히려 성도 간의 교제와 그들의 삶 그리고 목회 사역이라는 실제적인 영역의 경미한 단계들에서 일어난다. 그리스도만을 간절히 바라는 마음은 기독교적 사회 참여와 감정적인 체험주의, 기독교인들 사이의 교제 등으로 대치되어 버린다. 어느 누구도 복음을 의식적으로 재해석하거나 잊어버리려 하지 않는데도 이런 일들이 계속해서 벌어지는 것이다.

우리가 살펴본 모든 종류의 '~주의'가 매력적으로 다가오는 이유는, 그것들이 각각 복음의 중요한 한 측면만을 강조하기 때문이다. 복음은 분명 경건한 삶으로 우리를 부른다. 복음은 분명 하나님의 백성이 함께 예배드리도록 부른다. 하나님은 특정한 때에 특별한 방법으로 우리를 만나 주실 것이다. 복음은 세상에 선한 영향을 미치라고 우리를 부르며, 진리를 사랑하고 묵상하라고 부른다. 하나님은 슬픔에 빠진 우리를 친히 위로하는 분이시다. 우리는 그리스도의 몸인 교회에 열정적으로 참여해야 한다.

위험은 우리가 복음을 그 여러 요소 중 하나로 국한시킬 때 어김없이 발생한다. 그럴 때 우리의 기독교는 날마다 그리스도의 도우심으로 살아간다는 겸손과 순종, 그분의 은혜를 간절히 바라는 마음으로부터 더 이상 자극받지 못한다. 대신 이 간절한 바람을 이루는 도구나 과정들이 곧 목표가 되어 버린다. 예를 들어 복음의 진리를 이해하는 목적은 그리스도와 더 깊은 관계를 맺음으로써 이루어지는데, 신학적 지식이 그 목표가 되면 그리스도는 사라져 버리고 만다.

그런데 이러한 '~주의'가 그토록 매력적인 또 다른 (더 중요한) 이유가 있다. 각각의 주의는 우리가 숨길 수 없는 영적인 문제들을 자극한다. 먼저 그것은 우리의 '자기 의'를 불러일으킨다. 복음이 말하는 대로 자신이 얼마나 악한지 생각하고 싶어 하는 사람은 없다! 우리는 그저 자신에게 신학적 이해가 더 필요하다거나, 하나님이 원하시는 수준에 맞추기 위해 좀 더 열심히 교회에 나와야겠다고 생각하기를 좋아한다. 하지만 복음은 그 어떤 신학적 체계나 종교 활동도 우리가 원하는 바를 온전히 이루어 주지 못한다고 말한다. 우리의 죄가 너무나 크기에, 오직 십자가에 달리신 그리스도의 사역만이 우리를 구원할 수 있다.

뿐만 아니라 이러한 '~주의'는 우리의 '이기심'을 자극한다. 죄인인 우리는 우주의 중심에 있기를 매우 좋아한다. 우리 자신이 모든 계획을 지배하고 통제하는 사람이 되기를 원한다. 하지만 복음은, 진정으로 사는 유일한 길은 먼저 죽는 길이며, 살고자 하는 자는 결국 죽게 되리라고 분명히 말한다. 혹시라도 복음을 자기 눈에 가장 매력적이고 편안해 보이는 어떤 '~주의'에 관한 선택적 목록의 집합이라고 생각한다면, 거기에 아무리 열정적으로 참여하고 그것을 모든 일의 중심에 둘지라도 변화는 전혀 없을 것이다.

더욱이 이러한 '~주의'는 우리의 '환경결정주의'(environmentalism)를 자극한다. 우리는 우리 밖에 있는 죄가 우리 안에 있는 죄보다 더 위험하다고 믿는 경향이 있다. 이것이 우리가 남편이 자신의 냉담함을 아내 탓으로 돌릴 수 없고, 아내가 자신의 고통을 남편 탓으로 돌릴 수 없고, 자녀가 그들의 반항을 부모의 실패 탓으로 돌릴 수 없음을 이해하기 어려운 이유다.

이처럼 자기 상태가 얼마나 절박한지를 간과할 때, 우리는 그리스도와 그분의 은혜에 의지하기보다 외적인 종교 활동에 더 치중하게 된다. 그리스도께서 우리 안에 거하신다는 이유로 복음이 우리에게 약속하는 마음과 삶의 급진적인 변화보다 우리 주변을 변화시키는 데 더 열정을 보인다.

이와 같은 '~주의'는 계속해서 우리의 '독립심'을 자극한다. 우리는 죄가 얼마나 우리를 약하고 눈멀고 불안정한 상태로 만드는지 이해하지 못한다. 우리는 날마다 자신에게 지혜와 훈계가 필요하다는 사실을 인정하려 하지 않는다. 오히려 우리 자신이 충분히 자립적이라는 거짓 속삭임에 솔깃해진다. 그러면서도 다른 이들의 어리석음은 기가 막히게 짚어 낸다. 하지만 이 모든 기준에서 자신만은 예외이다. 스스로를 도움이 필요한 연약한 사람으로 보기가 불편하기 때문이다. 하지만 우리는 정말로 그러한 자이다. 바로 이 사실로 인해 그리스도께서 우리 삶의 유일한 해답이 되신다.

온전하지 못한 시각으로 진리를 배우고 교회 활동에 참여하는 일은 자신이 누구인가에 대한 왜곡된 관점을 가져다준다. 교리에 대한 지식이 있다고 해서 그의 신앙이 성숙했다거나 그가 죄를 이겼다는 뜻은 아니다. 우리는 교회 활동에 참여하는 것으로 자기 마음에서 벌어지는 죄와의 싸움을 위장해서는 안 된다. 자신이 죄인임을 잊어버린다면 우리는 그 수준에 함몰된 채 그리스도를 향한 날마다의 필요를 망각할 것이다. 또한 변화에 대한 하나님의 도구이자 그분의 몸인 교회 안에서 이루어지는 성도 간 교제의 필요성도 제대로 인지할 수 없을 것이다.

우리는 모두 어느 정도는 그리스도께서 우리의 본질이시며 의미이고 목표이자 소망이며 푯대가 되셔야 한다는 점을 잘 알고 있다. 하지만 그럴지라도 우리의 '자기 의'가 완전히 사라지기란 어렵다. 우리는 여전히 세계의 중심이 되기를 원하며, 스스로가 영적으로 도움이 필요한 자이기보다는 독립적으로 살아갈 수 있는 존재라고 생각하기를 좋아한다. 그래서 우리는 복음을 좀 더 편한 요소들 안으로 국한시키려는 경향을 보인다. 하지만 그리스도 안에서 발견되는 은혜의 메시지에 합당한 한계란 존재하지 않는다.

무엇이 그 구멍을 메울 수 있는가?

내가 복음이 무엇인지 정말로 이해하는 데 그토록 오랜 시간이 걸렸다니 참으로 믿기 힘들다. 많은 그리스도인이 그러하듯, 나도 내 죄가 사함을 받았으며(과거의 은혜) 장차 그리스도와 함께 영생을 보내리라는 점(미래의 은혜)을 알았다. 그러나 나는 그리스도의 현재적 사역의 유익이 내게 얼마나 필요한지(현재의 은혜) 제대로 인지하지 못했다.

피상적인 나의 신앙은 복음의 현재적인 능력으로 채워져야 했다. 죽음 이후의 삶에 대한 그리스도의 약속만을 받아들이는 것으로는 충분하지 않았다. 우리는 오직 그리스도의 은혜가 오늘 우리 마음속에서 일하실 때에만 가능한 죽음 이전의 삶에 대한 약속을 받아들여야 한다. 이것이 바로 이 책이 말하려는 바이다. 이 책은 그리스도의 삶과 죽음 그리고 부활하심으로 인해 우리 소유가 된 죄 사함의 은혜에 영광을 돌리는 동시에 궁극적으로는 영원한 나라에 대한 소망을 지향한다. 그러나 이 책의 우선적인 초점은 바로 현재의 문제이다.

우리가 이 세상을 살아가는 동안 하나님은 우리를 어떻게 성장시키고 변화시키시는가? 지난 화요일 밤 아내와 심하게 다툰 일을 해결하기 위해 그리스도께서는 내게 어떤 은혜를 베푸시는가? 절망감과 두려움에 맞서 싸우는 한 사람의 삶에 주님의 은혜는 어떠한 영향을 미치는가? 자녀 양육과 직장 일로 심한 압박을 받는 나를 돕기 위해 그리스도께서는 어떤 은혜를 베푸시는가? 탐욕이나 두려움 혹은 물질에 대한 욕심과 씨름하는 나를 위해 그분이 마련하신 새로운 소망은 무엇인가? 회개와 변화가 실생활에서 일어날 때 그 모습은 어떻게 나타나는가? 나는 왜 다른 여러 가지 죄보다 유독 한 가지 특정한 죄에 대해 그토록 고군분투하는가? 그것도 내가 절대로 하지 않으리라 생각했던 일을 하면서 갈등하고야 마는가?

바로 이런 실제적인 의문들을 이 책에서 다루고자 한다. 우리의 목표는 그리스도의 은혜의 복음이 삶의 현장에서 구체적으로 적용되도록 하는 데 있다. 이런 작업의 당위성은 많은 이들이 공감할 것이다. 이 책을 통해 자기 삶에 변화가 필요한 부분이 어디이며 그 변화가 어떤 모습이어야 하는지를 분명히 알게 될 것이다. 뿐만 아니라 우리 삶에서 하나님이 현재 하시는 일이 무엇이며, 나 자신이 어떻게 그 일부분이 될 수 있는지 깨달을 것이다.

글을 본격적으로 써 내려가기에 앞서 한마디 덧붙이자면, 사실 이 책에는 별로 새로울 것이 없다. 아무런 비밀도 없고 마법 같은 원리도 없다. 다만, 모두가 이미 알지만 제대로 이해하지 못했거나 실생활에서 깨닫지 못한 것들을 말하고자 한다. 사실 나는 이 점을 매우 기쁘게 생각한다. 우리의 목표는 어떤 방식으로든 복음의 오래되고 익숙한 이야기를 들려주는 것이다. 지금까지 그 이야기는 마음과 삶을 바꾸는 능력을 발휘했다. 우리가 믿는다고 말하는 신학과 날마다 우리가 씨름하는 삶 사이에는 사실 커다란 이해의 간극이 있다. 바로 여기에 다리를 놓는 것이 이 책의 목표다.

다섯 가지 복음의 관점

다음의 다섯 가지 복음의 관점은 앞으로 이 책에서 다룰 내용들의 면면을 보여 준다.

1. 우리 죄의 정도와 심각성

죄의 교리는 우리가 경험적으로 증명할 수 있는 교리 중 하나라고들 말한다. 그러나 우리 모두는 이를 가능한 한 축소시키려 한다. 신혼 초, 나의 아내는 그녀를 사랑하는 방식에 있어 나의 부족한 점들을 부드럽게 짚어 주고는 했다. 이때 그녀는 극도로 비판적이 되거나 하지는 않았다. 내 마음의 잘못된 태도 가운데 자리 잡은 죄의 실제적 영역을 이미 알았기 때문이다. 나는 아내가 나를 사랑한다는 사실을 알았고, 바로 그 이유 때문에 그녀가 내게 분노를 터트리지 않는다는 사실도 알았다. 하지만 그녀가 내게 나 자신의 진짜 모습을 폭로했을 때, 내가 얼마나 악한 상태였는지 도저히 믿을 수 없을 정도였다!

나는 과거를 돌아보고는 내가 얼마나 자기 의가 강했는지 깨달으며 몸서리를 쳤다. 실로 자기 의는 가장 열정적인 자기변호의 수단이다. 스스로를 변호해야만 하는 결정적인 순간마다 나는 그녀에게 이렇게 말했다. "우리 교회에 있는 95퍼센트의 여성들은 나랑 결혼하고 싶어 한다고!"(퍽이나 겸손한 말이 아닌가?) 그러자 아내는 웃으면서 자기는 나머지 5퍼센트에 속한다고 대답했다! 그때 나는 그 교회의 목사였다. 나는 정기적으로 부부들을 상담하면서 하나님이 그들에게 원하시는 사랑의 연합에 방해가 되는 죄를 그들이 다룰 수 있도록 돕고 있었다. 나는 다른 이들이 자기 죄를 깨닫고 고백하도록 하는 데에는 일가견이 있었다. 하지만 정작 나 자신의 죄를 깨닫는 일이 절박하다는 사실은 쉽게 납득하려 하지 않았다. 아마도 나는 스스로의 신학 지식과 목회 기술에 눈이 멀었던 것 같다. 그렇지만 그 이유가 무엇이었든 간에 이 한 가지는 분명했다. 바로 나 자신이 누구인지를 잊어버렸다는 사실이다. 나는 아내가 나를 그렇게 형편없이 평가하는 데 화가 났던 것이다!

이 일이 비단 내게만 해당된다고 생각하지는 않는다. 자신의 넘치는 죄성을 인정하는 것에 대한 씨름은 그리스도의 몸된 모든 교회에서 동일하게 일어난다. 우리는 전적 타락의 교리를 믿는다. 하지만 자기 죄를 다룰 때만큼은 스스로를 자기 의라는 비단으로 두르고는 강하게 저항하기 시작한다. 성경은 이러한 자기 의에 대해 명확하고도 권능 있는 말씀을 통해서 강한 도전을 던진다. "여호와께서 사람의 죄악이 세상에 가득함과 그의 마음으로 생각하는 모든 계획이 항상 악할 뿐임을 보시고"(창 6:5), "기록된 바 의인은 없나니 하나도 없으며"(롬 3:10). 죄의 영향력은 우리의 모든 생각과 동기와 욕구와 말과 행동에 미쳐서 이 모든 것들을 다 뒤틀어 버린다. 마음의 병이 초래하는 결과는 정말이지 참담할 뿐이다.

이 관점은 왜 그렇게 중요한가? 우리는 오직 복음이 전하는 불쾌한 소식을 받아들일 때에만, 복음의 기쁜 소식이 지니는 의미를 알 수 있다. 복음의 은혜, 재건, 회복, 용서, 긍휼, 인내, 능력, 치유 그리고 소망은 모두 죄인들을 위한 것이다. 이 모두는 자신에게 문제가 있음을 인정하고 상황이 절망적임을 깨달을 때에야 비로소 우리에게 의미 있는 선물이 된다.

2. 중심적인 마음의 역할

많은 그리스도인이 죄를 행동에 대한 것으로 정의한다. 예컨대, 그리스도인 부모 대다수의 목표는 무엇인가? 자녀들이 올바른 사람이 되는 것 아닌가? 우리는 자녀들의 행동을 바로잡고 옳은 길로 인도하기 위해 모든 종류의 관계적, 동기 유발적, 교육적 체계들을 세운다. 이러한 체계들의 가치야 말할 것도 없다. 하지만 이것이 자녀들의 불순종과 죄에 대한 유일한 대안이 되어서는 곤란하다. 만일 그렇게 된다면 죄에 대해서 자녀들을 무방비 상태로 놓아두는 것이나 마찬가지다. 언젠가 자녀들은 집을 떠날 것이고, 그때 이 체계들은 사라질 것이다.

행동에 대한 힘겨운 싸움 이면에는 전혀 다른 싸움, 보다 근본적인 싸움이 자리한다. 그것은 바로 마음의 생각과 동기에 대한 싸움이다. 마음은 본질적이면서도 필수적인 영역이다. 성경이 속사람에 대해 일컫는 모든 표현들(생각, 감정, 정신, 영혼, 의지 등)은 모두 이 마음이라는 한 단어로 축약된다. 마음은 인간의 전 존재를 좌지우지하는 운전대와 같다. 우리가 행하는 모든 일은 마음이 원하는 바에 따라 빚어지고 통제된다. 그래서 성경은 하나님이 우리 마음을 원하신다고 분명하게 말한다. 오직 하나님이 우리 마음을 소유하실 때에만 그분이 우리를 소유하신다고 말할 수 있다. 우리가 타락한 이 세상과 우리에 대한 타인의 죄에 영향을 받는 것보다 더 큰 문제는 우리 마음속에 존재하는 죄다. 그래서 하나님이 우리 마음을 변화시킴으로서 우리 삶을 변화시키신다는 복음의 메시지가 주어진 것이다.

지속적인 변화는 항상 마음으로부터 나온다. 이것이 성경이 가장 자주 언급하는 주제 중 하나다. 하지만 많은 사람들이 이 말의 심오한 의미를 놓치고 있다. 우리는 잠언 4장 23절의 깊은 의미를 이해해야 한다. "모든 지킬 만한 것 중에 더욱 네 마음을 지키라 생명의 근원이 이에서 남이니라."

3. 그리스도께서 주시는 현재적 유익들

그리스도인의 소망은 삶을 변화시키는 실제적인 원칙이 담긴 구원 시스템 이상이다. 모든 그리스도인의 소망은 오직 단 한 분, 곧 구원자이신 예수 그리스도이시다. 그분은 모든 성경적 원리 이면에 존재하는 온전한 지혜이시며 우리가 따라 살아야 할 진정한 능력이시다. 그리스도께서 오늘도 우리 안에 거하시기에, 그분이 우리를 위해서 모든 일들을 주관하고 계시기에(엡 2:22-23), 그리고 그분이 지금도 그분의 발아래 모든 원수들을 누르고 계시기에(고전 15:25-28) 우리는 용기와 소망을 가지고 살아갈 수 있다.

우리의 소망은 신학적인 지식이나 교회에서의 경험에 근거하지 않는다. 우리는 자신을 둘러싼 모든 것들에 대해 감사하면서도 오직 한 가지 소망만을 붙들고 산다. 그 소망은 바로 그리스도이시다. 그분 안에서 우리는 바로 이 순간 이곳에서 하나님이 기뻐하시는 삶을 살아가는 데 필요한 모든 것을 얻는다. 바울의 말은 이 점을 너무나 잘 보여 준다. "내가 그리스도와 함께 십자가에 못 박혔나니 그런즉 이제는 내가 사는 것이 아니요 오직 내 안에 그리스도께서 사시는 것이라 이제 내가 육체 가운데 사는 것은 나를 사랑하사 나를 위하여 자기 자신을 버리신 하나님의 아들을 믿는 믿음 안에서 사는 것이라"(갈 2:20).

4. 성숙과 변화를 위한 하나님의 부르심

관성에 몸을 맡기기란 얼마나 쉬운가! 우리는 하나님의 가족으로 부르심을 받았고 언젠가는 그분과 함께 영원히 거할 것이다. 그러나 그러기까지 삶 속에서 무슨 일들이 일어나고 있는가? 우리가 그리스도께로 온 그날부터 그분과 함께 집으로 가게 될 그날까지 하나님은 우리를 변화로 부르신다. 우리는 그분의 은혜로 변화되었고, 그분의 은혜에 따라 변화되고 있으며, 그분의 은혜에 의해 앞으로도 변화될 것이다.

주님께서 이루시는 그 변화의 목적은 무엇인가? 그것은 더 나은 결혼 생활이나 교육을 잘 받은 자녀들, 직업적인 성공 혹은 몇 가지 거슬리는 죄로부터의 자유 그 이상이다. 하나님의 목표는 우리가 실제로 그분을 닮도록 하는 데 있다. 하나님은 우리가 그저 지옥의 불구덩이를 피하게 되는 정도만을 원하지 않으신다. (물론 그리스도를 통해 지옥을 피할 수 있게 된 것에 하나님께 진정으로 감사와 영광을 돌린다!) 그분의 목표는 우리가 죄의 종노릇에서 벗어나고, 스스로에 의한 얽매임에서도 자유로워지며, 순간순간의 우상 숭배도 버림으로써 진실로 그분의 형상을 입게 되는 것이다!

베드로는 이러한 변화에 대해 다음과 같이 설명한다. "이로써 그 보배롭고 지극히 큰 약속을 우리에게 주사 이 약속으로 말미암아 너희가 정욕 때문에 세상에서 썩어질 것을 피하여 신성한 성품에 참여하는 자가 되게 하려 하셨느니라"(벧후 1:4).

5. 회개와 믿음이란 삶의 방식

하나님은 그분의 은혜로 우리에게 복을 주셨다. 그분의 함께하심으로 우리에게 은사를 주셨고, 그분의 능력으로 우리를 강하게 하셨다. 그리고 마침내 우리를 그분의 영원한 사랑의 대상으로 삼으셨다. 우리는 하나님께 속해 있기에 그분의 계획을 위해 살아간다. 그러므로 우리의 변화가 하나님의 계획이라면, 그 후에 이어지는 회개와 믿음은 그분의 부르심에 의한 삶의 방식이다.

마이클 조던은 은퇴가 가까울 무렵 이런 질문을 받았다. "어째서 경기 전에 항상 신인 선수들보다도 일찍 연습하러 나옵니까?" 이미 그는 모든 시대를 통틀어 가장 위대한 농구 선수로 불리고 있었다. 하지만 조던은 자신의 골 성공률이 그저 50퍼센트를 갓 넘길 뿐이라고 대답했다. 이 말은 곧 선수 생활 동안 그가 성공만큼이나 실패도 경험했다는 뜻이다. 그는 자신에게 성장할 여지가 있는 한 연습을 계속했다. 마찬가지로 그리스도인에게도 항상 고백해야 할 새로운 죄가 있고 물리쳐야 할 새로운 대적들이 있다. 그리스도인은 변화에 대한 하나님의 사역을 아예 삶의 한 방식으로 삼음으로써 이를 가능케 하시는 하나님의 은혜를 찬양할 수 있다. "모든 사람에게 구원을 주시는 하나님의 은혜가 나타나 우리를 양육하시되 경건하지 않은 것과 이 세상 정욕을 다 버리고 신중함과 의로움과 경건함으로 이 세상에 살고 복스러운 소망과 우리의 크신 하나님 구주 예수 그리스도의 영광이 나타나심을 기다리게 하셨으니"(딛 2:11-13).

찬양과 경배

이 책은 그리스도인의 삶을 설명하는 것 이상의 의미를 지닌다. 여기에 있는 모든 문장은 우리 주님과 그분이 날마다 베푸시는 은혜에 대한 찬양이다. 우리와 더불어 그 은혜를 찬양하기를 청한다. 그 은혜는 우리 죄를 용서할 뿐 아니라, 우리 마음의 가장 은밀하고 어두운 부분에서부터 가장 사소한 행동과 의미 없이 내뱉는 모든 말까지 변화시킨다. 지금 어떤 문제로 씨름을 하고 있든지, 자기 자신을 얼마나 성공적이거나 몰락했다고 평가하든지, 믿음 안에서 얼마나 성숙했거나 미숙하든지, 남자이든 여자이든 간에 당신이 그리스도의 자녀라면 바로 당신에게 소망이 있다! 이 소망은 당신이 누구인지나 당신이 무엇을 아는지에 근거하지 않는다. 당신의 소망은 오직 그리스도이시다! 그분이 당신 속에 살아 계시기에 당신에게는 날마다 하나님께 감사드릴 이유가 있다. 이제는 당신이 사는 것이 아니라 당신 안에 계신 그리스도께서 사시는 것이다! 바로 이 말이 의미하는 바를 찬양하는 새로운 삶의 방식에 초대된 것을 환영한다.

chapter 2

변화는 정말 가능한가?
_조작된 거짓 희망

● 김영희 옮김

변화가 필요하다는 사실보다 더 분명한 것은 없다. 그리고 변화에 무엇이 필요하며 변화가 어떻게 일어나는지보다 더 불분명한 것도 없다. 1장에서는 교회의 문화와 복음 사이의 간극을 짚어 보았다. 이번 장에서는 보다 광범위한 문화적 영향력이 어떻게 그리스도인으로 하여금 성경 밖에서 변화를 위한 대안을 찾게 하는지 살펴보려 한다.

일상의 시련

크레이그는 30대 독신 남성이다. 그가 열 살 때 아버지가 가출했기 때문에 그는 어머니와 할아버지, 할머니 밑에서 자랐다. 어린 시절 다섯 번 정도 이사를 했던 그는 늘상 '새로 이사 온 아이'로 지내야 했다. 그러다 20대에 줄리를 만났고, 처음으로 누군가에게 관심을 느끼고는 동거를 시작했다. 하지만 2년 후 줄리와의 관계는 깨지고 말았다. 크레이그는 그 후로 6년간 줄리가 돌아오기만을 간절히 바라며 기도하고 있다.

크레이그는 자라는 동안 성경을 배우고 교회에 다니게 되었다. 그는 자신을 신자라고 생각하지만, 삶에 낙심할 때면 성경 말씀과 '그리스도인들'의 조언이 지루하고 혐오스럽기까지 했다. "너무 자기 생각만 하는 것 아냐?

남 생각도 좀 하렴", "성경을 좀 더 읽고 교회에 매주 나와야지?", "그건 하나님의 주권에 관한 문제야." 이런 반응들은 크레이그에게 아무런 소용이 없었다. 오히려 이런 말들은 그에게 비통함과 우울증을 가져다줄 뿐이었다.

크레이그는 도움이 필요했다. 그는 아무것도 할 수 없는 자신이 증오스러웠다. 크레이그는 "뭐든 안되게 되어 있어. 잘되라는 법은 절대 없지" 하는 '머피의 법칙'(Murphy's Law)으로 자기 삶을 바라보았다. 그래서 트럭이 망가지거나 치통이 생기거나 하는 등의 일상적인 어려움을 크게 부풀리고 치를 떨며 분개하다 결국에는 절망에 빠졌다. 그는 자기 삶은 조롱거리일 뿐이며, 멀리 계신 하나님은 자신을 그저 장난감 정도로 여기신다고 생각하고는 했다. 그의 삶은 무언가 달라져야 했다. 그러나 도대체 무엇을 어떻게 바꿀 수 있단 말인가?

신디와 존은 결혼한 지 어느덧 20년째다. 그들에게는 이미 다섯 자녀가 있는데, 전혀 예상치 못하게 여섯 번째 아이가 생겼다. 지난 10년간 이들은 온 힘을 다해 경력을 쌓았고 가족을 돌보았다. 존은 늘 빨래와 기저귀 갈기 등 집안일을 도왔고 한밤중에 일어나 갓난아기를 달래기도 했다.

존과 신디는 거의 말다툼을 하지 않았다. 이들의 결혼 생활은 조용했지만, 실상은 안에서부터 무너지고 있었다. 존은 신디가 가족을 위하는 자기에 대해 감사하지도 않으며 남편으로서 자신의 역할을 존중하지 않는다고 생각했다. 반면 신디는 존이 자신을 얕잡아 본다고 느꼈다. 중요한 결정에 끼어들 여지가 없었고, 무슨 일이든 이미 벌어지고 난 후에야 알았기 때문이다. 최근에는 존이 10대 아들에게 차를 사 주었는데, 신디는 두 사람이 차를 몰고 나간 후에야 그 사실을 알았다. 이 일은 그녀가 결혼 생활에 품은 쓰라린 마음에 부채질을 했다.

존과 신디의 이런 생활 방식은 오랫동안 지속되어 왔는데, 급기야 존은 결혼 관계가 끝났다고 생각하게 되었다. 이들은 매주 교회에 갈 뿐 아니라 그리스도에 대한 신앙고백도 하고 가족이 함께 기도도 했지만, 가정을 유지하기가 점점 더 어려워졌다. 언제라도 무너질 것만 같았다. 존과 신디는 무언가 달라져야 한다는 것을 알았지만, 무엇을 어떻게 해야 할지 그저 막막하기만 했다.

문제의 핵심에 좀 더 가까이

존과 신디 부부, 크레이그의 이야기는 정곡을 찌른다. 우리는 그들이 처한 혼돈을 통해 인간이 얼마나 쉽게 죄에 속아 넘어갈 수 있는지 알게 된다. 결국 죄는 계속해서 야금야금 우리를 먹어 치운다. 때로 우리는 서서히 데워지는 냄비 속 개구리와 같은 꼴이 된다. 개구리를 냄비에 넣고 물을 부은 후 아주 서서히 온도를 올렸더니 그 온도에 적응한 개구리가 자신이 조금씩 익어 가는 줄도 모르고 태연하게 있었다는 그 우화 속 개구리 말이다.

어느 날 아침, 크레이그는 삶이 너무 버거워 잠자리에서 일어날 수가 없었다. 이유는 모르겠지만 이런 일은 계속 반복되었다. 한편 존과 신디는 자신들의 결혼이 파국을 맞으리라고는 생각하지 않았다. 매 단계마다 그들은 적당히 적응하며 계속 생활을 꾸릴 구실을 만들었다. 그런데 결정적인 순간에 이르니 문제가 표면으로 떠오르면서 그간에 느꼈던 좌절들이 서로를 향해 쏟아져 나오기 시작했다. 조용히 문제를 회피하는 일은 더 이상 먹히지 않았다. 회피하는 태도는 오히려 상황을 악화시켜서 더는 피할 수 없을 정도로 문제를 키우고 말았다.

크레이그, 존, 신디에게는 도움이 필요하다. 그들은 진짜 문제가 무엇인지 밝히고 해법을 찾아야 한다.

거짓 희망

우리 모두는 속박과 자유라는 양극단의 연장선상에서 살아간다. 성경은 죄의 사악함과 우리가 죄와 얼마나 얽매이기 쉬운지 경고하는 한편, 그리스도 안에서 우리가 가진 자유에 대한 언약들을 가득 제시한다. 반면 우리의 문화는 변화에 대한 갖가지 이론들로 자유에 관한 나름의 경고와 잘못된 해법들을 약속한다. 이 대안적 이론들은 자유를 즐기면서도 혼돈은 피하되 우리의 관심사와 자신감을 있는 그대로 수용할 수 있다고 그럴듯하게 약속한다. 그리스도인은 언제나 이런 문제들에 직면한다. 그러기에 우리는 늘 변화에 대한 거짓된 이론과 약속들을 걸러내야 한다. 바울은 이미 1세기에 이렇게 말했다.

"그러므로 너희가 그리스도 예수를 주로 받았으니 그 안에서 행하되 그 안에 뿌리를 박으며 세움을 받아 교훈을 받은 대로 믿음에 굳게 서서 감사함을 넘치게 하라 누가 철학과 헛된 속임수로 너희를 사로잡을까 주의하라 이것은 사람의 전통과 세상의 초등학문을 따름이요 그리스도를 따름이 아니니라"(골 2:6-8).

사로잡히지 말라

바울은 "누가 철학과 헛된 속임수로 너희를 사로잡을까 주의하라"라고 말한다. "사로잡을까"에 해당하는 헬라어는 '유괴' 혹은 '강압'이라는 말로 번

역할 수 있다. 바울은 자칫 방심하다가는 거짓에 사로잡힐 수 있으니 문화의 영향력에 멋모르고 충성 맹세를 하지 않도록 눈을 똑바로 뜨고 살라고 조언한다. 바울의 이런 조언이 다만 큰 결정이나 주요 교리들에 한정된다고 어리석게 판단하지 말라. 싸움에 이기고 지는 일은 삶의 작은 순간에도 똑같이 적용된다.

 나는 이 사실을 얼마 전 아내와 뒤뜰을 바쁘게 손질하며 경험했다. 아이들 몇이 밖에 나와 놀면서 부모인 우리를 조금 도와주었다. 도와주는 아이들을 격려하는데 문득 '그런데 딸애는 지금 어디 있지?' 하는 생각이 들었다. 그때 딸은 자기 방에서 친구들과의 채팅에 빠져 있었다. 지난 며칠간 딸이 컴퓨터 앞에서 보낸 시간들을 계산해 보니 갑자기 화가 나기 시작했다. '왜 딸애는 다른 아이들처럼 우리를 돕지 않고 컴퓨터 앞에만 붙어 있을까?' 딸이 자기 몫의 집안일을 하지 않는다는 생각이 들자, 나는 점점 더 화가 나기 시작했다.

 아이러니하게도, 그 주간 내내 나는 겸손과 인내에 관한 설교를 기도하며 준비하고 있었다! 그런데 그 뒤뜰에 있는 동안, 나는 내 분노는 당연하고 내게는 잘못이 없으며 모든 것이 딸의 잘못이라는 생각에 사로잡히고 말았다. 그 순간 나는 아내에게도 짜증을 냈다. 아내는 고맙게도 인내심으로 부드럽게 나를 대했지만, 여전히 나는 자신의 짜증을 정당화하면서 아내가 아이들을 잘못 키운다고 비난했다. 이 모든 일이 내가 '까다로운 사람을 사랑하는 것'에 대한 구절을 묵상하고 있던 때에 순식간에 일어났다! 설교하려던 바를 내 삶 속에서 실습할 기회가 주어졌는데, 나는 전혀 엉뚱한 방향으로 빗나가고 말았다. 즉 자신의 태도와 행동을 바꾸기보다는 환경에 초점을 맞추어, 변화할 책무를 나로부터 딸에게로 편리하게 옮겨 버린 것이다.

나는 내 관심사를 지키면서 초점을 내 마음에서 딸로 간교하게 바꿨다. 나의 이기적인 관점에서는 오직 딸이 문제였기 때문에 딸을 바꾸는 것이 해법이었다. 그러나 나는 아버지의 훈육과 책무라는 미명 아래 내 분노를 정당화했을 뿐이다. 딸에게 선택의 자유라는 문제에 도전할 좋은 기회를 줄 수도 있었는데, 나는 나 자신의 태도와 감정이 아닌 딸의 행동이라는 엉뚱한 곳에서 잘못 시작하며 일을 그르치고 말았다.

철학과 헛된 속임수로

우리는 얼마나 쉽게 사로잡히는가? 바울은 우리가 그리스도보다 더 뛰어난 것처럼 자신을 포장하라는 해법과 또 공허하고 헛된 눈가림식 처방에 사로잡힌다고 말한다. 실제로 우리 문화는 성경 진리의 어떤 면만을 살짝 빌려 와서 성경적인 지혜인 양 가장하는 공허하고 헛된 학설들로 가득하다. 성경이 말하는 지혜의 핵심인 그리스도를 제외했기에 그것들은 그저 헛될 수밖에 없다. 뿐만 아니라 이 학설들은 사람들로 하여금 그리스도만이 가져다줄 수 있는 깊은 심령의 변화를 건너뛴 채 그리스도와 상관없이 살도록 조장한다.

우리 문화에 존재하는 또 다른 헛된 해법은 무엇일까? 과연 무엇이 그리스도 중심적인 변화가 아니면서 그럴듯해 보이는 또 다른 해법인 걸까? 그리스도보다는 세상의 초등학문과 인간 전통에 근거한 이런 철학들은 선한 의도를 가진 상담가들에 의해 우리에게 전달될 수 있다. 이런 해법들은 그리스도와 그분이 주시는 유익으로부터 우리를 멀리 떼어 놓는다. 이제부터 대표적인 예를 살펴보자.

무엇이 변해야 할까?

나의 환경?

가장 간단하면서도 사람들의 호감을 사는 접근법은 주변 환경에 초점을 맞추는 것이다. "내게는 돈이 더 있어야 해", "외모만 바뀐다면 내 삶은 좀 더 나아질 텐데", "결혼만 한다면 삶이 즐거울 텐데", "이런 결혼 생활에서 벗어나 나를 좀 더 알아주는 사람을 만난다면 덜 우울할 텐데", "자녀들이 나를 존경한다면 좀 더 잘해 줄 수 있을 텐데." 이 모든 생각들은 앞서 딸과의 관계에서 나를 쉽사리 희생제물로 삼았던 생각과 같다. 언뜻 보기에는 딸의 잘못에 초점을 맞추어 변화를 촉구하는 것이 옳은 듯하다. 손가락질 전략을 이용해 주변 상황을 바꿈으로써 자기 삶에 변화를 주려는 것이 이 접근법의 목표이다.

아담이 에덴동산에서 자기 죄를 감추기 위해 "하나님이 주셔서 나와 함께 있게 하신 여자"를 (또한 하나님을) 비난하며 처음 도입한 것이 바로 이 접근법이다. 다른 이의 잘못 혹은 다른 일들에 시선을 돌림으로써 자신을 폭발하게 만든 것은 직장에서의 힘든 하루라고, 세금을 속인 이유는 돈이 없어서라고 남의 탓을 하게끔 분위기를 조성한다. 정말이지 어려운 순간마다 쉽사리 남의 탓을 하고픈 유혹에 빠지는 것이 사실이다. 그러나 변화에 대한 이런 접근법은 간교하고 헛되다. 이는 내게 그리스도의 구속의 은혜가 필요함을 인정하지 않으면서 그 탓을 하나님 문전에 두는 방식이다. 하나님의 지혜와 선하심, 성품에 의문을 던짐으로써 우리 삶에서 문제가 되는 사람이나 환경을 만드신 하나님을 탓하는 것이다. 하지만 이로써는 하나님의 은혜를 구할 수 없을 뿐더러 찾을 수도 없다는 너무나도 명백한 문제가 발생한다.

나의 행동?

때로 우리는 "아내에게 좀 더 인내하고 잘해 주었어야 했어"라든가 "아이들에게 화를 폭발시키지 말아야지", "교회에 좀 더 관심을 가져야 해", "인터넷 사이트 접속을 줄이고 이웃들과 좀 더 가까이 지내야 해", "사람들의 견해 때문에 우왕좌왕할 필요는 없어"라면서 변화가 필요하다는 사실을 기꺼이 인정한다. 정말로 그렇다. 우리는 자신의 행동을 바꿀 필요가 있다. 그러나 이 방법은 외적인 행동만을 지적할 뿐이어서, 내가 왜 이런 행동을 계속할 수밖에 없는지 그 이유를 추적하지 못한다. 사람들은 그저 나쁜 행동을 선하게 바꾸었으면 좋겠다고 바라기만 할 뿐, 자기에게는 그런 기술이 없다고 생각한다. 자신의 진짜 동기를 찾는 데는 시간이 걸리기에, 그 고통스러운 과정을 피하려는 것이다. 우리는 그저 자신의 행동을 어떤 기교나 기술로 다루며 자신의 부정적인 삶이 문제없이 넘어가기를 원한다. 마치 앞선 존과 신디의 경우처럼, 그저 대화의 기술을 익힘으로써 우리가 하거나 하지 말아야 할 일들의 목록을 챙기고 상대방의 욕구를 채워 줄 전략을 찾기 원하는 것이다. 우리는 성경 구절을 인용함으로써 소위 '기독교식'으로 이 방법을 사용할 수 있다.

그런데 이것이 문제가 되는가? 근본적으로 존과 신디는 함께 사는 법에 관한 새로운 기술을 배울 필요가 있다. 성경은 인내하기, 사랑으로 진실을 말하는 법, 경청하고 부드럽게 대화하는 법에 관한 원리와 조언들로 가득하다. 그러나 변화에 대한 행동주의적 접근은 공허하다. 왜냐하면 이 접근법은 먼저 마음을 바꾸고 그다음에 행동을 바꾸는 그리스도의 능력에 대한 필요를 무시하기 때문이다. 행동주의적 접근은 그것이 기독교적으로 표현될지라도 성경의 명령을 그리스도 중심과 복음의 맥락에서 갈라놓는다.

새로운 행동의 필요를 역설하는 성경 구절들은 모두 성령님의 능력으로 우리 마음을 변화시키는 하나님의 은혜에 기초하고 있다. 성령님이 하나님의 말씀과 함께 역사하셔서 우리로 그리스도의 능력과 자비를 바라보게 하신다. 그분이 우리가 어떤 순간에도 하나님을 예배하고 소중히 여길 수 있을 만큼 우리의 마음을 변화로 이끄신다. 우리가 사람으로부터 하나님께로 관심을 돌릴 때, 우리의 마음이 재조정되어 내가 그리스도보다 소중히 여겼던 것들에 대한 회개가 일어난다. 이런 수직적 변화는 수평적 변화, 곧 다른 사람에 대한 행동의 변화를 동반한다. 외적인 행동에만 초점을 맞추는 접근법으로는 충분하지 않다. 성경적 변화는 훨씬 더 그 이상이다.

나의 생각?

공익 광고는 종종 인종차별이나 성 문제 등 사회적 병폐에 초점을 맞추고는 교육이 사람을 바꾼다는 낙관된 메시지로 끝을 맺는다. 변화에 대한 이런 접근법에 따르면, 우리는 주어진 상황에 적절히 행동하도록 우리 생각을 고칠 필요가 있다. 예를 들어 크레이그는 그로 하여금 삶에 실망감을 느끼게 한, 그가 이루지 못한 목표에 대해 다시 생각해 볼 필요가 있다. 그의 기대치를 조정한다면, 그 목표가 이루어지지 않더라도 그는 낙심하지 않을 것이다.

언뜻 변화에 대한 성경적인 이해에 가까워 보이지만, 결코 충분하지 않다. 우리의 기대와 바람이 우리의 행동과 삶에 대한 반응을 결정하는 데 큰 영향을 미치는 것은 사실이다. 그러기에 성경은 우리에게 먼저 사물에 대해 생각하는 방식을 바꾸라고 요청한다. 그런데 이런 접근법은 구세주로서의 그리스도와 그리스도의 사역을 제외시키고 만다. 즉 우리와 그리스도의 관계를 축소시킴으로써 우리가 '그분의 생각대로', '그분이 하신 대로' 행하지 못하도록 조장하는 것이다. 이런 접근법은 분노를 잘 다스리지 못하는 이에게 화가 치미는 순간 성경 말씀을 암송하며 기분을 다스리라고 조언할 것이다. 또한 공포의 문제와 씨름하는 이에게는 두려움을 느낄 때마다 하나님을 신뢰하는 데 초점을 맞춘 성경 구절을 읽으라는 식으로 말할 것이다.

나의 자아 개념?

"자기 자신을 신뢰하라", "당신은 착하고 능력 있는 사람이다", "마음만 먹으면 무엇이든 할 수 있다", "자신을 너무 모질게 대하지 말라" 이런 식으로 이야기를 건네는 접근법은 변화의 능력을 자기 안에서 찾게 한다. 언뜻 이 접근법은 우리의 가장 내밀한 감정에 대해 말하기 때문에 심오해 보일지 모른다. 그러나 단지 그렇게 '느껴지는 것'일 뿐이다.

이 접근법은 우리 안에 선함이 있다는 긍정적인 관점, 그리고 우리의 선함에 대한 확신으로부터 시작한다. 이 접근법은 우리가 노력하면 할수록 자신과 남들을 더 사랑하게 되리라고 단언한다. "먼저 자기 자신을 사랑하지 않으면 하나님이나 다른 사람들도 사랑할 수 없다"는 마치 계명과도 같은 말을 활용하기에 모든 것이 성경적인 듯 생각되지만, 실상 이것은 성경이 말하지 않는 인간 심성에 대한 이상한 가설을 만들어 낸다. 이 이론의 주요 가설은 우리 마음이 비어 있기에 반드시 채워질 필요가 있다는 것이다. 그러나 성경은 우리 마음이 비어 있다고 말하지 않는다. 오히려 우리 마음은 진리와 살아 계신 하나님을 제외한 모든 것에 대한 갈망으로 들끓는 솥과 같다. 이 접근법은 우리가 충분히 추구하지 않기에 (오직 하나님만이 채우실 수 있는) 마음의 빈 공간을 다 채우지 못한다고 말한다. 그러나 정녕 우리는 비어 있는 존재가 아니다! 우리 마음은 하나님을 대적하는 것들로 가득 차 있다. 이 기만적인 관점은 우리가 자신의 내면을 어떻게 느끼는지 잘 보여주는 듯하지만 사실은 우리를 실제보다 더 수동적이고 무결한 존재처럼 보이게 한다. 그러나 성경은 우리를 창조주가 아닌 창조된 것들로 자기 마음을 채우는 하나님의 배반자요 적이라고 묘사한다(롬 1:21-25).

성경적인 접근은, 우리가 빈 마음을 채우기 위해 추구하는 것들을 버려야 한다는 것이다. 우리 마음이 하나님의 은혜로 채워지려면, 먼저 지적이고도 정직한 회개에 이르러야 한다. 즉, 참되신 하나님 대신 우리 삶을 가득 채웠던 것들을 버리고 파쇄해야 한다. 회개란 우리 마음을 비우는 일이다. 야고보서 4장 1절은 우리가 남들과 싸우는 이유는 우리 안에서 서로 다투는 많은 갈망들 때문이라고 말한다. 그리고 성경은 깊은 회개와 더불어 살아 계신 그리스도로 우리를 먹이고 그 안에서 쉼을 누리게 하는 믿음으로 우리를 부른다. 그리스도께서는 성령님을 통해 우리를 그분 자신으로 채우시고, 우리의 마음을 믿음으로 변화시키신다.

성경도 죄책감과 자기혐오가 변화를 방해할 수 있다는 데 동의한다. 이 말은 언뜻 그럴 듯하게 들린다. "나를 압박하는 죄책만 다룰 수 있다면 내 자존감이 증가될 것이고, 나는 자유로이 살면서 사랑할 수 있을 것이다." 그러나 깊은 죄책과 자기혐오로 가득한 사람에게 이 접근법은 그저 공허할 뿐이다. 우리의 죄와 수치를 하나님에 대한 반역으로 연결 짓지 않고 죄책을 다만 약화시키면서 우리를 위한 그리스도의 사역을 생각할 기회를 막기 때문이다. 이것은 참 용서, 기쁨, 십자가 밑으로 이끄는 평화로 가는 길을 모호하게 만든다. 이와 비슷하게, 자신을 향한 타인의 죄로 잘못된 죄책감과 수치심에 시달리는 사람에게는 자신에 대한 긍정적인 인식과 자존감을 높이는 일 이상이 필요하다. 그는 그에게 깊은 상처를 남긴 다른 사람의 죄가 아니라, 자기 자신의 죄에만 책임이 있다고 분명히 말하는 십자가를 바라볼 필요가 있다. 죄에 대한 하나님의 관점이 그가 경험한 악이 아닌, 그리스도 안에 뿌리를 둔 정체성을 그에게 줌으로써 그의 수치심과 자기혐오를 거둘 것이다.

십자가는 우리가 비록 하나님의 형상을 따라 지음 받았지만, 심각한 결점이 있고, 무엇보다 우리 자신을 사랑하는 경향이 있다고 상기시킨다. 바로 이런 자기 사랑이 우리의 죄책감과 수치심을 일으킨다. 우리는 자기 자신을 측량할 수 없음을 마음 깊이 알고 있다. 우리가 스스로를 작은 존재로 느끼는 까닭은 실로 우리가 작은 존재이기 때문이다. 그런데 거짓 가르침은 우리가 자신을 위대하다고 긍정하게 함으로써 스스로 작다고 생각하기를 거부하게 만든다. 이런 관점이 얼마쯤은 먹혀들지 모르지만 계속될 수는 없다. 우리의 작음과 실패를 기억하는 것만이 우리를 논쟁의 원점으로 되돌릴 수 있다. 그리스도의 십자가는 용서하시는 하나님의 긍휼과 영광을 보여 주며 그리스도 안에서 우리를 향한 그분의 사랑이 얼마나 큰지 드러낸다. 나의 죄를 인정하고 하나님의 영광에 대해 인식하는 것만이 우리의 수치심과 자기혐오를 없애는 유일한 길이다. 이 길은 내 안에서가 아니라 내 밖에서 발견된다. 우리는 내가 아닌 하나님을 인정하라고 부르심을 받았다.

예수님을 더 신뢰하면 된다?

그렇다면 내가 의뢰해야 하는 예수님은 누구신가? 예수님을 모든 필요를 채워 주는 심리 치료사로 소개하는 몇몇 이론들이 있다. 그러나 변화에 있어 자기를 긍정하는 접근법이 기만적이고 공허한 것 이상으로, 이 마지막 접근법은 예수님을 어떤 방정식에 집어넣으려 하기 때문에 더더욱 그렇다. 예수님은 나의 심리 치료사이신가, 나의 구원자이신가? 예수님이 나의 심리 치료사라면 그분은 내가 규명해서 제시한 필요들을 채워 주실 것이다. 그러나 그분이 나의 구원자라면 그분은 나의 참된 필요를 규명하고 기대 이상의 영광스러운 방법으로 답하실 것이다.

예수님이 심리 치료사라면, 그분은 우리를 인정하려고 오신 분에 지나지 않는다. 그러나 우리는 자기 자신을 사랑하려고 애쓰는 대신 예수님이 우리를 얼마나 사랑하시는지를 생각해야 한다. 이 접근법은 하나님이 그리스도 안에서 우리에게 그분의 사랑을 부어 주신다는 복음의 아주 강력한 요소를 자기 것으로 만들기에 더욱더 기만적이다. 성경을 읽는 사람이라면 누구나 이 점을 쉽게 눈치 챌 것이다. 이 접근법은 예수님을 내가 규명하는 대로, 나의 욕구와 나의 빈 공간을 채워 주시는 분으로 살짝 틀어 놓았다. 하나님의 사랑을 다만 나를 위한 하나님의 봉사처럼 바꾸었다. 우리를 향한 하나님의 사랑을 극대화하는 한편, 하나님께 등을 돌린 우리의 반역과 죄에 대한 회개는 축소하거나 무시하고 있다. 이 접근법은 마치 우리가 자신에 대해 좋은 느낌을 갖도록 만드는 것이 예수님의 목표인 양 바꾸어 버린다.

그러나 하나님의 거룩한 사랑은 이런 것이 아니다. 물론 하나님의 거룩한 사랑은 우리에게 죄 사함을 주고 우리의 죄책을 깨끗하게 씻지만, 그것을 넘어 우리가 그분의 사랑을 버렸으며 사라질 것들에 안주했음을 인정하게 한다.

C. S. 루이스는 하나님의 사랑은 얄팍하고 이기적인 인간의 사랑과는 전혀 다르다고 이렇게 지적한다.

"너무도 놀라운 사실은 우리가 그분의 사랑의 대상이라는 것입니다. 당신은 사랑의 하나님을 원했습니다. 그리고 소유했습니다. 당신이 그저 가볍게 초청했던 그 위대한 영, '두려운 면모의 주'께서 바로 여기 계십니다. 당신 자신의 방식대로 그냥 행복하기를 막연히 바라는 무력한 자비로움이 아니라, 양심적인 판사의 차가운 박애심이 아니라, 자신의 손님을 편안히 모셔야 한다고 느끼는 주인의 관점이 아니라, 불처럼 뜨거운 그분께서 이 세상을 창조하신 바로 그 사랑으로, 자신의 작품을 향한 예술가의 열정처럼 집요하며, 애완동물에 대한 사랑처럼 전폭적이고, 자녀를 향한 아버지의 사랑처럼 훌륭하고 헌신적이며, 질투심을 유발하는 연인들의 사랑처럼 엄격하고 굽힐 줄 모르는 사랑으로 말입니다.…… 이것은 우리의 공적을 뛰어넘을 뿐 아니라, 몇몇 은혜의 순간들을 제외하고는 우리의 기대마저도 뛰어넘은 영광의 짐이었습니다."[1]

죄인을 향한 하나님의 거룩한 사랑은 우리를 겸허하게 하는 동시에 소생시킨다. 그 사랑은 죄인들로 하여금 자기중심적인 태도를 인정하기를 요구하면서, 바로 그 죄인을 깨끗하게 할 뿐 아니라 잘못된 사랑이라는 새장에서도 자유롭게 풀어 준다.

크레이그, 존, 신디에게는 그저 스스로를 기분 좋게 느끼게끔 유도하는 방법 이상의 도움이 필요하다. 그렇다, 그들은 그리스도 안에서 자신을 향한 하나님의 사랑이 얼마나 큰지 살펴보아야 한다. 또한 살면서 자신이 하나님의 사랑을 대신하는 다른 것들에 얼마나 자주 넋을 잃게 되는지 철저하게 돌아보아야 한다.

---

[1] C. S. Lewis, *The Problem of Pain* (New York: Macmillan Publishing CO., 1962), pp. 46-47; C. S. 루이스, 『고통의 문제』, 이종태 옮김, 홍성사, 2005.

예수님은 우리가 스스로를 기분 좋게 여기고 싶을 때마다 자판기처럼 원하는 것을 누르면 주는 그런 존재가 아니시다. 그분은 우리를 정결하게 하고, 충만하게 하고, 변화시키기 위해 오신 거룩한 분이시다. 그분은 이 모든 일을 우리의 방식대로 행하지 않으신다. 우리를 너무도 사랑하시기에, 제멋대로인 우리의 필요를 채움으로써 우리가 행복감을 느끼게 하는 것만을 전부로 삼지 않으신다. 예수님은 우리를 거룩하게 만들고자 오셨다. 다만 그분은 우리에게 정말로 필요한 것을 주시므로, 때로 우리가 원하는 바를 채워 주지 않으시는 것처럼 보일 때도 있다.

참된 소망

골로새서 2장에서 바울은 우리가 그 안에서 충만해졌고(9-10절), 그 안에서 함께 일으키심을 받았으며(11-12절), 그리스도 안에서 놓임을 받았다(13-15절)고 말한다. 이것은 우리가 죄와 싸우는 방법을 포함해 모든 것을 바꾸어 놓는다.

"그 안에는 신성의 모든 충만이 육체로 거하시고 너희도 그 안에서 충만하여졌으니 그는 모든 통치자와 권세의 머리시라 또 그 안에서 너희가 손으로 하지 아니한 할례를 받았으니 곧 육의 몸을 벗는 것이요 그리스도의 할례니라 너희가 세례로 그리스도와 함께 장사되고 또 죽은 자들 가운데서 그를 일으키신 하나님의 역사를 믿음으로 말미암아 그 안에서 함께 일으키심을 받았느니라 또 범죄와 육체의 무할례로 죽었던 너희를 하나님이 그와 함께 살리시고 우리의 모든 죄를 사하시고 우리를 거스르고 불리하게 하는 법조문으로 쓴 증서를 지우시고 제하여 버리사 십자가에 못 박으시고 통치자들과 권세들을 무력화하여 드러내어 구경거리로 삼으시고 십자가로 그들을 이기셨느니라"(골 2:9-15).

우리는 그리스도 안에서 충만해졌다

하나님에 관한 모든 것이 그리스도 안에서 드러났다. 그러므로 어떤 이가 그리스도인이 되었을 때, 이제 그의 안에는 충만함이 거하게 된다. 그리스도께서 내 안에 계시면 나를 채우기 위해 다른 무엇이 필요치 않다. 참으로 거룩하신 하나님의 큰 영광과 위대하심과 그 은혜로우심은 경이로울 따름이다. 그런데 바울은 이 모든 일이 우리에게 일어난다고 말한다. 바로 이것이 우리의 참 모습이다. 우리는 하나님의 성전이다. 하나님이 성령으로 우리 안에 거하기로 정하셨다. 나는 그분의 것이요, 그분은 나의 것이다! 베드로후서 1장 4절은 성도들이 "정욕 때문에 세상에서 썩어질 것을 피하여 신성한 성품에 참여하는 자가 되었다"고 말한다. 이 말은 우리가 하나님이 되었다는 뜻이 아니라, 그리스도를 믿는 순간 우리 안에 거하는 신성을 가지게 되었다는 뜻이다.

거룩한 삶을 사는 데 필요한 모든 것을 가졌기에 우리는 이제 우리를 그리스도로부터 떼어 놓는, 변화에 대한 허황된 약속들에 속아 넘어갈 까닭이 없다. 이 거짓 약속들은 우리가 자신과 자만심의 노예가 되도록 우리를 속박하는 것임이 드러났다. 이 약속들은 우리를 '보호'한다는 미명 아래 자기 자신을 향한 관심에 속박당하도록 우리를 교묘히 조종할 뿐이다.

그리스도가 아닌 다른 것에서 충만을 느끼고픈 유혹은 늘 찾아온다. 나 역시 예수님보다 평안과 위로를 선택하는 때가 있다. 그럴 때는 상반된 두 가지 죄악된 길로 나아갈 수 있다. 먼저 누군가가 내가 위로를 얻는 일에 끼어들어 짜증을 유발한다면, 방해가 된 그에게 화를 내며 그것을 빼앗기지 않으려 할 것이다. 다른 한편으로는 '거룩함'을 가장함으로써 같은 목적을 달성하려 할 수 있다. 다시 말해 겉보기에 '좋게' 행동함으로써 남의 친절을 이끌어 낼 수도 있다.

예컨대 아내와 논쟁하던 중에 잠시 후 텔레비전에서 야구 경기가 방영될 것을 알게 되었다고 하자. 경기 관람이 내게는 평안과 위로의 시간이기에, 더는 방해받고 싶지 않아서 아내에게 대강 사과를 하고 잘못했으니 용서해 달라고 요청할 수 있다. 겉보기에는 먼저 사과함으로써 거룩함을 드러낸 듯 보이지만 속사정을 살펴보면 그저 내가 원하는 것을 얻으려고 거룩함을 가장했을 뿐이다. 내가 정말로 그리스도로 충만한 삶을 살고 있다면, 경기가 곧 시작되건 말건 잘못에 대한 용서를 진심으로 구할 것이다. 정말 나의 행동이 신실했는지 판단하는 가장 확실한 방법은, 다음번에 경기 관람을 방해받았을 때 나의 태도를 보는 것이다. 만약 이때 화가 치민다면, 앞선 고백과 용서에 대한 요청은 한낱 원하는 바를 얻기 위해 아내를 조종하는 행위에 지나지 않는다.

바울은 그리스도 안에서 우리가 충만하다고 말한다. 이 진리를 충실히 따른다면, 이미 내 것인 충만함을 빼앗아 나를 텅 비게 할 만한 적수는 전혀 없다. 야구 경기가 있든지 없든지 나는 아내와 더불어 평안히 지낼 수 있다. 이 예화가 그리 인상적이지 않을 수도 있겠으나, 그리스도로 인한 축복이 이처럼 작은 일에서도 나를 변화시키지 못한다면 좀 더 심각한 상황에 이르렀을 때 자신을 바꿀 가능성은 극히 희박할 것이다. 그리스도의 은혜의 결과는 일상의 작은 일에서부터 적용되어야 한다.

새로운 신분과 새로운 능력

그리스도의 충만함은 우리에게 다음 두 가지를 가능하게 한다. 곧 우리의 죄를 씻어 주고, 새 생명을 시작하게 한다! 바울은 죄 사함이 우리에게 악의 권세를 이기는 자유를 가져다준다고 강조한다. 성경은 우리의 새로운 신분과 새로운 능력을 결코 분리하지 않는다. 그러기에 우리는 반드시 이 둘을 우리 삶에서 함께 지켜야 한다.

세례는 이 두 실제를 다음과 같이 보여 준다. 첫째, 우리는 죄 사함을 받았다. 우리 죄는 씻겼고 예수님이 우리를 위해 하신 일로 인해 우리는 용납을 받았으며, 마침내 하나님 앞에서 새로운 신분을 갖게 되었다. 둘째, 세례는 성도가 하나님의 가족으로 연합되었다고 강조한다. 세례는 예수님이 우리에게 주고자 죽으신 그 모든 것을 우리의 것이 되게 하는 신앙 공동체로 우리를 이끈다. 우리를 위한 예수님의 죽으심이 신앙 공동체 안에서 비로소 우리의 것이 된다. 우리가 죽었어야 할 죽음을 예수님이 대신 죽으셨고, 그분이 받으신 정죄 덕분에 우리는 자유함을 얻었다. 예수님의 부활은 곧 우리의 부활이다. 예수님이 율법의 요구를 만족시키셨기에, 하나님이 우리를 보고 만족하실 수 있게 되었다. 성령님이 우리에게 주어짐으로써 우리는 새로운 삶에 들어가게 되었다.

이 모든 말이 의미하는 것은 무엇인가? 바로 우리가 새로운 신분을 가지게 되었다는 것이다. 예수님이 죗값을 치르셨기에 그분의 의로운 삶이 다름 아닌 우리의 것이 되었다. 우리는 또한 새로운 능력도 갖게 되었다. 예수님을 죽음에서 일으키신 성령님이 이제 우리 안에 살면서 새로운 삶을 주시고 우리가 그리스도를 닮아 자라 가도록 능력도 주신다. 이처럼 성경은 우리의 새로운 신분과 새로운 능력을 분리하지 않음을 기억해야 한다. 둘 중 어느 한 가지가 없다면 참된 충만이 아니기 때문이다. 우리에게 새로운 신분이 주어졌지만 그리스도인의 삶을 살아갈 새로운 능력이 없다면 무슨 소용이 있겠는가? 또 새로운 능력이 주어졌지만 새로운 신분이 없다면 무슨 소용이 있겠는가? 변화는 되겠지만, 과거의 전과가 지워지지 않았기에 여전히 정죄를 받을 것이다. 그러나 그리스도 안에서 우리는 두 가지 모두를 얻는다. 우리는 거듭나고 용서받았으며 율법을 완전히 지킨 자처럼 대접받을 것이다. 또한 우리가 성화의 과정을 밟아가도록 성령님이 능력을 주실 것이다. 무엇보다 우리는 온전하게 되어 하나님과 영원히 살게 되리라는 약속을 받았다. "너희는 넘치도록 충만해졌다"라고 바울이 말한 이유를 이제 알겠는가! 우리에게는 부족함이 없다. 우리 주 그리스도 외에 더 필요한 것은 없다. 그분이 가진 모든 것이 곧 우리 것이니, 그리스도만 있으면 충분하다.

그리스도 안에서 자유함을 입었다

그리스도 안에서 충만한 우리의 현실에 대해 바울은 좀 더 설명한다. 즉 우리는 새로운 신분과 능력을 얻었을 뿐 아니라, 죄의 속박하는 능력과 율법의 정죄로부터 자유함을 입었다. 우리는 세상에 대해 죽었고, 세상의 것으로 그리스도를 대체하도록 유혹하는 사탄을 이길 능력을 얻었다. 우리는 더 이상 그것들의 지배를 받지 않는다! 우리에게는 이제 놀랍고도 새로운 방식으로 살아가고 행동하고 생각하고 믿을 자유가 있다.

골로새서 2장 14-15절에서 우리는 세상 권세들을 무력화하여 드러내어 구경거리로 삼으시고 승리를 공표하시는 그리스도를 볼 수 있다. 한 주석가는 이에 대해 다음과 같이 말했다.

"로마의 개선 행진은, 귀환한 장군들이 혁혁한 승리를 거두었음을 사람들에게 보여 주는 가장 좋은 방법이었다. 전쟁 포로 수백 명이 정복꾼들 뒤에서 줄에 묶인 채 끌려가고 있으니, 그날 그 도시에서 무슨 일이 일어났는지 모르는 사람은 아무도 없을 것이다. 한때 용맹한 군인이었던 이 포로들은, 이제는 전혀 두려워할 만한 존재가 아니라는 듯 모두에게 수치를 당하고 있다. 이것이 곧 바울이 (15절을 통해) 말하는 바이다. 참된 영적인 자유가 그리스도의 십자가를 통해서 모든 하나님의 백성에게 주어졌음을 바울은 보여 주려는 것이다. 게다가 이 승리는 하나님의 사랑을 입은 소수만이 이해하고 주장할 수 있는 비밀이 아니다. 이 왕을 알고서도 그분의 영광스러운 승리를 모르기란 불가능하다. 사탄의 권세로부터의 해방은 하나님이 두 번째 혹은 세 번째, 네 번째로 주시는 은혜가 아니다. 간단히 말해 복음의 특권은 모두를 위한 것이다. 모든 참된 신자들은 이미 모든 통치와 권세의 머리이신 그리스도 안에서 충만한 삶에 이르렀다고 기록되어 있다."[2]

결정적 승리라는 관점에서 볼 때 복음은 '기쁜 소식'이 아닐 수 없다.

현실

더욱 놀라운 점은 이 소식이 일상의 역경뿐 아니라 박해와 고난, 고문과 순교의 위협 속에 살았던 성도들에게도 주어졌다는 사실이다. 복음은 그 절

---

2) R. C. Lucas, *The Message of Colossians and Philemon, The Bible Speaks Today* (Downers Grove, Ill.: InterVarsity Press, 1980), p. 110; 딕 루카스, 『골로새서 · 빌레몬서 강해』, 정옥배 옮김, 한국기독학생회출판부, 2008.

망적인 상황에서 소망과 격려를 가지고 말한다. 그리고 우리에게도 "그 보배롭고도 지극히 큰 약속"을 마음에 새겨야 할 좋은 이유가 있다. 곧 이 약속이 우리로 정욕으로 인해 세상에서 썩어지는 일을 피하게 하기 때문이다 (벧후 1:4).

골로새서를 보면, 우리가 그리스도인이 될 때 나타나는 새로운 투쟁과 그리스도 안에서의 충만함이 교차한다. 골로새서 3장 5-11절에서 바울은 이렇게 덧붙인다.

"그러므로 땅에 있는 지체를 죽이라 곧 음란과 부정과 사욕과 악한 정욕과 탐심이니 탐심은 우상 숭배니라 이것들로 말미암아 하나님의 진노가 임하느니라 너희도 전에 그 가운데 살 때에는 그 가운데서 행하였으나 이제는 너희가 이 모든 것을 벗어 버리라 곧 분함과 노여움과 악의와 비방과 너희 입의 부끄러운 말이라 너희가 서로 거짓말을 하지 말라 옛 사람과 그 행위를 벗어 버리고 새 사람을 입었으니 이는 자기를 창조하신 이의 형상을 따라 지식에까지 새롭게 하심을 입은 자니라 거기에는 헬라인이나 유대인이나 할례파나 무할례파나 야만인이나 스구디아인이나 종이나 자유인이 차별이 있을 수 없나니 오직 그리스도는 만유시요 만유 안에 계시니라."

그리스도인의 삶을 뒤흔드는 싸움은 명백히도 끊임없이 계속될 것이다. 창궐하는 시험과 유혹이 찾아오겠으나 우리는 좀 더 유리한 입장에서 대응할 수 있다. J. C. 라일은 우리의 성화를 위해 그리스도께 보다 적극적으로 의지해야 한다고 말한다. 거룩함은 그리스도와 더불어 시작되기에 우리는 그리스도께 먼저 속해야 하는 것이다.

"거룩하고 싶은가? 새로운 피조물이 되고 싶은가? 그렇다면 그리스도와 함께 시작해야 한다. 자신의 죄와 약점을 인지하고 그리스도께 피하기 전에는 우리는 아무것도 할 수 없고 진전 역시 있을 수 없다. 오직 그리스도만이 거룩함의 뿌리요 시작이시다. 그러므로 거룩함에 이르는 길은 믿음으로 그분께 가서 그리스도와 함께하는 것뿐이다.……

슬프게도 사람들은 그 무엇보다 자기 자신을 거룩하게 하고자 무진 애를 쓴다. 수고하고 애쓰며 새롭게 시작하고자 갖가지 변화들을 모색한다. 그러나 모두가 혈루병을 앓던 여인이 그리스도 앞에 오기 전까지 '아무 효험이 없고 도리어 더 중하여졌던'(막 5:26) 상황을 경험하고야 만다. 그들은 헛되이 달리고 헛되이 수고했다. 그들은 처음부터 잘못된 곳에서 출발하지 않았는지 의심해 보아야 한다. 그들은 쉽게 쌓은 만큼 쉽게 무너지는 모래성을 쌓은 것이다. 그들은 물 새는 배에서 물을 퍼내고 있는데, 누수되는 곳을 잡기보다는 그들 자신이 잡히고 있다.……

로버트 트레일(Robert Trail)이 말한 이 강력한 진리에 귀를 기울여 보라. '그리스도 밖에 있는 지혜는 어리석고, 그리스도 밖에서 외치는 의로움은 죄책과 정죄이며, 그리스도 밖에서의 성화는 더러움과 죄이고, 그리스도 밖에서의 구원은 멍에와 속박이다.'

거룩함을 얻기 원하는가? 이 시간, 거룩함에 대한 진정한 바람이 있는가? 신성에 참예하기를 원하는가? 그렇다면 그리스도께로 가라. 아무것도 아무도 기다리지 말라. 주저하지도 말라. 준비될 때까지 뜸 들이지 말고 주께로 가서 이렇게 찬송하라. '빈손 들고 앞에 가, 십자가를 붙드네. 그리스도를 옷 입기 바라며 맨몸으로 나가네. 다른 도움 없으니 오직 은혜만 바라네'(찬송가 '만세 반석 열리니', 원문 직역 -역주).

예수 그리스도께 이르기까지 그 무엇도 우리의 성화의 여정을 방해하지 못할 것이다."3)

그리스도 중심주의는 그리스도인의 온 삶을 통해 계속되어야 한다. 라일은 계속해서 말한다.

"만일 거룩함을 유지하고자 한다면 그리스도 안에 거하라. 그리스도께서는 친히 이렇게 말씀하셨다. '내 안에 거하라 나도 너희 안에 거하리라…… 그가 내 안에, 내가 그 안에 거하면 사람이 열매를 많이 맺나니'(요 15:4-5). 아버지께서는 그리스도 안에 있는 모든 충만으로 모든 믿는 자들의 필요를 채워 주기를 기뻐하신다. 예수님은 우리가 건강한 삶을 영위하기 위해 이 광야와 같은 세상에서 매일 찾아가야 할 의사이며, 매일 먹어야 하는 만나이고, 매일 마셔야 하는 생수가 솟아나는 반석이시다. 우리가 매일 의지해야 할 팔이시다. 우리는 그 안에 뿌리내린 채 단단히 박혀 있어야 한다."4)

그리스도 안에서 주어진 복이 우리가 앞에 놓인 영적 싸움을 시작할 수 있도록 힘을 북돋는다. J. C. 라일은 "참 그리스도인은 양심이 평안한 동시에 전쟁을 치르는 사람이다"5)라고 했다. 우리가 그리스도와 연합한 데는 목적이 있다. "곧 창세 전에 그리스도 안에서 우리를 택하사 우리로 사랑 안에서 그 앞에 거룩하고 흠이 없게 하시려고"(엡 1:4). 요컨대 그리스도 안

---

3) J. C. Ryle, *Holiness: Its Nature, Hindrances, Difficulties, and Roots* (Cambridge: Redwood Burn Limited, Trowbridge and Eshar, 1959), p. 49; J. C. 라일, 『거룩』, 장호준 옮김, 복있는사람, 2009.
4) 앞의 책, p. 50.
5) 앞의 책, p. 21.

에서의 새로운 삶이란 그 중심에서 세상과 육신과 마귀를 대적해 영광스럽게 싸우는 삶이다. 동시에 이 삶은 우리가 그리스도와 연합했다는 극명한 징표이기도 하다.

변화는 가능하다!

이 책의 목표는 예수 그리스도의 기쁜 소식이 우리의 정체성은 물론 우리가 일상적으로 직면하는 역경과 유혹에도 영향을 미친다는 점을 알리는 데 있다. 우리는 복음 외의 헛된 속임수에 너무도 쉽게 마음을 빼앗기기에, 그리스도께서 하신 일에 대한 분명한 이해가 필요하다. 크레이그나 존과 신디가 그렇듯 우리 역시 그리스도께서 어떻게 은혜로 우리를 바꾸시는지 분명하고도 구체적으로 알아야 한다.

크레이그가 우울증으로 힘들어할 때 그 무엇도 거기서 그를 해방시키지 못했다. 크레이그는 자신의 첫 번째 정체성은 우울증 환자이며, 두 번째 정체성은 그리스도인이라고 생각하는 속임수에 빠지고 말았다. 자신은 우울증 환자라는 생각이 그가 행동하고, 반응하고, 해석하고, 삶에 대응하는 모든 방식을 결정했다. 그랬기에 그는 삶을 오직 머피의 법칙이란 관점에서 볼 수밖에 없었다! 그러나 바울은 그리스도에게 속한 사람은 이미 깨끗해졌으며 새 삶을 얻었다고 단언한다. 즉 크레이그는 우울증 환자인 그리스도인이 아니라, 그리스도인으로서 우울증과 싸우는 것이다. 이것은 단지 어감상 차이에 불과한 것이 아니다. 크레이그는 무엇보다 먼저 그리스도인이다. 비록 그의 감정 상태가 매일 변하기는 하지만, 그리스도 안에서 찾은 정체성은 결코 흔들림 없는 반석 위에 세워져 있다. 크레이그는 그리스도의 구속의 능력 밖에 있는 존재가 아니다. 물론 그리스도 안에 뿌리박힌 정체성을 갖추었다고 해서 날마다 죄와 싸우지 않아도 된다는 뜻은 아니다. 다만 그를 몸부림치게 하는 특정한 죄로 그의 신분을 규명할 수는 없다는 뜻이다. 그의 정체성은 그리스도 안에서 자신이 누구인가의 문제에 깊이 관련되어 있다.

신디와 존은 서로에게서 아무런 변화도 기대할 수 없다고 믿으며 헤어질 필요가 없다. 그들은 결혼 문제로 몸부림치는 상황을 가지고 자신을 규명할 필요도 없다. 참 신랑이신 예수님이 그들과 함께 계시면서 과거와 미래의 복들을 가져오신다. 우리에게도 마찬가지다. 그리스도께서는 그분의 구원이 우리에게 가져오는 새로운 정체성과 새로운 신분, 새로운 능력에 따른 변화와 투쟁 사이에 다리를 놓으신다.

세상은 변화에 대한 다른 이론들을 제공하면서 우리를 그리스도와 그분의 은혜에서 멀어지게 한다. 혹시 거짓 희망에 귀가 솔깃해지는가? 그리스도께서 하신 일을 축소하거나 외면하는 다른 약속들로 인해 그리스도 안에 있던 나의 소망이 희미해지는가? 부디 예수님의 삶, 죽음, 부활, 승천 그리고 다시 오심에 관한 약속들을 통해 우리에게 주신 선물을 깨닫기를, 예수님을 뵙고 체험하도록 성경을 읽으며 계속 성장해 가기를 바란다.

chapter 3

어떤 변화를 꿈꾸는가?
_하나님이 인도하시는 곳

● 윤홍식 옮김

　인간은 '의미를 찾는 자'이다. 우리는 삶의 모든 사건과 행동과 관계 속에서 의미와 목적을 찾으려 한다. 엄마에게 하나님이 전봇대도 만드셨는지 물어보는 꼬마는 의미를 찾는 사람이다. 친구에게 어떻게 하면 다른 아이들이 자기를 좋아하게 만들 수 있을지 묻는 아홉 살 여자아이도 의미를 찾는 사람이다. 배우자가 직장 상사랑 잘 지내지 못하는 이유를 대화하며 찾는 부부도 의미를 찾는 사람이다. 장성한 딸이 왜 자기를 찾아오지 않는지 궁금해하는 나이든 어머니 역시 의미를 찾는 사람이다.

　뚜렷이 의식하지는 않더라도 우리 모두는 의미를 찾는 일을 잠시도 쉬지 않는다. 삶의 의미를 찾는 일은 결코 중단되지 않는다. 우리는 질문을 하고 가설을 세우며 결론을 이끌어 내고 관계를 찾고 자료를 해석하면서 차이점을 구별하려 한다. 전쟁의 공포든, 암 검사든, 친구의 이혼이든, 자녀 양육 문제든, 이웃과의 냉전이든, 혹은 경제적인 문제든지 간에 우리는 주변에서 일어나는 모든 일로부터 어떤 의미를 찾아내고자 한다.

　고통을 당하거나 괴로움을 만나거나 목표를 성취하거나 혹은 편안한 휴식을 취하든지 간에, 우리는 의식적 혹은 무의식적으로 스스로에게 이렇게 묻는다. '요점은 무엇인가? 그것이 의미하는 바는 무엇인가?' 여기서 중요한 한 가지는, 우리가 스스로에게 내리는 답 그리고 우리가 자신의 생각과 환경과 관계와 행동에 부여하는 의미는 우리를 어떤 구체적인 방향으로 인도한다는 사실이다.

조앤과 브라이언은 어린 나이에 결혼했다. 그들은 농담처럼 자기들이 함께 자라갈 것이라고 말하고는 했다. 말 그대로 조앤은 성장했는데, 브라이언은 그렇지 못했다. 결혼 생활을 한 지 10년이 지났지만 그는 여전히 10대처럼 살았다. '동네 친구들'과 너무나 많은 시간을 보냈고 취미 생활에 너무 많은 돈을 지출했다. 심지어 가족여행을 가서도 그는 조앤을 버려둔 채 혼자 사냥을 나가거나 낚시를 즐겼다. 더욱이 그와 조앤은 항상 빚을 지고 살았다. 브라이언은 자신을 그리스도인이라고 소개했지만, 가능한 한 그리스도인으로서의 책임은 피하려고 했다.

조앤은 브라이언에게 책임감을 심어 주려고 온갖 노력을 다했다. 결혼 생활을 잘 꾸려 보려고 애썼다. 집에서는 최대한 스트레스를 주지 않으려고 했고, 몇 번이나 남편을 이끌고 상담을 받으러 가기도 했다. 그러나 그 모든 노력에도 불구하고 별로 도움을 얻지 못했다. 브라이언은 여전히 미성숙했으며 자기중심적이었다. 그러던 어느 날, 조앤은 절망한 나머지 짐을 싸들고 두 딸을 데리고 친정으로 갔다. 그리고 6개월 후 조앤은 이혼 수속을 밟기 시작했다. '그렇게 이기적인 인간'에게로 다시는 돌아가고 싶지 않았기 때문이다.

프랭크는 큰 상처를 받았다. 그는 많은 신자들이 한가하게 신앙생활하기 좋은 교회로 떠났을 때에도 교회에 남아 여러 해를 헌신했다. 프랭크는 자기가 받은 달란트로 할 수 있는 모든 일을 다하며 교회를 섬겼다. 목회적인 요구가 무엇인지 항상 마음을 쏟았고, 무언가 문제가 생기면 해결하고자 기꺼이 발 벗고 나섰다. 미혼인 그에게 교회는 곧 가정이나 마찬가지였다. 뿐만 아니라 교회 활동은 가장 사랑하는 취미 생활이었으며 나아가 사회적인 관계를 유지하는 바탕이 되었다.

그는 또한 자기 신앙을 키우려고 참으로 열심히 훈련했다. 교회가 제공하는 모든 제자훈련 과정에 참여했으며, 더욱이 따로 공부가 하고 싶어서 그 지역의 신학대에서 야간 수업까지 받았다. 기회가 있을 때마다 프랭크는 장로와 집사를 위한 직분자 교육에도 등록해서 열심히 배웠다. 성경의 내용에 대해 이미 많은 것을 알았지만, 그는 항상 더 많이 알고 싶었다.

하지만 프랭크는 자신이 어떤 갈등에 빠졌을 때 그 문제로부터 쉽게 헤어 나올 수 있을 것인지 알지 못했다. 프랭크는 장로 선출을 위한 후보 결정 과정에서 떨어졌는데, 이번이 벌써 다섯 번째였다. 그는 후보로 결정된 사람들의 명단을 보았다. 아무도 그만큼 열심히 하는 사람이 없었다. 그들 중 누구도 자기만큼 믿음이 있는 사람은 없었다. 정말이지 말도 안 되는 일이었다! 그는 주일 밤 침대에 앉아 스스로에게 말했다. '나는 내 할 일을 다했어.' 몇 주 후 프랭크는 자신이 다니던 모든 양육 프로그램을 중단하고는 즉시 교회를 떠났다.

니키는 왜 자신이 우울한지 알 수 없었다. 그냥 항상 그랬다. 돌이켜 보면 감정 상태가 '고조'된 날보다 '침체'된 날이 더 많았다. 그녀는 이런 자신의 사고방식이 싫었다. 그녀는 집을 치우고 깨끗이 하는 일을 무척 힘들어했다. 더욱이 그녀의 몸무게는 니키가 자기중심적이 되고 불안한 상태에 빠지게 하는 데 일조했다. 날마다 새로운 다이어트 책을 사서 시도하기도 하고, 인생에서 승리하는 법에 관한 책들도 끊임없이 읽었지만, 이 모두는 그녀를 더욱 깊은 좌절에 빠져들게 했다. 니키는 한 사무실에서 근무하는 쌍둥이 자매 로브가 너무나 밝고 매력적이며 성공한 여성이라는 생각이 들어 더욱 괴로웠다. 어느 날 아침, 거울을 바라보던 니키는 삶에 대한 동기가 다 빠져 나가 버렸음을 깨달았다. 니키와 로브는 늘 함께 할머니를 찾아뵙고는 했는데, 그날 아침에는 전화기를 끄고 다시 침대로 가서 누웠다.

보우는 언젠가 이 일이 일어날 수도 있겠다고 생각했지만, 정말로 일어날 줄은 몰랐다. 몇 년 전 그는 많은 돈을 상속받았다. 이전까지 보우는 자신을 검소한 삶에 익숙한 경건한 사람이라고 생각했다. 그는 고급 레스토랑에서 식사할 필요를 느끼지 못했고 명품 셔츠를 사고 싶어 하지도 않았다. 그는 소박한 휴가를 보냈으며 집이나 차 역시 별로 특별한 점이 없었다. 보우는 갑자기 얻은 큰 돈이 삶에 대단한 변화를 일으키리라고는 전혀 생각하지 못했다. 하지만 막상 현실은 또 달랐다.

돈이 들어오자마자 보우는 가장 먼저 새 스포츠카를 구입했다. 그것은 현명하고 매우 유익한 결정인 것 같았다. 그다음에는 큰 집을 샀는데, 성도들을 섬기는 데 좋으리라 생각했기 때문이다. 값비싼 옷이나 골프장 회원권은 부와 함께 따라오는 기본적인 필수품으로 보였다. 요트를 구입했을 때는 이 새로운 소비를 정당화하고자 자기 자신에게 애써 변명할 필요도 느끼지 못했다. 그에게는 돈이 아직도 많이 남아 있었다. 그는 자기를 위해 구입한 온갖 호화스러운 것들의 위세를 즐길 따름이었다.

더 나은 삶에 대한 환상

조앤, 프랭크, 니키, 보우의 삶에는 몇 가지 중요한 공통점이 있다. 이들은 타락한 세상에서 죄의 유혹을 받는 죄인들로 살아간다. 우리도 삶의 사소한 순간들에서 이들이 겪은 유혹을 경험한다. 때로 우리는 그런 유혹들을 아주 심각하고도 중요한 순간에 직면한다. 어떤 유혹들은 어렵고 낙심이 되는 때에 치명적으로 공격해 오며, 또 다른 유혹들은 우리가 축복 가운데 머물면서 방심하고 있을 때 우리를 넘어뜨리려 한다.

이런 가운데 우리는 무슨 일이 일어났는지 이해하려고 애쓴다. 본능적으로 현재 일어난 일은 하나님의 뜻이 아니라고 느낀다. 그런데 우리가 사는 이 세상은 너무나 타락해서, 변화를 위해 무엇을 혹은 무슨 말을 해야 하는지 알 수 없을 때가 많다. 대신 우리는 상황이 이러저러하면 얼마나 좋을까 하고 상상하기 시작한다. 직장 상사가 조금 더 인내심이 많으면 얼마나 좋을까, 가족이 좀 더 친밀하면 얼마나 좋을까, 생활비를 아낄 수 있다면 얼마나 좋을까, 아들이 좀 더 고분고분하면 얼마나 좋을까, 저 집을 살 수 있다면 얼마나 좋을까, 우리 교회가 이혼가정에 좀 더 신경을 쓴다면 얼마나 좋을까, 내게 시간이 좀 더 있다면 얼마나 좋을까······. 우리 모두는 더 나은 삶에 대한 자기만의 환상을 가지고 있다. 우리는 삶을 돌아보면서 변화가 필요한 부분들을 결정하고는 어떤 모습이 되면 좋을지 상상한다. 문제는 바로 이러한 욕구가 삶 속에서 충분히 이루어지지 않고 단지 상상에 그친다는 사실이다. 바로 이 지점에서 성경은 우리의 환상을 깨뜨린다.

2장에서 보았던 대로, 사람들 대부분은 변화를 꿈꿀 때 그 변화가 우리 밖에서 일어나야 한다고 생각한다. 즉 우리는 어떤 상황이나 관계가 달라진다면 더 나은 삶을 살 수 있으리라고 생각한다! 그러나 하나님은 가장 변화해야 할 부분은 바로 우리 자신이라고 말씀하신다. 주님은 상황이나 관계를 바꾸고자 역사하시는 것이 아니다. 그분은 우리를 우리 자신으로부터 구원하고자 하신다. 하나님의 사랑은 우리에게 초점이 맞춰져 있다. 우리는 평생의 변화를 일으키시는 하나님의 사역의 중심이다.

충돌하는 꿈들

　무언가 바라는 일을 상상하는 우리의 능력은 놀라운 동시에 위험하다. 상상력은 보이지 않는 것을 보는 힘이자, 미리 앞서 생각하는 것이며, 성취된 꿈을 바라보도록 하는 원동력이기도 하다. 더욱이 상상력은 인간 모든 행동의 동기가 된다.

　그러나 상상력이 도덕적으로 결코 중립적인 것은 아니다. 상상하는 사람 자체가 결코 중립적이지 않기 때문이다. 바로 여기에, 매우 인간적인 이 재능의 위험성이 있다. 즉 우리의 상상력은 우리 죄로 인해 쉽게 변질될 수 있다. 우리의 상상력이 우리의 믿음을 드러낼 수도 있지만, 또한 우리의 음욕과 탐욕, 이기심, 두려움, 분노, 의심, 절망감 그리고 마음의 완악함을 드러낼 수도 있다. 우리는 죄를 한가득 지닌 채 꿈꾸는 자들이다. 우리는 현재보다 더 나은 세계를 꿈꾸지만, 우리의 꿈은 주님에 대한 것이기보다는 자기 자신의 계획에 관한 것일 때가 많다. 비록 의식하지는 못하더라도 우리는 종종 우리의 지혜이며 우리의 사랑을 받으셔야 할 주님과 갈등한다. 또는 주님이 일으키시는 변화가 우리가 꿈꾸던 변화와 맞지 않을 때도 있다. 우리는 대개 다른 사람이나 외부 환경의 변화만을 상상하지만, 주님은 우리를 변화시키고자 바로 우리 마음속에서 역사하신다. 그렇다면 과연 주님은 우리를 어떻게 변화시키시려는 것일까?

　예수님은 이 땅에서 사셨고 또한 죽으셨다. 이를 통해 주님은 "그가 모든 사람을 대신하여 죽으심은 살아 있는 자들로 하여금 다시는 그들 자신을 위하여 살지 않고 오직 그들을 대신하여 죽었다가 다시 살아나신 이를 위하여 살게 하려 함이라"(고후 5:15)는 말씀을 이루셨다. 하나님의 사랑이 우리의 삶에 부어질 때 비로소 삶의 목표가 바뀐다. 사도 베드로는 이에 대해 다음과 같이 말한다. "이로써 그 보배롭고 지극히 큰 약속을 우리에게 주사 이 약속으로 말미암아 너희가 정욕 때문에 세상에서 썩어질 것을 피하여 신성한 성품에 참여하는 자가 되게 하려 하셨느니라"(벧후 1:4). 우리 모두는 그저 잘못된 것들을 원할 뿐이다. 그렇기 때문에 하나님은 우리의 원하는 바를 변화시키고자 하신다. 우리의 말과 행동은 모두 어떤 식으로든 우리 욕구의 결과이다.

베드로가 말하는 변화는 가장 근본적인 수준에서의 변화를 뜻한다. 베드로는 하나님이 나의 이 죄악되고 이기적인 본성을 그분의 신령한 성품으로 바꾸려고 일하신다고 말하고 있다! 하나님은 우리를 그분의 모습으로 새롭게 변화시키신다. 삶의 모든 혼란 가운데서 주님이 내 마음을 변화시키시기에, 나는 그분의 모습 그리고 그분이 이 세상에서 행하시는 모습과 합하는 방식에 따라 생각하고 원하고 말하고 행동할 수 있게 된다. 긍정적인 삶의 변화는 나의 바람이 하나님의 목표와 일치할 때 일어난다. 개인적인 편안함과 자기만족이라는 목표에서 등을 돌릴 때, 우리는 비로소 그리스도를 찾아 나설 수 있다. 우리는 날마다 더욱 그분을 닮기 원할 수 있다. 그 일을 위해 노력하는 가운데 우리는 궁극적인 종착지인 주님과 영원히 함께하는 삶을 더욱 잘 준비하게 된다.

그렇지만 나의 욕구를 하나님의 궁극적인 목적으로 바꾸는 일은 쉽게 일어나지 않는다. 모든 그리스도인에게는 다음의 두 가지 현실이 존재한다. 첫째, 우리는 저마다 생각하고 느끼고 행동하고 삶에 반응하고 원하는 본능적인 방식을 가지고 있다. 둘째, 우리의 궁극적인 목표는 그리스도를 닮는 것과 그분과 함께 영원히 사는 것이라는 사실이다.

이 두 현실을 연결하는 것은 우리에게 자연스러운 일이 아니다. 우리 삶 가운데 매일 일하시는 성령님만이 이를 연결하실 수 있다. 거듭 말하지만 이 책은 하나님이 삶의 기쁨과 슬픔 가운데서 어떻게 우리를 만나고 변화시키시는지 이해하도록 돕고자 마련되었다. 요컨대 하나님의 궁극적인 계획이 어떻게 인생의 목표가 되는지에 관해 알려 주는 책이다.

꿈꿀 만한 가치가 있는 것

당신이 꾸준히 구하는 기도 제목이 있는가? 어떤 종류의 '필요'가 자신의 기도 내용을 채우고 있는가? 그 문제를 가지고 기도할 때 그 일이 어떻게 되게 해 달라고 구하는가? 우리의 기도는 곧 우리의 꿈을 나타내기 마련이다. 기도하면서 우리는 필요하다고 생각하는 바를 말씀드린다. 즉 스스로 원하는 바를 요구한다. 자신의 일상적인 기도 내용과 바울이 빌립보서에서 드린 기도 내용을 한번 비교해 보라.

"내가 너희를 생각할 때마다 나의 하나님께 감사하며 간구할 때마다 너희 무리를 위하여 기쁨으로 항상 간구함은 너희가 첫날부터 이제까지 복음을 위한 일에 참여하고 있기 때문이라 너희 안에서 착한 일을 시작하신 이가 그리스도 예수의 날까지 이루실 줄을 우리는 확신하노라 내가 너희 무리를 위하여 이와 같이 생각하는 것이 마땅하니 이는 너희가 내 마음에 있으며 나의 매임과 복음을 변명함과 확정함에 너희가 다 나와 함께 은혜에 참여한 자가 됨이라 내가 예수 그리스도의 심장으로 너희 무리를 얼마나 사모하는지 하나님이 내 증인이시니라 내가 기도하노라 너희 사랑을 지식과 모든 총명으로 점점 더 풍성하게 하사 너희로 지극히 선한 것을 분별하며 또 진실하여 허물 없이 그리스도의 날까지 이르고 예수 그리스도로 말미암아 의의 열매가 가득하여 하나님의 영광과 찬송이 되기를 원하노라"(빌 1:3-11).

바울이 무엇을 간구했는지 알겠는가? 여타의 기도 내용이 갖는 간절함과 전혀 다르다. 이 기도는 실제적일 뿐 아니라 소망에 차 있다. 바울은 자신이 어떤 사람들을 위해 기도하고 있는지 알았다. 바로 모든 연약함과 많은 도전 속에서 살아가는 사람들이었다. 그러나 바울은 그들을 생각할 때마다 확신에 넘쳤다! 그들이 스스로 자기 행동을 변화시킬 수 있어서 확신한 것이 아니다. 그들에 대한 바울의 확신은 그들 안에 있지 않았다. 그것은 온전히 하나님과 인간 사이의 수직적이고 인격적인 관계에 있었다. 바울이 빌립보 교회를 생각하며 확신할 수 있던 것은 그의 확신이 오직 예수 그리스도에 근거했기 때문이다. 바울은 하나님께서 그들에게 행하신 선한 일들이 주님께서 사명을 온전히 이루시기까지 계속될 것이라고 굳게 믿었다(3-5절).

바울은 빌립보 교회를 생각할 때 기쁨으로 기도할 수 있었다. 그는 그들이 복음 안에서 서로 연결되어 있음을 기뻐했다. 또한 그들의 삶 속에 그리스도께서 지속적으로 역사하심을 즐거워했다. 바울은 그들에 대한 자기의 사랑으로 기뻐했고, 그들이 그와 함께 하나님의 은혜 속에 거하고 있기에 즐거워했다. 바울은 그들도 충분히 이 모든 일들을 체험할 수 있음을 그들이 알게 되기를 원했다. 그들이 바로 자기처럼 되기를 바랐다. 곧 그들이 긍정적이고도 확신에 넘치며 소망이 있고 적극적인 모습을 가지기를 소망했다. 바울이 빌립보 교회에게 바랐던 성장(9-11절)은 그리스도를 사랑함에 근거한 다음과 같은 성장이다.

- 사랑과 분별 속에서 풍성해짐
- 진실하고 허물이 없음
- 의의 열매로 가득해짐

바울은 빌립보 교회의 하나님에 대한 사랑이 다른 이들에 대한 사랑의 행동으로 열매 맺기를 기도했다. 이것이 바로 하나님께서 그들에게 원하시는 바였으며 동시에 우리에게도 원하시는 일이다.

지금 어떤 문제에 직면했든지, 비록 눈으로는 볼 수 없을지라도 하나님의 선한 일이 삶에서 계속되기에 우리는 용기를 낼 수 있다. 하나님은 직장에서의 가장 힘든 상황 속에서, 자녀들로 인한 괴로움 속에서, 몸무게로 인한 고민 속에서, 우울과의 싸움 한가운데서도 여전히 역사하신다. 우리가 자신을 하나님께 드릴 때, 그분은 우리가 더욱 앞으로 나아가도록 격려하신다. 그분의 살아 계심과 신실한 역사하심이 우리에게 확신을 준다. 친구와 말다툼을 했을 때조차 우리는 그리스도께서 내 속에 시작하신 일을 이루기 위해 지금도 역사하고 계시다고 말할 수 있다. 경제적인 문제로 힘들어할 때에도 아내나 남편에게 이렇게 말할 수 있다. "우리는 이 어려운 상황을 극복할 수 있어요. 왜냐하면 그리스도께서 우리 안에 이미 시작하신 일을 이루고자 지금도 역사하고 계시니까요." 죄와 씨름하다가 거의 패배한 상태라 하더라도 우리는 스스로에게 말할 수 있다. "내게는 승리에 대한 소망이 있다. 그리스도께서 이전에 시작하신 일을 이루고자 지금도 내 속에서 역사하신다."

이러한 그리스도 중심의 자신감은 우리를 궁극적인 목표로 이끈다. 바로 우리가 창조된 목적인, 하나님께 영광과 찬송을 돌리게 한다. 바울은 이 편지를 쓸 당시 빌립보 교회가 이해하기 열망했던 그 진리를 자기 자신에게도 적용했다. 그것도 감옥 속에서 말이다!

삶은 절대로 간단하지 않다. 하나님의 은혜 가운데 성장하는 것은 한 과정이지 일회성 이벤트가 아니다. 하나님께 어려운 일들을 맡긴다고 해서 하루아침에 바뀌지 않는다. 성경은 죄와의 싸움이 얼마나 심각하고 치열한지 잘 보여 준다. 각각의 개인들, 친구 관계, 교회, 결혼 생활 그리고 이웃이 한순간에 바뀌지는 않는다. 성경은 그리스도인의 삶이 광야를 지나가는 여행과 같다고 이야기한다. 때로는 지치고 혼란스러울 것이다. 도대체 하나님이 어디 계신지 의심이 되기도 할 것이다. 자신의 삶 속에서 하나님의 약속들이 실제로 이루어지고 있는지 느끼지 못할 때도 있다. 하나님을 따르는 일이 축복보다는 괴로움을 가져다준다고 생각되기도 할 것이다. 성경의 원리가 먹히지 않는 듯한 순간도 있을 것이다. 때로는 악한 쪽이 이기는 것 같고, 나 혼자만 남겨진 것 같으며, 하나님의 인도하심이 도무지 이해되지 않는다고 생각될 때도 있을 것이다. 그리고 마침내는 이 모든 것으로부터 도망치고픈 생각에 휩싸일지도 모른다.

빌립보서 말씀은 우리가 온전히 이해하지 못하는 중에도 온전한 소망을 품도록 우리를 격려한다. 사실 모든 것을 다 이해할 필요는 없다. 우리는 그저 이 모두를 온전히 이해하시고 자신이 행하고자 하는 바를 정확히 아시는 오직 한 분만을 의지하면 된다.

우리는 당시 바울이 빌립보 교회와 스스로의 삶을 바라본 방식으로 자신의 삶을 바라보고 있는가? 그리스도 중심의 확신을 지니고 살고 있는가? 하나님이 우리에게 원하시는 바로 그것을 원하고 있는가, 아니면 자기 자신의 계획만을 굳게 붙들고 있는가?

하나님은 자신의 자녀 한 사람 한 사람 안에서 자신의 사역 하나하나가 완성되기까지 절대 포기하지 않으신다. 그러니 어떠한 상황에서든지 용기를 내고 소망을 가지라. 우리에 대한 하나님의 꿈은 반드시 이루어진다.

그리스도의 눈으로 바라보기

자신을 바라보는 방식이 곧 우리 마음과 태도와 행동을 결정한다. '조금만 손보면 아주 좋은 집이 될 것입니다'라는 안내문과 함께 집을 내놓았다고 가정해 보자. 어떤 사람은 그 집을 있는 그대로 볼 것이다. 내려앉은 굴뚝, 깨진 유리창, 군데군데 떨어져 나간 처마, 노후한 배선, 이미 10년 전에 교체되었어야 할 지붕, 풀이 무성한 정원 등등. 수리해야 할 것이 많다는 사실에 지레 겁을 먹은 그는 어깨를 축 늘어뜨린 채 발길을 돌린다. 그 과정 후에 얻게 될 유익에 대한 기대감이 너무 부족한 탓이다.

이윽고 또 다른 사람이 그 집을 보러 온다. 그는 앞일을 내다보면서 수리된 후 어떤 모습일지 기대한다. 마당에서 축구하는 아이들이 보인다. 손님들은 안락의자에 앉은 채 담소를 나눈다. 부엌에서는 훌륭한 요리가 준비되고, 이웃들은 모여서 즐거운 교제를 나눈다. 정말 이 두 사람이 동일한 집을 보고 있는 것일까? 그렇다. 동일한 환경 속에 있는가? 역시 그렇다. 그러나 오직 한 사람만이 새로운 가치를 만드는 데 필수적인 소망과 용기를 가지고 있다.

삶이란 '집'을 볼 때 무엇이 보이는가? 혹시 온갖 문제와 절망적인 상황들이 보이는가? 포기하고 도망가고만 싶은가? 문제를 바라보는 방식이 스스로를 더 방어적으로 만들고 내게는 아무런 책임이 없다고 변명하게 하는가? 사람들 앞에서 성경적인 말은 잘하지만 실제 삶에서는 그렇게 살지 못하는가? 지나친 텔레비전 시청이나 폭식, 일중독 혹은 다른 잘못된 일들로 회피하는가? 아니면 그리스도의 관점으로 문제를 바라보는가? 그분의 동행하심과 역사하심과 우리를 변화시키는 능력 안에서 소망을 얻는가? 빌립보서 1장 3절에서 11절을 묵상할 때, 하나님은 어떻게 우리를 전혀 새로운 방식으로 자기 삶을 바라보도록 이끄시는가? 하나님은 우리가 무엇을 보기 원하시는가? 이 소망을 불어넣는 말씀의 빛 안에서 자기 삶을 살펴보는 일은 어떻게 우리를 한 걸음씩 하나님이 뜻하신 궁극적인 목표를 향해 나아가게 하는가? 변화의 과정은 집을 수리하는 일처럼 우리 삶의 어떤 곳에서도 일어날 수 있다. 이를 확신하라!

최종 목적지를 바라보며 살아가기

성경은 세상에서 가장 위대한 그리고 가장 중요한 이야기를 담고 있다. 바로 구원에 관한 이야기이다. 지금 우리는 그 이야기의 한 대목인 그리스도의 초림과 재림 사이를 살고 있다. 때로 인생이 마치 소설인 양 생각될 때도 있을 것이다. 그 이야기의 주인공인 우리는 앞일이 어떻게 될지 궁금한 나머지 마지막 장을 보려고 안달이 나기도 한다. 그러나 우리는 오직 그 끝에 다다랐을 때에만 이 복잡한 전개의 이야기를 납득하게 될 것이다.

성경의 이야기는 시작이 아주 분명하다. 아무것도 존재하지 않았을 때 하나님은 아름다운 세계를 창조하셨고 아담과 하와를 만드셨다. 그들은 완벽한 인간이었다. 그들은 창조자이신 하나님과 더불어 충만하면서도 온전한 사랑과 순종과 경외의 관계를 이루며 살았다. 필요하거나 원하는 모든 것이 주어졌다. 하나님의 형상을 가진 아담과 하와는 주님이 창조하신 이 세계의 관리자로 임명을 받았다.

하지만 아담과 하와는 하나님께 경배하고 순종하는 것만으로 만족하지 못했다. 충격적인 불순종 이후 그들은 하나님의 계획으로부터 멀어지기 시작했다. 이러한 멀어짐은 그전까지 완벽한 세계였던 이 땅에 죄와 멸망이 쏟아져 들어오게 했다. 이제 하나님과 인간 사이의 관계는 끔찍하게 무너졌다. 두려움, 죄책감 그리고 반항심이 사랑과 경배와 순종을 대치해 버렸다. 모든 피조물이 멸종과 쇠퇴와 각종 질병이란 저주를 받았다. 하지만 하나님은 만사를 그렇게 깨어진 상태로 내버려 두기를 원하지 않으셨다. 그분은 죄에 대해서 전쟁을 선포하시고 자신의 아들을 이 땅에 보내사 그로 하여금 십자가에서의 최종적인 승리를 얻게 하셨다. 주님은 이 승리의 결과를 죄로 물든 자녀들에게뿐 아니라 죄로 인해 파괴된 이 세상에 적용하신다.

성경 이야기가 끝을 맺을 때, 하나님은 마침내 남은 모든 대적들을 물리치시고 최후의 원수까지도 없애 버리실 것이다. 우리는 하나님과 같이 되고 그분과 더불어 영원히 살 것이다. 다음과 같은 이유로 이 내용을 아는 일은 매우 중요하다.

- 올바른 방향으로 가기 원한다면 최종 목적지를 분명히 알아야 한다.
- 우리 삶의 구체적인 일들은 오직 영원의 관점으로 바라볼 때에만 이해될 수 있다.
- 영원한 삶은 우리로 하여금 인생에서 정말로 중요한 것이 무엇인지를 깨닫게 한다.

성경은 우리의 기원으로부터 궁극적인 결과까지의 그 모든 것을 알려 주는 이야기책이다. 하나님은 그 이야기의 마지막 장을 펼치신 채로 우리를 초대하셔서 그것을 들여다보거나 듣게 하시고 그 후에는 우리의 삶을 다시금 바라보게 하신다. 요한계시록 같은 예언서의 목적은 그리스도의 재림이 언제 일어나는지 알려 주는 예표나 정보를 제공하는 것이 아니다. 단언컨대 절대로 그렇지 않다. 계시록은 우리의 마지막 종착지가 어디인지 우리로 이해하도록 돕고, 그로써 바로 이 순간을 사는 우리 삶의 의미를 깨닫게 하는 책이다.

영원한 삶이 없다면 성경의 모든 이야기는 아무 의미가 없다. 현재의 삶보다 더 나은 결말이 반드시 있어야만 한다! 죄는 정복되어야 하고 사람들은 정결해져야 한다. 우주는 다시 회복되어야 하는데 그 회복은 최소한 전 세계적인 악의 멸망을 동반할 것이다. 모든 고통, 아픔, 시험, 희생 그리고 싸움은 말끔히 사라질 것이다. 바울은 고린도전서 15장 19절에서 특별히 이를 강조했다. "만일 그리스도 안에서 우리가 바라는 것이 다만 이 세상의 삶뿐이면 모든 사람 가운데 우리가 더욱 불쌍한 자이리라." 만약 하나님께서 우리를 어딘가로 인도하지 않으신다면, 그리스도를 따르는 것은 엄청난 시간 낭비일 뿐이다. 이보다 더 나은 무엇인가가 있어야만 한다. 그리고 그것은 정말로 존재한다!

제드는 승진보다 정직과 성실을 선택했다. 이 세상의 삶이 전부라면 제드는 엄청난 바보일 것이다. 안드레아는 다나의 비겁한 행동을 끊임없이 용서해 주었다. 만약 영원한 삶이 없다면, 그녀는 그저 자기 어리석음의 가련한 피해자일 뿐이다. 만일 이 세상보다 더 나은 곳이 없다면 어떻게 피트가 학교 친구들로부터 신앙 때문에 놀림 받는 일을 견뎠겠는가? 만약 영원한 삶이 없다면 피트는 멍청한 사람이 될 뿐이다. 만약 이 세상이 전부라면 마이클은 그토록 많은 시간과 돈 그리고 열정을 하나님 나라의 일을 위해 바치지 않았을 것이다.

우리는 왜 충성할까? 우리는 왜 기쁘게 나눌까? 왜 다른 이들을 돌볼까? 왜 하나님의 말씀을 공부할까? 왜 끊임없이 기도할까? 왜 올바른 일을 위해 헌신할까? 왜 정의와 긍휼을 이루기 위해 노력할까? 왜 자신의 것을 희생할까? 왜 인내할까? 우리는 왜 그 모든 예배를 드릴까?

하나님이 행하신 모든 일과 하나님이 우리에게 행하라고 말씀하신 모든 일은 오직 영원의 관점에서 볼 때에만 이해할 수 있다. 만약 이 이야기에 궁극적인 끝이 없다면, 모든 믿는 자들은 가장 불쌍한 자가 될 것이다. 우리가 애써 그 모든 일을 할 이유가 사라지기 때문이다.

하지만 이 이야기에는 마지막 장이 남아 있다! 하나님은 그 장을 펼치고 우리로 하여금 들여다보게 하시며 그로써 갖게 되는 모든 이해와 소망 가운데 우리의 삶을 돌아보게 하신다.

자신의 삶을 돌아보기

성경에서 가장 놀라운 장면 중 하나가 요한계시록 7장에 나와 있다.

"이 일 후에 내가 보니 각 나라와 족속과 백성과 방언에서 아무도 능히 셀 수 없는 큰 무리가 나와 흰 옷을 입고 손에 종려 가지를 들고 보좌 앞과 어린 양 앞에 서서 큰 소리로 외쳐 이르되 구원하심이 보좌에 앉으신 우리 하나님과 어린 양에게 있도다 하니 모든 천사가 보좌와 장로들과 네 생물의 주위에 서 있다가 보좌 앞에 엎드려 얼굴을 대고 하나님께 경배하여 이르되 아멘 찬송과 영광과 지혜와 감사와 존귀와 권능과 힘이 우리 하나님께 세세토록 있을지어다 아멘 하더라 장로 중 하나가 응답하여 나에게 이르되 이 흰 옷 입은 자들이 누구며 또 어디서 왔느냐 내가 말하기를 내 주여 당신이 아시나이다 하니 그가 나에게 이르되 이는 큰 환난에서 나오는 자들인데 어린 양의 피에 그 옷을 씻어 희게 하였느니라 그러므로 그들이 하나님의 보좌 앞에 있고 또 그의 성전에서 밤낮 하나님을 섬기매 보좌에 앉으신 이가 그들 위에 장막을 치시리니 그들이 다시는 주리지도 아니하며 목마르지도 아니하고 해나 아무 뜨거운 기운에 상하지도 아니하리니 이는 보좌 가운데에 계신 어린 양이 그들의 목자가 되사 생명수 샘으로 인도하시고 하나님께서 그들의 눈에서 모든 눈물을 씻어 주실 것임이라"(계 7:9-17).

영원한 삶의 모습을 보여 주는 이 장면 속으로 들어가 보자. 주위를 둘러보고 귀를 기울여 자세히 들어보라. 그리고 다른 방법으로는 이해할 수 없는 이 신비를 이해하기 위해 자신의 삶을 되돌아보라. 요한계시록 7장은 보좌 위에 있는 어린양을 보여 주고 여정을 마친 성도들의 목소리를 들려준다. 그 무리 가운데서 자신을 발견할 수 있겠는가? 이 성도들은 바로 우리와 같은 사람들이다. 우리가 그렇듯 그들은 이 세상의 고통스러운 환난으로 인해 괴로워하던 자들이다. 우리처럼 그들도 놀라운 변화를 일으키시는 하나님의 과정을 통과한 자들이다. 이제 그들은 마지막 목적지에 도달했다. 그들은 정결하고 자유로운 모습으로 하나님의 보좌 앞에 선 채 그들의 목자이자 구원자이며 왕 중의 왕이자 유일한 신이신 어린양의 보좌 앞에 한없는 경배를 드린다.

그곳에 선 자신의 모습을 그려 보라. 하나님의 이야기 속에 바로 우리가 있다. 여기가 바로 우리의 최종 목적지이다. 하나님이 우리를 이곳으로 인도하실 것이다! 우리는 그 환난을 통과할 것이다. 언젠가 우리도 그 보좌 앞에 서게 될 것이다. 우리의 목소리가 끝없는 찬송 가운데 울려 퍼지는 때가 마침내 올 것이다. 언젠가는 모든 일이 다 그럴 만한 가치가 있었음을 깨닫는 날이 온다. 그날에 이르러 영원한 삶의 관점을 통해 인생을 돌아볼 때, 삶은 전혀 새로운 의미로 다가올 것이다.

목적지가 가치관을 명확하게 한다

하늘의 성도들이 이 땅에서의 삶을 돌아보는 장면을 주목해서 살펴보라. 그들은 자신이 경험한 그 모든 것을 돌아보며 무엇을 찬양하는가?

이 순례자들은 좋은 직장과 아름다운 집과 친절한 이웃과 행복한 결혼 생활과 육체의 건강과 그 밖의 많은 다른 것들을 주신 하나님을 찬양할 수 있었다. 이 모두는 정말로 좋은 것들이고 감사를 드리기에도 충분한 조건들이다. 하지만 이들이 감사를 드린 것은 이런 것들이 아니다.

그들이 주님 앞에 서서 면류관을 쓰고 주님과 함께 다스리게 되었을 때 비로소 그들의 인생은 완전히 완성되었다. 하나님은 은혜로 그들의 마음을 변화시킴으로써 그들의 삶을 바꾸는 역사를 완전히 끝마치셨다. 주님 앞에 선 그들은 진정한 의로움과 거룩함 속에서 그리스도를 닮은 자들로 완수되었다. 그래서 그들은 경배와 찬양의 벅찬 감동 속에 일어나 이렇게 찬양한다. "바로 주님이 하셨습니다! 바로 주님께서 하셨습니다! 주님이 우리 스스로는 결코 할 수 없는 일들을 이루셨습니다. 주님은 우리의 죄악된 본성을 깨뜨리시고 우리 속에 뜻하신 진정한 예배자의 모습을 다시 회복시키셨습니다!" 지금 이 순간 우리 삶에서 일어나는 가장 중요한 일은 새로운 집이나 새로운 직장 같은 것이 아니다. 직업적인 성공이나 사랑이나 친구 관계도 아니다. 우리가 영원을 다해 축하할 가치가 있는 한 가지는 우리의 구원이다. 오직 하나님의 은혜로, 우리는 우리를 완전히 파괴할 수 있는 그 한 가지, 바로 죄로부터 계속해서 건짐을 받았다. 그런데 하나님은 우리를 구원하기만 하신 것이 아니다. 우리를 회복시키셨다. 하나님은 우리를 주님의 신적 본성을 가진 자들로 만들고 계신다.

우리 역시 언젠가 하나님의 보좌 앞에 서는 날이 올 것이다. 그때에는 더 이상 부끄러움과 죄로 인해 두려워하며 떨지 않을 것이다. 하나님의 은혜를 통해 그분의 신적인 본성에 참여하는 자로 만들어졌기에, 우리는 하나님 앞에서 그분과 닮은 모습으로 서게 될 것이다. 바로 그순간 우리가 드릴 감사는 이 세상의 삶 가운데 받은 물질적인 선물에 대한 감사가 아닐 것이다. 우리 마음은 하나님이 승리하셨음을 깨닫고 벅찬 감동을 느낄 것이다. 변화와 성장의 싸움은 이제 영원히 끝이 났다. 마지막 종착지는 하나님이 거하시는 보좌 앞이다. 그때 우리는 의로움의 하얀 세마포를 입고 영광의 면류관을 쓰고 우리가 살아갈 가치가 되시는 한 분, 곧 어린양과 그의 구원을 찬양할 것이다. 바로 이곳으로 하나님이 우리를 이끄신다.

이 장을 시작하면서 언급한 조앤과 프랭크, 니키, 보우를 기억하는가? 이제 그들의 이야기로 되돌아가, 영원의 관점으로 삶을 바라보는 일이 각 사람에게 어떻게 도움이 되었는지 살펴보자.

왜 조앤이 포기하려고 했는지 이해하기란 쉽다. 브라이언과의 삶이 너무나 힘들었기 때문이다. 실로 변화가 불가능해 보이던 날들이었다. 어떻게 바뀔 수 있겠는가? 그렇지만 조앤은 복음의 눈으로 자신의 상황을 바라볼 필요가 있었다. 브라이언과의 삶이 어렵더라도 그 생활이 하나님의 은혜의 영역을 벗어나는 것은 아니었다. 그리스도께서는 바로 이러한 일들을 위해 죽으셨다. 사실 그리스도께서는 조앤의 뒤죽박죽되고 실망으로 가득 찬 결혼 생활 속에도 역사하신다. 여전히 그분께서 시작하신 일을 이루고자 애쓰시는 것이다.

영원한 삶은 우리에게 끝이 있다는 것과 그 끝에 이르는 방법이 있다는 것과 그 끝을 이루고자 필요한 모든 것을 행하시는 분이 계심을 깨닫게 한다. 영원한 삶은 또한 조앤에게 은혜가 한 과정임을 기억하게 한다. 죄의 끈질긴 뿌리는 한순간에 뽑히지 않는다. 하나님은 각 자녀들에게서 은혜의 과정이 완성되기를 바라며 역사하신다. 영원한 삶은 하나님이 조앤 안에서 시작하신 일을 끝까지 이루신다고 확정하는 분명한 증표이다.

프랭크가 교회에서 또 다시 장로 후보로 선출되지 못해 실족한 것을 기억하는가? 이후 프랭크는 아무 교회에도 가지 않았지만, 하나님은 프랭크를 버리지 않으셨다. 그는 여전히 마음을 돌이킬 수가 없었다. 교회에서 일어났던 일들을 하나님의 사랑이 끝났다는 증거로 받아들였기 때문이다. 혼자 외롭게 앉아 더욱 수척해지고 더 슬퍼하면서 이런저런 생각에 빠져 있을 때, 프랭크는 문득 영원한 삶에 대해서도 생각하게 되었다. 그가 영원을 바라보자 비로소 모든 것이 분명하게 이해되기 시작했다. 그는 하나님이 그분의 나라를 위해 역사하고 계심을 기억해 냈다. 문제는 프랭크가 노력의 대상으로 삼았던 것들이 하나님의 의도 안에 없었다는 데 있었다.

그는 자신의 나라가 이루어지지 않자 실망했다. 프랭크의 나라는 그가 다니던 교회에서 거의 이루어질 것 같았다. 하지만 모든 기대가 무너져 내리고 절망에 빠진 동안, 하나님은 그의 마음속에 하나님 나라를 세우고자 변함없이 역사하고 계셨다. 주님은 프랭크가 영원토록 하나님 나라에서 기쁨을 누리며 살도록 준비하고 계셨던 것이다. 프랭크는 교회에 대한 자신의 열정이 그리스도에 대한 사랑이나 그분의 은혜로우신 선물이나 지속적인 구속 사역과 아무런 상관이 없음을 깨닫고는 큰 충격을 받았다. 하지만 일단 그가 자신의 절망과 분노가 단지 교회에 대한 것뿐 아니라 하나님에 대한 것이었음을 고백하기 시작하자, 교회와의 관계 역시 다시금 회복되었다.

니키의 경우에는 그녀의 정체성이 완전히 뒤죽박죽된 것이 문제였다. 니키는 하나님의 자녀였지만 그 정체성과 그로 인해 주어진 현재와 미래에 유효한 모든 영광스러운 것들이 그녀가 자신과 자기 삶을 바라보는 방식에 아무런 영향을 미치지 못했다. 예수님이 우리를 구원하셨을 때, 그분은 단지 우리의 신분만을 변화시키신 것이 아니다. 우리의 본성까지도 변화시키셨다. 하늘의 성도들이 인생을 되돌아보며 이 땅에서의 삶에 대해 주님께 영광을 돌릴 때 그들은 자신이 하나님의 구원 사역에 포함된 것을 찬양했다. 그들은 그분의 자녀로서의 정체성을 찬양했으며, 하나님이 우리 가운데 우리를 통해 행하기로 약속하신 그 모두를 완성하신 것에 대해 영광을 돌렸다. 마찬가지로 니키는 그 영원한 삶을 자신의 신분으로 받아들일 뿐 아니라 자신의 본질로도 받아들여야 했다. 그녀는 자신의 본질을 영원히 지속되는 영적인 것에 두어야 했고, 이 세상에서 사라져 없어지는 것들에 두어서는 안 되었다. 또한 하나님의 자녀라는 굳건한 믿음의 눈을 통해 자기 자신을 바라보아야 했고, 바로 이 모든 혼란 중에도 역사하시는 하나님이 그녀를 어디로 인도하시는지 전망해야 했다. 그 모든 죄와 연약함과 결점들에도 불구하고 니키에게는 침대에서 일어나 자기 삶을 살아갈 이유가 있었다. 니키는 자신이 요구하거나 상상하는 그 모든 것을 훨씬 뛰어넘는 미래를 가진 하나님의 자녀였기 때문이다. 현재의 갈등 상황 속에서도 하나님은 니키가 자신의 힘으로는 결코 이룰 수 없는 목표를 이루어 주시고자 그녀가 전혀 생각하지 못했던 일들을 활용하고 계셨다.

보우는 항상 거짓되고 위험한 생각들을 하며 살아 왔다. 하나님의 자녀였음에도 불구하고 보우의 삶은 늘 거짓투성이였다. 그는 삶의 참된 의미와 목적과 완성이 물질적인 것들 속에서 발견된다고 믿었다. 문제는 보우가 자신의 이런 가치관이 계속 악화되고 있음을 알지 못했다는 사실이다. 그는 자신에게 신앙이 있다고 생각했으며, 하나님이 그의 소망과 안전의 근원이 되신다고 생각했다. 하지만 오랫동안 보우의 마음은 창조자보다는 피조물의 지배를 더 많이 받아 왔다. 단지 그동안은 마음대로 할 만큼 경제적인 형편이 안 되었기 때문에 이 점을 미처 깨닫지 못했을 뿐이다. 이제 상속된 유산이 그동안 보우의 마음속에 있던 것이 무엇이었는지 밝히 드러냈다.

이런 욕망과의 싸움 때문에 하나님은 우리를 영원으로 한 걸음 더 가까이 초대하시고 우리 자신을 돌아보게 하신다. 보우가 그랬듯 우리는 자신이 무엇을 추구하는지 확실히 할 필요가 있다. 물질적인 세상은 너무나 유혹적이어서 거기에 도취되지 않기가 그리 쉽지 않다. 그것은 마치 우리에게 생명을 줄 수도 있을 것처럼 보인다. 하지만 전혀 그렇지 않다. 영원한 삶은 보우와 우리 모두에게 정말로 중요한 것이 무엇이며 생명이 진정으로 어디에서 발견될 수 있는지 깨닫게 한다. 보우가 이런 관점으로 자신의 삶을 되돌아보기 시작했을 때, 그는 갑자기 얻은 돈에 더 이상 취하지 않게 되었다. 오히려 자기가 벌인 모든 일들이 어리석게 여겨졌다. 그것들은 이제 보우에게 행복의 조건이 되지 못한다.

당신은 어떤가? 주님을 따르는 일의 가치를 고민했는가? 주님이 하시는 일을 이해하려고 애를 썼는가? 믿음을 약하게 만든 혼란스러운 상황은 무엇인가? 어떤 면에서 하나님보다 앞서 나갔는가? 주님을 향해 달려가기는커녕 주님으로부터 도망치도록 조장했던 일은 없는가? 하나님의 변화시키시는 역사가 자신의 의심과 혼란과 두려움 때문에 방해받지는 않았는가?

영원한 삶에 이른 성도들의 찬양에 귀를 기울일 때, 그 속에서 자신을 발견할 수 있는가? 하나님의 자녀라면 누구나 바로 그 장면 속에 거하고 있다. 그렇다면 우리는 실제로 자신의 미래를 보고 있는 셈이다. 이것이 바로 우리 이야기의 대단원이다. 이 결말이 현재 진행 중인 삶 속에 있는 자신을 어떻게 격려하는가? 그 마지막 장을 통해 초림과 재림 사이 있는 각각의 삶의 장면들에 대한 자신의 반응을 어떻게 변화시켜야 하겠는가? 과연 소망이 전혀 없어 보이는 지금 이 순간에도 새로운 소망을 찾을 수 있겠는가?

오직 영원에 대한 관점으로 이 모든 일들을 살필 때에만 정말로 가치 있는 것이 무엇인지 이해할 수 있다. 영원의 눈으로 응시하는 일만이 우리가 어디에 삶과 죽음을 걸어야 할지 그 실체를 알게 한다. 이에 대한 가장 실제적이고도 개인적인 예를 생각해 보자. 내 삶의 목적은 무엇인가? 그 무수한 노력의 최종 목표는 어디인가? '이것만 있다면 더할 나위 없을 텐데' 하고 생각했던 적이 있는가? 친구와 말다툼을 할 때마다, 자녀에게 언성을 높이며 화를 낼 때마다, 배우자에게 냉정하게 대할 때마다 우리는 무엇인가 이루어지기를 바라고 있다. 무엇이 목표인가? 우리가 몇 시간 동안 공부를 한다거나 일주일에 60시간 이상 일을 할 때에는 어김없이 그 마음속에 어떤 목표가 세워져 있기 마련이다. 삶의 향방을 지시하는 것, 그를 향해서 달려가게끔 하는 자신의 소망이나 약속은 무엇인가?

조앤과 프랭크, 니키, 보우처럼 우리는 항상 자신의 꿈과 희망에 유리한 편에서 스스로의 삶을 바라보기 마련이다. 언제나 목표나 이루고자 하는 바가 있다. 그것을 온전히 달성하지 못한다 해도 역시 그렇다. 문제는 우리의 말과 행동을 결정짓는 그 소망과 계획, 목표 그리고 약속들이 하나님의 부르심에 합당한가 하는 점이다. 그것은 우리로 하여금 예수님을 더욱 닮아 가도록 역사하시는 하나님의 계획을 반영하는가? 그 방향으로 우리를 이끄는가? 우리를 이끄시는 주님께 더욱 가까이 나아가도록 돕고 있는가?

그리스도인의 변화 과정은 구속 시스템이 아닌 구속하시는 분을 중심으로 굴러간다. 성경은, 말씀이 육신이 되신 구원자 주님께 우리의 초점을 맞추라고 말한다. 그분만이 우리에게 변화의 과정과 능력을 허락하신다. 그리스도께서 우리의 소망이시다. 주님은 과거의 죄 사함을 현재의 성장과 미래의 소망에까지 연결시키신다. 현재의 소망은 영원한 소망에 근거한다. 그리고 그 소망은 바로 주님께 근거한다. 요컨대 그리스도께서 영원한 소망 그 자체이시다. 우리 삶 가운데 그분이 계시다면, 우리가 그 여정을 완수하기까지 그분이 우리에게 힘 주실 것이다. 그리고 마침내 그분과 얼굴과 얼굴을 마주하게 될 것이다.

최종 목적지에 대한 준비

어느 늦은 밤의 이야기다. 그때 우리 부부는 우리 자녀 중 한 아이의 미래에 대해 심각한 두려움을 느끼면서 이야기를 나누고 있었다. 아내와 나는 일어날 수 있는 최악의 상황을 상상했는데 그럴수록 심적 고통은 더욱 커져만 갔다. 우리는 긴급한 모든 상황을 염두에 두며 거기에 온 신경을 쏟고 있었다. 우리 부부에게 닥친 극도의 불안 상태는 하나님이 역사하시기를 기도하는 순간에도 전혀 가라앉지 않았다. 언제나 그리스도인답게 자녀를 양육하리라고 결심했지만, 주님이 우리 눈앞에서 행하시는 일들에 대해서는 전혀 깨달음이 없었다. 우리는 그저 모든 잘못된 곳에서 잘못된 것들만 찾고 있었다. 그 결과 속절없이 애만 태울 뿐이었다.

아내와 나는 우리의 소망이, 자신이 모든 일을 제대로 통제하고 있다는 사실에 기인하지 않는다는 점을 알아야만 했다. 하지만 우리는 그렇게 하지 못했다. 우리의 확신은 자신이 만사를 튼튼히 잘 동여매 놓았다는 사실에 근거할 수 없었다. 정말이지 우리의 확신은 모든 일들이 완전히 뒤죽박죽된 상황에서도 그리스도께서 우리와 우리 자녀들을 그분이 작정하신 과정에 따라 인도하시고 마침내 완성하신다는 사실에 근거해야 했다. 그 괴로운 순간들은 우리가 놀라운 최종 목적지에 이르기까지 하나님이 용인하신 과정임을 수용해야 했다. 바로 이런 식의 사고가 이전에는 그토록 두려웠던 주제들을 다룰 수 있도록 우리를 준비시켰다.

언제나 부정적인 시각으로 바라보게 되는 누군가가 있는가? 완전히 포기해 버린 친구가 있는가? 가능한 한 피하고 싶은 사람이 있는가? 두려운 존재가 있는가? 생각하기조차 괴로운 어떤 사람이 있는가? 부러워하는 누군가가 있는가? 그 사람과의 관계에 대해 하나님은 무어라고 말씀하시는가? 하나님의 '최종 목적지를 향한 단계들'이란 개념이 그 사람을 대하는 방식을 어떻게 바꾸는가?

최종 목적지라는 렌즈로 자기 삶을 평가해야 한다. 우리는 삶이 다소 우중충하고 고단하며 혼란스럽고 수치스럽거나 지겹기도 하다는 사실을 잘 알고 있다. 때로는 할 수 없는 일들을 억지로 해내야 하는 경우도 있다. 좋은 일들이 나빠지기도 하고 나쁜 일들이 우리를 더욱 망가뜨리기도 한다. 우리는 상처 입고 실망한 상태 그대로 외면당하기도 한다. 변화는 때로 원하는 것보다 너무나 느리게 진행된다. 하나님의 말씀은 놀라운 삶의 원리로 가득 차 있지만 그것들을 삶에 적용하기란 언제나 결코 쉬운 일이 아니다. 우리는 동일한 문제를 반복해서 겪는다. 또한 변화하기에는 자신이 너무나 연약한 존재이며 모든 노력이 아무런 유익이 없다고 쉽게 믿게 된다.

이러한 상황에서 복음은 우리에게 전혀 새로운 방식으로 삶의 혼란을 바라보라고 권한다. 복음의 좋은 소식은 그리스도께서 죄와 사망을 이기셨고 그와 함께 모든 허무하고 파괴적인 결말을 없애셨다는 것이다. 최종 목적지에 대한 생각은 우리의 모든 말과 행동과 욕구와 반응에 의미와 목적을 불어넣는다. 우리에게는 소망이 완전히 사라진 상태라는 것이 존재하지 않는다. 복음은 우리를 소망으로 가득 찬 현실주의로 기꺼이 맞이한다. 그리스도께서 누구이시며 그분이 우리를 어디로 데려가시는지 생각할 때 우리는 삶을 직면하면서도 여전히 소망을 품을 수 있다. 하나님이 우리 삶에 허락하신 모든 것들은 우리의 최종 목적지를 보여 준다. 완전히 막다른 골목에 몰렸다고 생각될 때에도 하나님이 우리를 계속 인도하고 계신다.

우리는 최종 목적지를 보장받았다. 우리가 살아갈 진정한 가치가 되는 모든 것은 절대 그 무엇에게도 빼앗기지 않는다. 그렇다. 우리는 직장과 건강, 집, 차 혹은 친구를 잃을 수도 있다. 이 중 하나라도 잃는 일은 정말이지 고통스러운 경험이다. 그러나 그리스도 안에 있는 우리의 정체성은 결코 잃어버리지 않을 것이다. 우리는 그분의 사랑과 은혜를 결코 잃지 않을 것이다. 우리는 그분의 죄 사함의 은혜와 그분이 하늘에 마련해 두신 처소를 잃어버릴 수 없다. 최종 목적지만을 바라보며 그곳으로 인도하는 지침들을 따를 때, 우리는 그 무엇도 보장되지 않는 이 세상에서 가장 안전하게 살아갈 수 있다. 어쩌면 삶의 어려움이 계속될 수도 있다. 하지만 우리의 구원자께서 그 모든 일들을 목적지에 이르는 한 준비과정으로 사용하고 계심을 확신하기에 우리는 안심하며 지낼 수 있다.

잠시 가만히 묵상해 보라. 내 노년이 어떨지, 내일 어떤 일이 일어날지 알지 못해도 우리는 평안을 누릴 수 있다. 모든 상황이 우리를 슬프게 만들 때에도 기쁨을 가지고 살아갈 수 있다. 그리스도인의 기쁨은 천국을 꿈꾸며 현실을 회피하는 데 있지 않다. 천국의 렌즈를 통해 이 땅의 모든 현실을 아주 정직하게 보는 데 있다. 거기서 우리는 진짜 소망을 발견한다.

이 길을 갈 때 주어지는 도움

'나를 위해 최종 목적지가 마련되어 있다면 정말 기쁘겠지만 지금으로서는 그곳에 어떻게 도달할 수 있을지 잘 모르겠다'고 생각할 수도 있다. 그러나 하나님은 결코 우리 각자가 혼자서 그 여정을 헤쳐 가도록 계획하지 않으셨다! 그 모든 여정을 가는 동안 주님은 우리에게 최고의 도움을 제공하신다. 바울의 말에서도 이를 발견할 수 있다. "그 안에는 신성의 모든 충만이 육체로 거하시고 너희도 그 안에서 충만하여졌으니 그는 모든 통치자와 권세의 머리시라"(골 2:9-10).

이 충만은 성령님이 예수님의 머리 위에 비둘기 같이 임하셨던 순간을 말한다. 즉 우리가 그리스도께로부터 받은 충만이란 그때 그리스도께 임했던 바로 그 성령님이시다. 하나님이 우리 안에 거하고자 친히 내려오셨고 우리는 그리스도의 형상에 이르기까지 자라나는 데 필요한 모든 것을 가지게 되었다. 이 '충만'은 우리가 벌거나 획득해야 하는 무엇이 아니다. 그것은 하나님이 은혜로 주시는 선물로서 이미 우리 안에 주어져 있다!

다시 말해, 영적으로 우리는 결코 공허하지 않으며, 우리는 결코 혼자가 아니고, 우리는 결코 스스로의 힘과 자원과 지혜만으로 고군분투하도록 남겨지지 않는다. 바로 성령님의 모든 '충만'을 받았기 때문이다! 이미 우리 속에서 일을 시작하신 하나님이 마침내 그 일을 이루실 것이다. 우리의 마지막은 벌써 결정되어 있다. 이 일을 결정하신 분께서 그곳에 이르기 위해 필요한 모든 것들을 마땅히 공급하신다.

How people change

chapter 4

누가 우리를 변화시키는가?
_그리스도와의 결혼

● 오윤선 옮김

막 결혼했을 때 아내는 내게 빚이 있다는 사실을 몰랐다. 사실 신학교에 들어가기 전 나는 캠퍼스 선교단체의 간사로 여러 해를 섬겼다. 나는 이때 이미 갚을 대책도 없는 빚을 수천 달러나 지고 있었다. 더욱이 학교를 2년이나 더 다녀야 하는 상황이었다. 다행히도 당시 약혼자였던 아내는 꾸준히 일을 하면서 돈도 꽤 모아 둔 상태였다. 결혼 서약을 하던 그날은 여러 모로 내게 매우 의미가 있었다. 그날로 나의 빚은 곧 그녀의 빚이 되었고, 그녀의 자산은 곧 나의 자산이 되었기 때문이다. 내게는 대단히 경제적인 거래였지만 아내에게는 전혀 그렇지 않았다. 이것이 바로 우리가 기독교인이 되었을 때 일어나는 일이다. 그리스도께서 우리의 빚을 떠맡으시는 대신, 영광스럽게도 그분의 자산을 우리에게 주신다. 그야말로 하나님의 놀라운 은혜가 아닐 수 없다.

그런데 우리의 결혼 생활에는 더 많은 일들이 일어났다. 합법적인 절차에 따라 아내와 나는 수년에 걸쳐 더욱 깊이 있고도 성숙한 개인적인 관계 안에 들어선 것이다. 10년을 함께하는 동안 우리는 오직 두 사람만의 방법으로 의사소통을 하게 되었다. 예수님과의 관계도 마찬가지다. 우리는 합법적인 유익을 즐길 뿐 아니라 우리 일생을 그분과 함께 보냄으로써 시간이 갈수록 성숙해지고 개인적인 관계 속으로 들어선다.

3장에서는 우리가 그리스도께 속한 결과 우리의 것이 된 궁극적인 목적지와 변화에 대한 소망을 바라보도록 격려했다. 이번 장에서는 우리를 변화시키는 한 분을 만나게 될 것이다.

나를 변화시키는 존재

성경에 따르면, 변화는 견고한 법적 토대 위에 세워진 깊은 인격적인 관계 안에서 일어난다. 우리가 결혼 관계 안에서 배우자와 점차 닮아가는 것처럼 말이다. 3장에서는 우리에게 정해진 영광스러운 소망을 보았다. 빌립보서 1장 6절은 "너희 안에서 착한 일을 시작하신 이가 그리스도 예수의 날까지 이루실 줄을 우리는 확신하노라"라고 이야기한다. 즉 선한 일은 예수님과의 관계 속에서 시작되며, 그것은 예수님과 더불어 연합하여 영원히 깊어져 가는 가운데 완성된다. 이것이 바로 성경적 관점에서 본 변화의 양상이다. 그야말로 가장 생동감 있으며 가장 본질적인 변화이다. 다른 어떤 세속적인 종교들도 성경이 말하는 이런 변화에 근접하지 못한다. 성경은 변화를 위한 강력한 권고와 규칙 이상의 것을 우리에게 주는데, 그리스도께서 우리에게 주시는 가장 위대한 선물은 바로 그분 자신이시다.

신구약 전반에 걸쳐 성경은 하나님과 우리의 관계를 결혼 관계에 비유한다. 이는 성경적인 언약에 기초를 두는데, 언약은 관계적인 약속이다. 하나님은 스스로 자신을 우리와 묶으셨다. 그분은 우리의 하나님이시며 우리는 그분의 백성이다. 에스겔은 하나님이 이스라엘을 바라보심이 남편이 아내를 바라보는 것과 같다고 말한다.

"내가 네 곁으로 지나며 보니 네 때가 사랑을 할 만한 때라 내 옷으로 너를 덮어 벌거벗은 것을 가리고 네게 맹세하고 언약하여 너를 내게 속하게 하였느니라 나 주 여호와의 말이니라"(겔 16:8).

이사야는 이렇게 말한다. "너를 지으신 이가 네 남편이시라 그의 이름은 만군의 여호와이시며 네 구속자는 이스라엘의 거룩한 이시라 그는 온 땅의 하나님이라 일컬음을 받으실 것이라"(사 54:5). 에베소서는 결혼을 그리스도와 그의 백성 간의 관계로 묘사한다. 바울은 인간의 결혼에 대해 말한 후 "이 비밀이 크도다 나는 그리스도와 교회에 대하여 말하노라"(엡 5:32)라고 말을 이었다.

그리스도와 우리의 결혼은 아직 완전하지 않지만, 성경 저자들은 결혼 비유를 통해 하나님과 그리스도인의 법적이고 깊으며 인격적이고 양면적인 특징을 설명한다. 하나님이 시작하시고 우리가 참여하는 바로 그 관계를 말이다.

그리스도께 초점을 맞추라

그리스도인의 삶을 평생에 걸친 변화의 과정이라고 할 때, 변화의 가장 중요한 요소는 무엇일까? 아마도 대부분은 성경 공부, 기도, 교제, 신앙 서적을 읽는 일, 성찬에 참여하고 간증하는 것 등 '은혜의 수단'에 초점을 둘 것이다. 하나님은 이것들을 그 목적을 위한 수단으로 제공하셨지만, 그 자체가 목적은 아니다. 모든 은혜의 수단들은 선하며 변화에 필수적이지만, 그 자체가 목적이 되지 않을 때에만 그렇다.

그리스도인의 삶은 그 이상이다. 몇몇 성경 구절들은 그리스도와의 연합이 얼마나 멋진 일인지 생각해 보도록 도와준다. 바울은 고린도후서 11장 1-3절에서 결혼 비유를 통해 그리스도와의 연합에 대해 말하고, 골로새서 1장 15-23절에서는 우리의 신랑이신 그리스도의 모습을 보여 준다. 또한 골로새서 2장 1-15절에서는 믿음을 통해 그리스도께서 우리에게 가져다 주시는 삶을 변화시키는 유익들을 발견한다.

그리스도와의 결혼: 고린도후서 11장 1-3절

그리스도께서는 그리스도인의 삶에 있어 얼마나 중심이 되시는가? 답이 뻔한 질문 같지만, 바울이 고린도 교회에 한 말을 볼 때 꼭 그렇지도 않은 것 같다. 바울은 그리스도인들이 너무도 쉽게 그리스도께서 우리 삶의 중심이신 것을 잊는다고 말한다.

> "원하건대 너희는 나의 좀 어리석은 것을 용납하라 청하건대 나를 용납하라 내가 하나님의 열심으로 너희를 위하여 열심을 내노니 내가 너희를 정결한 처녀로 한 남편인 그리스도께 드리려고 중매함이로다 그러나 나는 뱀이 그 간계로 하와를 미혹한 것 같이 너희 마음이 그리스도를 향하는 진실함과 깨끗함에서 떠나 부패할까 두려워하노라"(고후 11:1-3).

바울은 아버지의 애정을 가지고 말한다. 그는 그리스도를 향한 고린도 교회의 순수한 마음을 지키려고 애쓴다. 바울은 그리스도와 그리스도인의 관계를 묘사하고자 결혼을 비유로 들었다. 그는 그리스도께서 남편이시며, 교회는 순결한 신부라고 말한다. 그러나 바울은 그들이 유혹을 받아 그 마음을 그릇된 사랑에게 주게 될까 걱정한다. 이 구절들은 그리스도와 우리의 결혼이 완전히 성취될 미래에 좀 더 초점을 맞추고 있지만, 우리가 그리스도와 연합한 현재에 대해서도 말하고 있다.

1세기에 약혼은 오늘날보다 큰 의미를 가졌다. 당시 약혼은 오늘날의 결혼에 가까웠다. 마태가 예수님의 탄생에 대해 기록한 부분을 보자.

"예수 그리스도의 나심은 이러하니라 그의 어머니 마리아가 요셉과 약혼하고 동거하기 전에 성령으로 잉태된 것이 나타났더니 그의 남편 요셉은 의로운 사람이라 그를 드러내지 아니하고 가만히 끊고자 하여 이 일을 생각할 때에 주의 사자가 현몽하여 이르되 다윗의 자손 요셉아 네 아내 마리아 데려오기를 무서워하지 말라 그에게 잉태된 자는 성령으로 된 것이라 아들을 낳으리니 이름을 예수라 하라 이는 그가 자기 백성을 그들의 죄에서 구원할 자이심이라 하니라"(마 1:18-21).

요셉과 마리아는 약혼한 사이인데, 마리아는 성령에 의해 예수님을 잉태했다. 요셉은 그런 마리아와 파혼하고자 했지만 주의 천사가 그에게 그러지 말라고 지시했다. 즉 약혼을 통해 요셉은 형식적인 의식과 육체적인 결합에 우선해 이미 그녀의 남편이었던 것이다.

같은 방법으로 우리는 우리의 남편이신 그리스도와 약혼 혹은 결혼을 했다. 우리는 이 약혼 혹은 결혼의 최종적인 완성을 기다린다. 성경 저자들은 이런 상태에 있는 그리스도인과 예수님의 관계를 결혼 관계로 설명하기를 주저하지 않는다.

바울은 그리스도인과 그리스도의 관계를 당황스러울 정도로 친밀한 관계로 표현한다. 그리고 이것이 복음의 놀라운 점이다. 하나님은 그리스도를 통해 죄인과 화목을 이루시고 지극히 개인적인 관계로 우리를 기쁘게 맞이하신다. 하나님은 다만 우리를 용납하지 않으신다. 하나님은 자신을 우리에게 주심으로써 우리를 그분 가까이 이끄신다. 그리스도께서 우리의 남편이시며 우리는 그분의 신부다. 우리는 그리스도와 결혼했다.

그러면 그리스도와 결혼했다는 말은 무슨 뜻인가? 그리스도께서 우리를 그분의 애정(사랑)을 담는 그릇으로 만드셨다는 뜻이다. 즉, 우리는 그분을 우리의 궁극적인 관심 대상으로 삼아야 한다. 바울은 고린도 교회에 하나님을 소개하며 그분은 그 무엇과도 이 관계를 대체하거나 타협하지 않으시는 질투하는 아버지시라고 말한다. 바울은 고린도 교회에 거짓 구원과 거짓 복음을 피하고 그들의 소망과 애정을 오직 그리스도께 두라고 강권한다.

어떤 거짓 애인들이 우리로 참된 남편을 잊게 하고 그분이 받아 마땅한 충절을 잊게 하는가? 우리는 왜 그리스도를 경배해야 할 자리에서 다른 것들을 경배하는가? 그 이유는 아주 간단하다. 우리는 우리가 매력을 느끼는 존재를 경배한다. 우리는 많은 것들에게 그리스도의 아름다움을 가리기를 허용한다. 우리는 직업, 다른 사람들, 안락이나 안정 같은 마음의 상태, 성공, 능력, 평화 그리고 돈에 우리 마음을 바친다. 우리에게는 많은 선택권이 있지만, 이것들로부터는 우리의 정체성을 찾을 수 없다.

나는 안락함에 쉽게 유혹당한다. 힘든 일을 한 후에는 어김없이 모종의 휴식 시간을 가지려 한다. 나는 나 자신에게 이를 누릴 만한 자격이 있다고 말한다. 정말이지 안락함과 여가는 선한 것이다. 그러나 나의 개인적인 안락함이 그리스도보다 더욱 중요해질 때, 내 행동은 죄에 이끌리고 만다. 만일 집에 들어섰는데, 자녀들이 내 안락함을 빼앗으려 한다면 나는 재빨리 매우 거친 사람으로 돌변할 것이다. 내 개인적인 안락함을 위해 나는 거짓 애인의 품에 안긴다. 이런 일은 내가 다른 사람들에게 마음이 방황하지 않도록 경계하라고 조언한 후에도 아주 재빨리 일어난다!

바울이 고린도 교회에 (그리고 우리에게) 남편과 아내가 서로에게 초점을 맞추듯 그리스도와 우리의 관계에 계속 초점을 맞추라고 간청한 것은 매우 옳았다. 그리스도와의 관계에 계속 성실하고 순수하게 헌신하라. 가장 우선하는 이 관계를 방해하는 모든 것으로부터 마음을 지키라. 당신의 신의를 의심하게 하는 모든 것들과 싸우라. 방황하기란 너무도 쉽다. 우리는 모든 순간 유혹과 싸워야 한다. 그리스도와의 결혼은 우리 인생에서 가장 중요한 관계이자 우리가 처한 가장 중요한 환경이다.

신앙생활에 대한 거짓 표본들이 많다. 어떤 이들은 열심히 일하고 급여를 받는 일처럼 접근한다. 어떤 이들은 잘 짜여진 영적 훈련처럼 생각한다. 어떤 이들은 교육 과정처럼 여기기도 하는데, 그들은 성경 지식과 신학 지식을 쌓는 것을 그리스도를 알고 사랑하는 것과 동일시한다. 그러나 바울은 그리스도인의 삶이란 이보다 훨씬 친밀하며 개인적이고 포괄적이라고 상기시킨다. 그리스도와의 연합에 대한 다음 세 가지 심오한 현실을 살펴보자.

첫째, 그리스도와 결혼했다면, 내 생활의 핵심은 개인적인 행복이 아니라 영적인 순결이다. 여느 결혼과 같이 가장 큰 이슈는 나의 신의이다. 나는 예수님께 신실하기를 지속할 것인가, 아니면 다른 성취를 추구하겠는가? 나는 그리스도와 결혼했기에 영적인 순수함, 온전한 헌신 그리고 순종이 그 무엇보다 중요하다. 좋을 때나 나쁠 때나 나의 애정은 반드시 나의 남편이신 예수님께 한결같이 고정되어야 한다.

둘째, 그리스도와의 약혼은 '지금과 그때'의 구조를 가진다. 나의 '지금' 삶은 그리스도와 결혼식을 올릴 '그때'를 준비하는 것이다. 곧 영원한 삶의 시작이 될 어린양의 혼인 잔치가 있을 그때를 말이다. 지금의 내 삶은 그날을 준비하는 시간이다. 지금 여기에서도 놀라운 경험을 하고 있지만, 이 관계는 천국에서 완전히 성취될 것이다. 그리스도께서 나의 상급이시기에 그 어떤 필요도 나를 그분에게서 멀어지게 할 수 없다.

셋째, 신앙생활에는 모든 것이 포함된다. 신앙생활은 묵상하는 것, 헌금하는 것, 사역에 동참하는 것, 교리를 아는 것 또는 예배 중에 종교적인 느낌을 가지는 것 이상이다. 이것들은 그리스도를 내 삶의 중심에 모시지 않더라도 충분히 할 수 있는 것들이다! 바울에게 있어 기독교의 핵심은 많은 것들이 애정을 요구하는 이 세상에서 오직 그리스도께 신실한 자로 남는 것이었다.

만약 그리스도만이 정말로 유일한 삶의 가치라면 우리는 그분이 얼마나 놀라운 분이신지를 생각해 보아야 한다. 시편 27편 4절도 그렇지만 성경에는 우리로 하여금 "여호와의 아름다움을 바라보게" 하는 수많은 구절들이 실려 있다. 하지만 우리는 다음 본문에 주목할 것이다. 누가 우리 신랑이요 남편이신가? 그분의 매력은 무엇인가? 우리가 그분과 연합할 때 무슨 유익이 생기는가?

신랑이신 그리스도: 골로새서 1장 15-23절

예비 신부의 가장 당연하고 중요한 질문은 "내가 결혼하기로 한 이 사람은 누구인가?"일 것이다. 많은 사람이 결혼이 요구하는 헌신의 수준 때문에 결혼을 결정하기 어려워한다. 일생을 어떤 이에게 맡기려 한다면 결혼 서약 시간에 "예"라고 대답하기 전에 되도록 상대에 대해 많이 알아야 할 것이다. 마찬가지로 예수님은 우리에게 그분의 제자가 되기 전에 신랑에 대해 많이 알고 결혼 비용을 계산해 보라고 말씀하신다. 바울은 골로새서에서 그 무엇과도 비할 수 없이 멋진 우리의 신랑에 대해 근사하게 묘사한다.

> "그는 보이지 아니하는 하나님의 형상이시요 모든 피조물보다 먼저 나신 이시니 만물이 그에게서 창조되되 하늘과 땅에서 보이는 것들과 보이지 않는 것들과 혹은 왕권들이나 주권들이나 통치자들이나 권세들이나 만물이 다 그로 말미암고 그를 위하여 창조되었고 또한 그가 만물보다 먼저 계시고 만물이 그 안에 함께 섰느니라 그는 몸인 교회의 머리시라 그가 근본이시요 죽은 자들 가운데서 먼저 나신 이시니 이는 친히 만물의 으뜸이 되려 하심이요 아버지께서는 모든 충만으로 예수 안에 거하게 하시고 그의 십자가의 피로 화평을 이루사 만물 곧 땅에 있는 것들이나 하늘에 있는 것들이 그로 말미암아 자기와 화목하게 되기를 기뻐하심이라 전에 악한 행실로 멀리 떠나 마음으로 원수가 되었던 너희를 이제는 그의 육체의 죽음으로 말미암아 화목하게 하사 너희를 거룩하고 흠 없고 책망할 것이 없는 자로 그 앞에 세우고자 하셨으니 만일 너희가 믿음에 거하고 터 위에 굳게 서서 너희 들은 바 복음의 소망에서 흔들리지 아니하면 그리하리라 이 복음은 천하 만민에게 전파된 바요 나 바울은 이 복음의 일꾼이 되었노라"(골 1:15-23).

예수님은 더욱 경외받으실 만하며 그 어떤 창조물보다도 아름다운 분이시다. 그런데 우리의 애정을 왜 다른 것에 쏟겠는가? 그리스도에 대한 바울의 묘사는 그분의 이름을 찬미하고 그분의 성품 및 모든 가치를 드러냄으로써 마땅히 주님을 숭배하도록 돕는다.

1. 그분은 하나님이시다. 그분은 하나님의 영광을 명백히 나타내신다.
2. 그분은 모든 창조물보다 먼저 난 분이시다. 그분은 탁월함 그 자체이시다.
3. 그분은 만물의 창조자이시다. 만물이 그분으로 말미암아 존재한다.
4. 모든 만물은 그분을 위해 창조되었다. 그분은 우주의 중심이시다.
5. 그분은 영원하시다. 그분은 만물보다 먼저 계시고 만물 위에 계신다.
6. 그분은 만물을 붙들고 계신다. 그분이 만사를 붙잡고 운행하신다.
7. 그분은 몸의 머리이시다. 그분은 왕이요, 교회를 위해 생명을 준 분이시다.
8. 그분은 시작이시며 죽은 자 가운데 살아난 첫 열매이시다. 그분의 부활이 없으면 그 누구도 부활할 수 없다.
9. 그분은 최상의 주권자이시다. 그 무엇도 그분과 비교될 수 없다.
10. 그분은 하나님의 충만이시다. 다른 무엇으로도 우리를 대신 채울 수 없다.
11. 그분은 모든 것을 조정하는 분이시다. 그분의 구속 사역에 있어 이 우주에서 그분의 시선을 벗어나는 것은 하나도 없다.
12. 그분은 평화를 만드는 분이시다. 그분은 이 땅에 하나님의 통치를 가져오신다. 그리고 죄인들이 멸망치 않고 그분의 영광을 누리도록 그분과 우리를 연결시키신다. 이 모든 행사는 그분이 자신의 영광을 뒤로한 채 죽으시고 우리를 위해 다시 살아나셨기에 가능하다.

이처럼 놀라운 분이시니 그분이 우리 삶에 영향을 미치는 것도 당연하다. 그러나 그분은 순수하고도 신실한 헌신 외에는 아무것도 우리에게 요구하지 않으신다. 그분은 우리의 창조주요, 구속자요, 우리를 지탱하는 분이시요, 참된 남편이시다. 남녀를 불문하고 그리스도를 참된 남편이라고 말하는 것이 이상하게 들릴지 모르겠지만, 이것이 영적 현실이다. 인간의 결혼은 단지 우리와 그리스도 사이의 연합을 설명하기 위한 것이다. 하나님은 우리와 그리스도의 관계를 이해시키고자 인간의 결혼을 설계하셨다.

그리스도께서 내 삶의 중심에 계시는가? 우리의 가정, 직장, 우정, 결혼, 식생활, 성생활, 사역, 생각, 기쁨, 시간, 돈, 이 모두를 그에 대한 진지하고도 순수한 찬미의 증거라고 선포할 수 있는가?

예수님은 우리의 신랑이요, 탁월한 남편이시다. 그렇다면 이 연합에서 그분은 우리에게 무엇을 주시는가? 그리고 우리는 그분께 무엇을 드리는가? 골로새서 1장 21-23절과 2장 1-5절을 통해 이를 보다 자세히 살펴보기로 하자.

그리스도와 연합의 축복: 골로새서 1장 21-23절, 2장 1-5절

우리 부부가 결혼했을 때 아내와 나는 우리가 어떤 관계로 들어섰는지 미처 이해하지 못했지만, 우리가 아는 것을 바탕으로 믿음의 걸음을 옮겼다. 우리는 주님이 우리를 결혼 안에서 성장시키시리라 믿으며 모든 결정을 하나님의 은혜와 자비에 맡겼다. 시간이 지나면서, 우리는 각자가 결혼 관계 안에 가져온 강점뿐 아니라 죄, 나약함을 발견했다.

하지만 그리스도와 우리의 결혼은 다르다. 그리스도께서는 자산을 가져오시고 우리는 빚을 가져온다. 그럼에도 그리스도께서는 여전히 우리와 함께하신다!

결혼한 부부들은 서로의 실체를 알게 되었을 때 상대가 어떻게 반응할지 궁금해한다. 배우자가 상대의 실체를 알아차린 후에도 그를 진실로 사랑할 때 결혼의 진정한 의미가 성취된다. 그리스도와의 결혼 역시 마찬가지다. 진정한 자신을 보기까지 우리는 그리스도께서 가져다주신 그 복에 대해 온전히 감사하지 못한다. 그러다 예수님이 얼마나 은혜롭고 자비로우신가를 깨닫고는 놀라게 된다. 골로새서 1장과 2장에 실린 신랑 되신 그리스도와 그분의 선물에 관한 바울의 묘사는 우리가 진실로 누구인지 깨닫게 한다.

"전에 악한 행실로 멀리 떠나 마음으로 원수가 되었던 너희를 이제는 그의 육체의 죽음으로 말미암아 화목하게 하사 너희를 거룩하고 흠 없고 책망할 것이 없는 자로 그 앞에 세우고자 하셨으니 만일 너희가 믿음에 거하고 터 위에 굳게 서서 너희 들은 바 복음의 소망에서 흔들리지 아니하면 그리하리라 이 복음은 천하 만민에게 전파된 바요 나 바울은 이 복음의 일꾼이 되었노라"(골 1:21-23).

바울은 이어서 이렇게 말한다.

"내가 너희와 라오디게아에 있는 자들과 무릇 내 육신의 얼굴을 보지 못한 자들을 위하여 얼마나 힘쓰는지를 너희가 알기를 원하노니 이는 그들로 마음에 위안을 받고 사랑 안에서 연합하여 확실한 이해의 모든 풍성함과 하나님의 비밀인 그리스도를 깨닫게 하려 함이니 그 안에는 지혜와 지식의 모든 보화가 감추어져 있느니라 내가 이것을 말함은 아무도 교묘한 말로 너희를 속이지 못하게 하려 함이니 이는 내가 육신으로는 떠나 있으나 심령으로는 너희와 함께 있어 너희가 질서 있게 행함과 그리스도를 믿는 너희 믿음이 굳건한 것을 기쁘게 봄이라 그러므로 너희가 그리스도 예수를 주로 받았으니 그 안에서 행하되 그 안에 뿌리를 박으며 세움을 받아 교훈을 받은 대로 믿음에 굳게 서서 감사함을 넘치게 하라 누가 철학과 헛된 속임수로 너희를 사로잡을까 주의하라 이것은 사람의 전통과 세상의 초등학문을 따름이요 그리스도를 따름이 아니니라 그 안에는 신성의 모든 충만이 육체로 거하시고 너희도 그 안에서 충만하여졌으니 그는 모든 통치자와 권세의 머리시라 또 그 안에서 너희가 손으로 하지 아니한 할례를 받았으니 곧 육의 몸을 벗는 것이요 그리스도의 할례니라 너희가 세례로 그리스도와 함께 장사되고 또 죽은 자들 가운데서 그를 일으키신 하나님의 역사를 믿음으로 말미암아 그 안에서 함께 일으키심을 받았느니라 또 범죄와 육체의 무할례로 죽었던 너희를 하나님이 그와 함께 살리시고 우리의 모든 죄를 사하시고 우리를 거스르고 불리하게 하는 법조문으로 쓴 증서를 지우시고 제하여 버리사 십자가에 못 박으시고 통치자들과 권세들을 무력화하여 드러내어 구경거리로 삼으시고 십자가로 그들을 이기셨느니라"(골 2:1–15).

이 결혼 관계에 그리스도께서 가져오시는 것과 우리가 가져오는 것이 얼마나 대조적인지! 예수님이 우리를 그분의 사랑과 은혜의 대상으로 삼으실 때 우리의 무엇을 보시는지 생각해 보라. 그분은 아무것도 보지 않으신다! 주님은 그저 우리를 선택하셨기에 우리에게 자비를 쏟아부으신다.

그렇다면 우리는 과연 이 결혼에 무엇을 가져오는가?

우리는 죄를 짓고 하나님으로부터 멀어졌다(골 1:21–23). 매우 강력한 단어 두 개가 하나님 앞에서 우리의 위치를 묘사한다. 우리는 하나님으로부터 멀어졌고, 원수가 되었다. 죄는 우리를 하나님으로부터 떨어뜨려서 우리를 그분의 정반대에 서게 했다. 우리는 스스로 무덤을 파고는 그분과 대적했다.

이처럼 우리는 어리석고 눈이 멀었다(골 2:1-5). 죄는 우리를 어리석게 만든다. 우리는 공허하고 기만적인 철학에 너무도 쉽게 매력을 느끼고 속아 넘어가 그리스도로부터 우리를 멀어지게 하는 논쟁에 빠져든다. 죄는 우리로 자기 죄를 보지 못하게 한다! 죄는 우리로 자신을 썩 괜찮은 사람으로 여기게 한다. 살아가는 데 필요한 통찰력과 능력이 자신에게 있다고 생각하게 한다. 그러나 사실은 전혀 그렇지 않다. 오히려 그 반대가 진실이다.

우리는 또한 무능력하며 죄에 종속되었다(골 2:9-15). 바울은 "죽었다"라는 단어를 사용해 우리가 얼마나 구제불능인가를 묘사한다. 죽은 사람은 아무것도 할 수 없다. 죽은 사람은 자신을 개선할 수 없다. 설사 우리가 하나님이 요구하시는 것을 하기 원할지라도(그러나 하나님을 떠나 그분의 원수가 된 우리는 원하지 않는다), 설사 우리가 하나님이 무엇을 기뻐하시는지 알지라도(그러나 불의로 진리를 막는 어리석은 우리는 모른다), 우리에게는 하나님 보시기에 좋은 일을 할 능력이 전혀 없기 때문에 그 무엇도 할 수 없다. 그러나 이 모든 것에도 불구하고 그리스도께서는 우리와 관계를 맺기 원하신다. 이에 대해 바울은 이렇게 요약한다. "우리가 아직 죄인 되었을 때에 그리스도께서 우리를 위하여 죽으셨다"(롬 5:8). 어떤 면에서 이 본문은 우리가 그리스도와의 결혼을 앞두고 처한 현실을 확인하게 한다. 만약 우리가 이 진리를 받아들인다면, 우리 마음은 장래의 남편에 대한 죄책감과 수치심으로 가득할 것이다. 우리는 그 배우자에게 적합한 상대가 될 수 없음을 이미 알고 있다. 그렇다면 우리에게는 두 가지 선택권이 있다. 이 결혼이 실패할 거라 생각하며 도망가거나, 결혼할 사람의 성품으로부터 위로를 받는 것!

바울은 우리가 두 번째 선택을 하기를 원한다. 이것이 이 본문의 중간 부분(골 2:6-8)에서 바울이 우리로 그리스도를 날마다 추구함으로써 그분과의 연합을 축하하도록 날마다 그리스도와 교제하며 살라고 부른 이유다. 그리스도께서 우리와의 관계에 가지고 들어오신 것은 죄인인 우리가 그 관계에 가지고 들어온 결함과 무능과 결격 사유를 완벽하게 충족시킨다.

예수님은 우리를 의롭게 하신다. 우리는 하나님으로부터 멀어져 죄를 짓고 반역한 죄인이지만, 그분의 생애와 죽음 그리고 부활은 우리를 죄의식과 죄책과 수치로부터 자유롭게 하고 죄에서 멀어지게 한다. 바울은 우리가 그분의 목전에서 아무 흠이 없으며 정죄로부터 자유로워진 거룩한 자라고 말한다(골 1:22). 정말로 상상조차 하기 어려운 과거의 은혜이다.

예수님은 또한 우리의 지혜가 되신다. 우리는 어리석고 눈이 멀었으나, 주님은 우리에게 지혜와 지식의 모든 보화를 선물하신다. 그분은 자기 어리석음에 얽매였던 우리에게 자유를 선사하고 지혜를 주신다. 이것이 곧 현재의 은혜이다.

예수님은 무엇보다 우리의 능력이 되신다. 우리는 무력한 종이었지만, 주님은 그런 우리에게 하나님의 의도대로 살 수 있는 새로운 능력의 은혜를 더하셨다. 또한 결혼 비유가 지적했듯이(골 1:5) 우리에게는 그토록 고대하고 바라는 천국 소망과 성부 성자 성령 하나님과의 영원한 관계에 대한 미래의 은혜마저 약속되어 있다. 그러므로 장차 우리는 죄의식과 죄의 권세와 죄의 존재가 모두 사라진 곳에서 성도들과 함께 영원히 거할 것이다.

이 비유는 왜 중요한가? 그리스도인의 삶은 자신이 진정 누구이며, 자신이 신뢰하는 그리스도께서 누구이신지를 직면하는 것을 기초로 세워지기 때문이다. 우리의 모든 행위는 그리스도 안에서 우리 소유가 된 복들에 어떻게 반응하느냐에 따라 결정된다. 우리가 오직 자신만을 바라보며 죄의 짐을 지고 다닌다면, 우리는 죄를 고백하는 자유와 용서의 기쁨을 누리는 대신 죄를 숨기는 데 급급해 온갖 핑계를 대고 비난하며 스스로를 합리화하고 애써 수치를 덮으려 전전긍긍할 것이다. 하나님이 그리스도 안에서 이미 우리에게 주신 지혜를 따르는 데서 오는 지속적인 열매도 누리지 못할 것이다. 그 대신 우리의 신앙생활은 실제적인 문제들과 상관없는 단순한 목록과 규칙과 행동들로 이루어질 것이다. 그리고 우리와 그리스도 사이에 있는 구멍도 결코 발견할 수 없을 것이다.

매우 가난한 가정에서 태어난 어린 소년이 있다고 상상해 보자. 그는 만성 영양부족 상태로, 제대로 입지도 못하고 잘 씻지도 못한 채 친구들에게 경멸을 받으며 자랐다. 물론 교육도 많이 받지 못했고 앞날에 대한 전망도 없었다. 성장한 소년은 이제 집을 떠나 어느 사치스런 컨트리클럽의 캐디로 일하게 되었다. 그러던 어느 날, 그는 아주 부유한 집의 젊은 여인을 만나게 되었는데, 놀랍게도 그녀가 그에게 캐디를 맡아 달라고 부탁했다. 이것이 그들을 결혼으로 이끈 긴 관계의 시작이었다. 그가 결혼 서약에 "예!"라고 대답한 바로 그 순간, 그의 삶은 영원히 변화되었다! 아직 그가 번 것은 아무것도 없었지만, 이제 그는 새로운 지위와 부와 힘과 명성을 얻게 되었다. 이 모두는 순전히 새로운 관계의 결과였다. 결혼은 그가 누구인지, 그가 무엇을 가졌는지, 그동안 어떻게 살아왔는지에 대한 모든 것을 한꺼번에 변화시켰다. 무엇보다 그의 남은 인생을 송두리째 변화시켰다.

이런 예화가 우리의 남편 되신 그리스도와 우리 사이의 관계에 대한 진리를 모두 설명하지는 못한다. 한 가지 중요한 요소가 빠졌다. 우리가 그리스도께로 올 때, 우리의 환경과 관계와 상황만 변하는 것이 아니다. 우리는 깊은 영적 차원에서부터 달라진다. 그리스도의 은혜는 우리 내면의 영적인 본성을 바꾸어 놓는다. 우리는 이미 한 번 죽었다. 그러나 이제는 다시 살아났다. 우리 마음은 죄로 인해 한 번 굳어졌으나 다시금 부드러워졌고 온순해졌다. 요컨대 새로운 피조물로 거듭난 것이다(고후 5:17).

이러한 변화는 그저 좋은 신학이나 잘 훈련된 순종의 결과가 아니다. 이는 그리스도와의 관계에 따른 명백한 결과이다. 나는 그분과 연합되었으며, 날마다 그분의 성령으로 새로워진다. 내 마음에 있던 죄성은 사랑과 경배와 기쁨의 능력이 자라남에 따라 점진적으로 변화된다. 이제 나는 평화를 만드는 사람이 된다. 내 삶에서 일하시는 성령님으로 말미암아 나는 인내, 친절, 양선, 충성, 온유, 절제를 배울 수 있다.

이것이 곧 그리스도인의 삶이 무엇인가에 대한 해답의 전부다. 나는 기쁨으로 그리스도 안에서 새로운 피조물이 되었다. 그러나 나는 아직 내 마음에 남아 있는 죄를 겸손하게 고백하며 오늘도 내가 처음 믿었을 때보다 더 많이 하나님의 은혜가 필요한 존재라고 기도한다. 성령님은 한때 내 인생을 좌우하던 것들을 제압하셨다. 나는 그분 안에 있다. 비록 아직 그분처럼 완전하지는 않지만, 나는 나 자신을 하나님의 사랑에 초점을 둔 지속적인 마음의 변화에 헌신하게 되었다.

자산과 채무: 우리가 그리스도를 잊는 방법

그런데 무엇이 우리가 예수님과의 새로운 관계를 살아내는 일을 방해하는가? 어떤 거짓 사랑이 우리를 그리스도를 향한 순수하고도 신실한 헌신에서 멀어지게 하는가? 바울은 우리가 자신에게 그리스도가 필요하다는 사실을 잊어버릴 때 우리가 한때 자산이라고 생각했던 것들이 부채로 변한다는 사실을 깨달았다.

"그러나 나도 육체를 신뢰할 만하며 만일 누구든지 다른 이가 육체를 신뢰할 것이 있는 줄로 생각하면 나는 더욱 그러하리니 나는 팔일 만에 할례를 받고 이스라엘 족속이요 베냐민 지파요 히브리인 중의 히브리인이요 율법으로는 바리새인이요 열심으로는 교회를 박해하고 율법의 의로는 흠이 없는 자라 그러나 무엇이든지 내게 유익하던 것을 내가 그리스도를 위하여 다 해로 여길뿐더러 또한 모든 것을 해로 여김은 내 주 그리스도 예수를 아는 지식이 가장 고상하기 때문이라 내가 그를 위하여 모든 것을 잃어버리고 배설물로 여김은 그리스도를 얻고 그 안에서 발견되려 함이니 내가 가진 의는 율법에서 난 것이 아니요 오직 그리스도를 믿음으로 말미암은 것이니 곧 믿음으로 하나님께로부터 난 의라"(빌 3:4-9).

나의 자산?

인간관계에서는 각 사람이 나름의 장점과 은사에 따라 서로에게 기여하지만 주님과의 관계에서는 그렇지 않다. 바울은 한때 이 관계에 대한 자신감을 그 자신이 성취한 자산과 혈통 그리고 도덕성에서 찾았다. 실로 이 모든 것들은 축복이었지만, 바울은 그 자신이 만든 이력에서 자신감을 찾는 잘못을 범했다. 우리 역시 같은 잘못을 범할 수 있다. 우리는 자신의 행위와 복종을 은사로 여기며 감사하기보다 자신의 자랑으로 삼을 수도 있다.

어떤 장점과 자산이 자신을 감사가 아닌 교만으로 이끄는가? 그게 무엇이든 그것은 내게는 그리스도가 계속 필요하다는 사실을 보지 못하게 하는 걸림돌이 될 것이다. 당신이 하나님이 기뻐하시는 방식으로 신실하게 자녀를 양육하는 부모라고 생각해 보자. 이 은혜가 채무가 되기도 하겠는가? 그렇다. 스스로 능력이 있다고 여긴다면, 하나님을 의지해야 한다는 시각을 잃어버릴 것이다. 그리고 자녀 양육을 힘들어하는 부모들을 비난할 것이다. 그리스도가 아닌 자신이 받은 것을 의지할 때 우리는 자녀들을 똑바로 바라보지 못하고 그들로 인해 예수님 또한 바라보지 못할 것이다.

그리스도의 자산!

예수님은 자산을 주시지만 채무는 주지 않으신다! 오히려 그분은 우리의 빚을 갚아 주신다! 이를 깨달을 때 우리에게 일어나는 일들에 대한 관점이 바뀐다. 만약 축복을 받는다면, 그것은 하나님의 선하심을 감사할 기회이다. 만약 어려움이 온다면 그분을 더욱 의지할 기회이다.

우리 모두는 자신이 누구이고 무엇을 가졌는지에 대한 생각을 토대로 삶에 반응한다. 자신이 거리에서 잔돈을 구걸하는 노숙자라고 가정해 보자. 그러던 어느 날, 갑자기 부자 삼촌이 많은 유산을 남긴 채 죽었다는 사실을 알게 되었다. 비록 나는 그것을 받을 만한 일을 하지 않았지만, 그에게 속해 있던 모든 것이 한순간에 나의 것이 되었다. 만약 자신이 그러한 상황이라면 무엇을 하겠는가? 계속 길거리에서 구걸을 하겠는가? 제정신이라면 마땅히 그 재산을 가지고 번듯한 집을 살 것이다. 그리고 아마도 거리의 사람들을 돕기 위한 방법을 찾을 것이다.

그리스도께서는 우리와의 관계 안에 막대한 자산을 가져다주신다. 이 자산들은 지금 그분의 것인 동시에 우리의 것이다. 그분은 우리를 자신의 상속자로 삼으셨다. 우리는 더 이상 길거리의 걸인이 아니다. 우리의 계좌는 가득 찼다. 우리는 바로 지금, 자신이 진정 누구인가를 반영하는 방식의 삶을 시작할 수 있다.

구체적인 적용

베드로후서 1장 3-9절에서 베드로는 많은 신자들이 별 영향력 없이 열매 없는 삶을 살고 있다고 지적하면서, 그 이유가 이들이 그리스도 안에서 자신이 누구인지를 잊어버렸기 때문이라고 말한다. 다음 예들을 통해 그리스도와 우리의 연합이 어떻게 우리가 어려움이나 축복 가운데 살아가는 방식을 빚는지 살펴보자.

실직

우리 문화에서 돈이 되는 직업은 정말이지 중요하다. 그것이 곧 안전과 정체성의 근원이 되기 때문이다. 실직은 재정적인 압박을 가져올 뿐 아니라, 보장되지 않은 무언가에 자신의 정체성과 안전을 둔 사람들의 세계를 완전히 무너뜨릴 수 있다. 직업 문제와 관련해 신자는 자신의 정체성 곧 그리스도 안에 있는 안전을 누리면서 이 문제에 접근할 수 있다. 직장을 잃는 것은 치명적이겠으나 인생의 가장 가치 있는 일은 아직 끝나지 않았다. 왜냐하면 그리스도와의 결혼으로 인해 자기 자신의 지혜와 인격과 능력을 뛰어넘는 자원을 가지게 되었기 때문이다. 나의 남편 되시는 분은 내 인생의 세세한 부분을 관리하신다. 나의 유익이 곧 그분의 목적이다. 이런 깨달음은 우리를 낙심하지 않도록 보호해 주며 어려울 때 용기와 믿음을 준다.

감사가 없는 직장에서 일할 때

우리가 만족을 관계나 환경, 성과에서 찾는다면, 만족스럽지 않은 직장에 다니기란 여간 어려운 일이 아니다. 그러나 우리가 만족을 그리스도에게서 찾는다면 필요를 채우려고 헤매지 않을 것이다. 우리는 세상의 그 어떤 직장도 줄 수 없는 만족과 기쁨으로 매일의 삶을 맞이할 수 있다. 절대로 낙심할 일이 없거나 피곤해지거나 지루해지지 않는다는 뜻이 아니다. 비록 어려울 때에도 나를 도와줄 신실한 누군가가 있다는 뜻이다.

우리는 수많은 사람들 가운데 그리스도와 연합하여 친밀하게 살 자로 선택되었다. 이 얼마나 놀라운 일인가! 단순히 결혼식에 초대된 것만으로도 영광스러운데 바로 우리 자신이 만왕의 왕이요 만주의 주이신 분의 신부로서 사랑받고 있다니! 이 사실을 실감한다면 영광스러운 특권을 지닌 축복받은 존재에 걸맞은 삶을 살아갈 것이다.

그렇다, 때로 직업이 우리를 따분하게 할지 모른다. 그렇다, 어쩌면 좀 더 의미 있는 일을 하고 싶을지 모른다. 그렇다, 종종 도망갈 길을 간절히 찾기도 할 것이다. 그러나 우리는 더 이상 직장에서의 충족을 전적인 가치로서 추구하지 않는다. 그것이 우리에게 존엄성을 줄지 몰라도 우리 자신을 온전히 규정하지는 못한다. 오직 그리스도 안에서 우리는 충만하며 기쁨이 넘치고 안전하다. 비록 감사가 없는 직장을 다닐지라도 그리스도께서는 우리가 그분의 이름으로 한 일들을 결코 잊지 않으신다. 그리스도의 신부의 한 지체된 나는 우주에서 가장 중요한 일에 자신이 연결되어 있음을 잘 알고 있다. 그리스도와 나 사이의 연합이 내가 행하고 말하는 모든 것에 의미를 부여한다.

한부모 가정

부모 역할을 혼자 감당하다 보면 혼란에 빠지기도 한다. 못 하겠다고, 불공평하다고 하소연하기도 할 것이다. 하지만 이런 반응은 결정적인 실수에 기반한 결과다. 즉 우리는 어떤 일을 감당할 힘과 지혜를 먼저 자기 자신에게서 찾는다. 그리고 자신이 할 수 없음을 깨달으며 실망하고 분노하며 고통을 겪는다. 다시 말해 그리스도 안에서 내가 누구인지를 잊는 것이다. 온전한 가정이든 한부모 가정이든 우리는 자녀를 돌보는 데 필요한 지혜와 능력을 가지고 있지 않다. 오직 그리스도만이 모든 지혜와 능력의 근원이시다. 다만 주께서 그 모든 능력을 그의 신부에게 주겠다고 약속하신다. 한부모든 양부모든 부모에게 요구되는 경건한 인격은 그 누구도 가지고 있지 않다. 그러나 그리스도께서는 그분의 성령을 우리에게 주심으로써 우리가 옳고 좋은 것을 행하고 말할 수 있도록 하신다. 한부모 가정의 부양자인 당신은 여전히 그리스도와 결혼한 상태다. 이 힘든 역할을 감당할 수 있도록 주님이 당신을 전적으로 도우시고 필요한 바를 공급하실 것이다.

육체의 만성적인 고통

우리는 자신이 항상 건강해야 하고 신체적인 고통은 잠시여야 한다고 가정하고는 한다. 그러나 건강을 모든 안전과 잘 사는 삶의 근원으로 여긴다면, 육체적 고통을 감내하기가 훨씬 힘들 것이다. 타락한 세상에서 우리의 몸은 항상 쇠퇴하기 마련이다. 그러므로 육신에 소망을 두는 것은 지혜롭지 못하다. 우리 인생에서 제일 소중한 것은 육체가 아니라는 사실이 얼마나 큰 차이를 만드는가. 비록 좋지 않은 건강이 인생을 어렵게 할지라도 그것은 우리의 정체성, 우리의 의미와 목적, 우리의 기쁨, 또는 우리의 개인적인 평안을 빼앗지 못한다. 그리스도와의 영원한 연합을 인식하면서 육체적인 고통에 반응할 때, 우리는 바울처럼 말할 수 있을 것이다. "겉사람은 낡아지나 우리의 속사람은 날로 새로워지도다"(고후 4:16). 우리의 육체적인 상태가 어떻든 우리는 매일 아침 새로운 자비로 말미암아 강건해지고 하나님의 사랑으로 용기를 얻으며 성령님에 의해 힘이 충전된다. 우리는 자신에게 늘 힘이 있기를 바라고 만성적인 고통은 피하고 싶어 하지만, 기대와 다른 현실 속에서도 우리의 시선을 그리스도와 연합했다는 현실과 그분이 공급하시는 자원에 고정시킬 수 있다.

세속적인 성공과 복

우리는 그리스도와의 연합을 통해 고난뿐만 아니라, 좋은 환경을 경험할 수 있다. 이런 경험은 고난만큼이나 부담이 된다. 일이 잘될 때 우리는 으레 자신이 다른 고통받는 이보다 하나님께 더 사랑받는 존재라고 생각하기 쉽다. 이럴 때는 스스로를 의롭다고 여기면서 다른 사람들을 비판할 여지가 많다. 그러나 이스라엘 백성에게 좋은 것을 넘치도록 주셨을 때 하나님은 이미 축복의 유혹을 잘 아셨다. 하나님은 이스라엘 백성들이 약속의 땅에 들어갔을 때 하나님을 잊지 않도록 상기시키셨다.

"네가 먹어서 배부르고 네 하나님 여호와께서 옥토를 네게 주셨음으로 말미암아 그를 찬송하리라 내가 오늘 네게 명하는 여호와의 명령과 법도와 규례를 지키지 아니하고 네 하나님 여호와를 잊어버리지 않도록 삼갈지어다 네가 먹어서 배부르고 아름다운 집을 짓고 거주하게 되며 또 네 소와 양이 번성하며 네 은금이 증식되며 네 소유가 다 풍부하게 될 때에 네 마음이 교만하여 네 하나님 여호와를 잊어버릴까 염려하노라 여호와는 너를 애굽 땅 종 되었던 집에서 이끌어 내시고 너를 인도하여 그 광대하고 위험한 광야 곧 불뱀과 전갈이 있고 물이 없는 간조한 땅을 지나게 하셨으며 또 너를 위하여 단단한 반석에서 물을 내셨으며 네 조상들도 알지 못하던 만나를 광야에서 네게 먹이셨나니 이는 다 너를 낮추시며 너를 시험하사 마침내 네게 복을 주려 하심이었느니라 그러나 네가 마음에 이르기를 내 능력과 내 손의 힘으로 내가 이 재물을 얻었다 말할 것이라 네 하나님 여호와를 기억하라 그가 네게 재물 얻을 능력을 주셨음이라 이같이 하심은 네 조상들에게 맹세하신 언약을 오늘과 같이 이루려 하심이니라 네가 만일 네 하나님 여호와를 잊어버리고 다른 신들을 따라 그들을 섬기며 그들에게 절하면 내가 너희에게 증거하노니 너희가 반드시 멸망할 것이라 여호와께서 너희 앞에서 멸망시키신 민족들 같이 너희도 멸망하리니 이는 너희가 너희의 하나님 여호와의 소리를 청종하지 아니함이니라"(신 8:10-20).

고난의 시기와 축복의 시기에는 하나님을 잊어버리고 자만심과 독립심을 키우려는 유혹이 어김없이 찾아온다. 그러나 그리스도와의 연합을 기억한다면, 우리 삶의 모든 좋은 것은 하나님의 자비와 은혜의 결과이지 우리 자신의 지혜나 선함 또는 노력의 결과가 아님을 떠올리게 될 것이다. 우리가 우리 삶에 쏟는 노력은 무엇이든 주님이 주신 힘으로 시작되며 계속된다. 그분이 영원히 우리에게 헌신하시기 때문이다!

우리가 고난과 축복을 지나는 동안 그리스도께서는 우리를 그분 가까이 이끄셔서 우리가 그분을 즐거워하도록 우리의 모든 필요를 채우신다. 그러기에 우리는 지칠지언정 낙심하지 않는다. 때로는 슬프겠지만 소망을 잃지는 않는다. 우리는 고통을 견디되 포기하지 않을 것이다. 또한 축복을 즐기되 교만해지지 않을 것이다. 우리의 삶은 다만 자신이 소유하고 느끼고 성취한 것이 아니라, 그리스도 안에 있는 자신의 정체성에 달려 있다. 이 사실은 우리가 넘어진 바로 그곳에서 다시 일어서게 한다.

우리는 어떻게 변화가 일어나는지 생각하며 처음부터 다시 시작할 필요가 있다. 우리에게 미래가 있는 이유는 하나님이 우리 안에서 시작하신 일을 마치실 것이기 때문이다. 즉, 우리에게는 우리를 죄로부터 건지시고 성령님을 주시며, 우리를 그분의 신부로 삼으신 구속자가 계시다. 이는 각 개인에게 적용되는 동시에 우리가 속한 보다 큰 공동체에 적용되는 진리이기도 하다. 우리는 그리스도의 몸의 구성원이다. 그리스도의 신부는 그리스도를 신뢰하는 모든 이들로 이루어져 있으며 그에게 연합되어 있다. 바로 이 공동체가 다음 장에서 살펴볼 변화의 배경이다.

chapter 5

변화는 어디에서 일어나는가?
_공동체적 과제

● 안경승 옮김

　4장에서 우리는 한 개인이 은혜 가운데 성장하고 변화되는 과정에 초점을 맞추었다. 그런데 변화의 과정은 단순히 어느 한 개인에 의해 이루어지지 않는다. 이 과정은 공동체 내에서 가장 여실히 그리고 근본적으로 일어난다. 먼저 한 소그룹에서 교제를 나누던 한 여인의 가족 이야기를 나누려고 한다. 그녀는 지난 5년간 이 소그룹에서 경험한 깊은 기쁨과 만족을 이야기한다. 여기서 그녀가 하는 이야기의 핵심은, 우리가 그리스도를 닮기까지 성장하고자 한다면 관계의 중요성을 이해해야 한다는 것이다.

　"남편과 저는 지난 5년간 한 소그룹의 구성원이었습니다. 다른 많은 소그룹이 그러하듯이, 우리는 정기적으로 식사를 함께했고, 서로 사랑을 실천했으며, 외부 봉사 활동도 함께했습니다. 우리는 함께 예배하고 성경 말씀을 공부하고 기도했습니다. 예수님이 우리를 위해 어떤 일을 하셨는지, 하나님이 그 나라의 구성원인 우리를 향해 어떤 목적을 가지고 계시는지, 우리를 변화시키려는 그분의 능력과 열망과 그 밖의 다른 많은 귀중한 진리들이 무엇인지를 배웠습니다. 참으로 하나님을 알고 이해하는 데 있어 성장할 수 있었던 값진 시간이었습니다. 하나님과 이웃을 향한 우리의 사랑이 성숙해졌고, 삶의 모든 영역에서 우리의 죄를 회개하고 하나님을 의지하는 훈련을 받았습니다.

정말이지 사람들이 유혹과 죄와 갈등하는 자신의 모습을 솔직하게 고백하고 기도를 부탁하는 공동체에 속했다는 것은 새롭고 신선한 경험이었습니다. 우리는 환영받았고, 좀 더 연약함을 나눌 수 있도록 격려받았으며, 기도로 지원을 받고, 특별히 계속되는 고민에 대해 도움을 받는 가운데 즐거운 우정을 세울 수 있었습니다.

한번은 한 자매가 한쪽 발은 세상에, 또 한쪽 발은 교회에 걸쳐 놓았던 자신의 갈등을 정직하게 나누기도 했습니다. 우리는 하나님이 그 자매가 유혹에서 피할 길을 보여 주시기를 여러 번 기도했고, 그녀를 도우시는 하나님의 역사를 목격할 수 있었습니다. 그녀의 정직하고 개방된 마음은 그녀의 연약함과 교차되는 하나님의 능력을 생생하게 지켜볼 계기를 우리에게 주었습니다. 하나님의 거룩한 성품을 닮아가려는 그녀의 지속적인 헌신과 성장은 우리를 서로에 대한 겸손과 하나님이 우리 역시 변화시키실 수 있다는 믿음으로 인도했습니다.

이토록 친밀한 공동체에 머물며 시간을 보내는 동안, 하나님의 역사는 좀 더 분명하게 드러났습니다. 어떤 심각한 갈등과 강한 분노를 품었던 한 형제가 죄를 회개하고 개인과 공동체 내에서 자신을 개방하면서 성장하기 시작했습니다. 그는 기꺼이 다른 이들의 격려와 도전에 귀를 기울였고, 갈등 가운데서도 공동체와 함께하고자 했습니다. 마침내 그는 다른 사람을 섬기는 데 모범이 되었으며, 부인과의 관계에서도 좀 더 부드럽고 신중한 경청자가 되었습니다. 공동체로서 우리는 분노, 갈등, 용서의 필요, 욕심, 가족 문제, 불신, 남성에 대한 두려움, 외식, 실직, 질병, 사랑의 부족, 우상 숭배, 부부 다툼 등을 경험했습니다. 그러는 동안 우리는 서로 돕고, 책임을 분담하고, 서로를 든든히 세워 주었습니다.

우리는 또한 함께 슬퍼하고, 함께 즐거워하고, 함께 웃으며, 서로 실수하고, 또 화해하고, 참으며, 하나님과 이웃을 사랑하고자 노력했습니다. 그러다 최근에 우리와 교제하던 한 형제가 자신의 고독에 대해 우리가 무관심하며 이 공동체에서 무시당한다는 느낌을 받는다고 했을 때, 구성원 모두가 슬픔에 빠졌습니다. 마침내 그는 떠나기로 결정했습니다. 저로서는 소그룹으로 함께하는 동안 여러 유익을 맛보았지만, 우리는 여전히 죄인들의 공동체이기 때문에 이런 일이 일어난다고 생각합니다. 이웃과 함께하는 삶을 값지게 만드시는 분은 예수님이십니다. 그분과의 관계가 소원해지면, 우리가 제공할 수 있는 것은 아무것도 없습니다. 그러나 오직 우리의 초점이 예수님께로 향한다면, 소그룹은 우리 삶 속에서 중대하고도 지속적인 변화를 가져오는 잠재력을 유지할 것입니다.

월요일 밤 7시가 가까워지면, 저는 우리 집 현관으로 다가오는 형제자매들의 발소리를 간절히 기다립니다. 저는 그 저녁이 어떻게 흘러갈지, 사람들이 어떤 짐을 풀어 놓을지, 제가 그들을 어떻게 도전할지 혹은 우리가 어떤 웃음 또는 눈물을 흘리게 될지 전혀 모릅니다. 그러나 저는 항상 위대한 목자께서 우리를 만나 주실 것이며 우리가 이 순간 함께하기에 우리 삶이 풍성하고 충만해질 것을 믿습니다.

저는 제 이야기를 듣는 여러분 역시 소그룹의 한 일원으로서 헌신하며, 하나님의 은혜를 체험하게 하는 작고 친밀한 만남 속에서 기독교 공동체의 축복을 누리게 되기를 소원합니다."[1]

---

[1] 잰 파워(Jan Powers)가 2004년 9월 30일 펜실베이니아주 글렌사이드에 위치한 새생명장로교회(New Life Presbyterian Church)에서 한 간증이다.

'관계'라는 긴장

앞선 간증에서 우리는 변화의 과정에 있어 구속적 관계의 중요성을 보게 된다. 그리고 우리의 유익과 이런 관계를 위해 감내해야 하는 것 사이의 지속되는 긴장을 본다. "어바웃 어 보이"(About a Boy)라는 영화에서 이런 긴장을 잘 볼 수 있다. 이 영화의 주인공은 독신남인데, 그는 독신의 자유와 의미 있는 관계에 대한 열망 사이에서 갈등하고 있다. 영화의 시작에서 그는 자신이 처한 곤경을 이렇게 말한다.

"내 생각에 모든 남자들은 섬이다. 좀 더 나아간다면, 지금은 그야말로 각자가 홀로 서야 하는 시대, 곧 '섬 세대'라고 할 수 있다. 예를 들어 백 년 전이었다면 당신은 다른 사람에게 의존해야만 했을 것이다.…… 하지만 지금은 익히 알듯 자기만의 작은 천국 같은 섬을 충분히 만들 수 있다. 적당한 보급품과 적절한 태도를 가진다면 당신은 젊은 스웨덴 관광객을 끌어들이는 강렬한 자석과도 같은 존재가 될 수 있다.…… 다만 한 가지 슬픈 현실은, 다른 섬 주민이 그러하듯 가끔은 자신의 본토를 방문해야만 한다는 것이다."

영화가 전개되면서, 그는 독신의 자유로움을 포기하고 의미 있는 관계로 나아간다. 이 이야기는 관계에 대한 인간의 깊은 갈망을 그리면서 이것이 추구할 만한 것이라고 결론 내리고 있다.

의미 있는 관계들은 또 다른 차원에서 종종 회피되고 만다. 관계는 수고, 희생, 겸손, 헌신을 요구한다. 다른 사람을 사랑해야 한다는 생각은 우리 본성에 있는 무언가를 건드리는 동시에 우리의 죄악된 자기중심성을 드러낸다. 볼싱어는 그의 책 『믿음의 사람들을 세우는 교회: 하나님의 공동체가 삶을 변화시키는 방법』에서 이렇게 말한다.

> "이전 세대 그 누구보다도 오늘날의 미국인들은 '나는 스스로 내 삶의 각본을 써야만 한다'고 믿고 있다. 그들에게 있어 자기 삶의 각본을 성경의 장대한 이야기 아래 두어야 한다는 생각은 매우 낯선 것이다. 이보다 더 큰 위험은, 타락한 인간의 공동체(솔직히 말해 나를 방해하거나 나의 소망과 꿈을 간섭하지 않았으면 하는 이 공동체)가 하나님의 이야기 아래 자신의 삶을 두는 일을 중재해야 한다는 생각이다."[2]

우리는 친밀한 관계를 원한다. 그러나 또 다른 한편에서는 원하지 않는다! 우리는 본디 공동체를 이루며 살도록 창조되었지만, 타락으로 인해 우리가 필요로 하는 절실한 관계에서 벗어나려는 성향을 지니게 되었다. 관계를 향한 우리의 갈망은 자주 죄에 의해 오염된다. 우리는 관계가 자신의 욕구와 필요를 채워 주는 동안에만 그것을 추구한다. 즉 우리는 관계와 애증의 관계를 맺고 있다!

성경은 이 심오한 긴장을 인식하면서, 우리 개인이 은혜 가운데 자라나는 일을 그리스도의 몸이라는 맥락 안에 두고 있다. 성경은 우리가 그리스도 안에서 형제자매와 친밀한 관계를 맺어야 한다고 말한다. 지속적인 변화에 있어 교제는 본질적인 요소이다. 구속의 역사는 그리스도와의 개인적인 관계와 더불어 다른 이들과의 관계 역시 요구한다.

---

2) T. E. Bolsinger, *It Takes a Church to Raise a Christian: How the Community of God Changes Lives* (Grand Rapides: Brazos Press/Baker Book House, 2004), pp.22-23;

관계와 개인적 성장

'자업자득'이라는 말을 아는가? 이 말의 의미는 다음과 같다. "자기가 저지른 일의 결과를 자기가 받음." 다시 말해 자기가 저지른 일은 자신이 해결해야 한다는 뜻이다. 그러니 누구에게도 도움을 기대하지 말라! 상황이 곤란해져도 스스로 해결할 방법을 찾는 편이 낫다.

조는 한때 자기 인생의 일부였던 사람들에게 매우 화가 나 있다. 그는 항상 다른 사람들에게 이용당한다고 느꼈으며, 의미 있는 관계에 대해 상당히 냉소적이었다. 특별히 그는 여러 가지 사회적으로 용인받기 어려운 자신의 모습 때문에 그를 꺼렸던 기독교인들에게 깊은 배신감을 느꼈다. 조는 영적으로 그리 성숙하지 못했다. 그는 늘 자신을 고립시키면서도, 자신을 이해해 줄 누군가가 나타나기를 간절히 바랐다. 그러나 그 문제에 대한 도움을 구할 때마다 그가 어떻게 생각하고 믿고 반응해야 하는지, 그가 어떻게 변해야 하는지 성경적인 조언만 들을 뿐이었다. 조는 또한 심한 긴장 가운데 살았다. 그는 사람들을 별로 좋아하지 않았는데, 그러면서도 사람들과의 교제가 그의 주된 예배 대상이었다. 조는 스스로 다른 이들을 피했으면서도 그들이 자기에게 관심을 주지 않는다고 불평했다. 몇몇 선한 리더들은 조의 우상이 관계인 것을 알았지만, 애석하게도 조의 성장을 도울 공동체에 그를 초대하기를 꺼렸다. 마치 "당신은 음식을 우상으로 삼았군요. 그러니 먹지 마세요!"라고 말만 하는 식이었다.

정말이지 조가 혼란스럽고 비참했던 것이 이해가 된다. 그에게는 도움이 필요했다. 그는 인생의 문제들에 대한 자신의 반응을 변화시키고 그 책임을 감당해야 했다. 또한 그에게는 소망과 격려를 얻을 수 있는, 도전과 정직과 사랑으로 책임을 다하는 공동체가 필요했다. 그러나 슬프게도 그는 그러한 구속적인 관계 안에 들어가도록 격려를 받지 못했다.

조에게 필요한 것은 무엇인가? 그는 그리스도를 통해 하나님의 가족이 된 사람은 그가 자기 삶을 얼마나 엉망으로 만들든지 결코 다시는 혼자가 되지 않는다는 사실을 알아야 했다! 그러나 많은 그리스도인이 철저히 개인주의적인 방식으로 개인이 변화되기를 완강히 바란다. 이들을 구속적 관계의 풍성한 장으로 인도하기란 여간 어려운 일이 아니다. 많은 사역자들이 이 과정에서 실패를 경험한다. 우리가 현대사회의 무미건조한 개인주의에 고착되어 있기 때문이다. 우리는 죄와 씨름하고 좀 더 예수님처럼 되고자 애쓰는 가운데 '예수님과 나'라는 사고 체계를 갖게 된다. 우리는 '안 될 게 뭐가 있어? 어쨌든 사람들과 엮이는 건 복잡하고 시간을 잡아먹는 일이야. 다른 사람이 왜 필요하지? 성경 묵상도 기도도 혼자 하는 거잖아! 다른 사람과 시간을 보내는 건 너무 비효율적이야!'라고 생각한다.

그러나 하나님은 그보다 큰, 솔직히 말해 그보다 복잡하고 어떤 면에서는 덜 효과적인 계획을 가지고 계신다. 이번 장 도입부의 간증에서 살펴보았듯, 하나님은 그분의 백성들이 함께 변화를 체험하도록 의도하셨다. 변화는 공동체가 함께하며 이루어 가야 할 목적이다. 각 개인에 대한 하나님의 역사는, 전 시대를 통해 모든 하나님의 백성들과 연관되는 보다 장대한 구속 이야기의 한 부분이다. 당신과 조 그리고 다른 모든 신자들이 이미 그 이야기와 가족의 한 부분이 되었다. 바로 그러한 정황 속에서 개인적인 변화가 일어난다. 공동체의 변화는 우리 생각에 종종 반하지만, 성경은 명백하게 이것이 곧 우리를 예수님처럼 만들어 가시는 하나님의 방식이라고 말한다.

공동체로 거하시는 하나님

공동체와 함께하는 것이 정말 그렇게 중요한지 의심스럽지 않은가? 아마도 우리는 건강한 관계를 통해 얻는 개인적인 유익을 따져볼 것이다. 그것도 물론 가치가 있지만, 공동체가 중요한 가장 큰 이유는 바로 하나님 그분 자신이 공동체로 거하신다는 사실이다! 어떤가, 이상하게 들리는가? 하나님은 스스로 공동체로 거하신다. 성부 성자 성령 하나님은 완벽한 조화와 사랑 그리고 일치 가운데 함께하신다. 그러므로 우리 역시 모든 올바른 신학이 시작되는 지점, 즉 하나님에 대한 이야기에서 공동체의 중요성에 대한 논의를 시작하고자 한다. 우리는 관계에 대한 스스로의 사고방식을 근본적으로 바꾸어야 한다. 관계 맺기는 사람 중심이 아닌 하나님 중심이 되는 일이다. 조나단 에드워즈는 고린도전서 13장에 대해 설교하며 마지막에 이렇게 말했다.

"태양이 빛의 근원이듯 하나님이 사랑의 근원이십니다. 그러므로 천국에서의 하나님의 영광스러운 현존은 태양이 빛으로 세상을 채우는 것과 같이, 사랑으로 천국을 가득 채웁니다. 사도 바울은 '하나님은 사랑'이시라는 사실이 그분의 무한성에 의해 무한한 사랑의 근원 되심과 동일시된다고 우리에게 이야기합니다. 그분은 자기 충족적이고 늘 충만하시며 고갈되지 않는 사랑의 근원이십니다. 하나님이 불변하시며 영원한 존재라는 사실은 또한 그분이 불변히며 영원한 사랑의 근원이심을 드러냅니다.

천국은 하나님이 거하시는 곳, 그분으로부터 기원한 거룩한 사랑이 구석구석 차고 넘치는 곳, 그리고 그 사랑이 지금도 여전히 흐르는 곳입니다. 성부 성자 성령 하나님이 우리가 이해하기 어려운 상태로, 그리고 상호적이고 영원한 사랑 안에서 하나이신 채로 거하는 곳입니다.…… 이 영광스러운 근원이 시내가 되고 영원히 사랑과 기쁨의 강이 되어 합쳐집니다. 이 강은 곧 사랑의 대양으로 흘러갑니다. 하나님께서 그리스도의 핏값으로 사신 영혼들이 가장 큰 기쁨 가운데 그 대양에 몸을 담그면, 그들의 심령이 사랑으로 충만해집니다."[3]

삼위일체 하나님의 각 위격은 그 존재와 행함의 모든 면에 있어서 언제나 다른 위격과 일치되신다. 우리는 영광스러운 하나님의 형상으로 피조되었다. 그러기에 친밀한 관계에 대한 깊은 갈망이 우리 본성에 심겨졌다는 사실은 전혀 이상한 것이 아니다. 인간은 존재 자체가 그렇게 피조되었기에 관계를 갈망한다. 더욱이 죄가 들어와 이 갈망이 훼손되면서 우리는 보다 쉽게 우상 숭배에 빠지게 되었다. 즉 이 죄 때문에 우리는 모든 소망을 다른 사람과의 관계에서 찾으려 한다. 그러다 관계를 통해서 원하는 것을 얻지 못하면 상처를 입거나 죄를 범하게 된다. 요컨대 관계에 대한 우리의 접근은 너무나도 자기중심적이다.

그러나 하나님은 우리를 화목케 하는 놀라운 일을 행하시는 구속의 하나님이시다. 복음은 그리스도의 형상으로 우리를 변화시키는 바로 이런 관계로 들어가는 문을 활짝 열어 준다. 바울이 에베소 교회에 보낸 편지를 보자. 그는 바로 이런 관점을 분명히 가지고 새로운 공동체인 교회에 대해 말한다. 그는 에베소서 1-3장에서 위대한 구원에 관해 말하고, 4장 1-6절에서는 이를 통해 우리가 들어서게 된 새로운 피조물의 공동체를 언급한다. 바

---

[3] J. Edwards, *Charity and Its Fruits* (Carlisle, Pa.: The Banner of Truth Trust, 1998), pp. 327-328; 『고린도전서 13장 - 사랑』, 서문강 옮김, 청교도신앙사, 2012.

울은 매일의 삶과 관계 가운데 역사하는 복음의 실제적 사역에 대해 교회에게 교훈하고 있다.

"그러므로 주 안에서 갇힌 내가 너희를 권하노니 너희가 부르심을 받은 일에 합당하게 행하여 모든 겸손과 온유로 하고 오래 참음으로 사랑 가운데서 서로 용납하고 평안의 매는 줄로 성령이 하나 되게 하신 것을 힘써 지키라 몸이 하나요 성령도 한 분이시니 이와 같이 너희가 부르심의 한 소망 안에서 부르심을 받았느니라 주도 한 분이시요 믿음도 하나요 세례도 하나요 하나님도 한 분이시니 곧 만유의 아버지시라 만유 위에 계시고 만유를 통일하시고 만유 가운데 계시도다"(엡 4:1-6).

하나님의 크신 은혜의 빛 안에서 바울은 새로운 공동체의 구성원들에게 겸손, 온유, 인내 그리고 용납으로 믿음의 형제자매와 관계 맺기를 강권한다. 그는 성령님의 하나 되게 하심을 지키도록 힘쓰라고 강조하고 있다. 사실 이것은 이미 주어진 현실이기에 새삼 만들어 가라고 말할 것은 아니다. 즉 그리스도를 믿게 되면 그 즉시 사랑의 근원이신 삼위일체 하나님, 그리고 그분의 가족인 교회와의 교제 안으로 받아들여지는 것이다. 그렇다면 우리의 관계적 삶이 성부 성자 성령 하나님의 하나 됨과 사랑을 드러내는지 확인하려고 굳이 애쓸 필요가 없다. 그 중심에서부터 이미 하나님으로부터 시작했으며 지속되고 마무리 지어질 것이다.

공동체로의 부르심에 대한 바울의 가르침은 삼위 하나님의 구속적 사역에 기초를 둔다. '하나'라는 단어가 4-6절에서 어떻게 사용되는지 주의해서 보라. 한 분 성령님이 한 몸 안에서 일하신다. 한 분 주님을 통해 우리는 하나의 소망과 믿음과 세례를 받는다. 한 분 하나님이 하나의 가족, 곧 교회를 다스리신다. 삼위일체 하나님이 창조와 구속 가운데 행하신 일들로 인해 그 모든 복이 우리 소유가 되었다.

삼위일체 하나님이 우리를 그분과 하나 된 한 몸으로 만들고자 행하신 일들을 생각해 보자. 창세기 15장에서 우리는 구속적으로 중요한 의미를 갖는 어떤 이상한 이야기를 발견하게 된다.

"또 그에게 이르시되 나는 이 땅을 네게 주어 소유를 삼게 하려고 너를 갈대아인의 우르에서 이끌어 낸 여호와니라 그가 이르되 주 여호와여 내가 이 땅을 소유로 받을 것을 무엇으로 알리이까 여호와께서 그에게 이르시되 나를 위하여 삼 년 된 암소와 삼 년 된 암염소와 삼 년 된 숫양과 산비둘기와 집비둘기 새끼를 가져올지니라 아브람이 그 모든 것을 가져다가 그 중간을 쪼개고 그 쪼갠 것을 마주 대하여 놓고 그 새는 쪼개지 아니하였으며 솔개가 그 사체 위에 내릴 때에는 아브람이 쫓았더라 해 질 때에 아브람에게 깊은 잠이 임하고 큰 흑암과 두려움이 그에게 임하였더니 여호와께서 아브람에게 이르시되 너는 반드시 알라 네 자손이 이방에서 객이 되어 그들을 섬기겠고 그들은 사백 년 동안 네 자손을 괴롭히리니 그들이 섬기는 나라를 내가 징벌할지며 그 후에 네 자손이 큰 재물을 이끌고 나오리라 너는 장수하다가 평안히 조상에게로 돌아가 장사될 것이요 네 자손은 사대 만에 이 땅으로 돌아오리니 이는 아모리 족속의 죄악이 아직 가득 차지 아니함이니라 하시더니 해가 져서 어두울 때에 연기 나는 화로가 보이며 타는 횃불이 쪼갠 고기 사이로 지나더라 그 날에 여호와께서 아브람과 더불어 언약을 세워 이르시되 내가 이 땅을 애굽 강에서부터 그 큰 강 유브라데까지 네 자손에게 주노니 곧 겐 족속과 그니스 족속과 갓몬 족속과 헷 족속과

브리스 족속과 르바 족속과 아모리 족속과 가나안 족속과 기르가스 족속과 여부스 족속의 땅이니라 하셨더라"(7–21절).

이 만남에서 어떤 일이 생겼는가? 아브람이 하나님을 신뢰하며 나아가는 데 어려움을 겪자 하나님이 그를 돕고 계신다. 하나님은 몇몇 동물들의 중간을 쪼개라고 말씀하셨는데, 그 밤에 풀무가 보이고 타는 횃불이 쪼갠 고기 사이로 지나간다. 이것을 자기 저주적 맹세라고 하는데, 다시 말해 하나님은 "내가 만약 너와 한 약속을 지키지 못하면, 이 동물들에게 일어난 일이 내게 일어나서 내가 산산이 쪼개질 것이다!"라고 말씀하신 것이다. 이로부터 이천 년 후 독생자 예수님이 십자가에 달리셔서 "나의 하나님 나의 하나님 어찌하여 나를 버리셨나이까"라고 말씀하신다. 하나님은 우리에게 일어나야 할 일을 예수님께 일어나도록 하셨다. 우리가 실족했으나 삼위일체 하나님이 찢기심으로 우리가 그분과 연합하고 그리스도 안에서 형제자매로 공동체를 이루게 되었다. 성부 성자 성령 하나님 사이에 존재하는 이 완벽한 사랑과 연합과 기쁨이 우리를 위해 잠시 동안 나뉘었다.

이것이 곧 모든 관계를 세우는 기초이다. 혹여 다른 성도를 꺼리는 마음이 들 때마다 성부 성자 성령 하나님이 나뉘심으로써 우리가 연합될 수 있었다는 사실을 기억해야 한다. 또 누군가에게 죄를 짓거나 누군가가 우리에게 죄를 지을 때에도 성부 성자 성령 하나님이 나뉘심으로써 자신이 화목하게 될 수 있었음을 기억하고 그리스도 안에서 형제자매에게로 나아가야 한다. 부디 이 점을 명심하고서 그리스도의 몸 된 관계에 접근한다면, 우리의 관계가 완전히 바뀔 것이다. 에베소서 4장에서 바울은 우리가 행할 기준을 제시해 준다. 즉 "온전하게 하여"(12절), "온전한 사람을 이루어"(13절), "그리스도의 장성한 분량이 충만한 데까지"(13절), 그리고 "범사에 그에게까지 자랄지라 그는 머리니 곧 그리스도라"(15절)는 말씀이다.

하나님의 가족에 속하기

우리의 믿음을 우리로 하나님께 받아들여지게 하는 성부 성자 성령 하나님의 사역에 두고, 스스로의 힘으로 하나님께 받아들여지기를 포기할 때, 비로소 그분은 은혜롭게도 우리의 죄를 용서하신다. 그분은 또한 우리를 자녀로 삼아 주신다. 양자 됨의 축복은 자주 개인적인 차원으로 이해된다. "나는 하나님의 자녀이다." 이 말이 사실이기는 하지만, 우리의 양자 됨은 개인적인 축복 그 이상의 의미를 담고 있다. 즉 우리 각자는 새로운 가족의 양자로 들어간다. 양자 됨의 축복은 개인적인 동시에 공동체적이다. 우리 부부가 네 번째 아이를 입양했을 때, 그에게는 단지 아버지와 어머니뿐 아니라 세 명의 형제자매가 생긴 것이다! 이제 그는 다른 사회적 그룹, 즉 가족의 중요한 일부가 되었다.

바울은 새신자를 훈련시킬 때마다 그들은 그리스도 안에서 그리고 성도 안에서 힘을 얻을 수 있다고 반복적으로 상기시킨다. 이는 에베소서 2장 14-22절에도 드러나 있다. 여기서 바울은 그들이 보다 더 큰 무엇의 일부라고 말한다.

"그는 우리의 화평이신지라 둘로 하나를 만드사 원수 된 것 곧 중간에 막힌 담을 자기 육체로 허시고 법조문으로 된 계명의 율법을 폐하셨으니 이는 이 둘로 자기 안에서 한 새 사람을 지어 화평하게 하시고 또 십자가로 이 둘을 한 몸으로 하나님과 화목하게 하려 하심이라 원수 된 것을 십자가로 소멸하시고 또 오셔서 먼 데 있는 너희에게 평안을 전하시고 가까운 데 있는 자들에게 평안을 전하셨으니 이는 그로 말미암아 우리 둘이 한 성령 안에서 아버지께 나아감을 얻게 하려 하심이라 그러므로 이제부터 너희는 외인도 아니요 나그네도 아니요 오직 성도들과 동일한 시민이요 하나님의 권속이라 너희는 사도들과 선지자들의 터 위에 세우심을 입은 자라 그리스도 예수께서 친히 모퉁잇돌이 되셨느니라 그의 안에서 건물마다 서로 연결하여 주 안에서 성전이 되어 가고 너희도 성령 안에서 하나님이 거하실 처소가 되기 위하여 그리스도 예수 안에서 함께 지어져 가느니라."

하나님은 그분의 백성에게 무엇을 기대하시는가? 하나님은 우리가 공동체 안에서 서로에게 나아가도록 격려하신다. 그분이 모든 장애물을 친히 제거하셨기에, 우리는 함께 소망하고 사랑하며 예배하고 섬길 수 있다. 이것은 우리 하나님께 매우 중요하다.

이 구절을 이해한다면, 기독교란 '단지 나와 하나님'의 종교라고 생각하며 살 수 없을 것이다. 혹시 "예, 저는 기독교인입니다. 그렇지만 교회에는 가지 않아요. 이미 주님을 영접했는데 꼭 교회를 가야 하나요?" 혹은 "가장 중요한 것은 교회가 아닌 그리스도에 대한 나의 개인적인 헌신입니다"와 같은 말을 들은 적 있는가? 그러나 성경은 결코 개인과 공동체를 구분하지 않는다. 우리의 구원은 우리를 하나님께만이 아니라 그분의 백성들에게로 연결시킨다. 이것은 선택이 아니라 필수이다. 우리가 하나님의 보좌를 중심으로 연합하는 것은 천국에서만의 일이 아니다. 그리스도와의 개인적인 관계는 지금 여기서 우리로 하여금 믿음의 형제자매와 하나 되게 한다.

바울이 이를 어떻게 설명하는지 보라. 그는 하나님이 중간에 막힌 담을 허시고, 우리가 "외인도 아니요 나그네도 아니요 오직 성도들과 동일한 시민이요 하나님의 권속"이 되게 하셨다고 말한다. 즉 우리 모두는 하나님이 거하시기에 합당한 처소가 되도록 함께 세워져 가고 있다. 우리는 단지 하나님과 함께할 수 있다는 의미에서 성도가 된 것이 아니다. 그것은 하나님의 의도가 아니다. 우리는 서로와 더불어 성숙해 가는 존재들이다.

그러나 여전히 우리 안에는 개인적인 관점에서 성경을 보려는 경향이 막강하다. 이에 성경 전체에서 강조되는 강력한 공동체적 주제들을 살펴보려 한다. 구약에서 하나님은 명백하게 말씀하신다. "나는 너희 하나님이 되며, 너희는 나의 백성이 될 것이다." 바로 여기서 "너희"란 복수적인 표현이다. 마찬가지로 바울과 다른 신약 저자들이 그리스도의 몸에 대해 언급했을 때, 그들은 전체로써의 교회를 반복적으로 지목했다. 단지 그리스도인 개인에게 종종 적용되는 로마서 12장 1-2절에서 바울은, "너희 몸(somata, 복수)을 거룩한 산 제사(thysian, 단수)"로 드리라고 교회에 강권한다. 바울이 모든 각 개인에게 그들 스스로를 하나님 앞에 집단적으로 하나의 산 제사로 드리라고 말하는 것이 흥미롭지 않은가?

이 관점은 우리에게 어떤 영향을 미치는가? 새로 깨닫게 된 놀라운 사실인가, 아니면 이미 익숙한 사실인가? 조금 불편한 주제인가, 아니면 격려를 얻는가? 변화와 성숙으로 나아가는 데 큰 유익이 되는 이러한 관계를 증진시키기 위해 최근 삶 가운데 얼마나 노력하고 있는가? 우리 삶 속에서 이런 발전적이고도 구속적인 관계를 방해하는 일단의 장애물들은 무엇인가? 다음 목록들을 참고하여 스스로에게 적용되는 사항들을 검토해 보라.

- 너무 바빠서 관계에 무심해지고 관계를 멀리하게 되는가?
- 활발하고 행복한 우정에 완전히 빠져 몰입해 있는가?
- 두렵고 혼란한 마음에 친밀한 관계를 의식적으로 피하는가?
- 사람들과 진정한 관계 없이 형식적으로 교회 활동에 헌신하는가?
- 다른 이들을 섬기기만 하고, 다른 사람이 나를 섬기게 하지는 않는가? (사역 중심의 일방적인 관계)
- 항상 받기만 하고 다른 이들에게 주지는 않는가? (필요를 충족시키기 위한 자기 중심적 관계)
- 신앙은 단지 하나님과 나와의 문제라고 생각하는가? (성도의 삶에 대한 개인적이고 독립적인 자세)
- 하나님과 그분의 백성에 대한 관심이 아닌, 학문의 하나로서 하나님을 알기를 추구하는가? (관계를 대체하는 신학)

이 중 어떤 것이 자신에게 적용되는가? 자신의 가장 가까운 관계들에 대해 생각해 보라. 배우자, 부모, 자녀 또는 소그룹 등등. 삶 속에서 이미 함께하는 사람들과 보다 의미 있는 관계를 형성하려면 무엇이 변화되어야 하는가? 미국 문화는 홀연히 나타나 악을 처단하는 고독한 영웅을 우상시하지만, 삶과 변화에 대한 그런 식의 접근은 성경이 이야기하는 바가 전혀 아니다. 사실 성경은 이런 접근을 강점보다는 단점으로 보고 있다! 성경에 따르면 사람의 성숙이란 진정한 우정을 맺으며 진실된 친구가 되어 가는 일이다. 결국 이것이 "네 이웃을 사랑하라"는 중요한 두 번째 명령의 본질이 아니겠는가? 하나님의 자녀가 되었을 때, 이미 우리는 사랑해야 할 새로운 형제자매를 많이 갖게 되었다.

이웃과 함께하는 일은 시간이 걸리고, 번거롭고, 복잡하다. 인간의 관점에서 보면 매우 비효율적이다. 그러나 하나님의 관점에서 보면 그야말로 은혜 안에서 성숙을 격려하는 가장 좋은 방법이다. 우리의 가치 체계는 때로 하나님의 것과 상충된다. 그러나 우리 안에 변화를 가져오시려는 하나님의 방법이 가장 선하다. 다시 말해 우리는 시간을 들여 이런 관계를 쌓고 성장시켜야 한다. 우리는 또한 현실을 직시해야 한다. 친밀한 관계에서는 서로에게 피해를 입힐 수 있다. 잘못을 고백하고 용서하는 일이 필요할 것이다. 인내심에 한계도 올 것이다. 그럴지라도 우리는 다른 이들을 섬겨야 한다. 때로는 섬김을 받기도 할 것이다! 누군가에게는 이 일이 식은 죽 먹기겠지만, 자존심이 센 사람에게는 정말이지 쉬운 일이 아니다.

바로 이러한 이유로 공동체는 우리를 그리스도의 형상으로 변화시키기 위한 하나님의 계획의 일부가 된다. 공동체에 동참하는 일은 스스로를 도말하는 과정이다. 다른 사람을 사랑하거나 그들이 우리를 섬기고 사랑하도록 하는 것은 대단히 어렵지만, 이 과정이 곧 그리스도 안에서의 진정한 삶에 이르는 경로이다. 그리고 자신의 마음을 더 잘 이해하면 할수록, 우리는 사랑의 공동체로서 자기도취적인 개인을 변화시키는 은혜의 역사를 더욱 잘 지켜볼 수 있다. 구속적인 관계에 참여하는 일은 우리에게 변화에 대한 필요를 보여 주고 변화에 대한 도움을 제공한다!

한 가족으로서 사랑받기

에베소서 3장 14-21절은 그리스도의 몸 안에서 그리스도인 개인의 성장의 기초를 놓는 하나님의 방법을 강조한다. 나는 여러 해 동안 주로 개인적인 변화에 의한 그리스도와의 관계에 초점을 맞추어 이 본문을 읽고 가르쳤다. 그에 비해 그리스도인 개인의 삶을 그리스도의 몸으로서의 성화와 연결시키는 데는 소홀했다. 그러나 바울은 유대인과 이방인이 한 공동체로 살아가는 모습을 놓치지 않고 보여 준다. 비록 유대인과 이방인이 하나님 앞에서 평등한 존재라는 생각은 당시 가장 급진적인 생각이었지만 말이다! 1세기 유대인과 이방인 사이 조성된 긴장 관계는 오늘날 미국 사회의 인종적, 민족적 갈등보다 훨씬 더 심각했다. 이런 긴장을 인식하면서 바울은 지속적으로 개인에게 임하는 은혜를 강조하는 한편, 그 개인들이 서로 교제 가운데 있다는 사실을 지적했다. 바울의 이 관점을 고려한다면 에베소서 3장 14-21절을 그저 개인주의적인 입장에서 읽어서는 안 된다.

"이러므로 내가 하늘과 땅에 있는 각 족속에게 이름을 주신 아버지 앞에 무릎을 꿇고 비노니 그의 영광의 풍성함을 따라 그의 성령으로 말미암아 너희 속사람을 능력으로 강건하게 하시오며 믿음으로 말미암아 그리스도께서 너희 마음에 계시게 하시옵고 너희가 사랑 가운데서 뿌리가 박히고 터가 굳어져서 능히 모든 성도와 함께 지식에 넘치는 그리스도의 사랑을 알고 그 너비와 길이와 높이와 깊이가 어떠함을 깨달아 하나님의 모든 충만하신 것으로 너희에게 충만하게 하시기를 구하노라 우리 가운데서 역사하시는 능력대로 우리가 구하거나 생각하는 모든 것에 더 넘치도록 능히 하실 이에게 교회 안에서와 그리스도 예수 안에서 영광이 대대로 영원무궁하기를 원하노라 아멘."

바울은 에베소 교회가 그리스도 안에서 그들을 향한 하나님의 사랑의 본질을 이해하기 원했다. 바울은 분명 각 개인이 하나님을 알고 그분의 사랑을 이해하기를 갈망했다. 그러나 이 지식과 "그의 성령으로 말미암은 능력"은 하나님과 교제하고 성도와 교제하며 살아가는 각 개인이 모인 공동체에 임했다.

바울의 표현을 주시해 보라. 그리스도의 사랑이 얼마나 큰지 그릴 수 있겠는가? 그 깊이를 측정할 수 있겠는가? 그리스도의 사랑은 넓고 길고 높고 깊기에(다른 말로 하자면 '무한하기에') 유한한 존재인 우리로서는 도저히 이 사랑을 알거나 온전히 체험할 수 없다. 이 사랑을 이해하려면 하나님으로부터 능력을 받아야 하며, "모든 성도와 함께"(18절) 이를 추구해야 한다. 이는 마치 진실을 완전히 판단하기 위해 각기 다른 생각을 가지고 모인 12인의 배심원단과 같다. 우리가 서로에게 의미 있는 관계를 맺을 때 우리 각자는 비로소 그리스도의 사랑에 대한 나름의 관점과 독특한 체험을 갖게 된다. 어떤 사람은 심각한 중독에서 벗어날 것이다. 또 다른 사람은 깊은 고난을 극복하게 될 것이다. 다른 이는 가정의 어려움을 하나님의 은혜로 지탱해 간다. 이런 사례는 그야말로 끝이 없다. 자신의 이야기를 나누기 위해 함께 모일 때, 우리는 그리스도의 사랑이란 다이아몬드의 여러 측면을 들여다보게 된다. 이 함께함을 통해 하나님의 무한한 사랑에 대한 우리의 이해와 체험이 보다 풍성해지고, 강해지고, 깊어진다. 각 개인의 성장이 은혜 가운데 더욱 강해질 뿐 아니라, 그리스도의 몸 된 전체가 은혜의 충만한 힘과 소망으로 올곧게 세워진다. 그리스도인의 삶은 단지 개인적인 수준 그 이상의 것이다.

바울은 에베소 교회가 사랑 안에서 함께 뿌리를 내리고 세워져 가기를 기도했다. 이것이 바로 하나님의 충만하심과 능력으로 채워지는 유일한 길이다. 고립된 개인으로서는 도저히 하나님이 우리를 위해 계획하신 성숙의 수준에 이를 수 없다. 성숙은 복음의 여러 면을 드러내는 사랑과 구속의 공동체 안에 거할 때에만 생겨난다. 에베소서 4장에서 보았듯이, 바울의 기도에는 공동체가 어떻게 하나님을 추구하며 공동체를 지켜가는지 온갖 종류의 실제적인 가르침이 담겨 있다. 우리의 개인적인 변화는 하나님의 가족 안에서 성취되어야 한다. 복음은 공동체 안에서 좀 더 명확하게 인식되고 체험된다. 요컨대 복음은 공동체를 위한 토대이다.

에베소서 4장 4-6절이 말하듯이 하나님 스스로가 공동체로 거하신다면, 자녀된 우리에게 그분이 원하시는 바 역시 그것일 것이다. 만약 하나님의 구속 계획이 이 땅에 오셔서 우리와 함께하는 것이었다면, 그분이 자기 자녀들에게도 서로 함께하기를 원하시는 것은 그리 놀랍지 않다(엡 4:1-3). 실로 하나님과의 교제, 그리고 성도들과의 깊은 교제를 기뻐하는 일은 자기중심성에서 벗어나 그리스도와 같이 되는 여정의 첫걸음이다. 그분을 닮는 것이 곧 변화이기 때문이다.

나는 사역지에서, 여러 지인과 가족에게서 그리고 무엇보다 믿음의 공동체를 통해 그리스도의 은혜를 깊이 인식하게 되었다. 언젠가 영적인 갈등에 처한 한 가족을 기억한다. 그들은 그 고난을 통해 많은 믿음의 형제자매들의 도움을 경험했다. 그들은 교회가 정기적으로 자신들을 위해 기도하고 있음을 알았다. 이 가족은 바로 그 고난을 통해 온 성도와 함께하는 동안 믿음의 뿌리를 세워 나갔다. 일요일 아침 형식적인 출석이 진정한 예배에의 참여로 변했다. 한때는 이 가족이 예배를 지루해했다는 사실이 놀라울 뿐이었다. 그러나 공동체를 경험한 후 그들은 찬양을 할 때, 간증을 나눌 때 그리고 성찬을 기념할 때 보다 적극적으로 참여했다. 그러더니 심지어는 지난 설교를 기억하기 시작했다!

시간이 흐른 후, 나는 그 가족에게 무엇이 변화를 가져오게 했는지 물었다. 지체 없이 그들은 자신을 도왔던 사람들 속에서 어떻게 그리스도의 은혜를 보았는지 설명했다. 실제로 복음의 능력을 목격한 경험과 믿음의 공동체 안에서 사랑으로 형성된 관계가 적절히 영향을 끼친 것이다. 그 가족의 친구들은 여러 예를 들면서 고난 가운데 하나님이 어떻게 그들을 강하게 하셨는지 이야기했다. 그들은 또한 그 가족과 함께 기도했다. 하나님은 이 가족이 그리스도의 몸에 의존하게 하셨고, 바로 이를 통해 그들은 복음의 깊이와 소중함을 동료 성도와 함께 체험하게 되었다. 이처럼 관계는 명백히 하나님이 우리를 성장시키시는 우선적인 방법이다.

가족으로 성결하게 되기

하나님은 우리를 그리스도를 닮은 모습으로 변화시키고자 구속적 공동체에 속하게 하셨다. 우리가 다른 성도들과 더불어 그리스도의 사랑을 체험할 때 그것을 보다 충만하게 이해하게 된다. 그리스도인의 성숙의 또 다른 요소는, 해로운 것에는 "아니요", 생명과 선을 낳는 것에는 "예"라고 대답하는 태도와 관련이 있다. 그리스도인의 교제는 우리가 하나님의 사랑을 알도록 도울 뿐 아니라 하나님께 순종하도록 돕는다. 그리스도인의 삶에 있어 이 두 가지는 모두 중요하며 반드시 함께 지켜져야 한다. 그리스도인의 교제는 단순히 우리가 하나님의 은혜에 빛에 잠기도록 돕지 않는다. 우리가 팔을 걷어붙이고 더욱 거룩을 추구하도록 돕는다.

디도서 2장 11-14절은 하나님을 기쁘시게 하는 삶을 살도록 우리를 격려하는 곳으로서의 믿음의 공동체를 보여 준다.

"모든 사람에게 구원을 주시는 하나님의 은혜가 나타나 우리를 양육하시되 경건하지 않은 것과 이 세상 정욕을 다 버리고 신중함과 의로움과 경건함으로 이 세상에 살고 복스러운 소망과 우리의 크신 하나님 구주 예수 그리스도의 영광이 나타나심을 기다리게 하셨으니 그가 우리를 대신하여 자신을 주심은 모든 불법에서 우리를 속량하시고 우리를 깨끗하게 하사 선한 일을 열심히 하는 자기 백성이 되게 하려 하심이라."

언뜻 보기에 이 구절은 자신의 행위를 정결하게 하는 개인적인 방법으로 하나님의 은혜를 구하라고 권면하는 듯하다. 그러나 이 구절이 묘사하는 하나님의 은혜의 최종 목적을 보라. 예수님은 "우리를 깨끗하게 하사 선한 일을 열심히 하는 자기 백성이 되게 하시려고"(14절) 우리를 대신해 자신을 주셨다. 하나님의 은혜의 궁극적인 목적은 죄와 그 종노릇에서 해방된 성숙한 가족, 곧 신자들의 활발하고 건강하며 연합된 몸이다. 순결하며 선한 일에 열심인 이 백성이 바로 하나님의 소중한 기업이다.

디도서 2장도 에베소서처럼 공동체적 삶의 지침을 전한다. 우리는 옳은 일에 "예"라고 말하는 법을 배우려면 서로의 도움이 필요하다! 바울은 신자들에게 자신이 세워질 뿐 아니라 함께 세워지도록 서로 도우며 살아야 한다고 말한다. 불화는 정말 끔찍한 일이다. 우리는 반드시 함께 세워져야 한다. 사람들이 다툼을 벌이고 불화의 씨를 뿌린다면 공동체가 해를 입을 것이다. 바울은 이를 경고하고 있다. 그리스도의 몸은 반드시 함께 세워져야 한다. 무엇보다 사람들이 온전히 하나가 되어 참여하지 않는 공동체는 변형되고 능력을 잃는다. 베드로도 이와 비슷하게 말하면서, 구약의 언어를 풍성히 사용해 우리 성화의 공동체적 본질을 설명한다.

"사람에게는 버린 바가 되었으나 하나님께는 택하심을 입은 보배로운 산 돌이신 예수께 나아가 너희도 산 돌 같이 신령한 집으로 세워지고 예수 그리스도로 말미암아 하나님이 기쁘게 받으실 신령한 제사를 드릴 거룩한 제사장이 될지니라…… 너희는 택하신 족속이요 왕 같은 제사장들이요 거룩한 나라 그의 소유가 된 백성이니 이는 너희를 어두운 데서 불러내어 그의 기이한 빛에 들어가게 하신 이의 아름다운 덕을 선포하게 하려 하심이라 너희가 전에는 백성이 아니더니 이제는 하나님의 백성이요 전에는 긍휼을 얻지 못하였더니 이제는 긍휼을 얻은 자니라"(벧전 2:4-5, 9-10).

베드로는 "신령한 집으로 세워지는" "산 돌"로서의 개인들을 말하고 있다. 베드로도 디도처럼, 죄와 어둠에 종속되었으나 하나님께 구속함을 받은 각 개인들을 공동체로 부른다.

성경은 은혜 안에서 자라나는 일의 공동체적 본질을 여러 곳에서 강조한다. 로마서 12장 1-8절, 고린도전서 12장, 에베소서 4장 7-16절 그리고 베드로전서 4장 10-11절에서 바울과 베드로는 은사의 다양성에 관해 말하고 있다. 그중에서도 바울이 다양한 은사를 신체에 비유하는 고린도전서 12장은 특별히 중요하다. 각 신자는 "공동의 유익을 위해"(for the common good, NIV) 성령님으로부터 은사를 받는다(7절). 우리는 그리스도의 몸의 유일하고도 중요한 한 지체로 살면서 서로 연결되어 다른 지체를 섬기고 다른 지체의 섬김을 받아야 한다(12, 14절). 특별히 더 두드러지고 "영광을 얻는" 지체와 비교를 하며 어떤 지체는 쓸모없다고 생각해서는 안 된다(15-27절).

하나님이 자신에게 주신 은사를 생각해 보라. 그리스도를 영화롭게 하도록 그 몸의 다른 지체들을 섬긴다는 것은 어떤 의미일까? 그렇게 하는 데 도움을 줄 다른 지체들의 은사는 무엇인가? 우리의 은사를 공동체 안에서 생각하지 않는다면, 공동체를 축복하기 위해 주어진 바로 그 은사들이 공동체를 분열시킬 것이다.

이동주택 거주지(trailer park) 근처에 세워진 교회가 있었는데, 여러 해가 지나도록 그 지역을 복음화하는 데 어려움을 겪었다. 목사는 공동회의 때 지역 사람들을 섬기는 데 새롭게 헌신하자고 교인들을 격려했다. 그런데 한 사람이 일어나더니, 우리가 실패한 이유는 조직이 엉성하기 때문이라고 말했다. 다른 사람은 교회가 지역사회의 실질적 필요에 무지한 탓이라고 말했다. 또 다른 사람은 복음화에 대한 열정이 부족해서라고 말했다. 그런데 이 비판을 제기한 사람들은 바로 그들이 지적한 그 분야에 은사가 있었다. 조직 구성을 지적한 사람은 경영에 은사가 있었고, 실제적 필요를 지적한 사람은 자비의 은사가 있었다. 복음의 열정을 지적한 사람은 전도의 은사가 있었다. 만일 그들이 자신의 은사를 사용했더라면, 그 지역의 전도행사는 성공했을 것이다. 그러나 그들은 그 대신 다른 사람들에 대한 건강하지 못한 비판에 빠졌다. 감사하게도 이 세 사람은 한 달 후 그들의 은사를 가지고 합력해 지역사회에서 성공적인 사역을 이끌었다.

이 이야기의 교훈은 분명하다. 우리는 함께할 때 더욱 나아진다. 각각의 은사들이 단결해 그리스도의 은혜를 드러내지 않는다면, 어리석음과 교만으로 그 은혜가 가려질 것이다. 우리의 은사는 자기 발전이 아닌 공동체의 유익을 위한 것이다. 이 점을 간과한다면, 우리의 은사가 우리를 하나 되게 하는 모습이 아닌, 그리스도의 몸을 분열시키는 모습을 보게 될 것이다.

"그리스도의 몸에 나의 은사가 필요한 곳이 있는가?"보다 더 좋은 질문은 "나의 은사가 필요한 곳은 어디인가?"이다. 자신의 은사를 찾는 한 가지 좋은 방법은 그리스도의 몸에서 어떤 연약함이 보이는지 자문하는 것이다. 자신의 은사를 통해 교회를 보기에 그런 연약함을 발견할 가능성이 크다. 우리가 발견한 연약한 부분은 아마도 하나님이 우리가 가서 섬기기 원하는 바로 그 장소일 것이다.

교인이 가족을 죽음으로 잃었을 때 교회가 어떻게 하는지 본 적 있는가? 목사와 성도들이 성경 말씀을 통해 그 가족들을 위로하려고 애쓴다. 음식을 가져오고, 아이들을 돌봐 주며, 안부를 묻고, 볼일을 대신 봐주고, 집을 청소해 주거나, 장례식장까지 유족을 태워 주고 절차를 도와준다. 예기치 않은 비용을 충당할 재정적인 도움을 주는 이도 있다. 그리고 유족과 함께 슬퍼하기 위해 그들의 곁을 지킨다. 이 모두는 각각의 은사를 통해 그리스도의 은혜를 공동체적으로 드러내려는 노력들이다.

다양한 방식으로 그리스도의 사랑을 체험한 적이 있는가? 은사들이 협연할 때 하나님의 사랑과 능력이 더욱 충만하게 드러난다고 생각되지 않는가? 그럴 때 미래에 대한 더 큰 소망을 얻고, 주님을 신뢰하는 것에 더 큰 격려를 얻고, 하나님이 뜻하신 사람이 되고 일을 하는 데 더 큰 힘을 얻지 않는가? 다른 모든 지체와 함께 사역할 때 모두가 더욱 강건해진다.

성례

한편 은혜의 수단으로서 세례와 성찬 같은 성례전에 대해 언급할 필요가 있다. 이들은 우리가 지금까지 논의해 온 것을 가장 가시적으로 보여 주는 방법들이다. 이 가시적인 성례 예식은 둘 다 복음을 중심에 두는 동시에 개인적이면서도 공동체적인 그리스도인의 삶의 본질을 잘 포착한다.

세례를 한번 생각해 보자. 사도행전 2장에서 베드로가 군중들에게 복음을 전하며 믿음을 도전하자, 사람들은 "형제들아 우리가 어찌할꼬?"(37절) 하고 반응한다. 베드로는 "너희가 회개하여 각각 예수 그리스도의 이름으로 세례를 받고 죄 사함을 받으라"(38절) 하고 대답했다. 즉 베드로는 그들에게 개인적인 회개와 그리스도께 대한 믿음을 요청하는 동시에 그리스도의 몸에 동참하기를 청한 것이다. 진정 세례는 개인적인 회심과 정결의 의미를 가지고 있을 뿐 아니라 그리스도의 몸에 동참하라는 부르심이기도 하다. 세례는 개인의 영적인 정결과 교회 공동체적 정체성을 상징하는데, 하나님의 은혜를 그 중심에 둔다.

성찬 또한 개인적이면서 공동체적이다. 그런데 성찬이 펼쳐지는 현장에 개인주의와 자기중심성이 드러나고 있으니 아이러니하지 않은가? 예수님이 제자들과 마지막 만찬을 하셨을 때 유다는 그분을 배반하려고 준비하고 있었고, 베드로 역시 후에 주님을 부인했다. 한편 사도 야고보와 요한은 제자들 중에서 가장 높은 자리를 차지하려고 했다. 고린도전서 11장에서 바울은 서로 사랑하지 못하는 성도들에게 성만찬을 가르쳤다!

고린도전서 10장과 11장에 등장하는 성만찬에 대한 가르침은 또한 그 개인적이고 공동체적인 측면을 강조하고 있다. 바울은 고린도전서 11장 28절에서 성찬에 참여하기 전에 자신을 점검해야 한다고 권고한다. "사람이 자기를 살피고 그 후에야 이 떡을 먹고 이 잔을 마실지니." 이는 곧 개인적인 회개와 믿음에 대한 촉구이다. 한편 고린도전서 10장 17절에서는 "떡이 하나요 많은 우리가 한 몸이니 이는 우리가 다 한 떡에 참여함이라"고 말한다. 이것은 공동체적인 요소이다. 성례와 그에 참여하는 일은 모두 그리스도인의 삶이 개인적인 동시에 공동체적이라는 사실을 상기시킨다. 둘 다가 아닌 둘 중 하나만으로는 충분하지 않다. 이것 또는 저것의 문제가 아니다. 우리에게는 둘 중 하나를 고를 선택권이 없다. 그러나 우리는 너무나 자주 그런 식으로 행한다.

  결국 요점은 무엇인가? 우리를 변화시키는 하나님의 사역은 관계를 그 중심에 둔다. 관계는 필수적인 수단이면서 훌륭한 목표이다. 겸손한 공동체는 그리스도인의 삶에 장식적인 요소가 아니다. 그리스도인의 삶 그 자체이다. 사랑의 관계는 개인적인 성장의 도구이자 정결하게 된 하나님의 백성의 표식이고, 복음의 진리를 세상 가운데 명백히 내보이는 증거이기도 하다.

  우리가 구속적인 관계를 통해 개인적인 영적 성장을 추구할 때 우리는 신랑을 만나기를 준비하는 그리스도의 신부를 더욱 아름답게 하는 강력한 화합을 이루게 된다. 다음 장에서는 성경이 관계를 강조한다는 것을 기억하면서, 변화의 구체적인 내용을 논의할 것이다. 공동체는 우리가 어디에서 성장할 필요가 있는지, 하나님의 은혜가 얼마나 필요한지 알려 주며 그 일을 목격하게 한다. 우리는 하나님이 정하신 곳 밖에서 변화의 과정을 밟아서는 안 된다. 우리는 함께 자라난다!

chapter 6

변화는 어떻게 일어나는가?
_변화의 네 가지 요소

● 김수연 옮김

　나는 원래 대도시를 좋아했지만, 목회 사역을 하면서 외국의 대도시로 출장 갈 일이 더욱 많아졌다. 새로운 곳에 가면 늘 숙소 밖을 나와 탐험하기를 즐기는데, 그럴 때마다 꼭 길을 잃고 만다. 몇 년 전 서울에 갔을 때도 뒷골목을 한 시간가량 누비다가 그만 호텔로 가는 길을 잃어버렸다. 나는 길모퉁이 빵집에 들어가 계산대를 지키는 노인에게 걸어갔다. 혹시 천천히 말하면 언어의 장벽을 뛰어넘을 수 있지 않을까 생각하며 나는 천천히 "제-가-길-을-잃-었-어-요!" 하고 영어로 말했다. 하지만 노인은 아무 반응이 없었다. 나는 좀 더 큰 소리로 반복했다. "제-가-길-을-잃-어-버-렸-어-요!" 그제야 그가 나를 쳐다보았다. 그러더니 "당신은 미국 어디서 왔소?" 하고 영어로 말하는 게 아닌가. 나는 눈치 없이 더 천천히 그리고 더 크게 "필-라-델-피-아"라고 대답했다. 상황을 파악한 노인과 나는 한바탕 크게 웃었다. 그리고 그는 완벽한 영어로 숙소 가는 길을 알려 주었다.

　우리 자신이 대도시의 복잡한 거리에 서 있다고 상상해 보자. 꼭 가야만 할 곳이 있는데, 거기까지 가는 길을 도무지 모르겠다. 그렇다면 안내자가 필요하다. 최소한 아무 조처라도 취해야 한다. 그런데 바로 이때, 길을 잘 아는 주민이 다가와서 도움이 필요한지 묻고는 길을 상세히 가르쳐 주었다고 하자. 이것만으로 문제가 다 해결되었는가? 아니다. 전혀 그렇지 않다.

chapter 6　변화는 어떻게 일어나는가?　_변화의 네 가지 요소　/ 163

정작 그 사람의 안내를 따르지 않는다면 이내 또 다시 길을 잃고 말 것이다. 우리가 그 도시를 잘 모른다는 사실은 변함이 없기 때문이다. 우리에게 정말 필요한 것은 그 안내자에게 있는 도시 전체를 조망하는 시각이다. 길 안내자의 머릿속에는 이미 도시의 골목골목이 훤하다. 도시에 대한 완벽한 큰 그림이 마음속에 있기에 그는 길을 잃지 않는다. 그가 가진 큰 그림을 우리도 가질 수 있다면, 우리는 목적지에 도착할 뿐 아니라 다시는 길을 잃지 않을 것이다.

우리가 하나님의 말씀을 다룰 때 종종 범하는 오류는, 주님의 말씀을 삶에 대한 지침 정도로 축소시키는 것이다. 우리는 관계, 교회 생활, 성, 재물, 결혼, 행복, 양육 등에 대한 몇 가지 지침들을 찾는다. 분명한 지침을 찾으면 아무런 문제가 없을 것이라고 오해한다. 그러나 우리는 다시 길을 잃는다! 성경이 우리에게 주는 모든 현명하고 정확한 지침에도 불구하고 우리는 저마다의 대도시 한가운데서 길을 잃고 만다.

성경은 성공적인 삶을 위한 몇 가지 지침으로 축소될 수 없다. 그런 시도는 하나님의 말씀의 본질을 훼손하는 것이자 말씀의 능력을 빼앗는 것이다. 성경은 이 세상에서 가장 의미 있는 이야기, 온 우주를 회복하시는 하나님의 구속 사역에 대한 이야기이다. 성경은 하나의 큰 그림을 보여 주는 책이다. 성경은 우리에게 하나님을 소개하고, 우리의 정체성을 밝혀 주며, 인생의 목적과 의미를 알려 주고, 우리 모두가 감염된 질병, 곧 죄에 대한 도움을 어디에서 얻을 수 있는지 보여 준다. 만약 성경을 몇 가지 지침 정도로 축소한다면, 우리는 성경 말씀 전체를 아우르는 지혜를 놓치게 되며, 따라서 그 몇 가지 지침마저도 의미와 방향을 잃을 것이다. 그 지침들은 오로지 전체 이야기의 맥락 속에서만 그 의미가 통하기 때문이다.

성경은 우리를 일상으로부터 들어올려 파노라마처럼 펼쳐진 그 광경을 보라고 초대한다. 성경은 하나님의 계획 가운데 이 모든 것들이 어떻게 다른 모든 것들과 연결되는지, 그리고 우리가 어떻게 하나님의 은혜의 능력으로 현재 있는 곳에서 장차 있기 원하는 곳으로 옮겨지는지 보여 준다. 우리가 그저 '이 땅의 수준'에 머무른다면 결코 깨닫지 못할 심오한 현실을 성경은 우리에게 제시한다. 그리고 성경은 궁극적인 안내자가 되시는 오직 한 분과의 관계로 우리를 초대한다. 예수님은 태초부터 종말까지 모든 것을 아시며, 우리가 가야 할 곳으로 우리를 인도하신다. 성경은 우리에게 온전하고도 실천적인 지혜를 주어 다시는 길을 잃지 않도록 한다.

어쩌면 당신은 결혼 생활 한가운데서 길을 잃었을 수 있다. 혹은 자녀 양육을 하다 갈 길을 놓쳤을 수 있다. 한때는 방향 감각이 있었으나 지금은 그렇지 못해 혼란을 겪는 사람도 있을 것이다. 또는 어찌할 바를 모른 채 친구와 갈등의 내리막길을 달리는 사람도 있을 것이다. 아마도 이 모든 경우에서 당신은 분노와 두려움, 시기, 낙심에 빠졌을 것이다. 이미 여러 번 방향을 물었지만, 돌아온 대답은 길을 찾는 데 아무런 도움이 되지 않았다. 어쩌면 하나님과의 관계에서 길을 잃었다고 느낄지도 모르겠다. 영적으로 잘못되어 간다고 느끼지만, 과연 변화될 수 있을지 모르겠다.

하나님은 완전하고 실천적인 지혜의 말씀을 가지고 우리의 길 잃은 상태 속으로 들어오신다. 성경은 하나님이 보시는 인생을 펼쳐 놓고는 우리가 하나님을 알고, 우리 자신을 알고, 삶이 무엇인지 알고, 죄가 우리에게 입힌 손상을 무효로 만들고자 하나님이 하시는 일을 알도록 초대한다. 요컨대 성경은 궁극적인 영적 나침반이다. 성경은 우리가 어디에 있으며 어디로 가야 하는지를 알려 준다.

3장에서는 변화를 소망할 타당한 근거가 우리에게 있음을 알았다. 그리스도께서는 우리가 그분을 처음 신뢰한 그 순간부터 모든 능력으로 우리를 근본적으로 변화시키신다. 그리스도 안에서 우리는 새로운 피조물이다. 우리는 장차 그리스도와 함께 전적인 변화를 즐거워할 것이다. 4장에서는 우리를 변화시키시는 그리스도에 대해 살펴보았다. 그리스도와의 결혼은 우리의 마음을 변화시키고 그렇게 함으로써 우리의 삶을 변화시킨다. 5장에서는 하나님이 우리에게 제공하신 놀라운 변화의 장소인 그리스도의 몸에 대해 배웠다. 우리 각자가 이 일을 홀로 감당할 수 없음을 간파하신 하나님은 우리를 개인적인 도움을 늘 받을 수 있는 공동체 안에 두셨다.

이제 우리는 변화의 과정을 검토할 준비가 되었다. 이번 장에서는 변화의 다양한 요소를 보여 주는 큰 그림에서부터 시작할 것이다.

하나님의 설계

성경공부를 하다 보면, 과연 성경이 삶을 전체적으로 조망하고 있는지 모르겠을 때가 있다. 특히 족보들이나 역사적 세부사항들이 나올 때, 또 신학적인 논쟁과 씨름할 때는 성경이 우리 삶에 전혀 적용되지 않는 것 같다! 얼핏 성경은 이야기와 시, 잠언과 계명 등을 마구 모아 놓은 것처럼 보인다. 그러나 세심히 검토해 보면, 성경이 인생에 대한 총체적 그림을 제공하는 것을 알게 된다. 이것은 정말 중요한데, 하나님이 하시는 일을 전체적으로 바라볼 수 있을 때 우리 삶의 세세한 부분들도 이해하게 되기 때문이다.

성경은 하나님이 자녀들의 삶 가운데 이루시는 변화 과정의 네 가지 요소를 기술한다. 혹시 개인적인 성장에 관심이 있는가? 깨지지 않는 벽에 갇힌 것 같은가? 그리스도와 보다 충만하고 깊은 관계를 경험하기 원하는가? 다른 사람의 인격적인 성장을 돕기 원하는가? 그렇다면 변화 과정의 네 가지 요소를 주목하라. 이 요소들은 하나님이 우리 마음을 변화시키기 위해 일상의 관계들과 상황들을 어떻게 사용하시는지 깨닫도록 돕는다.

하나님의 은혜와 사랑은 그분이 이 세계를 설계하신 방법에 이미 계시되었다. 하나님의 세계는 그분의 속성을 드러낼 뿐만 아니라 진리의 도구이기도 하다. 하나님은 구속적인 사랑으로 온 세계가 그분을 가리키도록 창조하셨다. 태양, 꽃, 바위, 모래, 시냇물, 개미, 바다, 나무, 뿌리, 가시, 새, 과일, 도시 등 이 모든 것들은 하나님을 드러내는 진리의 도구들이다. 우리가 영적으로 얼마나 눈먼 자가 될 수 있는지 하나님은 잘 아신다. 실로 우리는 물리적 현실은 잘 보면서도 그 뒤에 있는 영적 현실은 잘 보지 못한다. 그러나 하나님은 이런 낯익은 사물들을 렌즈로 사용하셔서 우리가 새로운 통찰과 깨달음 가운데 자기 자신을 바라보도록 도우신다. 우리는 하나님을 이해하고 우리 자신과 우리의 삶을 이해하는 데 있어 물질세계의 도움을 많이 받는다. 하나님은 믿음이 무엇인지 설명하기 위해 겨자씨를 사용하신다. 때로는 내주하시는 성령님을 설명하고자 생수를 사용하기도 하신다. 또 아버지의 돌보심을 설명하기 위해 백합을 사용하신다. 우리는 삶을 바꾸는 진리를 보여 주는 이 세상을 향해 날마다 각성하듯 나아간다.

하나님은 우리가 눈먼 자로 인생을 살다가 걸려 넘어지게 되기를 원치 않으신다. 또 원수의 거짓말이나 그럴듯한 거짓 진리에 속아 넘어가는 것도 원치 않으신다. 하나님은 우리를 너무도 사랑하시기에 우리를 자의적인 이해나 해석 가운데 내버려두지 않으신다. 우리의 하나님은 지혜의 하나님이시며 계시의 하나님이시다. 오직 *그분*만이 지식의 궁극적인 원천이시다. 하나님은 우리가 그분 없이는 도저히 이해할 수 없는 진리를 그분과 더불어 이해하게 하도록 작정하셨다. 그분의 피조세계는 우리에게 영적인 시력을 주는 도구이다.

큰 그림

하나님의 '큰 그림'을 언급할 때마다 먼저 분명히 할 것이 있다. 성경은 어떤 특정 구절을 통해 이 '큰 그림'을 명시하지 않는다는 사실이다. 이 책에서 제시하는 '큰 그림 모델'은 하나님이 우리에게 보여 주시는 각 그림을 체계적으로 엮은 것이다. 하나님이 보여 주시는 그림들은 다음과 같다.

- 이 타락한 세상에서 산다는 것은 과연 무엇인가?
- 타락한 인간으로서 우리는 과연 누구인가?
- 만물의 구원자 되시고 주인 되시는 그분은 누구신가?
- 그분은 자신의 은혜 안에서 우리를 어떻게 점진적으로 변화시키시는가?

큰 그림 모델의 각 요소들은 많은 성경 구절에서 발견된다. 언어나 배열에 변화를 주며 강조점을 달리하면서 지속적으로 제시되고 있다. 이 큰 그림은 방대한 양의 성경적 가르침을 하나의 잘 짜인 시각적 형태로 보여 줌으로써 하나님이 우리 삶에 개입하셔서 일하시는 방법에 담긴 질서와 의미를 이해하도록 돕는다. 만약 성경에서 이 요소들을 발견하여 자기 삶을 해석하는 데 적용할 수 있다면, 성경이 하나님에 대해 그리고 우리 자신과 인생에 대해 가르치려는 바를 더욱 풍성히 이해할 수 있을 것이다. 또한 우리 주님과 인격적인 변화의 길을 가는 동안 우리는 실제적인 지혜 안에서 자라날 것이다. 이 큰 그림 모형은 모든 신자들의 이야기이다. 하나님은 바로 이 이야기 속으로 우리를 초대하신다!

이 큰 그림을 살피는 동안 신학을 공부한다고 생각하지는 말라. 신학은 분명 중요하지만, 지금 다루려는 내용은 그 무엇보다도 우리 자신의 영적 일대기이기 때문이다. 이 성경적 그림은 우리 자신을 있는 그대로 비추어 주는 거울이다. 뿐만 아니라 스스로를 진단하는 도구가 되어 우리 안에 무엇이 그른지 분별해 줄 것이다. 때로는 지도가 되어 자신이 어디에 서 있으며 어디로 가야 할지 알려 줄 것이다. 때로는 창문이 되어 전혀 변하지 않을 것 같은 상황에서도 전혀 새로운 삶의 방식을 보여 줄 것이다. 때로는 곡괭이가 되어 우리의 말과 행위의 밑동을 파고들어가 왜 그렇게 되었는지를 이해하게 할 것이다. 그리고 이 싸움에서 우리는 절대로 혼자가 아니며, 필요한 모든 것이 그리스도 안에 이미 주어졌음을 생각나게 할 것이다. 또한 우리가 하나님이 뜻하신 존재가 되도록 하나님의 은혜의 자원을 어떻게 더듬어 나가야 할지 가르쳐 줄 것이다. 큰 그림의 각 요소들은 바로 하나님과 관계를 맺는 우리 인생에 관한 것이다.

큰 그림 모델을 요약하는 데 있어 가장 긴밀한 성경 구절은 바로 예레미야 17장 5-10절 말씀이다.

"여호와께서 이와 같이 말씀하시니라 무릇 사람을 믿으며 육신으로 그의 힘을 삼고 마음이 여호와에게서 떠난 그 사람은 저주를 받을 것이라 그는 사막의 떨기나무 같아서 좋은 일이 오는 것을 보지 못하고 광야 간조한 곳, 건건한 땅, 사람이 살지 않는 땅에 살리라 그러나 무릇 여호와를 의지하며 여호와를 의뢰하는 그 사람은 복을 받을 것이라 그는 물 가에 심어진 나무가 그 뿌리를 강변에 뻗치고 더위가 올지라도 두려워하지 아니하며 그 잎이 청청하며 가무는 해에도 걱정이 없고 결실이 그치지 아니함 같으리라 만물보다 거짓되고 심히 부패한 것은 마음이라 누가 능히 이를 알리요마는 나 여호와는 심장을 살피며 폐부를 시험하고 각각 그의 행위와 그의 행실대로 보응하나니."

이 힘 있는 구절들 속에서 핵심 이미지들을 직시해 보자.

먼저 8절의 '더위'는 타락한 세상에서의 삶을 묘사한다. 그리고 6절의 '사막의 떨기나무'는 하나님께로부터 돌아선 믿지 않는 사람을 나타낸다. 5절과 7절은 그분을 의뢰하는 사람을 위로하고 정결케 하며 그에게 능력을 주시는 구속주를 선명하게 가리킨다. 이 부분은 우리를 위한 하나님의 구속 사역을 요약하기 위해 '십자가'로 표시하겠다. 한편 7절과 8절에는 '결실이 그치지 않는 나무'가 등장하는데, 곧 하나님을 의뢰하는 경건한 사람을 나타낸다.

9절과 10절은 단순히 우리의 행동에만 초점을 맞추지 않으시는 하나님을 보여 준다. 하나님은 우리의 행동을 무시하지 않으시지만, 우리 마음에 더 초점을 맞추신다. 하나님은 마음을 살피시는 궁극적인 존재이시다. 바로 이 마음이야말로 구속주께서 우리 안에서 행하시는 변화 과정의 중심이기 때문이다.

이 큰 그림은 단순한 지침이 아니라, 우리의 매일의 삶에 정보와 동기를 주고, 우리 죄를 깨닫게 하고, 우리를 인도하는 조감도이다. 단순하지만 삶의 정곡을 꿰뚫는 이 조감도는 다음 네 요소를 포함한다(그림 6.1).

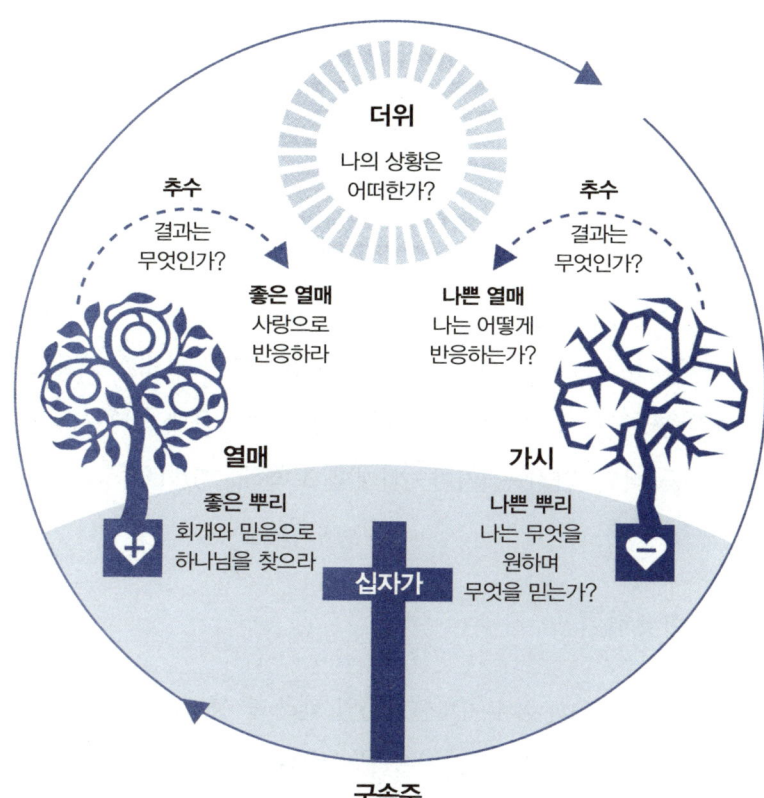

그림 6.1 사람은 어떻게 변화되는가

1. 더위: 고난, 축복, 유혹과 같은 우리가 매일의 삶에서 처하는 상황.
2. 가시: 그 상황에 대한 우리의 불신앙적 반응(그 행동과 그 행동을 하게 하는 마음, 그 결과).
3. 십자가: 그리스도를 통해 우리에게 위로와 죄 씻음, 변화의 능력을 주시는 하나님의 구속하는 영광과 사랑의 임재.
4. 열매: 우리 마음에 역사하시는 하나님의 능력에서 비롯된 우리의 새로운 믿음의 반응(행동과 은혜로 새로워진 마음, 거기에 따르는 열매).

예레미야 17장 5-10절에서 제시되는 단순한 그림은 거대한 성경의 전체 내용을 요약해 준다. 이 큰 그림은 우리 매일의 삶 가운데 나타나는 변화의 주된 요소, 곧 '더위-가시-십자가-열매'를 포착하고 있다.

큰 그림 활용하기

이제 이 큰 그림(더위-가시-십자가-열매)의 렌즈를 통해 고린도전서 10장 1-13절과 고린도후서 1장 3-11절을 살펴보자. 이 네 가지 요소에 따라 각 구절을 다양한 방법으로 분류할 수 있다.

먼저 고린도전서 10장 1-13절을 보면, 삶의 곤경이란 맥락에서 네 가지 요소가 제시된다(큰 그림 모델). 고린도후서 1장 3-11절에서는 바울의 개인적인 경험이란 맥락에서 네 가지 요소가 제시된다(사례 연구). 이들 본문을 통해 우리는 자기 인생의 한 영역을 선택한 다음, 각 요소들이 어떻게 실제적인 통찰을 주는지 살펴볼 것이다.

"형제들아 나는 너희가 알지 못하기를 원하지 아니하노니 우리 조상들이 다 구름 아래에 있고 바다 가운데로 지나며 모세에게 속하여 다 구름과 바다에서 세례를 받고 다 같은 신령한 음식을 먹으며 다 같은 신령한 음료를 마셨으니 이는 그들을 따르는 신령한 반석으로부터 마셨으매 그 반석은 곧 그리스도시라 그러나 그들의 다수를 하나님이 기뻐하지 아니하셨으므로 그들이 광야에서 멸망을 받았느니라 이러한 일은 우리의 본보기가 되어 우리로 하여금 그들이 악을 즐겨 한 것 같이 즐겨 하는 자가 되지 않게 하려 함이니 그들 가운데 어떤 사람들과 같이 너희는 우상 숭배하는 자가 되지 말라 기록된 바 백성이 앉아서 먹고 마시며 일어나서 뛰논다 함과 같으니라 그들 중의 어떤 사람들이 음행하다가 하루에 이만 삼천 명이 죽었나니 우리는 그들과 같이 음행하지 말자 그들 가운데 어떤 사람들이 주를 시험하다가 뱀에게 멸망하였나니 우리는 그들과 같이 시험하지 말자 그들 가운데 어떤 사람들이 원망하다가 멸망시키는 자에게 멸망하였나니 너희는 그들과 같이 원망하지 말라 그들에게 일어난 이런 일은 본보기가 되고 또한 말세를 만난 우리를 깨우치기 위하여 기록되었느니라 그런즉 선 줄로 생각하는 자는 넘어질까 조심하라 사람이 감당할 시험 밖에는 너희가 당한 것이 없나니 오직 하나님은 미쁘사 너희가 감당하지 못할 시험 당함을 허락하지 아니하시고 시험 당할 즈음에 또한 피할 길을 내사 너희로 능히 감당하게 하시느니라"(고전 10:1-13).

사도 바울은 고린도 교회가 그들의 상황을 이해하도록 돕고자 이스라엘 백성의 광야 경험을 인용한다. 우리가 이 땅에 살면서 겪을 일들을 성경이 얼마나 정직하게 보여 주는지, 거기서 우리는 용기를 얻어야 한다. 하나님은 우리 주변에서 일어나는 일 그리고 우리 안에서 일어나는 일들을 모두 이해하고 계신다. 고린도전서 10장에서 언급하는 이스라엘의 역사적 배경은 민수기 11-14장에 기록되어 있다. 이 장들은 이스라엘 백성이 광야에서 마주쳤던 외부의 압력, 유혹, 축복 및 그에 대한 이들의 반응을 기술한다. 이 장들의 요약을 읽어 나가면서, 이스라엘 백성과 고린도 교회 그리고 자신의 삶을 연결해 보라.

- 이스라엘 백성은 그들의 역경에 대해 하나님께 불평했을 뿐 아니라 더 나아가 원망하기까지 했다. 정직하게 고백하자면 우리 역시 고난의 때에 찬송하기보다는 불평을 쏟았음을 인정해야 할 것이다(11:1).
- 이스라엘 백성은 하나님이 그들에게 주신 음식에 대해 불평했다(11:4-6).
- 모세는 이스라엘 백성의 인도자로서 마땅히 져야 할 짐에 대해 불평했다(11:10-15).
- 미리암과 아론은 모세가 취한 여인을 싫어하여 모세를 비방했다(12:1).
- 이스라엘 백성은 약속의 땅을 차지하기 위해 그들이 반드시 치러야 할 전쟁에 대해 불평했다(13:26-29).
- 이스라엘 백성은 광야에서의 시련에 대해 불평하며, 모세를 원망하고 새로운 인도자를 구하려 했다(14:1-14).

역경에 대한 이스라엘 백성의 반응은 우리의 반응과 얼마나 비슷한가. 사실 어려움을 만나고 그에 대해 불평하는 일은 매일 밥을 먹는 것만큼이나 일상적이다. 이 불평은 얼마 지나지 않아 비난으로 이어진다. 더욱이 이 비난은 곧장 위를 향해 하나님의 지혜와 선하심에 의문을 제기하는 것으로 이어진다. 우리 모두는 이 타락한 세상이란 광야에 있으며, 아직 약속된 영원한 땅에 들어가지 않았다. 우리 역시 이스라엘 백성이 그랬듯이 역경을 만난다. 바울은 고린도 교회에게(그리고 우리에게) 우리가 이스라엘 백성의 전례에서 배운다면 엄청난 영적 유익을 얻을 거라고 말한다.

이제 큰 그림 모형의 네 가지 요소를 찾아보자(그림 6.2).

1. 더위

가장 먼저 '더위'가 나온다. 고린도전서 10장 11-14절에서 바울은 이스라엘 백성의 경험을 인용해 고린도 교회가 자신의 처지를 이해하도록 돕는다. 이 땅에서 사는 동안 우리 모두는 어떤 식으로든 시련이란 더위를 만난다. 마크는 만족할 줄 모르는 상사 밑에서 일한다. 안나의 남편은 가정보다 낚시를 더 좋아한다. 사라는 만성적인 통증에 시달린다. 팀은 자녀가 문제를 일으켜 속을 끓인다. 레이첼의 교회는 분열이란 혹독한 고통을 겪고 있다. 제리는 승진으로 인한 과중한 업무로 고심한다. 브룩은 퇴직금을 잘못 투자해 거의 모든 재산을 잃었다. 프레드는 심장병과 싸우고 있다. 제니퍼는 다이어트에 매번 실패한다. 밥은 유산 상속 이전의 좀 더 단순했던 시절을 그리워한다. 제이슨은 분노를 폭발시키는 아버지를 피하려고 가능한 모든 일을 하고 있다. 노년의 알렉스는 눈에 띄게 노쇠해 간다.

2. 가시

고린도전서 10장 5-10절에는 '가시'가 나타난다. 바울은 이스라엘 백성이 시련이란 더위에 보인 불신앙적 반응(우상 숭배, 이교도적 축제, 성적 문란, 하나님을 시험함, 원망과 불평)을 상세히 묘사하고 있다. 이 목록에 그저 무심할 게 아니다. 우리 모두가 인생의 더위에 바로 이런 식으로 반응하며 산다. 메리는

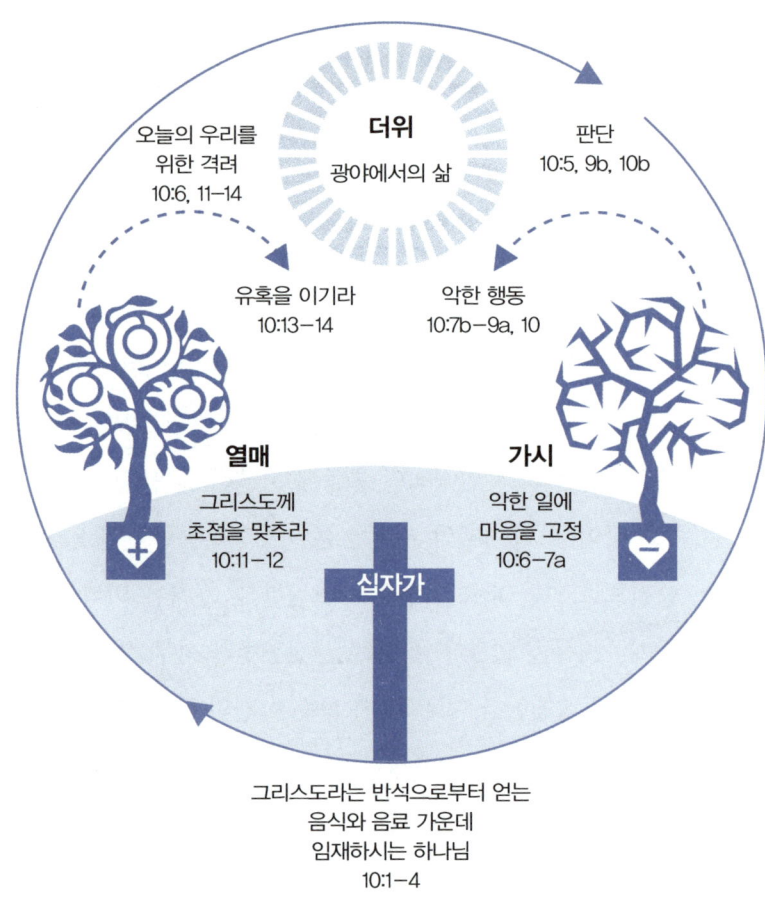

그림 6.2 변화를 위한 성경적 모델(고전 10:1-14)

너무 불평만 해대는 통에 급기야는 친구가 그녀를 피하기 시작했다. 에드워드는 스트레스를 온통 술로만 풀고 있다. 테드는 하나님이 기도 응답도 안 해 주시는데 주일에 교회에 갈 필요가 있는지 의심한다. 드류는 밤마다 멍하니 TV만 보고 있다. 마이크는 그를 무시하는 상사에게 앙심을 품고 가만히 있지 않겠다고 결심했다. 바바라는 자신을 가치 있게 대하지 않는 소그룹을 떠나려 한다. 드보라는 시기심에 사로잡혔다.

요컨대 이 반응들은 우리의 모습을 있는 그대로 비춰 준다. 그런데 성경은 이들 반응에서 세 가지 필수 요소를 발견했다. 곧 7절 후반부와 9-10절 전반부는 이스라엘 백성의 특정 행동을 강조한다. 6절과 7절 전반부는 그 행동을 하게 하는 마음에 초점을 맞춘다. 5절과 9절, 10절 후반부는 그 결과를 검토한다.

우리는 살아가는 동안 날마다 역경과 축복을 경험한다. 우리 마음은 이런 상황 혹은 관계들과 늘 상호작용을 한다. 우리는 항상 생각하고 갈망하고 지금 일어나는 일들의 의미를 찾고자 한다. 언제나 무언가를 원하면서 살아간다. 우리의 생각과 소원은 지금 일어나는 일들에 반응하는 방법을 결정한다. 그런데 우리는 죄인이기에 바로 그 죄성을 따라 반응한다. 우리가 말하고 행하는 모든 것은 어떤 결과나 결실을 맺는다. 우리는 우리가 심는 것을 수확한다. 우리는 매일 미래에 수확할 씨앗을 심는다.

예컨대 이런 식이다. 제리는 교회의 양육반에 등록했다. 그런데 제리의 아들이 그에게 바락바락 대들기 시작한다(더위). 아들의 불손함은 이내 제리를 광분시킨다(마음의 가시). 급기야 제리는 아들에게 소리를 고래고래 지르면서 더 이상 이따위 불손한 짓은 가만두지 않겠다고 말한다(행동의 가시). 그 결과 아들과의 관계가 멀어지고, 그의 마음은 분노로 가득 찬다(결과).

3. 십자가

그러나 성경의 큰 그림은 이처럼 곤혹스런 상황과 결과에 우리를 그저 방치하지 않는다. 고린도전서 10장에서도 그랬다. 1-4절에서 우리는 '십자가'를 본다. 바울은 이스라엘 백성과 광야에서 함께하시는 하나님의 임재, 그분의 신실한 예비하심, 그리고 그들을 위해 행하신 권능을 언급한다. "다 같은 신령한 음식을 먹으며 다 같은 신령한 음료를 마셨으니 이는 그들을 따르는 신령한 반석으로부터 마셨으매 그 반석은 곧 그리스도시라"(고전 10:3-4).

이스라엘 백성과 고린도 교회의 소망은 또한 우리의 소망이다. 그 소망은 한 존재이신데, 그분의 이름은 예수 그리스도이시다. 그분은 우리에게 어려움을 직면할 건강과 생기를 주는 영적 음식이시다. 그분은 우리가 마셔서 인생의 더위로 인한 목마름을 해갈할 영적 음료이시다. 그리스도께서 나를 지탱해 주시기에 나는 고난 속에서도 그분과 함께, 그분을 위해 살 수 있다. 그분의 은혜는 내게 용서뿐 아니라 능력을 주시고 또한 나를 구원하신다. 내게 지혜와 성품과 힘을 주신다. 바로 이것들이 우리 마음에서 일어나기를 하나님은 기대하신다.

4. 열매

마지막으로 '열매'를 이야기할 차례다. 바울은 고린도전서 10장 11-14절에서 고린도 교회에게 그리스도를 품으라고 말한다.

먼저 11절은 우리가 "말세"를 만났다고 말한다. 바울은 그의 독자들이 하나님의 은혜로 환영을 받는 것이 얼마나 큰 특권인지 알기를 바랐다. 바울은 이렇게 말하는 것이다. "하나님의 백성에게 소망이 되는 모든 약속이 실로 우리에게 이루어졌습니다. 우리는 우리 마음이 받아들일 만한 것보다 훨씬 더 큰 것을 그리스도 안에서 받았습니다!" 고린도 교회를 향한 바울의 이 말은 또한 오늘날 우리를 향해서도 울리고 있다.

11-12절에서 바울은 정직하고 겸손하며 자신을 살피는 신자의 새로운 마음에 호소한다. 우리는 자신의 마음을 정직하게 살피고, 주님이 우리에게 얼마나 절실하게 필요한지 인정해야 한다.

13-14절은 새로운 행동에 대해 묘사한다. 여기에는 유혹에 굴복하지 않겠다는 새로운 결심, 그리고 타락한 인간의 본성을 따라 우상 숭배에 빠지지 않도록 경계하겠다는 새로운 태도가 포함된다. 여기서 바울이 전하려는 것은 그리스도께 나아감으로써 일어나는 변화 그 자체가 아니다. 그보다는 변화된 삶의 양식이다. 이 삶의 양식은 구속이 필요하다는 사실을 지속적으로 자각하는 데서 시작된다(점진적 성화).

이것이 '더위-가시-십자가-열매'의 큰 그림이다. 이것은 인간 존재와 그 행동 동기에 대한 정직하고도 통찰력 있으며 겸손한 시선이다. 우리의 마음을 변화시키고 우리가 옳은 일을 하도록 힘 주기 위해 이 땅에 오신 하나님을 바라보는, 소망에 찬 시선이다. 그리고 우리가 믿음으로 하나님께 반응하여 좋은 열매 맺기를 격려하는 한 그림이다.

개인적인 이야기

고린도전서 10장의 전반적인 배경은, 고린도후서 1장 3-12절에 나타난 바울의 개인적인 이야기에 잘 예시되어 있다. 바울은 '더위-가시-십자가-

열매'의 모델을 사용해 자신의 인생을 들여다본다. 이 매우 개인적이고 실제적인 본문을 이해하기 위해 그림 6.3을 참고하라.

"찬송하리로다 그는 우리 주 예수 그리스도의 하나님이시요 자비의 아버지시요 모든 위로의 하나님이시며 우리의 모든 환난 중에서 우리를 위로하사 우리로 하여금 하나님께 받는 위로로써 모든 환난 중에 있는 자들을 능히 위로하게 하시는 이시로다 그리스도의 고난이 우리에게 넘친 것 같이 우리가 받는 위로도 그리스도로 말미암아 넘치는도다 우리가 환난 당하는 것도 너희가 위로와 구원을 받게 하려는 것이요 우리가 위로를 받는 것도 너희가 위로를 받게 하려는 것이니 이 위로가 너희 속에 역사하여 우리가 받는 것 같은 고난을 너희도 견디게 하느니라 너희를 위한 우리의 소망이 견고함은 너희가 고난에 참여하는 자가 된 것 같이 위로에도 그러할 줄을 앎이라 형제들아 우리가 아시아에서 당한 환난을 너희가 모르기를 원하지 아니하노니 힘에 겹도록 심한 고난을 당하여 살 소망까지 끊어지고 우리는 우리 자신이 사형 선고를 받은 줄 알았으니 이는 우리로 자기를 의지하지 말고 오직 죽은 자를 다시 살리시는 하나님만 의지하게 하심이라 그가 이같이 큰 사망에서 우리를 건지셨고 또 건지실 것이며 이 후에도 건지시기를 그에게 바라노라 너희도 우리를 위하여 간구함으로 도우라 이는 우리가 많은 사람의 기도로 얻은 은사로 말미암아 많은 사람이 우리를 위하여 감사하게 하려 함이라 우리가 세상에서 특별히 너희에 대하여 하나님의 거룩함과 진실함으로 행하되 육체의 지혜로 하지 아니하고 하나님의 은혜로 행함은 우리 양심이 증언하는 바니 이것이 우리의 자랑이라."

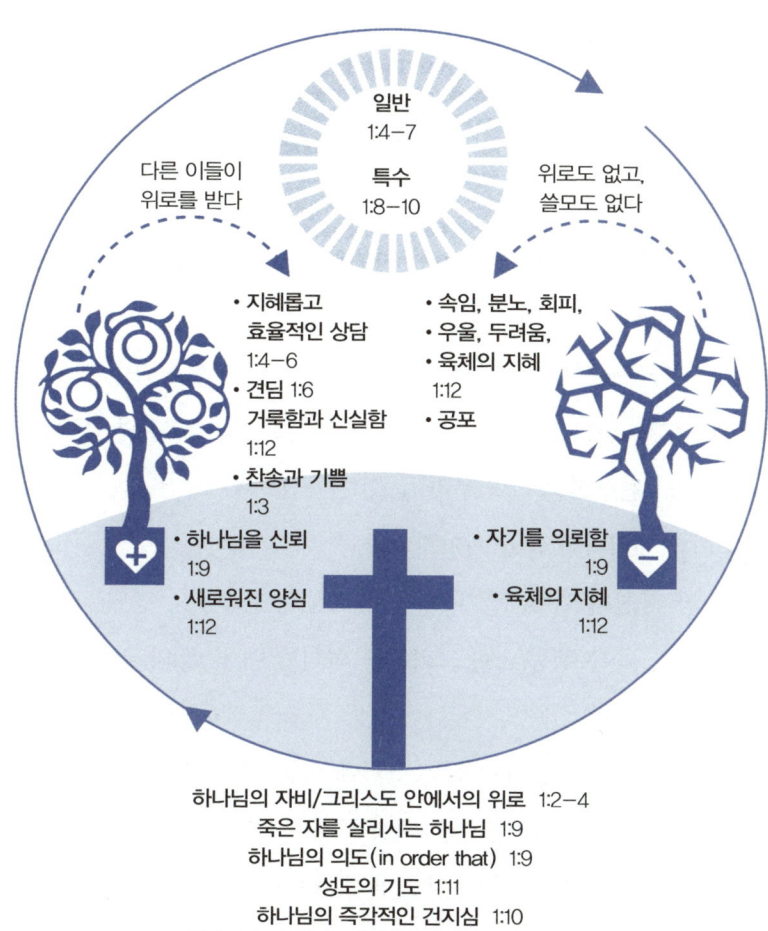

그림 6.3 변화를 위한 성경적 모델(고후 1:3-12)

여기서 바울은 그가 인생에서 더위를 만났을 때를 아주 솔직하게 말한다. "아시아에서 당한 환난", "심한 고난을 당하여"(8절). 비록 한 구절에 불과하지만 그가 당한 고난이 여실히 드러난다.

그는 더위에 대한 자신의 반응도 겸손하고 솔직하게 전한다. "살 소망까지 끊어지고"(8절), "우리 자신이 사형 선고를 받은 줄 알았으니"(9절). 이 표현들은 그가 어떤 공포에 사로잡혔는지 보여 준다. 바울은 "자기를 의지"하는 가시(9절)와 "육체의 지혜"(12절)가 더위에 대한 우리의 반응을 얼마나 자주 형성하는지 이야기한다.

그리고 바울은 강력하게 십자가를 가리킨다. 하나님의 자비와 위로(1절), 하나님의 임재(8-9절), "큰 사망에서 우리를 건지시는" 그분의 능력과 구원(10절) 그리고 "간구함으로 도우라"(11절)는 구절에서 드러나는 그리스도의 몸 된 교회를 예비하심 등을 이야기한다.

그는 또한 자신의 이야기를 나누면서 기쁨과 찬송(3절), 견딤(6절), 하나님만 의뢰함(9절), 옳은 행동(12절) 그리고 목회의 열매(5-7절)와 같은 믿음의 열매를 묘사한다.

바울과 같이 우리도 견디기 힘든 상황에 처할 때가 많다. 교회 문제가 우리를 당혹스럽게 할 수 있다. 혹은 재정 문제가 시험거리일 수 있다. 어쩌면 양육 문제로 안절부절하고 있을지 모른다. 하나님을 모르는 직장에서 경건한 삶을 산다는 것은 불가능한 소명 같다. 혹은 멀어진 가족 관계 때문에 패배감을 느끼기도 한다. 혼자서는 도저히 감당할 수 없을 것 같은 삶의 영역이 있는가? 성경은 바로 그런 암담한 경험에 대해 말한다. 하나님은 그리스도의 소망을 품고 우리의 이야기 속으로 들어오신다. 그리고 우리가 어디에 있으며 어디로 가야 하는지 보여 주신다.

비록 바울과 이스라엘 백성이 경험한 시험은 오늘날과는 상이한 시대와 여건 속에서 일어났지만, 각각의 경우에서 모두 보편적인 네 가지 기본 요소가 발견된다. 이 요소들은 하나님의 관점에서 우리의 인생을 이해하도록 돕는 그림을 그려 보인다. 이제 우리는 인생 이야기 한가운데서 길을 잃지 않아도 된다. 더 이상은 자신이 어디에 있으며 어디로 가야 하는지, 또 어떻게 도달해야 할지를 고민하며 방황할 필요가 없다. 우리가 부르심을 따라 살 수 있도록 그리스도께서 예비해 주신 것을 이제는 정확히 알 수 있다.

다음 장에서는 변화 과정 속에서 발휘되는 이 네 가지 요소의 역할을 좀 더 자세히 살펴보겠다. 만약 각 요소를 삶의 거울로 사용한다면, 세상에 대한 지혜, 자신에 대한 지식 그리고 주님과의 교제에 있어서 반드시 성장할 것이다. 이것들이 또한 타인에게 동일한 도움을 주기 원하는 사람들의 사역에 기초가 되기를 소망한다.

하나님이 보시는 인생, 하나님이 이루시는 변화

길을 잃었는가? 그러나 소망이 있다. 누군가가 길을 잃었는가? 역시 소망이 있다. 인생과 변화에 대한 하나님의 관점이 개인에게 소망을 주고, 사역에 용기를 줄 것이다. 성경의 이 비유가 우리의 길을 밝혀 줄 것이다.

1. 더위: 나의 상황은 어떠한가?

우리는 주변에서 일어나는 일에 어떤 식으로든 반응하기 마련이다. 역경이라는 땡볕이나 예기치 않은 축복의 소나기에 우리는 언제나 즉각 반응한다. 성경은 우리의 이런 반응에 대해 정직하게 이야기한다. 우리가 성경에서 일어나는 일들을 이해할 수 있는 것은 그 모든 일들이 바로 우리의 일상 속에서 일어나기 때문이다.

2. 가시: 나는 어떻게 반응하는가? 무엇을 원하며 무엇을 믿는가?

우리는 결코 수동적인 존재가 아니다. 사는 동안 우리는 더위(혹은 소나기)에 적극적으로 반응한다. 이 더위의 목록에는 까다로운 상사와 정신 나간 친척, 반항적인 자녀나 만성질병 등이 포함된다. 혹은 새로운 경력을 쌓을 기회나 갑자기 얻은 상속물도 더위일 수 있다. 성경은 그 더위가 무엇이든 간에 우리의 마음과 행동이 어떻게 반응하는지 보도록 돕는다. 또한 성경은 이 타락한 세상에서 죄인은 죄성으로 반응하기 마련이라는 사실, 그리고 각각의 반응은 심은 대로 거두게 되리라는 원칙을 상기시킨다.

가시란, 성경이 "육체의 지혜"라고 말하는 것인데, 어려운 일이 닥칠 때 우리는 너무도 당연하게 그런 어리석은 반응을 한다. 누군가가 불친절하게 대하면 자기 속에 원한이 자라도록 내버려 둔다. 원치 않는 일은 부정하거나 피하거나 비난하거나 통제함으로써 그에 반응한다. 부정적인 것이 길을 가로막을 때에는 하나님을 의심하며, 예배나 사역에 쉽게 시들해진다. 뜻하지 않게 돈의 축복을 받으면 그것을 마음대로 써 버린다. 그리고 응당 받아야 할 보수를 받지 못하면, 받은 만큼만 일한다.

성경은 우리가 상황의 압박에 못 이겨 이런 반응들을 하는 것이 아니라고 분명히 말한다. 나의 행동은 내 안에서 비롯된다. 물론 상황이 자신의 반응에 영향을 주겠지만 결코 반응 자체를 결정하지 않는다. 오히려 이런 반응들은 내 마음의 생각과 동기에서 흘러나온다. 이것이 바로 동일한 상황에 처한 열 사람에게서 열 가지 다른 반응이 나올 수밖에 없는 이유다!

3. 십자가: 하나님은 누구이시고 어떤 말씀을 하시며 그리스도 안에서 무엇을 행하시는가?

하나님이 자신을 "환난 중에 만날 큰 도움"(시 46:1)으로 나타내신 것은 우리에게 무한한 힘과 용기를 준다.

그 궁극적인 본은 그리스도이시다. 그분은 임마누엘이란 이름을 가지고 이 타락한 세상에 오셔서 살다가 죽으신 후 다시 부활하셨다. '우리와 함께 하시는 하나님'으로서 그분은 이제 성령으로서 우리와 함께 거하신다. 그분은 하나님의 방법으로 반응하는 데 필요한 모든 것을 우리에게 선사하신다. 십자가의 약속은 새로운 능력과 높은 지혜 그 이상이다. 무엇보다도 그리스도께서는 그분 자신을 우리에게 내주신다. 그리고 이를 통해 우리를 안에서부터 다시 만드신다. 그러므로 믿는 사람은 다시 만들어지는 과정 안에 존재하는 것이다. 그리고 마침내 예수 그리스도의 성품이 우리에게서 나타날 것이다. 주님은 이 목적을 이루시기 위해 우리 삶의 모든 여건과 관계를 사용하신다.

4. 열매: 하나님은 어떻게 나를 부르셔서 회개와 믿음으로 그분을 찾게 하시는가?

그리스도께서 우리를 위해 행하신 일로 인해 우리는 같은 상황의 압박 속에서도 전혀 다르게 반응할 수 있다.

이제 우리는 복을 받으면 다른 사람을 축복할 방법을 찾는다. 환난을 당하면 하나님께로 달려가 매달리지, 결코 멀리 달아나지 않는다. 인생을 피하지 않고 믿음과 용기를 품고서 오히려 담대히 나아간다. 복수를 꾀하지 않고 오직 한 분 지혜로우신 심판자에게 우리 자신을 맡긴다. 이것이 곧 하나님의 임재와 그리스도의 은혜에 의해 우리에게서 실현된 삶이다. 이 새로운 반응들은 우리의 삶과 아울러 타인의 삶에도 좋은 열매를 만들어 낸다. 이제 자기 인생을 당신을 구속하신 분의 눈으로 바라보라. 당신의 행동과 마음이 낱낱이 드러나도록 그분께 자신을 맡기라. 용기를 내어 자신을 살핀다면, 하나님이 함께하실 때 지속적인 변화가 가능하리라는 소망을 얻을 것이다. 임마누엘의 축복이 나의 이야기 속에 들어왔다. 그 무엇도 이전과는 결코 같지 않을 것이다!

How people change

chapter 7

현실을 직시하고 있는가?

_더위1: 성경이 말하는 현실

● 김준 옮김

어느 날, 그는 사장실에서 호출을 받았다. 연봉 인상에 관한 호출일까? 그렇다면 성공이다! 그는 경력을 쌓으면서 저축을 한 다음, 결혼해서 가정을 꾸리기로 인생 계획을 세웠다. 지금까지는 아주 성공적이었다. 그는 최연소 팀장으로서 자신의 디자인 팀을 이끌고 있었다. 보너스뿐만 아니라 그가 곧 부서장이 되리라는 소문도 있었다. 사장과도 언제나 좋은 관계를 유지해 온 터라 이제 그는 회사에서의 장밋빛 미래에 관해 말하게 될 날만 고대하던 중이었다.

사무실에 들어서니 평소보다 심각한 표정을 한 사장이 눈에 들어왔다. 아무래도 무언가 이상하다. 마침 그의 디자인 팀은 곧 출시될 상품에 대한 작업을 마무리한 참이었다. 그 일을 위해 많은 인력과 재정을 투자했는데, 마침내 그 모델의 생산이 시작되었다.

"나쁜 소식이 있네." 사장이 입을 열었다. 대단하다는 그 상품을 이미 타 회사에서 내 놓았다는 이야기였다. 디자인에 너무 집중한 나머지 시장 조사를 간과한 결과였다. 너무나 큰 대가를 요구하는 실수인 터라, 회사 전체의 생존을 위협할 정도였다. 이윽고 그가 전혀 예상하지 못한 말이 사장의 입에서 터져 나왔다. "자네를 해고해야겠네. 솔직히 말해 자네가 이 분야에서 재기할 수 있을지도 알 수 없는 상황이네."

이제 그의 인생은 끝나 버렸다. 그동안 세심하게 준비해 온 인생 계획들이 순식간에 무너져 내렸다. 어떻게 이런 일이 일어날 수 있는지 현실감조차 없었다. 하지만 머지않아 이 사건은 깊은 현실로 다가올 것이다.

감정이 결론이 되다

어느 날 아침 잠에서 깨어나 자기 신념을 바꾸겠다고 결심하는 사람은 거의 없다. 신앙 체계의 변화는 대개 의식적으로 일어나지 않는다. 앞에서 예로 든 사람은 심한 곤경에 처하고 말았다. 그런데 사람들은 대부분 이런 경험이 우리가 앞으로 삶을 해석할 때 사용하는 렌즈가 된다는 사실을 깨닫지 못한다.

어려움을 겪을 때 느끼는 감정들은 대개 정적이지 않다. 이 감정들은 하나님, 자기 자신, 타인 그리고 삶에 대해 미세하지만 큰 영향력을 미치는 결론으로 변형(morph)된다. 그러나 우리의 신앙 체계에서 일어나는 이 중요한 변화를 우리는 주의 깊게 생각하지 않는다. 우리는 자신의 감정을 신학적으로 면밀히 검토하지 않는다. 오히려 불확실한 감정들을 삶에 대한 해석의 틀로 사용한다. 요컨대 감정들이 결론으로 변형되면서, 우리는 스스로 믿는다고 고백하는 것들을 더 이상 믿지 않게 되는 것이다.

앞서 그 사람은 좌절과 외로움에 처했다. 그는 왜 이런 일들이 자신에게 일어났는지 알지 못했다. 그는 하나님이 어디에 계신지, 도대체 어째서 그에게 이런 파멸을 허락하셨는지 묻고만 싶었다. 심지어 그는 신앙의 가치에 대해서도 의문을 던졌다. 그러나 그와 동시에 자기 안에서 영적인 전쟁이 진행되고 있다는 점은 미처 알지 못했다.

혹시 '이 세상 그 누가 내 마음을 이해해 줄까?' 생각하면서 자신은 혼자라고 절실히 느낀 적 있는가? 다른 사람의 시선을 염려하면서 자신의 고민을 숨긴 적 있는가? 내 앞의 문제가 너무 거대하다고 생각한 적 있는가? 하나님이 정말 나를 이해하며 돌보시는지 의문을 가진 적 있는가? 자신의 믿음을 돌아보라. 당신의 믿음은 참으로 가르침과 설교, 성경공부만으로 형성되었는가? 믿는다고 고백하는 것과 실제로 믿는 것 사이에 구멍이 있지 않는가? 우리는 어려운 시기를 통과하는 동안 신앙을 유지하는 데 어려움을 겪기 마련이다. 만약 이 질문들 중 어느 하나라도 익숙하다면, 우리가 일상에서 만나는 '더위'에 관한 이 장은 바로 당신을 위한 것이다.

더위: 현실을 정확히 아시는 하나님

지금까지 살펴보았듯 성경은 우리가 항상 뜨거운 더위 같은 고난 아래, 혹은 시원한 소나기 같은 축복 아래 있다고 말한다. 이 중 어느 경우든, 우리는 그 상황에 반응하기 마련이다. 성경은 모든 것이 깨끗하게 정리된 삶이나, 그에 대한 우리의 반응을 말하지 않는다. 그보다는 어둡고 충격적인 이야기, 아프고 시린 이야기들로 가득하다. 성경은 바로 우리처럼 생각하고 행하고 계획하고 결단하고 말하는 사람들을 보여 준다. 만약 성경에 살인, 강간, 기근, 질병, 심판, 우울, 전쟁, 간통, 도둑질, 부패, 엄습하는 두려움과 같은 실제 삶의 이야기들이 없었다면, 어떻게 하나님의 말씀이 실제로 우리를 도울 거라고 믿을 수 있겠는가?

우리가 실제로 살고 있는 바로 이 세상에 대해 성경이 이야기하는 사실을 깨닫는다면 큰 힘이 될 것이다. 하나님은 우리의 매일을 분명하게 이해하고 계신다. 성경에 실린 적나라한 이야기를 읽는 일이 항상 즐겁지는 않겠지만, 이런 이야기들은 어느 새 위로가 된다. 그리고 비록 우리에게는 어둡고 힘겨운 경험도 하나님께는 전혀 충격적인 일이 아님을 깨닫게 된다. 하나님이 그분의 자녀에게 주시는 소망과 도움은, 그분이 인간의 다양한 경험에 대해 완벽한 이해와 지식을 가지셨다고 알려 준다.

이것이 바로 우리에게 가장 위로를 주는 성경 구절들 속에 '위로'라는 단어조차 들어 있지 않은 이유다. 어떤 구절들은 해피엔딩이나 하나님의 선한 약속들, 사랑, 은혜로 엮여 있지 않지만 우리가 겪는 일을 정확히 기술하면서 우리에게 소망을 준다.

시편 88편은 바로 이러한 본문들 가운데 하나이다.

"여호와 내 구원의 하나님이여 내가 주야로 주 앞에서 부르짖었사오니 나의 기도가 주 앞에 이르게 하시며 나의 부르짖음에 주의 귀를 기울여 주소서 무릇 나의 영혼에는 재난이 가득하며 나의 생명은 스올에 가까웠사오니 나는 무덤에 내려가는 자 같이 인정되고 힘없는 용사와 같으며 죽은 자 중에 던져진 바 되었으며 죽임을 당하여 무덤에 누운 자 같으니이다 주께서 그들을 다시 기억하지 아니하시니 그들은 주의 손에서 끊어진 자니이다 주께서 나를 깊은 웅덩이와 어둡고 음침한 곳에 두셨사오며 주의 노가 나를 심히 누르시고 주의 모든 파도가 나를 괴롭게 하셨나이다 (셀라) 주께서 내가 아는 자를 내게서 멀리 떠나게 하시고 나를 그들에게 가증한 것이 되게 하셨사오니 나는 갇혀서 나갈 수 없게 되었나이다 곤란으로 말미암아 내 눈이 쇠하였나이다 여호와여 내가 매일 주를 부르며 주를 향하여 나의 두 손을 들었나이다 주께서 죽은 자에게 기이한 일을 보이시겠나이까 유령들이 일어나 주를 찬송하리이까 (셀라) 주의 인자하심을 무덤에서, 주의 성실하심을 멸망 중에서 선포할 수 있으리이까 흑암 중에서 주의 기적과 잊음의 땅에서 주의 공의를 알 수 있으리이까 여호와여 오직 내가 주께 부르짖었사오니 아침에 나의 기도가 주의 앞에 이르리이다 여호와여 어찌하여 나의 영혼을 버리시며 어찌하여 주의 얼굴을 내게서 숨기시나이까 내가 어릴 적부터 고난을 당하여 죽게 되었사오며 주께서 두렵게 하실 때에 당황하였나이다 주의 진노가 내게 넘치고 주의 두려움이 나를 끊었나이다 이런 일이 물 같이 종일 나를 에우며 함께 나를 둘러쌌나이다 주는 내게서 사랑하는 자와 친구를 멀리 떠나게 하시며 내가 아는 자를 흑암에 두셨나이다."

어둠 가운데 홀로인가?

시편 88편을 읽으면서 무엇을 느꼈는가? 다시 한 번 천천히 읽으면서 저자의 입장이 되어 보라.

- 나의 깊은 내면은 절망 가운데 있다(3-5절).
- 나는 하나님께 버림받은 느낌이다(6-7절).
- 나는 친구들을 잃었다(8a절).
- 나는 갇혀서 무력하다(8b절).
- 나는 마치 죽을 것 같고, 도움을 부르짖지만 누구도 오지 않는다(9-12절).
- 하나님이 내게서 등을 돌리신 것 같다(13-14절).
- 나쁜 일들은 언제나 일어나고, 세상은 변하지 않을 것 같다(15-17절).
- 매일 아침 어두운 세상 속에서 눈뜨는 것만 같다(18절).

이 시편이 긍정적으로 끝맺지 않은 것이 혹여 거슬리는가? 이런 어두운 내용이 성경에 있다는 사실에 마음이 불편한가? 이 시편에서 우리가 어떤 선한 것을 얻어야 할지 모르겠는가? 이로부터 얻을 수 있는 몇 가지는 다음과 같다.

1. 하나님은 최상의 기쁨에서부터 참담한 슬픔에 이르기까지, 인간 경험의 모든 영역을 이해하신다.
2. 구속자의 약속은 이처럼 다양한 일들이 일어나는 세상 속에 사는 인간들에게 주어졌다.
3. 이 경험들에 대한 하나님의 정직함이, 나 자신도 스스로의 경험들에 대해 정직하라고 권면한다.
4. 절망과 의심과 두려움 가운데 하나님께로 나아가는 것이 곧 믿음의 행위이다. 시편 88편은 절박한 순간에 하나님을 멀리하지 말고 그분께로 더욱 달려가라고 촉구한다.
5. 성경은 언제나 바른 선택만을 하는 고상한 사람들로 가득한 순수한 세상 이야기가 아니다. 성경은 우리가 인지하는 세상, 곧 선한 것과 악한 것, 위대한 선택과 처참한 선택이 공존하는 이 세상에 대해 말한다. 때때로 우리를 웃게도 하고 울게도 하는 바로 이 세상을 다루는 것이다.

삶을 되돌아보니 자신이 꼭 시편 기자와 같지 않은가? 우리는 하나님 앞에서 정직할 수 있는가? 자신이 더위에 어떻게 반응하는지 직시하기가 두려운가? 하나님이 나의 솔직함을 과연 받아 주실지 의심하면서 자신의 솔직한 마음을 하나님 앞에 내놓기를 주저하는가? 하나님과 사람들 앞에 확고한 신앙을 보여 주어야 한다고 느끼는가? 나의 믿음은 나의 일상생활에 진실한 영향을 미치는가?

어느 수요일 저녁, 소그룹 모임 중에 나는 중요한 깨달음을 얻었다. 당시 우리는 모일 때마다 기도 제목을 나누었지만, 대개 솔직함을 가장한 틀에 박힌 자기 보호적인 기도 제목이었다. 나는 속으로 생각했다. '왜 우리는 기도 제목을 내놓기 전에 그것들을 말쑥하게 정리할 필요를 느낄까? 기도 요청을 하면서 왜 그렇게 자신의 모습을 잘 편집하려 할까? 자신이 겪는 어려운 상황들은 잘 나누면서 고군분투하는 스스로에 대해서는 왜 이야기하기를 꺼릴까? 도움을 받기보다는 사람들이 나를 어떻게 생각하는지에 더 신경을 쓰는 것 아닐까? 하나님께 자신의 죄와 연약함을 숨길 수 있다고 생각하는 것일까?' 모든 구성원이 가장하고 있는 것 같았다. 침묵의 계략이라 부를 만한 어떤 암묵적인 원칙에 모두가 동조하는 느낌이었다.

순간, 나는 모임이 진행되는 방을 둘러보았다. 모두 나에게 친숙한 사람들이었다. 나는 그들의 상황에 대해서는 알았으나, 그들 안에서 벌어지는 전쟁에 대해서는 거의 몰랐다. 침묵을 깨뜨리기로 결단한 나는 이런 생각들을 토론으로 옮겼다. 내가 그들보다 낫다고 여겨서가 아니다. 나 역시 그 공모의 가담자였다. 하지만 더 이상은 그러고 싶지가 않았다. 그날 저녁, 나는 서로 마음을 나누지 못하게 하고, 자기 속에 실제로 진행되는 것들을 하나님께 내놓지 못하게 하는 이 두려움의 벽을 허물어 달라는 기도 제목을 내놓았다. 우리의 투쟁을 긍휼과 용서와 지혜와 능력의 궁극적인 근원이신 주님의 귀에 들어갈 만한 말로 옮길 소망과 믿음과 용기를 주시기를 구했다. 그러자 놀랍게도 다른 사람들 역시 이와 비슷한 기도를 하기 시작했다. 우리는 자신의 두려움과 의심 그리고 고민들을 하나님께 고백했다.

시편 88편은 이런 종류의 정직함에 대한 초대장이다. 본문은 삶에서 겪는 온갖 어려움들, 곧 만성질병, 재정, 친구로부터의 소외, 상처와 남용, 실직, 성공의 유혹, 자녀의 반항, 사랑하는 이의 죽음, 교회의 분열, 비뚤어진 정의, 우울증의 한가운데 있는 우리에게 진실되고 열린 믿음을 추구하라고 촉구한다. 시편 88편에서 하나님은 우리가 그늘로부터 나와 자신의 힘든 부분들을 솔직하게 표현하도록 초청하고 계신다. 그리고 그분의 말씀에 따라 행할 때, 우리는 하나님이 이미 모든 사정을 아시며 또한 이해하신다는 사실을 깨달을 것이다.

더욱 격려가 되는 노래

이 시편의 제목을 보면 이것이 곧 '노래'라고 말한다. 어째서 하나님은 자신의 백성에게 이토록 좌절감이 깃든 노래를 부르게 하시는가? 특히나 마지막 18절, "내가 아는 자를 흑암에 두셨나이다"라고 노래하는 것이 무슨 의미가 있겠는가? 그러나 실로 이 구절은 본문에서 가장 격려가 되는 부분이다!

시편 88편은 고라 자손들의 노래이다. 그들은 성막 문을 지키는 자들로 예배와 제사를 드리러 가는 이스라엘 백성의 행렬을 인도했다. 그렇다. 바로 이 슬픈 노래가 그들이 부르는 노래 가운데 하나였다! 과연 이러한 사실은 어떤 의미를 담고 있는가? 하나님은 가장 어두운 슬픔을 가장 찬란한 인간의 소망과 함께 담기를 원하신다. 정직하게 표현된 두려움과 고통과 의심은 예배와 대속과 용서의 자리로 초대받는다. 인간의 가장 비참한 부분들이 신비롭고 영광스러운 은혜의 장소에서 환영받는 것이다.

어떤 시편도 이토록 강력하게 말하지 않는다. "너의 모든 의심과 두려움, 고통 그리고 좌절감을 가지고, 있는 모습 그대로 나에게 오라. 아무도 도울 수 없을 때 내 앞에서 너의 깨진 소망과 꿈을 붙잡아라. 너의 마음은 약하고 방황하기 쉬우니 지체하지 말라. 나의 선함과 사랑을 알고 싶거든 지체 말라. 나의 제사는 너를 위한 것이니 있는 그대로 나아오라." 하나님 앞에서의 이와 같은 정직함은 곧 우리 예배의 일부가 된다. 얼마나 도움이 되고 소망이 되는 초대인가? 우리는 하나님께 나아올 때 영적 가면을 쓸 필요가 없다. 다만 있는 그대로 나와야 한다. 그분의 사랑은 지속적이며 그분의 은혜는 충분하기 때문이다.

성경적 현실주의

야고보서 1장 1-15절은 성경적 현실주의를 보여 주는 또 다른 구절이다.

"하나님과 주 예수 그리스도의 종 야고보는 흩어져 있는 열두 지파에게 문안하노라 형제들아 너희가 여러 가지 시험을 당하거든 온전히 기쁘게 여기라 이는 너희 믿음의 시련이 인내를 만들어 내는 줄 너희가 앎이라 인내를 온전히 이루라 이는 너희로 온전하고 구비하여 조금도 부족함이 없게 하려 함이라 너희 중에 누구든지 지혜가 부족하거든 모든 사람에게 후히 주시고 꾸짖지 아니하시는 하나님께 구하라 그리하면 주시리라 오직 믿음으로 구하고 조금도 의심하지 말라 의심하는 자는 마치 바람에 밀려 요동하는 바다 물결 같으니 이런 사람은 무엇이든지 주께 얻기를 생각하지 말라 두 마음을 품어 모든 일에 정함이 없는 자로다 낮은 형제는 자기의 높음을 자랑하고 부한 자는 자기의 낮아짐을 자랑할

지니 이는 그가 풀의 꽃과 같이 지나감이라 해가 돋고 뜨거운 바람이 불어 풀을 말리면 꽃이 떨어져 그 모양의 아름다움이 없어지나니 부한 자도 그 행하는 일에 이와 같이 쇠잔하리라 시험을 참는 자는 복이 있나니 이는 시련을 견디어 낸 자가 주께서 자기를 사랑하는 자들에게 약속하신 생명의 면류관을 얻을 것이기 때문이라 사람이 시험을 받을 때에 내가 하나님께 시험을 받는다 하지 말지니 하나님은 악에게 시험을 받지도 아니하시고 친히 아무도 시험하지 아니하시느니라 오직 각 사람이 시험을 받는 것은 자기 욕심에 끌려 미혹됨이니 욕심이 잉태한즉 죄를 낳고 죄가 장성한즉 사망을 낳느니라."

모든 성경 구절에는 역사적인 배경이 있다. 이 구절을 역사적 배경에서 분리시킨다면 본래의 효과를 상실할 것이다. 저자와 당시 독자를 이해하기 전에는 내용이 그저 피상적으로 들릴 수밖에 없다.

야고보는 예루살렘의 뛰어난 목회자였다. 그가 섬기던 교회는 사도행전 7장과 8장에 기록된 대로 스데반이 돌에 맞아 죽을 당시의 극심한 탄압 가운데 있었다. 이러한 배경을 고려하면 그의 글은, 현실감 없는 신학자의 진부한 설교이기보다는 노련하고도 사랑에 넘치는 목사의 지혜로운 권면으로 다가온다. 즉 야고보는 극한 고난 가운데 있는 친구에게 진실하신 하나님의 지혜와 위로를 적용하는 것이다. 그렇다면 그가 무엇을 나누고 있는지 지금부터 찬찬히 살펴보자.

2절에서 야고보는 교회가 시험을 피할 수 없다고 상기시킨다. 그가 고난에 대해 말하면서 '혹시 당하게 되면'(if)이 아니라 '당하거든'(whenever)이라고 한 것에 주목하라. 야고보는 시험이 다가오리라고 말한다. 고난은 오지 않을 거라고 순진하게 생각하고 있다가는 이후에 더욱 힘겨우리라는 사실을 그는 알았다. 하나님은 그의 자녀들이 타락한 세상을 벗어나게 될 것이라고 결코 약속하지 않으셨다. 하나님은 우리가 그분의 지혜로 깨어진 세상 속에서 살게 하셨다. 잡초든 질병이든 거절이든 부패든, 전쟁이나 오염이나 실망이나 위험이나 우리 모두의 일상생활은 타락의 영향을 받는다. 그러므로 고난과 어려움이 우리에게 온다고 해서 결코 놀라지 말라. 사실 우리는 고난이 없을 때 오히려 놀라야 한다.

야고보는 이 갑작스럽고 고통스러운 충격으로부터 성도들을 보호하고 싶었다. 그는 그들이 건강한 성경적 현실주의자로 살기를 원했다. 이와 유사하게, 빌립보서 1장 29절과 베드로전서 4장 12절도 우리가 시험이 일상적인 세상에서 살고 있음을 깨달아야 한다고 강조했다. 세상 질서에 있어 시험은 예외 요소가 아니다. 오히려 세상의 법칙이다.

더욱이 야고보는 2절과 4절에서 시험의 축복을 강조한다. 이 말은 정말이지 모순이 아닌가? 이토록이나 시험에 대해 생소하게 말하다니. 야고보는 시험이 우리에게 필요하다고 말한다. 그러나 우리가 언제라도 이렇게 간청한 적이 있는가? "하나님, 아시잖아요. 제 삶이 너무 수월해요. 제게도 고난을 좀 주시면 감사하겠습니다." 우리의 본능은 정확히 그와 반대다. 우리는 시험이란, 있는 힘을 다해서 피해야 할 것으로 여기며 산다. 그러나 야고보는 시험이 하나님의 일을 방해하기보다는, 하나님의 계획의 일부라고 이야기한다.

만약 시험이 없다면, 우리는 그리스도인으로서 미숙하고 불완전하며 불충분하게 될 것이라고 야고보는 말한다. 시험이 우리를 돕는 것이다! 마지막 순간에 이르기까지, 갖은 시험을 통해 우리는 더욱 성숙하고 완전해질 수 있다.

5절부터 8절에서, 그러나 야고보는 이러한 자세가 시험을 쉽게 통과하게 끔 돕지는 않는다고 말한다. 그는 내면의 분투를 피상적인 행복으로 가장하려는 시도나 기독교적 금욕주의를 쉽사리 승인하지 않는다. 대신에 하나님의 도우심과 지혜를 찾아 그분께로 달려가라고 촉구한다.

　오직 그래야만 우리는 마음이 겸손한 자에게 언제나 풍성하게 베푸시는 하나님을 발견하게 될 것이다. 야고보가 제시하는 시험들에 대한 반응은 '참고 억누르기'가 아니라 하나님께 '부르짖기'다. 모든 것에 충분하신 하나님께 부르짖을 때, 우리는 필요한 지혜를 받을 수 있다.

　9절부터 12절까지 제시된, 시험에 대한 야고보의 관점은 그저 놀라울 따름이다. 그는 시험이 고난이나 축복의 형태로 온다는 점을 강조하고 있다. 부요는 가난만큼이나 시험이 된다! 실직이나 승진이나, 버림을 받으나 찬사를 받으나, 실패나 성공이나, 육체의 병이나 완전한 건강이나, 야고보는 (그리고 나머지 성경 역시도) 이것들이 모두 시험의 형태가 될 수 있다고 이야기한다. 고난과 축복의 두 요소는 유혹과 죄일 뿐 아니라 시험과 성장의 기회를 동시에 제공한다.

　자신의 삶을 한번 되돌아보라. 그간 모든 시험이 오직 고통의 때에만 찾아왔던가? 갑자기 늘어난 수입이 나를 이기적으로 만들었던 적은 없는가? 건강에 대한 자만이 불규칙한 식생활과 운동 부족을 야기하지 않았는가? 사역이 성공한 후 생겨난 자랑하는 마음은 또 어떤가? 우리는 단지 부족한 것들하고만 분투하지 않는다. 우리는 동시에 축복과도 고군분투한다. 야고보의 경고는 얼마나 지혜롭고도 시의적절한가.

　13-15절에서, 야고보는 시험에서 유혹으로 그의 초점을 이동시킨다. 야고보에게 (그리고 나머지 성경에서도) 시험은 (가시이든 열매이든) 마음속에서 일어나

는 바를 드러내는 외부적인 상황(더위)으로 이해된다. 시험은 우리 마음을 인격적인 성숙으로 이끌거나 유혹이나 죄로 이끌 수 있다. 즉, 시험이라는 토양으로부터 열매나 가시를 추수하게 되는 것이다. 그렇다면 과연 무엇이 서로 다른 결실을 추수하게 하는가? 야고보에 의하면 추수는 사람 안에서 일어나는 일에 달려 있다. 따라서 시험이나 유혹이 죄를 유발했다면, 그가 스스로 자기 마음속에 있는 "자기 욕심"에 "끌려 다니고 유혹을 당한" 탓이다. 하나님은 우리로 죄를 짓도록 유도하기 위해 우리 앞길에 시험을 보내는 분이 아니시다. 우리가 시험에 죄악으로 응답했다면, 다른 누구 때문이 아니라 바로 우리의 마음이 그렇게 하기로 선택한 것이다.

시험이 무엇인지, 우리가 거기에 어떻게 반응하는지 야고보가 한 말이 믿어지는가? 예컨대 어떤 사람이 "동생 때문에 정말 화가 난다!"라고 했다면, 그 사람이 내는 화에 대한 책임은 동생에게 있다. "교통 체증 때문에 미치겠다!"라고 말할 때 역시 마찬가지다. 그런데 한번 생각해 보라. 과연 교통 체증은 우리 마음의 원래 기질을 정반대 방향으로 이끌 만큼 어떤 도덕적인 힘을 가졌는가? 이 질문에 대한 대답에 우리를 겸손하게 하는 진리가 있다. 즉 시험은 우리 아닌 다른 것의 모습을 보여 주지 않는다. 시험은 지금까지 우리가 지내온 모습 그대로를 드러낼 뿐이다. 시험으로부터 추수한 것은 이미 우리 마음속에 뿌리박혀 있었다.

마지막으로, 16-18절에서 야고보는 고난의 시기에 다가오는 하나님의 선하심과 은혜, 사랑 그리고 자비를 상기시킨다. 다음을 보라.

"내 사랑하는 형제들아 속지 말라 온갖 좋은 은사와 온전한 선물이 다 위로부터 빛들의 아버지께로부터 내려오나니 그는 변함도 없으시고 회전하는 그림자도 없으시니라 그가 그 피조물 중에 우리로 한 첫 열매가 되게 하시려고 자기의 뜻을 따라 진리의 말씀으로 우리를 낳으셨느니라."

하나님은 선한 열매를 주는 분이시다. 무엇보다 하나님이 주신 가장 큰 복은 우리의 구주요 친구이신 예수 그리스도이시다. 그분을 통해 모든 죄인이 간절히 필요로 하는 한 가지를 얻었다. 바로 새로운 삶을 말이다! 이 얼마나 달콤하고 놀라우며 위로가 되는 권면인가! 야고보의 말에는 은혜와 진리가 가득 차 있다. 그는 고통스러운 현실 가운데 움츠리지 말고 정직과 겸손으로 하나님께 달려가라고 권면한다. 또한 상황 때문에 우리 안에 종종 나타나는 냉소와 죄의 성향들을 경고한다. 야고보는 우리를 사랑하사 구속하러 오신 하나님을 바라보게 한다. 혹시 시험 가운데 있다면 이 구절들이 자신에게 무엇을 말하는지 찬찬히 살펴보기를 바란다.

- 시험의 확실성(2절): 어떤 시험이 자신을 놀라게 하는가? 이 놀라움은 스스로의 반응에 어떤 영향을 주는가?
- 시험의 유익(2-4절): 영적인 온전함을 이루는 이 상황을 통해 어떻게 하나님을 볼 수 있겠는가? 만약 이 시험이 없었다면 내 안의 어떤 부분들이 성장하지 못하겠는가?
- 지혜의 필요(5-8절): 시험을 통해 기도 생활이 어떻게 변했는가? 하나님이 진실로 나를 이해하시는 것을 깨달은 후 상황을 다루는 방식이 바뀌었는가?
- 시험의 두 가지 종류(9-12절): 고난과 축복이 시험의 두 가지 형식임을 아는 것은 과연 어떤 도움을 주는가? 자신의 삶에서 시험이 된 이 두 가지는 무엇인가?

- 유혹과 시험(13-15절): 시험 가운데 있을 때 주로 어떤 유혹을 경험하는가? 이 구절들이 더위를 이해하는 방식에 어떤 영향을 주는가?
- 냉소주의를 피함(16-18절): 시험을 통과하는 동안 하나님의 선하심과 은혜에 대해 무엇을 더 분명히 알게 되었는가? 그리스도를 향한 사랑이 증가했는가, 아니면 감소했는가?

시편 88편과 야고보서 1장을 통해 우리는 성경이 죄로 얼룩진 세상의 고통 가운데 살아가는 우리를 위로하시는 하나님에 대해 말하고 있음을 알게 된다. 시편 88편은 우리가 겪는 모든 일을 하나님이 이해하신다는 사실을 강조한다. 그리고 야고보서 1장은 사랑하는 사람들의 삶에 이 진리를 적용하는 한 목사를 예로 들고 있다. 이 두 본문은 모두 우리로 하여금 더위의 실제를 이해하도록 하며, 우리가 진실로 자유롭게 되는 방식을 통해 응답하시는 하나님을 이야기한다. 우리는 절대 혼자가 아니다. 진실로 하나님은 이해하신다!

나, 주님 그리고 시험들

다음 질문들을 통해 자신을 되짚어 보자. 왜 고난은 그토록 우리를 놀라게 하는가? 고난에 대해 나는 어떤 가정을 하는가? 그런 가정들은 어떻게 나의 고통을 증가시키는가?

아래는 흔히 접하는 잘못된 가정의 예이다.

- 인생이 얼마나 고통스러운지 얕보는 경향이 있는가?

- 고난이 없는 인생을 기대하는가? (이런 가정은 스스로가 다른 사람들보다 상대적으로 더 나은 삶을 산다고 생각할 때 생겨난다.)
- 좋은 것들과 나쁜 것들은 완전히 분리된 경험이라고 생각하는가? 하지만 실제로 어려움은 축복 가운데 숨어 있으며 축복은 어려움 가운데서 발견된다.
- 내가 소유하는 이 좋은 것들이 영원히 지속될 것 같은가?
- 고난을 피하거나 견딜 만한 지혜와 능력이 자신에게 있다고 여기면서 스스로를 마치 무적처럼 생각하는가? 하지만 실제로 그렇지 않을 때 놀라고 마는가?
- 현대 기술이 나를 지키고 구제할 수 있다고 믿으면서 거기에 삶을 맡기려 하는가?
- 고통으로부터 벗어날 수 있다고 가정하면서 삶을 통제할 수 있다고 자신을 과도하게 신뢰하는가?

이제 우리 각자의 삶에 대해 생각해 보자. 과연 자신의 현재 상황은 어떠한가? 이에 대한 대답이 구체적이고 실천적일 수 있도록, 아래의 질문들을 활용해서 답해 보자.

- 나는 어떤 압박을 정기적으로 받는가?
- 과연 무엇이 하나님이 주신 기회인가?
- 내가 매일 짊어지는 책임은 무엇인가?
- 어디에서 어려움을 겪는가?
- 어떤 유혹들을 접하는가?
- 내 삶에서 어렵게 여겨지는 사람들은 누구인가?

- 어떤 기대치 않은 축복들을 받았는가?
- 어떤 상황에서 나는 혼자가 되거나 오해를 받는다고 느끼는가?
- 현대 문화의 가치 체계는 어떤 도전들을 주는가?
- 내게 '맡겨진' 것들(축복이나 어려움)을 감당하지 못하겠다고 느끼는 영역이 있는가?
- 어떤 상황에서 숨거나 피하고 싶은 유혹에 휩싸이는가?
- 어떤 상황이 사실은 그렇지 않은데 괜찮다고 말하도록 유혹하는가?
- 과거의 가장 힘든 경험은 무엇이었는가?
- 미래에 대해 가장 두려운 점은 무엇인가?

앞선 질문들에 답하는 동안 이것을 기억하라. 우리와의 관계 속에 들어오신 하나님에 의해 우리는 적극적으로 사랑받고 있다. 하나님은 내가 겪는 이 모든 압박감을 이해하시고 그 안에서 나와 함께하신다. 하나님은 나의 걱정, 실망, 두려움, 의심 그리고 후회를 가지고 오라고 초청하신다. 그러니 상황이 너무 심각해 도무지 잘될 것 같지 않을 때도 하나님을 멀리하지 말고 주님께 달려가라. 그러면 어느 곳에서도 찾을 수 없는 위로와 지혜와 힘을 발견할 것이다.

chapter 8

현실에 어떻게 반응하는가?
_더위2: 현실 속에서의 우리

● 김준수 옮김

　인생이 어떻게 되기를 기대하는가? 자신의 모든 계획이 방해받지 않고 일목요연하게 진행되기를 바라는가? 다른 사람들이 내 말에 언제나 동의하면서 나의 선택을 따라 주기를 기대하는가? 어떤 질병이나 사고 혹은 부상도 당하지 않을 것이라고 생각하는가? 약간의 스트레스도 없이 감당 못 할 상황들을 피할 수 있으리라 믿는가? 비성경적이고 비현실적인 기대 속에 있을 때는 현실이 더욱 괴롭고 고통스럽게 느껴지기 마련이다. 대개 스트레스가 가중되는 상황에 처하면 충격을 받는다. 그럴 때 우리는 하나님의 선하심을 의심하고 자신의 믿음 없음에 또한 놀란다. 그러면서 하나님이 자꾸 규칙을 바꾸신다고 생각한다.

　이것이 바로 조시가 실망한 이유였다. 그는 선한 삶, 곧 하나님의 법대로 사는 삶을 꾸려 왔다. 그간 열심히 일하고 지혜로운 선택을 했으며 다양한 자기 훈련 역시 게을리하지 않았다. 하나님과의 관계를 중요하게 여겼으며 교회에도 열심이었다. 뿐만 아니라 그는 신실한 남편이자 좋은 아빠였다. 조시는 하나님이 이 편안한 삶을 계속 보장해 주시리라고 생각했다. 실제로 그는 엄청난 것을 원하지 않았다. 그저 큰 문제없이 직장 생활을 하고 교회 친구들이나 가족들과 편안하게 지내기를 바랐을 뿐이다. 그런데 지금 조시는 얼마 전까지만 해도 소중한 보금자리였던 집의 문짝 앞에 서 있다. 직접 조시의 손으로 지었으며 아내가 인테리어를 꾸민 집이었다. 이 집은 조시 가족의 소중한 안식처였다. 그러나 더 이상은 그렇지 않다. 태풍이 집을 통째로 날려버렸기 때문이다. 사진첩 몇 권을 빼고는 모든 것이 사라졌다. 무엇을 얼마나 잃었는지 조시는 가늠조차 할 수 없었다.

하나님은 어디 계셨는가? 왜 하나님은 이런 일을 허락하셨는가? 어차피 잃을 것이었다면, 왜 나는 그토록 열심히 일을 해야 했던가? 조시는 기도해야 한다고 생각했지만, 도저히 기도가 입 밖으로 나오지 않았다. 그는 큰 충격을 받았으며 분노와 실망에 휩싸였다. 어떻게 내게 이런 일이 일어날 수 있단 말인가.

우리의 현실

이 세상을 설명하는 데 어떤 단어들이 필요할까? 로마서 8장에서 바울은 이 땅에서의 삶의 핵심을 다음과 같이 설명한다.

"피조물이 허무한 데 굴복하는 것은 자기 뜻이 아니요 오직 굴복하게 하시는 이로 말미암음이라 그 바라는 것은 피조물도 썩어짐의 종 노릇 한 데서 해방되어 하나님의 자녀들의 영광의 자유에 이르는 것이니라 피조물이 다 이제까지 함께 탄식하며 함께 고통을 겪고 있는 것을 우리가 아느니라"(20-22절).

바울은 인간의 타락과 그리스도의 재림 사이에 있는 이 땅에서의 삶을 세 가지 서로 다른 표현을 사용해 설명한다.

1. 허무한 데 굴복하는 것

우리는 이 타락한 세상의 허무를 경험한다. 도무지 제대로 되는 것이 하나도 없다. 변화도 전혀 없다. 노력마저도 아무 소용이 없는 것만 같다. 아침에 일어나면 해결되지 않은 문제가 머릿속에 떠올라 속이 쓰리다. 이러한 좌절은 교통 체증 따위의 작은 일에서부터 폭풍처럼 큰 재앙에까지 나타난다. 자녀와의 하찮은 말다툼이 다른 가족의 저녁 식사를 방해하게 되는 일에서부터 돈에 눈먼 중역이 부도를 내서 직원들을 실직자로 만드는 일에 이르기까지, 온통 좌절할 일 투성이다. 죄가 온 우주를 좌절케 했기에 아무도 여기에서 벗어날 수 없다. 우리들 각자는 과연 삶의 어느 곳에서 허무와 좌절을 경험하는가?

2. 썩어짐의 종 노릇

살아 있는 모든 것은 동시에 죽어가고 있다. 썩어짐의 종노릇하는 우리로서는 이 과정을 바꿀 수가 없다. 우리의 육신 역시 마찬가지다. 태에서 수정된 순간부터 이미 죽음이 시작된 것이다. 이런 예는 얼마든지 있다. 아무리 좋은 차를 새로 뽑아도 결국에는 녹슬고 엔진이 닳을 것이다. 아름다운 꽃들도 결국에는 시든다. 우리의 집도 낡을 것이며 관계도 해체될 것이다. 우리의 영적인 생활 역시 점차 식어질 것이다. 그래서인가, 너무나도 가깝게 느껴졌던 하나님이 지금은 멀게만 느껴진다. 내 속에 영적인 열정을 일으켰던 성경 말씀도 이제는 지루하고 메마르게만 여겨질 따름이다.

하나님의 태초 계획은 생명이 영원토록 지속되는 것이었다. 그러나 죄가 이 세상을 부패하게 했으며 아무도 이로부터 도망칠 수 없다. 과연 우리는 삶의 어떤 영역에서 이러한 현실을 맛보는가?

3. (출산의) 고통을 겪고 있는 것

출산 경험이 있는 사람이라면 결코 이 구절을 건성으로 읽을 수 없을 것이다. 바울의 첫 두 표현은 이 땅에서의 삶이 어떠한지를 잘 설명해 준다. 곧 인생은 허우적거림과 아픔의 연속이다. 출산의 이미지는 이 고통이 언젠가는 그칠 하나의 과정임을 기억하게 한다. 지금은 고통스러울지라도 그날에는 모조리 사라질 것이다. 해산의 고통은 아기가 태어나기 위한 과정이다. 이 비유가 가르치는 것은 고통에는 구속의 목적이 있지만, 고통 자체가 없어지지는 않는다는 점이다. 복음에 담긴 소망을 이해하는 일은 금욕주의나 고통을 부인하는 일과 구별된다. 고통을 최소화시키는 것만이 적절한 대처는 아니다. 바울은 고통이 올 때 놀라지 말라고 분명하게 말한다. 나는 지금 어떤 고통을 겪고 있는가?

바울은 계속해서 비슷한 표현을 사용해 이야기를 잇는다. 좌절, 부패 그리고 고통은 하나님을 제외한 모든 피조세계에 만연한 현상이다. 이 세상의 모든 것들은 죄와 타락의 영향을 받았다. 내가 관계하는 모든 것들, 나를 둘러싼 모든 것들이 하나도 처음 창조된 그대로 기능하지 못하고 있다. 사방이 온통 고장 난 상태다. 어느 곳에서나 이런 현상이 목격된다.

- 자연적으로는 폭풍우, 공해, 자연재해, 포악한 동물들
- 육체적으로는 온갖 질병과 연약함, 노쇠함
- 관계적으로는 갈등과 편 가름, 폭력사태 등
- 기술적으로는 비행기 추락사고, 기차 탈선, 가전기기 고장 등
- 문화적으로는 왜곡된 가치관, 인종차별, 부패한 정부, 비뚤어진 정의 등
- 생업에 있어서는 직장 생활을 힘들게 하는 온갖 요소들

여기에다 성경은 현실의 고통스러운 영역을 추가한다. 그것은 곧 인간의 사악함이다. 죄가 세상에 들어와 단순히 살기가 더욱 고통스러워진 정도가 아니다. 성경은 그보다 더욱 심각한 사태를 경고하는데, 바로 우리의 영적 대적인 사탄이다. 사탄은 타락의 모든 결과물을 자신의 무기로 활용해 우리를 유혹하고 함정을 놓으며 고통 속으로 몰아넣는다. 그는 직접적으로 공격할 뿐 아니라 은밀히 간접적으로, 하나님이 세상과 우리에게 목적하신 바를 이루지 못하도록 훼방한다. 인간의 타락으로 인한 파괴를 하나님이 복구하시는 동안 사탄은 자기 유익을 위해 바로 그 타락을 활용한다. 사탄은 온갖 짜증과 고통을 유발하는 것들을 무기 삼아 우리의 마음을 낙심하게 하며 우리의 믿음을 병들게 한다. 우리의 대적 사탄은 "우는 사자 같이 두루 다니며 삼킬 자를 찾는다"(벧전 5:8). 베드로는 다음 구절에서 고난의 영역에 마귀의 악한 활동을 포함시키며, "세상에 있는 너희 형제들도 동일한 고난을 당하는 줄을 앎이라"(9절)고 말했다.

아침에 일어날 때마다 우리는 깨어진 세상과 마주한다. 그러나 우리가 경험하는 온갖 짜증과 부패와 아픔은 다만 우리가 하나님께 잊히고 버려졌다는 증거가 아니다. 그것은 그저 이 땅에 사는 모든 이들이 겪는 보편적인 경험일 뿐이다. 그렇다면 환경적인 어려움과 마음의 죄악, 그리고 우리의 대적인 사탄을 직면할 때 우리는 과연 어떻게 대처해야 할까?

광야의 교훈들

캠코더를 찍는 사람은 화면에 나오지 않는다. 렌즈 앞의 모든 것은 찍히겠지만, 렌즈 뒤에 있는 사람은 찍히지 않기 때문이다. 바로 이런 식으로 우리는 스스로의 삶을 대할 때가 많다. 즉 자기 삶을 말할 때 정작 자기 이야기는 이상하게도 빠뜨리는 경우가 많다. 예컨대 아이가 학교에서의 일을 부모에게 말할 때에도 자기 자신에 대해서는 거의 언급하지 않는 경우가 그렇다. 부모는 학교의 상황이나 다른 아이들의 행동에 대해서는 많이 들어 알지만 정작 자기 아이에 대해서는 잘 모를 때가 허다하다.

성경은 이와는 매우 다른 방식으로 삶을 본다. 성경은 그 상황 가운데 놓인 사람을 찾고, 그가 하는 일에 주목한다. 성경은 처한 환경을 정확히 보는 것 이상을 우리에게 원한다. 다시 말해 성경은 그 환경 속에서 우리가 어떻게 반응하는지에 집중한다.

성경은 이 진리를 다양한 이미지를 통해 전달한다. 구약성경에 나오는 대표적인 이미지는 '광야'이다. 광야는 혹독한 환경 속에서 버둥거리며 힘들게 살아가는 삶을 보여 준다. 앞서 6장에서 본 출애굽한 이스라엘 백성의 광야 생활이 그 대표적인 예이다. 고린도전서 10장에서 바울은 바로 이 이스라엘 백성의 광야 생활이 우리가 삶 속에서 더위를 만날 때 일반적으로 보이는 반응들을 예시한다고 지적한다. 다시 말해 단순히 세상의 더위와 고통을 인식하는 데 머무르지 말고, 이러한 상황에 어떻게 반응할 것인지 숙고해야 한다는 뜻이다.

그렇다면 이제 민수기에 실린 세 가지 사례와 이에 도움이 되는 경고의 말씀인 신명기의 한 부분을 자세히 살펴보도록 하자.

지겨운 음식의 덫

먼저 이방인 무리가 탐욕을 품고서 다른 음식을 갈구하기 시작했고, 이어서 이스라엘 백성도 "다시 울며 이르되 누가 우리에게 고기를 주어 먹게 하라 우리가 애굽에 있을 때에는 값없이 생선과 오이와 참외와 부추와 파와 마늘들을 먹은 것이 생각나거늘 이제는 우리의 기력이 다하여 이 만나 외에는 보이는 것이 아무 것도 없도다"(민 11:4-6) 하며 탄식했다. 만나는 깟씨와 같고 그 모양은 진주 같았다. 백성이 두루 다니면서 그것을 거두어 맷돌에 갈기도 하고 절구에 찧기도 하고 가마에 삶기도 하며 과자를 만들기도 했는데 그 맛이 꼭 기름 섞은 과자 같았다. 매일 밤마다 이슬이 진에 내릴 때 만나도 그와 함께 내렸다.

모세는 모든 이스라엘 백성이 각기 장막 문에서 우는 소리를 들었다. 이에 여호와의 진노가 심히 컸고 모세 역시 기뻐하지 않았다. 모세가 여호와께 물었다. "어찌하여 주께서 종을 괴롭게 하시나이까 어찌하여 내게 주의 목전에서 은혜를 입게 아니하시고 이 모든 백성을 내게 맡기사 내가 그 짐을 지게 하시나이까 이 모든 백성을 내가 배었나이까 내가 그들을 낳았나이까 어찌 주께서 내게 양육하는 아버지가 젖 먹는 아이를 품듯 그들을 품에 품고 주께서 그들의 열조에게 맹세하신 땅으로 가라 하시나이까 이 모든 백성에게 줄 고기를 내가 어디서 얻으리이까 그들이 나를 향하여 울며 이르되 우리에게 고기를 주어 먹게 하라 하온즉 책임이 심히 중하여 나 혼자는 이 모든 백성을 감당할 수 없나이다 주께서 내게 이같이 행하실진대 구하옵나니 내게 은혜를 베푸사 즉시 나를 죽여 내가 고난 당함을 내가 보지 않게 하옵소서"(11-15절).

모세의 간구에 하나님은 이렇게 응답하셨다. "이스라엘 노인 중에 네가 알기로 백성의 장로와 지도자가 될 만한 자 칠십 명을 모아 내게 데리고 와 회막에 이르러 거기서 너와 함께 서게 하라 내가 강림하여 거기서 너와 말하고 네게 임한 영을 그들에게도 임하게 하리니 그들이 너와 함께 백성의 짐을 담당하고 너 혼자 담당하지 아니하리라 또 백성에게 이르기를 너희의 몸을 거룩히 하여 내일 고기 먹기를 기다리라 너희가 울며 이르기를 누가 우리에게 고기를 주어 먹게 하랴 애굽에 있을 때가 우리에게 좋았다 하는 말이 여호와께 들렸으므로 여호와께서 너희에게 고기를 주어 먹게 하실 것이라 하루나 이틀이나 닷새나 열흘이나 스무 날만 먹을 뿐 아니라 냄새도 싫어하기까지 한 달 동안 먹게 하시리니 이는 너희가 너희 중에 계시는 여호와를 멸시하고 그 앞에서 울며 이르기를 우리가 어찌하여 애굽에서 나왔던가 함이라 하라"(16-20절).

그러나 모세는 의심하며 다음과 같이 되물었다. "나와 함께 있는 이 백성의 보행자가 육십만 명이온데 주의 말씀이 한 달 동안 고기를 주어 먹게 하겠다 하시오니 그들을 위하여 양 떼와 소 떼를 잡은들 족하오며 바다의 모든 고기를 모은들 족하오리이까"(21-22절).

이에 주님이 대답하셨다. "여호와의 손이 짧으냐 네가 이제 내 말이 네게 응하는 여부를 보리라"(23절).

이 본문에서 알게 되는 놀라운 사실은 '시험' 자체는 그렇게 크지 않다는 것이다. 여기서 이스라엘 백성이 맞닥뜨린 시험은 매일 먹는 양식인 만나를 둘러싸고 벌어졌다. 그리고 성경은 시험 자체에 초점을 두지 않는다. 그보다는 사람들이 어떻게 반응했는지에 더욱 관심을 갖는다. 이스라엘 백성은 어떤 반응을 보였는가? 그들은 불평했고 울있으며 과거를 그리워했고 지도자를 원망했을 뿐 아니라 하나님을 거부하고 그분의 계획을 의심하기까지 했다. 우리는 어떠한가? 우리 역시 어려움을 만날 때마다 다음과 같이 반응하지 않는가?

- 이전 생활을 그리워한다.
- 책임을 전가할 누군가를 찾는다.
- 하나님의 선하심과 신실하심, 그분의 사랑과 지혜를 의심한다.

이 반응들을 잘 살펴보라. 무언가가 빠지지 않았는가? 그렇다, 우리 자신이 빠졌다! 우리는 너무나 쉽게 자신을 간과한 채 주어진 상황이나 다른 이들, 심지어는 하나님을 원망한다. 그러나 정작 상황에 대한 우리 자신의 반응이 고통을 가중시켰다는 사실을 잊을 때가 많다.

위협적인 상황에 대한 두려움

"온 회중이 소리를 높여 부르짖으며 백성이 밤새도록 통곡하였더라 이스라엘 자손이 다 모세와 아론을 원망하며 온 회중이 그들에게 이르되 우리가 애굽 땅에서 죽었거나 이 광야에서 죽었으면 좋았을 것을 어찌하여 여호와가 우리를 그 땅으로 인도하여 칼에 쓰러지게 하려 하는가 우리 처자가 사로잡히리니 애굽으로 돌아가는 것이 낫지 아니하랴 이에 서로 말하되 우리가 한 지휘관을 세우고 애굽으로 돌아가자 하매"(민 14:1-4).

이 구절은 상황이 한 단계 더 나아간다. 광야 생활도 감당하기 힘들었는데, 가나안 땅으로의 입성은 더욱더 불가능해 보였다. 민수기 13장이 보여 주듯 이스라엘의 정탐꾼들은 가나안에 잠입해서 그 땅을 차지하려면 어떤 준비가 필요한지를 살폈다. 그런데 자기들이 그토록 오랫동안 고대하던 가나안 땅 앞에도 엄청난 시험이 버티고 있었다! 이스라엘 백성은 겁을 잔

뚝 집어 먹었다. 이들은 약속된 땅의 발치에서 맞닥뜨린 곤경에 우왕좌왕했다. 민수기 14장은 이들이 실신할 정도로 공포에 질린 모습을 기술한다. 그들은 "왜 우리는 애굽을 떠났는가? 왜 주님은 우리를 이곳으로 인도하셨는가? 우리의 아내와 자녀들에게 어떤 일이 생길까? 차라리 애굽으로 돌아가는 것이 낫지 않을까?" 하면서 끊임없이 의문을 품는다. 그들의 모습을 보면서, 우리는 이 같은 상황 속에서 우리 역시 똑같은 반응을 보인다는 사실을 솔직하게 인정하고야 만다.

우리는 다음과 같이 질문한다.

- 어쩌다 이곳까지 오게 되었는가?
- 이러한 상황에서 주님은 어디 계시는가?
- 과연 나에게 무슨 일이 벌어질 것인가?
- 도대체 무엇을 해야 하는가?

이런 질문들에 휩싸인 적이 있는가? 이 질문들은 모두 상황을 더욱 어렵게 만드는 두려움, 의심 그리고 공포심의 정도를 드러낸다.

비난 게임

"첫째 달에 이스라엘 자손 곧 온 회중이 신 광야에 이르러 백성이 가데스에 머물더니 미리암이 거기서 죽으매 거기에 장사되니라 회중이 물이 없으므로 모세와 아론에게로 모여드니라 백성이 모세와 다투어 말하여 이르되 우리 형제들이 여호와 앞에서 죽을 때에 우리도 죽었더라면 좋을 뻔하였도다 너희가 어찌하여 여호와의 회중을 이 광야로 인도하여 우리와 우리 짐승이 다 여기서 죽게 하느냐 너희가 어찌하여 우리를 애굽에서 나오게 하여 이 나쁜 곳으로 인도하였느냐 이 곳에는 파종할 곳이 없고 무화과도 없고 포도도 없고 석류도 없고 마실 물도 없도다"(민 20:1–5).

이스라엘 백성의 광야 생활은 더욱더 악화되었다. 완전히 지친 상황 가운데 죄악된 인간의 보편적인 반응인 원망이 솟아나와 지목할 대상을 찾기 시작했다. 물론 모세가 일차적인 원망의 대상이었지만 그는 이스라엘이 처한 상황에 대한 책임이 없었다. 오직 하나님이 불 기둥과 구름 기둥으로 이곳까지 인도하셨다. 하나님의 인도는 구체적인 목적하에 이루어졌다. 광야 생활은 의심 많은 이스라엘 백성에게 하나님이 그분의 능력을 나타내실 또 다른 기회였다. 그러나 이스라엘 백성은 상황을 그렇게 보지 못했다.

이 구절은 인간의 고통이 얼마나 쉽게 분노로 변하는지 보여 준다. 또한 죄인인 우리가 어려움을 만날 때마다 얼마나 죄악되게 반응하는지 겸손히 인정하라고 권면한다. 짜증난 환자는 간호사에게 소리를 지른다. 아내에게 무시당한다고 느끼는 남편은 어떻게 해서라도 트집을 잡으려 든다. 교통 체증에 갇힌 판매원은 앞차를 향해서 빵빵 댄다. 스트레스를 받은 엄마는 자녀들에게 짜증을 내고 잔소리를 늘어놓는다.

이 구절을 통해 알 수 있듯이, 시련 중에 쏟아내는 분노는 시련보다는 우리 자신에 대해 더 많이 말해 준다. 성경은 항상 우리를 주목한다. 성경은, 자기 자신이 아니라 외부의 환경이 가장 큰 문제라고 생각하며 스스로를 의롭게 여기고 영적 시력을 상실한 우리의 실체를 직시하게 한다. 우리는 흔히 상황이나 장소 혹은 관계가 변하면 나 역시 다르게 반응할 것이라고 목소리를 높인다. 환경의 어려움이 우리가 죄악된 반응을 하게 한다고 주장하는 것이다. 그러나 성경은, 우리의 죄악된 반응은 환경 탓이 아니라고 거듭 강조한다. 그것들은 단지 우리 마음 상태를 말과 행동으로 나타낼 뿐이다.

광야에서 하나님이 하시는 일

"네 하나님 여호와께서 이 사십 년 동안에 네게 광야 길을 걷게 하신 것을 기억하라 이는 너를 낮추시며 너를 시험하사 네 마음이 어떠한지 그 명령을 지키는지 지키지 않는지 알려 하심이라 너를 낮추시며 너를 주리게 하시며 또 너도 알지 못하며 네 조상들도 알지 못하던 만나를 네게 먹이신 것은 사람이 떡으로만 사는 것이 아니요 여호와의 입에서 나오는 모든 말씀으로 사는 줄을 네가 알게 하려 하심이니라 이 사십 년 동안에 네 의복이 해어지지 아니하였고 네 발이 부르트지 아니하였느니라 너는 사람이 그 아들을 징계함 같이 네 하나님 여호와께서 너를 징계하시는 줄 마음에 생각하고 네 하나님 여호와의 명령을 지켜 그의 길을 따라가며 그를 경외할지니라 네 하나님 여호와께서 너를 아름다운 땅에 이르게 하시나니 그 곳은 골짜기든지 산지든지 시내와 분천과 샘이 흐르고 밀과 보리의 소산지요 포도와 무화과와 석류와 감람나무와 꿀의 소산지라 네가 먹을 것에 모자람이 없고 네게 아무 부족함이 없는 땅이며 그 땅의 돌은 철이요 산에서는 동을 캘 것이라 네가 먹어서 배부르고 네 하나님 여호와께서 옥토를 네게 주셨음으로 말미암아 그를 찬송하리라 내가 오늘 네게 명하는 여호와의 명령과 법도와 규례를 지키지 아니하고 네 하나님 여호와를 잊어버리지 않도록 삼갈지어다 네가 먹어서 배부르고 아름다운 집을 짓고 거주하게 되며 또 네 소와 양이 번성하며 네 은금이 증식되며 네 소유가 다 풍부하게 될 때에 네 마음이 교만하여 네 하나님 여호와를 잊어버릴까 염려하노라 여호와는 너를 애굽 땅 종 되었던 집에서 이끌어 내시고"(신 8:2-14).

광야에서의 방황은 모세의 지도력 결핍을 보여 주는 증표가 아니었다. 또한 하나님이 그들을 잊으셨다거나 신실하지 못하시다거나 능력이 없으시다는 증표도 아니었다. 그럼에도 불구하고 이스라엘 백성은 자신들의 상황을 그런 식으로 해석했다. 하나님을 철저하게 의심하고는 실제로 애굽으로 돌아가려고 시도하기까지 했다. 그러나 신명기 8장은 하나님이 모든 시험들에 대해 목적을 가지고 계심을 보여 준다. 각 시험마다 하나님은 다음 세 가지 일, 곧 우리를 가르치시고, 우리를 겸손하게 하시고, 우리를 훈련시키는 일을 하신다. 왜 하나님은 그렇게 하기 원하실까?

첫째, 하나님은 약속된 땅에서 이스라엘 백성이 맞닥뜨릴 축복과 고난이라는 영적 방해물로부터 그들을 준비시키고 계셨다. 그들은 눈앞에 어떤 상황이 벌어지든 하나님의 손이 그들을 붙들고 계신다는 사실을 이해하기 위해 시험을 받을 필요가 있었다. 모든 죄인이 그렇듯 이스라엘 백성 역시 하나님 없이 행하며 만족하는 위험에 빠지기가 매우 쉬웠다.

둘째, 이스라엘 백성은 하나님을 신뢰하고 그분의 계명을 순종하는 데서 그들의 마음이 점차 멀어지고 있음을 알아차렸어야 했다.

셋째, 그들은 자기 힘으로 물리칠 수 없는 적들을 두려워하지 않도록 하나님의 능력을 지속적으로 목격할 필요가 있었다. 시험은 하나님의 성품을 의심하게 만드는 수단이 아니라, 언약을 지키시겠다는 하나님의 사랑의 증표이다. 하나님은 자신이 무슨 일을 하는지 잘 아신다. 하나님의 눈은 그 자녀들을 보고 계시며 그 귀는 그들의 부르짖음을 향해 열려 있다. 그러나 하나님은 그분의 자녀들이 앞으로 맞닥뜨릴 도전에 직면하는 데 필요한 것들을 주고자 시험을 허락하신다.

이스라엘 백성의 문제는 시험 자체가 아니라 시험에 대처한 방식이었다. 곧 그 마음의 생각과 욕구들이 화근이었다. 이들은 시험을 잘못 해석함으로써 그것을 하나님의 선하심을 증명하는 도구가 아니라 오히려 의심하는 도구로 만들었다. 또한 약속의 땅에서 앞으로 닥쳐 올 시험을 준비하며 영적으로 무장하기보다는 당장의 편안과 안락을 선호했다.

이런 점에서 이스라엘 백성은 우리 자신과 매우 흡사하다. 스스로를 겸손하고 정직하게 판단할 줄 안다면 이들의 반응이 자기 자신과 매우 유사하다는 사실을 인정할 것이다. 시험의 순간에 우리는 바로 그와 같은 반응을 보인다. 짜증을 내고 화를 내면서 원망할 사람을 찾기에 바쁘다. 그뿐 아니라 그렇게나 사랑한다고 고백한 하나님의 선하심을 의심하기도 한다. 바울은 고린도전서 10장에서 우리가 그와 같은 의심의 죄에 빠지지 않도록 경고하고자 이 글을 쓴다고 적고 있다.

우리는 아직도 광야에 있다

이 땅에서의 삶은 광야 생활과 같다. 미처 예상하지 못한 어려움뿐 아니라 축복들마저 날마다 우리를 쓰러뜨린다. 그 가운데 하나님은 우리의 마음을 드러내시고 변화시키시며 성숙하게 하신다. 하나님은 우리에게 하신 약속들을 잊지 않으신다. 또한 우리가 스스로의 능력과 지혜의 한계 속에 갇혀 있도록 방치하지도 않으신다. 놀라우면서도 때로 이해하기 힘든 사실은, 하나님이 우리의 더위 가운데 함께 계신다는 것이다. 하나님은 우리가 의심을 그치고 자기를 점검하기 원하신다. 하나님의 선하심과 은혜 그리고 사랑을 의심한 적이 있는가? 혹여 애굽으로 다시 돌아가고픈 생각에 빠진 적이 있는가? 언제 성경공부와 예배를 게을리하게 되는가? 분노와 시기, 실망 그리고 원망에 사로잡히는 때가 있는가?

스스로의 삶을 돌아보면서 시험에 쉽게 빠지게 되는 상황이나 관계를 떠올려 보라. 그것들과 씨름할 때 하나님과 다른 사람들과 자기 자신에 대해 어떤 생각을 하게 되는가? 무엇을 얻고자 하는가? 그 상황과 그 사람들과 하나님에 대해 어떻게 반응하는가? 신경을 긁는 상황에 대한 스스로의 반응을 생각할 때 자신에 대해 어떤 점을 배울 수 있는가?

나를 쓰러뜨리는 가장 강력한 상대는 무엇인가?

- 인간관계 문제
- 직장에서의 어려움
- 결혼 생활에 대한 실망
- 교회 문제
- 친척들과의 관계
- 건강 문제
- 부모 역할에 따른 스트레스
- 너무나 바쁜 일과
- 세속 문화의 압박
- 금전적인 문제에 따른 스트레스
- 나를 향한 타인의 기대
- 승진의 유혹

- 풍요의 유혹
- 사역의 어려움

하나님은 우리의 더위를 방관하지 않으신다. 시편 46편 1절이 말하듯 하나님은 환난 중에 만날 큰 도움이시다. 어려움을 당한다고 해서 하나님의 사랑과 돌보심의 범위 밖에 있는 것이 아니다. 단지 하나님은 우리를 예상치 못한 곳으로 데리고 가셔서 스스로 할 수 없는 것들을 이룰 수 있도록 계획하신다. 우리는 그분의 사랑 안에 안식하면서 우리의 반응 뒤에 어떤 마음이 숨겨졌는지 배울 것이다. 우리를 부르신 그 믿음과 소망과 사랑 안에서 자라나도록 말이다. 어려움이 계속 찾아오는 이유는 우리가 이 타락한 세상에서 변화를 필요로 하는 존재로서 살아가기 때문이다. 그러나 이러한 현실에서도 하나님의 은혜는 언제나 풍성히 흘러넘친다.

How people change

chapter 9

무엇이 그렇게 반응하게 하는가?
_가시1: 우리를 얽어매는 것

● 한숙자 옮김

아내는 6시에 나를 데리러 오기로 되어 있었다. 6시 15분까지 기다리다 전화를 걸었더니, 아내는 5분 안에 가겠다고 장담했다. 하지만 아내는 6시 30분에 도착했다. 나는 몹시 화가 났다. 도대체 아내는 내가 열두 시간이나 일하느라 너무 피곤하다는 사실을 모른단 말인가? 짐작하기로는 아내 역시 제시간에 나를 데리러 오기에는 너무 늦게 출발했음을 아는 듯했다. 집으로 오는 동안 아내는 이런저런 말을 붙였지만 나는 조금도 이야기하고 싶지 않았다. 나는 아내가 나를 화나게 했다는 사실을 알아차리길 원했다.

다행스럽게도, 이런 기분은 단지 몇 분 동안만 지속됐다. 나는 곧 마음을 다스렸고 모든 일은 이제 다 괜찮아졌다. 그런데 바로 이 순간의 어리석은 싸움이 죄인인 우리의 투쟁에 관한 중요한 사실을 설명한다. 곧 우리 존재는 그리스도께서 우리를 위해 죽으시고 우리 안에 거하심으로써 변화된다는 사실이다. 비록 이 세상을 타오르는 더위 속에서 산다고 해도 우리는 그리스도 안에서 새로운 피조물이다!

그리고 우리는 하나님의 자녀로서 선사받은 이 모든 놀라운 일들을 순식간에 쉽게 잊어버린다. 우리를 더 이상 지배해서는 안 되는 생각과 감정과 욕망에 길을 내주기란 너무도 쉽고, 그리스도의 은혜가 아닌 우리 자신의 문제로 스스로를 정의내리기란 더 쉽다. 바로 이런 점 때문에, 예수님으로 인해 우리가 갖게 되는 새로운 성품의 특성과 행동 패턴을 기억하는 것이 매우 중요하다. 우리는 이미 새로운 마음을 소유했다. 우리는 그분의 은혜로 급진적으로 변화되었고, 날마다 점점 더 회복되고 있다. 바로 이것이 지금 우리 삶 가운데 하나님이 하시는 일의 초점이다.

이런 현실을 바르게 찬양하는 유일한 방법은 겸손하게 이렇게 묻는 것이다. "하나님, 제가 앞으로 변화되어야 할 것은 무엇입니까? 주님께서 자녀들에게 약속하신 자질 중에 제 마음에서 아직 활동하지 않는 것은 무엇입니까? 제가 주님에 대해 무엇을 더 알기 원하십니까?" 아내가 나를 조금 늦게 데리러 왔던 일에서 비롯된 싸움은 이러한 질문들의 중요성을 설명하고 있다. 나 자신의 삶 속에는 하나님의 은혜의 증거가 있다. 이것이 곧 나로 하여금 잘못된 태도를 뉘우치게 한 원인이었다. 하지만 분노와의 투쟁이 선행되었다는 점이 보여 주듯, 나는 여전히 성장할 필요가 있다. 이런 사실은 우리로 하여금 그림 6.1의 가시나무를 바라보게 한다(171쪽을 보라).

가시나무는, 죄인인 우리로서는 여러 환경과 상황에 죄로 반응하기 마련이라는 사실을 보여 준다. 우리는 수시로 진실을 왜곡한다. 공수표를 날리며 거짓말로 그럴싸하게 포장한다. 우리는 또한 분노와 비참함을 숨긴다. "나는 그녀를 위해 최선을 다했는데 그녀가 내게 이러다니, 믿을 수 없어!" 우리는 비난의 책임을 다른 사람에게 돌린다. "나는 그러려고 했지만 그가 하지 말라고 했어." 원하는 것을 얻기 위해 다른 사람들을 조정한다. "당신이야말로 이 일에 가장 적합한 사람입니다." 우리는 아주 공격적이거나 다른 이를 평가하는 식으로 대화를 이끈다. "나라면 절대 그러지 않았을 텐데 당신이 그렇게나 바보 같다니, 정말이지 믿을 수가 없어!" 우리는 분주함과 물질 혹은 소유욕으로 무심해진다. "어젯밤 일에 관해 당신과 이야기하고 싶지만, 제가 지금 너무 바빠서요." 우리는 자신의 행동이나 다른 사람에게서 정체성을 찾으려 한다. "우리 교회에 나보다 더 봉사에 헌신하는 사람은 없어." 우리는 육욕에 빠지고, 스스로 복수심을 키운다. "내가 상처받은 만큼 그녀에게 돌려줄 거야." 우리는 방어적이고 자기 보호적이 된다. "그 일은 더 이상 이야기하지 않겠어!" 우리는 아무렇지 않게 이기적으로 행동한다. "그녀가 뭘 원하든 상관없어! 오로지 나를 위한 하루 저녁이 필요해." 우리는 다른 이들에 대해 불친절하게 이야기하고, 그들이 가진 것을 시기한다. 우리는 권력을 공고히 하거나 지배권을 가지려고 애쓴다. 우리는 침묵이나 거절로써 서로를 저주한다. 이 목록은 끝없이 열거될 수 있다.

위의 목록에서 자신의 모습을 발견하는가? 자신의 삶 속에서 이러한 행동 패턴과 경향들이 보이는가? 당신은 열매 맺는 나무와 가시나무 중 어디에 더 가까운가? 우리 중 어느 누구도 예수 그리스도의 형상으로 완전히 회복되지 않았다. 우리 삶 속에는 이 모든 가시들이 그림자를 드리우고 있기 때문이다. 다만 가시나무와 열매 맺는 나무를 비교하면서 우리 각자의 성장과 변화를 위해 우리를 부르시는 하나님만의 특별한 방식을 이해할 수 있다. 다시 말해 가시나무를 맞닥뜨린 것은 열매 맺는 나무로 우리를 바꾸시려는 하나님의 주요한 방법 중 하나이다.

불만족하게 하시는 하나님

존의 문제는 그가 단순히 너무 만족한 데서 비롯되었다. 그는 하나님과의 관계에서 어떤 안정기에 도달했다. 그는 강한 믿음을 가지고 자신의 교회에 깊이 참여하고 있었다. 그러나 그의 삶에는 여전히 가시가 도사리고 있었다. 예컨대 존은 다혈질이었다. 그는 교통 체증에 불같이 화를 냈으며 아내와 청소를 할 때도 아내에게 몹시 성질을 부렸다. 뿐만 아니라 자녀의 운동회와 같은 공식적인 자리에서도 자신의 분노를 거의 조절하지 못할 정도였다. 존은 또한 빚과도 씨름했다. 그는 언제나 새로운 연장이나 스마트 기기에 관심이 많았다. 그는 최신 모델의 사치스런 자동차를 몰고 다녔고, 그의 재정 상태로는 감당하기 어려운 좋은 집에서 살았다. 몇 번의 월급 인상과 합당한 예산에도 불구하고 존의 물질주의는 그를 계속해서 빚더미로 몰아넣었다. 아내 맥과의 관계도 문제였다. 서로를 섬기는 사랑과 부드러움, 화합 대신 군대식의 긴장감이 그들의 결혼 생활에 감돌았다. 그렇게 많이 싸우는 편은 아니었지만, 낮에는 따로 생활하다가 같은 침대에서 잠만 자는 식으로 살았다. 존과 친밀감을 느끼지 못하는 맥은 늘 친구들을 불러 모았고, 그들과 더불어 기쁨과 슬픔을 나누며 마음을 풀었다.

교회 안에는 존과 같은 사람들이 많다. 하나님을 알기는 하지만 삶의 변화가 명백히 필요한 사람들 말이다. 그들은 인격적인 성숙에 대한 증거나 절박감 없이 기독교 공동체 안에서 그저 살아간다. 그리스도인으로서 너무 쉽게 만족해 버린다. 그러나 하나님은 너무 쉽게 만족하지 말라고 하신다. 우리는 만족하지도 말고, 멈추지도 말고, 배고파야 한다!

그리스도인의 삶은 감사가 넘치는 불만족 상태 혹은 기쁨이 넘치는 불만족 상태여야 한다. 다시 말해 우리는 삶을 변화시키는 하나님의 은혜에 매일 감사를 드리되, 아직 만족해서는 안 된다. 왜일까? 자신을 정직하게 직시한다면 그리스도 안에 있는 내가 나의 전부는 아님을 인정할 수밖에 없기 때문이다. 나는 하나님의 은혜 덕분에 누리는 많은 것들에 감사를 드린다. 그러나 그분의 기업을 완전히 상속받을 때까지 만족하지 않을 것이다.

바로 이런 점에서, 만족하지 못하는 것이 옳다. 그리스도 안에서 내 소유가 된 것을 모두 원하는 것이 옳다. 주님은 우리가 그분께 풍부히 받고도 아주 일부분만 즐거워하기를 원치 않으신다. 예수님은 우리가 그리스도를 닮기까지 씨름하고, 묵상하고, 주시하고, 탐색하고, 싸우고, 달리고, 인내하고, 고백하고, 저항하고, 순종하고, 따르고, 기도하기를 원하신다.

자기 탐색과 기쁨 가운데 만족하지 않는 삶을 혼란스러운 자아 비판적인 삶과 혼동하지 말아야 한다. 하나님은 우리가 자기혐오에 빠지기를 원치 않으신다. 하나님은 우리가 예수 안에서 새로운 피조물이라는 소망을 가지고 스스로의 삶을 기꺼이 탐색하기 원하신다. 그 소망은 용서에 대한 약속뿐 아니라, 개인의 구속과 회복에 대한 약속에 근거한다. 나를 용서하신 바로 그 은혜가 또한 나를 급진적으로 변화시킨다. 그 변화가 완전히 이루어질 때까지 나는 만족하지 말아야 한다. 히브리서 말씀이 이를 이해하는 데 도움을 줄 것이다.

"그러므로 우리에게 큰 대제사장이 계시니 승천하신 이 곧 하나님의 아들 예수시라 우리가 믿는 도리를 굳게 잡을지어다 우리에게 있는 대제사장은 우리의 연약함을 동정하지 못하실 이가 아니요 모든 일에 우리와 똑같이 시험을 받으신 이로되 죄는 없으시니라 그러므로 우리는 긍휼하심을 받고 때를 따라 돕는 은혜를 얻기 위하여 은혜의 보좌 앞에 담대히 나아갈 것이니라 대제사장마다 사람 가운데서 택한 자이므로 하나님께 속한 일에 사람을 위하여 예물과 속죄하는 제사를 드리게 하나니 그가 무식하고 미혹된 자를 능히 용납할 수 있는 것은 자기도 연약에 휩싸여 있음이라 그러므로 백성을 위하여 속죄제를 드림과 같이 또한 자신을 위하여도 드리는 것이 마땅하니라 이 존귀는 아무도 스스로 취하지 못하고 오직 아론과 같이 하나님의 부르심을 받은 자라야 할 것이니라 또한 이와 같이 그리스도께서 대제사장 되심도 스스로 영광을 취하심이 아니요 오직 말씀하신 이가 그에게 이르시되 너는 내 아들이니 내가 오늘 너를 낳았다 하셨고 또한 이와 같이 다른 데서 말씀하시되 네가 영원히 멜기세덱의 반차를 따르는 제사장이라 하셨으니 그는 육체에 계실 때에 자기를 죽음에서 능히 구원하실 이에게 심한 통곡과 눈물로 간구와 소원을 올렸고 그의 경건하심으로 말미암아 들으심을 얻었느니라 그가 아들이시면서도 받으신 고난으로 순종함을 배워서 온전하게 되셨은즉 자기에게 순종하는 모든 자에게 영원한 구원의 근원이 되시고 하나님께 멜기세덱의 반차를 따른 대제사장이라 칭하심을 받으셨느니라"(히 4:14-5:10).

우리가 삶에서 치명적인 영적 싸움을 맞닥뜨리고, 자신에게서 변화되어야 할 부분을 발견했을 때 무엇이 우리의 소망이 되는가? 히브리서 저자는 다음 여섯 가지를 지적한다.

1. 하나님은 나의 투쟁에 놀라지 않으신다.

하나님은 이미 문제 전체를 아신다. 하나님은 절대로 놀라거나 방심하지 않으신다. 이것이 곧 하나님께서 그 아들 예수님을 이 땅에 보내신 이유다.

2. 성경은 우리 같은 사람들을 위한 책이다.

히브리서 저자는 그리스도께서 "모든 일에 우리와 똑같이 시험을 받으셨다"(15절)고 말한다. 이 말씀은 이와 비슷한 믿음과 성품의 싸움을 치르는 모든 평범한 사람들을 위한 것이다.

3. 그리스도께서 나의 투쟁 가운데 함께하신다.

예수님은 내가 받은 유혹을 모두 경험하셨고, 그 유혹들을 대면하는 일이 어떠한지 아신다.

4. 그리스도께서 분명 도와주신다.

나는 투쟁할 때 혼자가 아니라고 확신할 수 있다. 예수님이 나의 필요에 자비와 은혜로 응답하신다.

5. 그리스도께서 나를 위해 아버지께 간구하신다.

막강한 변호자 한 분이 언제나 내 곁에서 함께하신다. 내가 모든 유혹으로부터 완전하게 해방될 때까지 예수님은 내 편에서 하나님 아버지께 간청하신다.

6. 나는 확신을 가지고 하나님께 나아갈 수 있다.

내가 스스로를 정결하게 하거나 나의 투쟁을 축소할 필요가 없다. 나는 있는 모습 그대로 나아가 내게 필요한 것들을 받을 수 있다. 나는 모든 투쟁 가운데 주님께로부터 도망칠 필요가 없다. 오직 그분만이 주실 수 있는 것을 받기 위해 나는 그분께 달려갈 수 있다.

진정한 소망은 나의 성과나 나의 성숙이나 나의 신학 지식이나 나 자신의 완벽에 근거하지 않는다. 나의 성품이나 나의 명성이나 나의 사역적인 성공에도 근거하지 않는다. 나의 소망은 오직 그리스도이시다! 예수님만이 긍휼과 연민으로 나를 바라보시며 나와 더불어 영원히 함께하신다. 예수님은 그분의 일을 끝마치실 때까지 나를 점진적으로 변화시키실 것이다. 이것이 바로 우리가 삶 가운데 가시를 인내하며 헤쳐 나가도록 돕는 소망이다.

이교도처럼 행하지 말라

에베소서 4장 17절부터 6장 18절은 하나님을 신뢰하기에 멈추지 않는 것, 그리고 기쁨 넘치는 불만족에 대한 구절이다. 이 본문은 그리스도의 사랑을 기뻐 찬양하는 것(엡 3:14-19), 성령님을 통해 우리에게 부으시는 하나님의 권능의 실제(엡 3:20-21), 그리스도께서 세우신 교회와 그분의 교회에 주신 선물(엡 4:11-16) 등에 기초해 옛 삶의 방식과 새로운 삶의 방식을 대조하고 있다. 우리는 이 놀라운 선물을 어떻게 찬양할 수 있을까? 자기를 점검하며 인격적인 변화를 결단하는 삶에 헌신함으로 찬양한다. 바로 이 점에 대해 에베소서 4장은 이렇게 말한다.

"그러므로 내가 이것을 말하며 주 안에서 증언하노니 이제부터 너희는 이방인이 그 마음의 허망한 것으로 행함 같이 행하지 말라 그들의 총명이 어두워지고 그들 가운데 있는 무지함과 그들의 마음이 굳어짐으로 말미암아 하나님의 생명에서 떠나 있도다 그들이 감각 없는 자가 되어 자신을 방탕에 방임하여 모든 더러운 것을 욕심으로 행하되 오직 너희는 그리스도를 그같이 배우지 아니하였느니라 진리가 예수 안에 있는 것 같이 너희가 참으로 그에게서 듣고 또한 그 안에서 가르침을 받았을진대 너희는 유혹의 욕심을 따라 썩어져 가는 구습을 따르는 옛 사람을 벗어 버리고 오직 너희의 심령이 새롭게 되어 하나님을 따라 의와 진리의 거룩함으로 지으심을 받은 새 사람을 입으라 그런즉 거짓을 버리고 각각 그 이웃과 더불어 참된 것을 말하라 이는 우리가 서로 지체가 됨이라 분을 내어도 죄를 짓지 말며 해가 지도록 분을 품지 말고 마귀에게 틈을 주지 말라 도둑질하는 자는 다시 도둑질하지 말고 돌이켜 가난한 자에게 구제할 수 있도록 자기 손으로 수고하여 선한 일을 하라 무릇 더러운 말은 너희 입 밖에도 내지 말고 오직 덕을 세우는 데 소용되는 대로 선한 말을 하여 듣는 자들에게 은혜를 끼치게 하라 하나님의 성령을 근심하게 하지 말라 그 안에서 너희가 구원의 날까지 인치심을 받았느니라 너희는 모든 악독과 노함과 분냄과 떠드는 것과 비방하는 것을 모든 악의와 함께 버리고 서로 친절하게 하며 불쌍히 여기며 서로 용서하기를 하나님이 그리스도 안에서 너희를 용서하심과 같이 하라."

17절부터 24절 말씀에서 바울은 구습을 좇는 사람과 새 사람을 대비시킨다. 이방인과 같은 삶의 방식(낡고 고루함, 가시나무)은 잘못된 사고(17절), 잘못된 욕구(19절)에 근거한 생활에서 비롯된 잘못된 반응의 결과이다. 삶의 잘못된 반응들에 관한 다음 목록을 주의 깊게 살펴보라. 모든 더러운 것을 욕심으로 행하는 일(19절), 거짓(25절), 파괴적인 분노(26절), 도둑질(28절), 더러운 말(29절), 싸움, 살해 그리고 용서 없는 영혼(31-32절). 이것들은 우리로 그리스도께서 우리에게 주신 놀라운 것들을 찬양하지 못하게 하고, 죄에 만족하며 살게 한다.

불순한 생각들에 시달릴 때 우리는 여전히 이런 반응들이 있음을 발견한다. 우리는 부담감에 진실을 외면하며 세금을 속이거나 사무용품을 '빌린다.' 우리는 친구, 부모, 배우자, 자녀에게 화를 내고 우리 삶에 너무도 많은 갈등을 허용한다. 소문을 퍼뜨리며 다른 사람의 평판을 깎아 내리고, 스스로에게 자주 필요한 바로 그 용서를 다른 사람에게는 베풀지 않는다. 우리는 모두 이렇게 물을 필요가 있다. "내 삶에서 이방인의 옛 방식(가시나무)이 여전히 나타나는 부분은 어디인가?"

20절과 24절 말씀에서 바울은 이방인의 옛 방식(가시나무)과 그리스도를 아는 새 방식(열매 맺는 나무)을 서로 비교한다. 새로운 사고방식(20-22절)과 새로운 욕구(22-24절)에 근거한 새로운 삶의 방식은 결과적으로 새로운 반응을 가져온다. 곧 참된 것을 말하고(25절), 분을 내어도 죄를 짓지 않고(26-27절), 베풀고 살며(28절), 서로를 친절하고 긍휼히 여기며 서로 용서하는 관계(32절) 등이 그것이다. 자기 자신을 찬찬히 살펴본다면, 자기 삶에서 좋은 열매를 맺는 반응들을 찾을 수 있을 것이다. 그런데 우리는 이를 결코 당연히 여겨서는 안 된다. 이것은 그리스도께서 임재하신다는 확실한 표시이다. 하나님이 나를 변화시키셨다! 나는 더 이상 이전의 내가 아니다. 그러나 변화의 과정은 계속 진행 중이다. 우리는 새로운 성장과 변화에 더욱더 몰입할 필요가 있다.

우리의 변화된 마음은 신실한 새로운 반응을 열매로 맺는다. 바울은 우리가 겪는 모든 상황에서 변화가 있으리라고 말한다(엡 5-6장). 곧 매일의 관계(엡 5:3-7), 세상과의 소통(8-14절), 교회 생활(15-21절), 결혼 생활(22-33절), 양육(엡 6:2-4), 직장 생활(5-9절)에서 변화가 일어난다. 요컨대 삶의 모든 영역에서 변화되는 것이다!

결론적으로, 바울은 이 모든 변화가 결국 영적 전쟁에 관한 것이라고 상기시킨다.

"끝으로 너희가 주 안에서와 그 힘의 능력으로 강건하여지고 마귀의 간계를 능히 대적하기 위하여 하나님의 전신 갑주를 입으라 우리의 씨름은 혈과 육을 상대하는 것이 아니요 통치자들과 권세들과 이 어둠의 세상 주관자들과 하늘에 있는 악의 영들을 상대함이라 그러므로 하나님의 전신 갑주를 취하라 이는 악한 날에 너희가 능히 대적하고 모든 일을 행한 후에 서기 위함이라 그런즉 서서 진리로 너희 허리 띠를 띠고 의의 호심경을 붙이고 평안의 복음이 준비한 것으로 신을 신고 모든 것 위에 믿음의 방패를 가지고 이로써 능히 악한 자의 모든 불화살을 소멸하고 구원의 투구와 성령의 검 곧 하나님의 말씀을 가지라 모든 기도와 간구를 하되 항상 성령 안에서 기도하고 이를 위하여 깨어 구하기를 항상 힘쓰며 여러 성도를 위하여 구하라"(엡 6:10-18).

우리는 자주 '영적 전쟁'이라는 단어에서 '귀신 들림'이나 '귀신 쫓기' 같은 이미지를 떠올린다. 그러나 바울은 이 용어의 의미를 우리에게 바르게 알려 준다. 영적 전쟁은 어디서 일어나는가? 곧 삶의 모든 일상적인 상황과 관계 안에서 일어난다. 가장 큰 전쟁은 국가 간 혹은 사람 간에 일어나는 전쟁이 아니다. 가장 혹독한 전쟁은 바로 우리 마음에서 일어나는 전쟁이다. 그러나 그리스도께서는 그분의 삶과 죽음, 부활을 통해 이 전쟁에서 이미 승리하셨다. 나는 이제 그 승리를 내 마음과 삶에 적용할 권리가 있다. 나는 더 이상 숨을 필요가 없다. 나를 위한 소망과 도움이 있음을 믿으며 나의 필요를 고백하기만 하면 된다.

그리스도인의 삶은 그야말로 전쟁 중이다. 우리는 평상시의 사고방식을 가지고 안락함이나 휴양, 영적 휴식을 추구하며 살 수 없다. 우리 중 누구도 목표에 도달하지 못했다. 우리는 그리스도 안에서 소망을 갖고 오늘보다 나은 내일을 믿으며 싸우고, 경계하고, 기도해야 한다.

자신을 살피라

기쁨이 넘치는 불만족한 생활 방식은 우리 자신을 열매 맺는 나무와 가시나무의 개념으로 바라보게 한다(171쪽 그림 6.1을 보라). 우선 다음의 질문에 답해 보자.

- 나의 가시들은 무엇인가? (불평, 게으름, 분노, 시기, 비탄, 회피, 자존심, 무관심, 거친 말들, 비난, 비판하는 정신, 탐욕, 자기 통제의 부족 등)
- 나의 행동과 반응은 어떤 점에서 믿음의 열매를 보여 주지 못하는가?
- 최근의 상황이나 다른 사람과의 관계에서 나는 어떻게 죄의 영향을 받은 반응을 했는가?
- 나의 반응들의 결과를 어디에서 경험하고 있는가?
- 나는 어떤 부분에서 노력을 기울이지 않는가?
- 나는 언제 화를 내거나 시기하는가?
- 나는 하나님이 말씀하시는 선한 일을 어느 부분에서 멈췄는가?
- 나는 누구에게 불친절하게 말했는가?
- 나는 언제 어디서 다른 사람들을 비난했는가?
- 나는 언제 하나님을 책망했는가?
- 나의 감정을 건강하지 못한 방식들로 해소하고 있지는 않는가? (과식, 과소비, 과로, 과도한 텔레비전 시청, 과한 독서, 외모, 집, 자동차 등에 대한 지나친 집착 등)

하나님은 겸손한 자세로 스스로를 아주 자세히 훑어보라고 명하신다. 하나님은 우리에게 자기 삶의 가시에 대한 책임을 인식하며 용서, 회복, 지혜, 힘, 구원 그리고 능력과 같은 복음의 약속들을 믿고 행하라고 명하신다. 열매 맺는 나무를 얻는 일은 항상 여기서부터 출발한다. 건강하고 아름다운 정원을 가꾸는 첫 단계는 잡초를 제거하는 일이다.

가시나무 반응

주위를 둘러보면 방해나 유혹, 고난이나 어려움에 모든 사람이 동일하게 반응하지 않는다는 사실을 알게 된다. 마찬가지로 우리는 은혜, 풍요, 성공에 대해서도 동일하게 반응하지 않는다. 우리의 반응은 상황에 의해 결정되는 것이 아니라, 그러한 상황에 대한 각자의 생각과 욕구에 의해 정해지기 때문이다. 그렇지만 사람들이 삶에 반응하는 몇 가지 전형적인 방식들을 살펴보는 일은 여전히 도움이 된다. 자신에게서도 보이는 가시나무 반응이 있는지 다음을 살펴보라.

1. 부정하고, 회피하고, 도망간다

우리는 상황이 나쁠 때도 일이 잘 돌아가는 척하고는 한다. 사실은 별로 괜찮지 않는데 나는 괜찮다고 속이기도 한다. 괴로움에서 도망칠 방법을 찾으며 약물, 술, 사람, 봉사 활동, 취미 생활, 일, 텔레비전, 과소비, 과식 등에 빠진다. 이렇게 우리는 현실을 직시하기를 거절하고, 우리의 반응이 드러내는 우리 마음의 진정한 갈망을 보는 데 실패한다.

앤디는 네 자녀를 양육해야 하는 부담감에 압도당했다. 겉으로는 행복한 기독교 가정의 모습을 유지하고 있지만, 그는 가정에서의 책임감에 허덕이는 자기 자신을 재차 발견한다. 직장은 점점 그의 피난처가 되었다. 얼마 전

개인사업을 시작한 이후로는 일을 핑계로 스스로를 정당화하면서, 이른 아침에 집을 나가 늦은 밤까지 사업장에 머물면서 가정에 대한 압박감을 피하고 있다.

2. 문제를 확대 해석하고, 확장하고, 최악을 상상한다

우리는 어떤 고통스러운 순간으로 자신의 삶을 정의하려고 시도한다. "세상에 선이나 진리는 없다. 인생에는 살 만한 어떤 가치나 미덕이 전혀 없다." 우리는 고난이라는 렌즈로 이 세상을 바라보며 오직 고통과 상실과 결핍에만 집중한다. 그리고 자신과 같은 일을 겪은 사람은 아무도 없다고 확신한다. 우리 시야에서 고난이 점점 더 커지면 커질수록 우리가 매일 누리는 축복을 보지 못하게 된다.

리사는 많은 감사제목을 가지고 있지만, 자신의 인생은 늘 산 넘어 산이라고 생각한다. 사실 리사가 인생에서 눈에 띌 만한 고난을 겪은 것은 아니다. 그러나 그녀는 자신의 삶이 축복보다는 고통으로 가득 찼다고 확신한다. 그리고 이 부정적인 세계관을 통해 모든 새로운 경험을 해석한다.

3. 날카로워지고 과민해진다

고통스러운 시기를 통과할 때는 있지도 않은 고난을 보기가 쉽다. 분노와 비참함에 잠겨 우리 마음이 보다 예민하고 날카롭게 반응하도록 둔다. "나는 상처를 받을 만큼 받았어. 다시는 상처받지 않을 거야." 하나님을 피난처로 삼지 않을 때 우리는 심히 불안해져서 내게 무례하게 대하고 나를 학대하는 사람은 없는지 주변을 샅샅이 살핀다. 주변을 항상 경계하며 방어적이고 자기 보호적으로 살게 된다.

조안은 혹시라도 자신이 존중받지 못할까 봐 항상 전전긍긍한다. 그런데 최근 조안의 상사가 그녀만 빼놓고 부서에 있는 모든 여직원들에게 점심 식사를 하러 가자고 청했다. 조안은 상처를 받고 공개적으로 무시된 것에 분노했다. 그런데 바로 다음날, 상사와 대면한 조안은 그녀가 초대받지 못한 이유를 알게 되었다. 그 상사는 조안의 성과에는 만족했지만, 나머지 직원들에 대해서는 만족하지 못했고, 그래서 그들과의 면담 시간이 따로 필요했던 것이다.

4. 악에는 악으로 갚는다

우리는 악의와 통제와 자기 연민과 공포와 자기 의와 우울과 분노와 시기와 복수심에 휩싸인다. 우리는 누가 우리에게 어떤 식으로 나쁘게 굴었는지, 그리고 이에 대해 어떻게 복수할지 곰곰이 생각한다. 그러나 악을 악으로 갚는 일은 문제를 복잡하게 몰고 갈 뿐이다. 그런 식으로 우리는 다른 사람과의 관계, 무엇보다 하나님과의 관계를 손상시킨다.

빌은 아내가 바람핀 일에 대해 말하며 이렇게 단언했다. "내가 아내에게 상처받은 만큼 그녀도 상처를 받아야 해." 빌은 자신의 생각이 아내에 대한 자신의 반응을 만든다는 것을 깨닫지 못한다. 지금 그들의 결혼 생활을 괴롭게 만드는 끊임없는 비난과 불협화음은 실로 복수의 한 형태이다.

5. 침체되고, 마비되고, 사로잡힌다

우리는 고난 앞에서 포기한다. 성도와의 교제도 성경 읽기도 기도도 모두 그만둔다. 당연히 예배 출석률도 떨어지고, 교회 사역도 중단한다. 그렇게 하나님을 떠나 더 큰 유혹에 자신을 노출시킨다.

그 예로는 시편 73편에 실린 아삽의 노래가 가장 적절하다. "내가 내 마음을 깨끗하게 하며 내 손을 씻어 무죄하다 한 것이 실로 헛되도다"(13절). 이 말은 곧 "하나님, 그동안 당신께 순종해 왔습니다. 그런데 정녕 이것이 제가 얻은 전부란 말입니까?"라며 되묻는 것이다. 때때로 주위를 둘러보면 나쁜 사람들이 승리하는 것만 같다. 계속 이렇게 사는 게 그럴 만한 가치가 있는지 모르겠다. 우리가 직면한 상황에서 벗어날 수 없을 것 같을 때 우리는 사고가 딱 굳어버리기도 한다.

6. 자기 변호, 자기 의를 내세운다

우리는 아주 교묘하게 자신을 죄인으로 보기를 그만두고, 나의 죄를 다른 사람에게 돌리고 비난한다. 자기 자신의 죄악된 마음을 보지 못할 때 우리는 참을성이 없어지고 다른 사람을 정죄하고 자신의 실패에 대해 다른 사람들을 비난한다.

톰은 냉정하고 쌀쌀맞은 아버지 때문에 성장 과정 내내 힘겨웠다. 그러나 그의 삶을 더 힘겹게 만든 것은 그 자신의 분노와 반항심이었다. 이대로라면 그는 고등학교도 채 마치지 못할 것이다. 그는 벌써 운전면허도 취소당했다. 그러나 톰은 자신의 모든 실패를 그의 아버지에게 돌리며 지금으로도 충분히 힘겨운 삶을 더욱 힘들게 만들고 있다.

이 사실을 인정하는 것이 중요하다. 우리 모두는 어느 정도 이런 식으로 반응하며 산다. 단 한순간이라도 말이다. 성경의 빛으로 우리 자신을 점검한다면, 그래서 어딘가에서 자라고 있을지 모를 가시들을 발견한다면, 우리는 그리스도 안에서 성장하게 될 것이다. 우리 삶 속에 존재하는 모든 가시를 위해 풍성한 은혜가 있다. 바로 그 은혜가 우리의 가시를 아름다운 열매로 바꿀 것이다. 모든 부정적인 반응은 마음으로부터 흘러나온다. 이 부정적인 반응들은 우리 마음이 진실로 생각하고 믿고 사랑하는 것이 무엇인지 나타낸다. 우리가 그동안 어디에 우리의 소망을 두고 있었는지 여실히 보여준다. 말하자면 이 반응들은 우리가 하나님 대신에 섬긴 것들, 즉 하나님의 대체물을 발견하도록 도와준다.

열매 맺는 나무 반응

자신의 가시나무 반응들을 발견했는가? 하나님은 우리가 거기서 멈추기를 바라지 않으신다. 하나님은 우리가 회개하고, 그리스도의 용서를 받고, 아래처럼 열매 맺는 나무 반응으로 바꾸시는 하나님의 권능을 의지하기 원하신다.

1. 현실을 직시하라

고난에 따르는 비탄, 슬픔, 분노, 고통을 느끼는 것이 옳다. 정직한 슬픔은 정의의 열매이다. 예수님은 스스로 감정 없는 삶을 살지 않으셨다. 그분은 눈물을 흘리셨고, 애통함을 느끼셨다. 시련에 적절하게 반응하면서 슬픔을 느끼는 것은 결코 믿음이 부족하다는 뜻이 아니다.

베티는 자신의 이혼에 대해 '어쨌든 하나님을 찬양하라'는 식으로 반응하지 않는다. 그녀는 하루에도 몇 번씩 파탄난 결혼 생활에 대한 깊은 슬픔과 일이 그렇게 된 것에 대한 의로운 분노가 뒤범벅이 되어 눈물을 쏟는다. 그러나 베티는 혼란스러운 자기 연민이나 복수 어린 분노에 빠지지 않는다.

그렇다고 냉정한 상태로 있지도 않는다. 그녀의 슬픔은 자신이 겪은 고통에 대한 성경적인 반응의 한 예일 뿐이다.

2. 적절한 강도로 반응하라

슬픔, 분노, 비탄은 반드시 표출되어야 한다. 그러나 적절한 강도로 표출되어야 한다. 그 순간의 아픔보다는 언제나 더 큰 무언가가 있음을 기억해야 한다. 배반을 당하거나 귀중한 무언가를 잃었을지라도 하나님과 나의 관계, 예수님 안에서 나의 정체성, 하나님 말씀의 진리들, 영원한 영광들은 모두 안전하고 안정된 채 그대로 남아 있다. (고후 4:7-5:10 말씀을 보라. 바울은 지금의 고난을 현재와 미래의 구속적인 현실과 비교하고 있다.)

조지는 갑자기 직장을 잃었다. 그의 해고는 예상 밖의 일이었으며 정당하지도 않았다. 그는 충격을 받았고 슬펐으며 화가 났다. 그럼에도 그는 평상시와는 다른, 조용한 자기통제를 경험했다. 비록 고용주가 일자리를 빼앗을 수는 있지만, 그의 삶에서 가장 소중한 것을 빼앗을 수는 없다. 그는 배신감을 느꼈지만, 여전히 감사할 일들이 많음을 잘 알고 있다.

3. 깨어 있으라

고난은 영적인 자기만족에서 우리를 깨운다. 고난의 과정은 하나님이 그분의 형상대로 우리를 만드시는 작업장이다. 그러므로 적극적으로 행동하고 훈련과 인내를 감당해야 한다. 고난은 우리가 고백했던 모든 진리를 우리의 소망인 새로운 방식 안에서 경험해야 하는 시간인 것이다.

나는 타마라의 말을 듣고, 실로 놀라움을 금치 못했다. "이 일을 겪게 하신 하나님께 매우 감사해! 그동안 하나님을 안다고 자부했지만, 이제야 진실로 하나님을 알게 되었어. 나 자신은 잘 안다고 생각했지만, 진실로 몰랐다는 것을 깨달았어. 하나님의 약속을 믿는다고 말했지만, 사실은 하나님이 내게서 가져가신 바로 그것들을 믿었던 거야. 이런 일을 다시는 겪지 않았으면 해. 하지만 다시 겪게 된다면 거기에는 또 다른 어떤 뜻이 있겠지. 하나님이 잠자고 있던 나를 깨워 행동을 취하게 하셨어. 덕분에 이제는 전에 갖지 못했던 목적을 가지고 살아가게 되었어."

4. 생산적인 활동에 참여하라

비탄과 고통의 순간에 취한 행동은 사는 내내 후회를 부르기도 한다. 우리는 당황한 채 달아나 버린다. 우리는 관계를 깨며, 더 이상 헌신하지 않는다. 하나님을 의심하고 스스로에게 상처를 입힌다. 그러나 하나님은 선한 일을 하도록 우리를 부르신다. 그러니 하나님을 구하라. 그리스도의 몸인 교회로 달려가라. 말씀 안에서 위로를 찾으라. 하나님이 하라고 명령하신 마땅한 일들을 하라. 우리의 지금 이 행동을 지배하는 것은 무엇인가? 하나님께 사로잡힌 마음인가, 아니면 상실감에 비뚤어지고 방황하는 마음인가?

짐은 고난을 통해 하나님이 우리에게 하라고 명하신 선한 일들의 가치를 배웠다. 포기하라는 유혹도 받았지만, 짐은 오히려 더 적극적으로 행동했다. 하나님의 말씀은 그에게 위로가 되었고, 그리스도의 몸은 짐의 지혜와 힘의 근원이 되었다. 또한 기도는 매일의 연료가 되었다. 짐은 사람들이 그에 관해 진지하게 하는 말을 받아들였고 인격적으로 변화하기 위해 몰입했다. 그는 기독교 서적을 찾았으며 날마다 빼놓지 않고 그 책들을 읽으려고 애썼다. 그는 고난에 압도당하기를 거절했고 스스로를 성장시켰을 뿐 아니라 다른 사람들을 섬겼다.

5. 기억하라

우리는 복음의 모든 소망과 약속을 소유했다. 그리스도 안에서 우리는 새롭게 만들어졌다. 하나님은 우리를 사랑하시기에, 그 아들 예수님을 통해 우리에게 주시는 유산의 일부가 아닌 전부를 우리가 경험하기 원하신다. 우리 마음속에서 이미 시작된 그 변화를 매듭지으려고 하나님은 모든 상황에 역사하신다.

매일 우리는 철저히 하나님의 위로와 부르심을 스스로에게 상기시켜야 한다. 첫째, 하나님은 그분의 임재와 권능으로 우리를 편안하게 하시며, 믿음을 가지도록 우리를 부르신다. 우리가 통제할 수 없는 일들은 하나님께 맡겨야 한다. 둘째, 하나님은 순종하라고 명하시며 우리가 하는 대로 복 주겠다고 약속하신다. 그러므로 상황이 좋든 나쁘든 "하나님이 내게 무엇을 하라고 명하시는가, 내가 그 일을 할 수 있도록 하나님은 예수님께 무엇을 주셨는가?"를 반드시 자문하라.

우리는 죄를 최소화하거나 숨기거나 스스로 무너지는 일 없이 자신의 잘못을 인정할 수 있다. 자신을 질책하는 일 없이 내게는 성장이 필요하다고 고백할 수 있다. 삶이 힘겨울 때는 울부짖기도 하겠지만, 현실을 직면해야 한다는 책임을 놓지 않는다. 우리는 자신의 죄를 덮거나, 명예를 쌓거나, 성공을 기록할 필요가 없다. 우리는 열정과 소망을 지니고 내일을 바라볼 수 있다. 그렇다, 우리는 깨진 세상의 흠 있는 자다. 그러나 자기 자신에 대한 우리의 견해는 암울하지도 우울하지도 않다. 복음이 우리 안에 소망을 불어넣었기 때문이다. 그리스도는 우리와 함께 계시고 우리 안에 계신다. 결코 우리는 그리스도께서 적극적으로 구제하지 않는 상황에 처하지 않을 것이다. 아직은 여러 면에서 변화가 필요하지만 우리는 실망하지 않는다. 우리는 인격적인 변화를 위한 작업 중에 있음을 알기 때문이다. 이 과정은 종종 고통스럽지만 그 유익은 한결같다.

우리가 스스로를 시험하며 아직 자기 삶 속에 남은 가시를 노출시킬 때, 비록 고난이라는 더위 속에 있을지라도 선한 열매를 맺게 된다는 사실을 기억하라. 놀람과 고통, 실망 속에서도 나의 구세주로부터 도망가지 말라. 하나님은 늘 보호하시고 이해하신다. 하나님은 우리에게 필요한 변화에 딱 맞는 자비와 은혜를 제공하신다.

chapter 10

왜 그렇게 반응하게 되는가?
_가시2: 가장 큰 문제

● 김태수 옮김

　나는 왜 죄를 범하고야 마는가? 그리스도인이라면 누구나 이 질문을 피할 수 없을 뿐 아니라, 이 단순한 질문을 해결할 수도 없다. 왜 부모들은 자녀가 몇 가지 집안일을 하지 않았다는 이유로 화를 내는가? 왜 사람들은 동료의 성적인 제안에 굴복하고 마는가? 왜 10대들은 소위 친구들의 냉대나 놀림에 낙담하게 되는가? 왜 나는 이런 일들을 계속하는가? 그저 그런 질문들 같지만, 실상은 전혀 그렇지 않다.

　우리의 일은 의사의 일과 같다. 즉 무엇이 문제라는 우리의 진단이 그 치료법을 결정하게 된다. 만일 의사가 감염이라고 진단한다면, 그는 항생제를 처방할 것이다. 또 암이라고 진단한다면, 방사선 요법이나 화학 요법을 실행할 것이다. 병의 치료는 진단이 옳게 내려졌을 때에만 가능하다. 만일 진단이 틀렸다면, 치료 과정은 그저 고통만을 낳을 뿐이며 심지어는 죽음을 초래할 수도 있다. 이를 영혼을 보살피는 차원에 적용시킨다면, 한 개인의 문제에 대한 잘못된 진단은 치명적인 결과를 가져올 수 있다. 초기 단계에서는 문제가 잘 해결된 듯 보여도 시간이 흐르면서 상황은 점점 악화될 수 있다.

　앞 장에서 우리는 죄에 얽매이는 많은 경우들을 알아보았다. 이번 장에서는 왜 죄를 짓게 되는지 고찰하고자 한다. 이 질문에 대한 스스로의 대답이 자신의 치료법을 결정할 것이다. 성경은 세속적인(그리고 많은 기독교적인) 이론들의 피상적인 진단을 극복하는 방법을 가지고 있다. 그러므로 궁극적인 치료법을 찾고자 한다면, 우리의 행동에 대한 성경의 가르침과 통찰력이 필수적이다.

조와 메리 부부가 그렇듯 우리에게도 돕는 지혜와 능력 있는 해답이 필요하다. 22년 동안 결혼 생활을 하며, 메리는 점점 더 억눌리고 지쳐만 갔다. 한 가지 확실한 사실은 그녀가 분노에 찬 남성과 결혼했다는 점이다. 결혼 전 조는 결코 자기의 그런 성향을 드러내지 않았다. 그러나 결혼 직후 무언가 변했다. 신혼여행을 가서 조는 처음으로 자신의 분노를 드러냈다. 그러나 메리는 이를 그저 결혼의 압박감으로 인한 순간적인 실수로 보고 중요하게 생각하지 않았다. 몇 주 후 조는 식어 버린 저녁 식사에 대해 큰소리로 조롱하며 험악한 태도로 화를 냈는데, 이 일은 22년 동안 정기적으로 나타난 조의 '분노'의 시작이었다. 자녀들은 조의 이러한 분노를 고스란히 지켜보면서 성장했다. 그들은 두렵고도 고통스러운 성장과정을 겪었다. 22년 후 많은 목회자들과 상담자들의 중재에도 불구하고 가족 관계는 소용돌이쳤고, 마침내 조와 메리는 벼랑 끝에 섰다. 하나님의 은혜로 그들은 계속해서 도움을 간구할 수 있었지만, 이미 결혼 생활은 분노로 가득 찬 남편과 두렵고 견디기 힘들어하는 아내로 인해 심하게 일그러진 상태였다. 상황은 암울함 그 자체였다.

조의 노력을 인정하자면, 그는 수년 동안 도움을 애타게 갈구했다. 그러나 불행히도 조가 받은 진단들은 그를 치유할 만큼 충분하지 않았다. 제시된 해결책들이 지속적인 변화를 이루지 못하는 것은 놀라운 일이 아니었다. 조는 인내심을 발휘했으나 그것도 그리 오래가지 못했다. 결국 그는 거의 자포자기한 채 자신이 처한 상황을 받아들일 수밖에 없었다. 그러나 이것도 그의 죄가 다른 사람들에게 상처를 주었다는 사실을 바꾸지는 못했다. 삶에 대한 가시나무 반응은 늘 이런 식이다. 수년 동안 조에게 내려진 무수한 진단과 치료는 실제적으로 변화를 불러일으키는 데 아무런 효과가 없었다. 그렇다면 이제 조의 예를 바탕으로 우리 사회에서 일반적으로 행해지는 몇몇 진단과 치료들에 대해 고찰해 보자.

'진정한' 문제에 대한 진단

그 사람만 바뀐다면……

여러 해 동안, 조는 문제에 대한 자신만의 해결책에 도달했다. 간단히 말해 그는 제 짝이 아닌 사람과 결혼했고, 메리는 냉정하며 그와 말하기를 회피한다고 진단을 내렸다. 그는 메리가 결혼 생활에 전념하지 않으며, 즉흥적이고 침착하지 못한 사람이라고 단정 지었다. 만일 아내가 자신을 피하지 않고 집안일을 더 잘했더라면, 그의 문제인 분노를 제거할 수 있었으리라는 것이 조의 결론이었다.

실상 이것은 메리가 지난 20여 년간 부단히 노력해 온 바였다. 엄마로서 아이들을 챙기느라 집안일을 딱딱 맞추지 못할 때도 있었다. 그러면 즉시 조는 동요했으며 결국 침착함이 부족하다고 메리를 타박했다. 사실 그렇기도 했다. 그녀는 조만큼 침착한 사람이 아니었다. 결국 메리는 자신이 문제라고 생각하기 시작했다. 그래서 조가 화를 낼 때마다 끊임없는 가책과 패배의식 속에 살아야 했다. 특히 그녀가 모든 일을 잘 처리하면 조가 더 좋은 사람이 되겠다고 말했을 때에는 집안일을 완벽히 하려고 훨씬 더 노력했다.

조는 또한 메리가 갈등을 해결하기 위해 더욱 노력해야 한다고 말하기도 했다. 그러나 정작 조는 사람들이 그와 함께 시간을 오래 보내고 싶어 하지 않는다는 사실을 알지 못했다. 그는 한바탕 소동을 치르더라도 어떤 논쟁에서든 이기려 드는 그런 사람이었다.

그들이 출석하는 교회의 목사님은 집안을 보다 청결히 유지하기 위해 메리가 다른 이들의 도움을 받도록 제안했다. 그러면 두 사람에게 가해지는 압박감이 완화되고 관계를 향상시킬 수 있을 거라고 생각했다. 교회에서 팀을 꾸려 매주 메리의 청소를 도와주었다. 그들은 또한 식단 짜는 것도 도와주었다. 한동안 이 방법은 효과가 있어 보였다. 그러나 조는 점점 더 많은 것을 요구하면서 적대적으로 변해 갔다. 그는 집안을 돌아다니며 청소가 되지 않은 부분이나 그가 좋아하는 방법으로 정리되지 않은 부분들을 찾아내는 비상한 능력이 있었다. 심지어는 목사님께 전화를 걸어 메리를 도와주는 사람들이 일을 제대로 못 한다고 불평하기도 했다. 메리를 도와줄 팀을 바꿔 달라고 요구하며, 그가 훌륭하다고 생각하는 부인들의 목록을 교회에 제시하기도 했다. 놀랍게도, 교회는 정말로 그렇게 했다! 처음에는 이 일이 도움이 되는 듯 보였다. 그러나 머잖아 조는 자신이 선택한 팀에도 만족하지 못했다. 그리고 또 다시 메리를 문제의 초점으로 지목했다. "만일 당신이 살림을 조리 있게 했다면, 우리 집에서 자기들이 무엇을 하는지도 모르는 사람들의 도움을 받을 필요는 없을 텐데." 조가 말했다.

앞선 해결책이 바닥나자, 목사님은 부부가 대화를 잘 나누도록 도와줄 사람을 찾자고 제안했다. 처음 그들이 카운슬러와 만났을 때, 조는 놀랍도록 명확히 메리의 잘못을 지적했다. 그는 상담 기간 내내 메리의 문제, 곧 대화와 대립을 잘 처리하지 못하는 문제에 관해 세세히 지적했다. 그리고 메리는 대화를 더 잘하는 방법에 대해 수많은 조언을 들었다. 그녀는 '말 한마디로 천 냥 빚을 갚는다'는 속담을 생각하며 조에 대한 자신의 걱정과 의견을 가능한 한 부드럽게 전달하기 시작했다. 그런데 이것이 조를 더욱 화나게 했다! 조는 메리가 지나치게 따지고 들며 남편인 자신을 따르지 않는다고 불평하기 시작했다. 불과 1개월 만에 이 모든 노력들이 또다시 수포로 돌아갔다.

조의 문제는 창세기 3장만큼이나 오래된 것이다. 하나님이 선악과에 대해 물으셨을 때 아담은 방어적인 태도로 다음과 같이 말했다. "하나님이 그 여인을 제게 주지 않으셨습니까?" 책임을 남의 탓으로 돌리는 것은 우리의 죄를 방어하는 가장 자연스럽고도 편리한 방법, 이미 수천 년이나 묵은 고전적인 수법이다. "내 문제의 원인은 바로 네게 있다. 그러니 네가 바뀌어야 한다. 네가 바뀐다면, 나도 변화될 것이다." 아주 명백히도, 이런 진단은 문제를 근본적으로 해결하지 못한다.

좀 더 좋은 가정환경에서 자랐다면……

우리의 죄를 설명하는 또 다른 일반적인 방식은 모든 책임을 과거의 탓으로 돌리는 것이다. 예컨대 "내가 이렇게 행동하는 이유는 역기능 가정에서 성장했기 때문이다"라고 변명하는 식이다. 만일 이런 주장이 타당하다면, 우리 모두 이렇게 말할 수 있다. "정도의 차이는 있겠지만 어떤 형태로든 우리는 우리에게 죄를 지은 죄인으로 가득 찬 가정에서 자란다."

조는 어릴 때 환경적으로 그리고 성적으로 학대받으며 자랐다. 그러나 이런 사실은 단 한 번도 거론된 적이 없었다. 조의 가족은 언제나 시끄럽고 대립적이었다. 반면 메리의 가족은 조용히 대립을 피하는 편이었다. 조는 메리의 가족에게서 보이는 죄의 패턴을 재빨리 지적해서 그녀가 문제를 직면하는 일을 두렵게 만들었다. 조는 또한 자신의 모든 행동이 어린 시절의 경험 때문이라고 탓했다. "우리 아버지는 언성이 높고 화를 잘 냈습니다. 그런 환경에서 자란 제가 이렇게 하지 않기란 매우 어려운 일입니다."

뿐만 아니라 지속적이면서도 매우 신속하게, 그는 메리에게 책임을 전가하기도 했다. "메리는 그녀의 어머니와 똑같아요. 장모님도 메리처럼 정리를 못 하고 남편을 피했어요." 그러나 이 모든 것들은 여전히 그의 분노를 설명하기에 충분하지 못했다. 그 모두는 단지 핑계에 지나지 않았다. "적어도 나는 당신이 나를 대하듯이 당신을 대하지는 않았어", "나는 우리 아버지만큼 나쁘지는 않아", "적어도 나는 도움을 구하려고 노력하고 있어." 이러한 말들은 자신을 조금이나마 낫게 보이기 위해, 또한 다른 사람들에게 책임을 전가하려고 사용한 전술에 불과하다.

조는 가족에 대해 언급할 때마다 감정적이 되고 가끔은 울기도 했다. 메리는 조가 유년 시절 받은 고통을 감지하면서, 그의 분노를 자극할 만한 민감한 버튼을 누르지 않기 위해 신중히 처신했다. 메리는 더욱더 친절하게 인내심을 가지고 그를 대했다. 그러나 메리가 조용히 있을 때 조는 또 다시 그녀의 침묵에 대해 불평했다. 문제의 원인을 환경에 두는 것은 또 다른 일시적인 진단에 불과했다. 조의 분노에 대한 해결 방안으로는 부족했다.

오늘은 너무 힘든 하루였다

이런 진단은 문제를 남에게 전가하는 우리의 성향에 대한 또 다른 예일 뿐이다. 이 경우, 자신의 진짜 문제는 힘든 삶이라고 결론 내린다. 조는 종종 직장에서 힘든 하루를 보냈다거나, 돈이 부족하다며 불평하고는 했다.

한번은 귀갓길의 교통 체증에 대해 분노를 폭발시켰다. "글쎄, 웬 놈이 내 앞에 끼어드는 거야! 정말이지 돌겠다니까!" 조는 메리를 보자마자 그녀가 3주 전에 한 실수에 대해 소리를 지르기 시작했다. 하지만 이내 자신이 너무 지나쳤음을 인정하고는 이 모두를 다른 운전자의 잘못으로 돌렸다. 그는 메리에게 사과를 했다. 그러나 이 사과는 그 자신의 잘못된 행동에 대한 사과가 아니었다.

몸이 안 좋아서 그럴 수밖에 없었다

의학 분야에서 계속적으로 인기를 얻는 생각은, 신체적인 연약함이 사람들로 하여금 죄를 범하게 만든다는 것이다. 조는 그의 분노를 종종 수면 부족 탓으로 돌렸다. 만일 그가 수면제를 성실히 복용하지 않았다면, 그는 자기 분노의 주된 원인을 수면 부족으로 진단했을 것이다. 신체의 질병이 우리가 더욱 죄에 반응하게끔 만들 수는 있어도, 성경은 결코 우리 죄를 신체의 탓으로 돌리기를 허락하지 않는다. '질병' 모델에 대한 과학적인 증거는 억측에 지나지 않는다. 과학이 어떤 특정 분노나 다른 죄에 대한 생리학적 경향 등을 증명해낸다 할지라도, 그것이 곧 그 행동에 대한 완전한 이유는 될 수 없다. 그것은 다만 특정한 사람들이 어떤 특정한 문제에 더욱 쉽게 반응하는지를 이해하는 데 도움이 될 뿐이다.

잘못된 접근법들은 무수히 많다. 우리가 다룬 것들은 그중에서도 행동을 설명하고 변호하려는 가장 일반적인 접근법이다. 물론 외적인 조건은 우리 삶에 영향을 미치며, 실제로 이 점이 간과되어서도 안 된다. 그러나 성경은 그것들이 죄에 대한 계기일 뿐, 그 근본 이유는 아니라고 말한다. 삶의 온갖 어려움이 곧 죄의 원인은 아니다. 우리의 배경, 관계, 상황 그리고 신체적 조건들은 이미 우리 마음에 존재하던 생각, 말, 행동을 드러나게 할 뿐이다. 우리의 마음은 언제나 우리 행동의 궁극적인 이유이다. 지금도 마음속에서는 어김없이 영적 전투가 벌어지고 있다.

주의!

죄에 대한 우리의 반응을 설명하는 이 이론들에는 한 가지 공통점이 있다. 모두 외적인 데에 집중한다. 조에게 내려진 온갖 비효율적인 진단들은 그의 죄가 격한 감정에서 비롯된다고 지적한다. 물론 외적인 상황을 어느 정도 변화시키려는 시도는 당연하다. 만일 내 문제의 원인이 정말로 다른 사람에게 있다면, 나는 그들을 변화시키거나 회피함으로써 상황을 개선할 수 있을 것이다. 가족이 문제의 진짜 원인이라면, 가족을 피하거나 자기만의 가정을 꾸릴 수도 있을 것이다. 만일 고통이 문제의 진짜 원인이라면, 끊임없이 위로해 줄 누군가를 구하면 된다. 만일 결핍이 문제의 근원이라면, 내게 무엇이 부족한지 알아내고 채움으로써 상황을 정리할 수 있을 것이다. 혹시 육체적인 문제라면, 잠을 더 자거나 적절한 약을 복용함으로써 상황을 개선할 수 있다.

나는 우리를 둘러싼 많은 것들의 영향력을 최소화하려는 것이 아니다. 오히려 이런 사항들은 앞선 7장과 8장에서 우리가 고통에 대해 광범위하게 다루어야만 했던 근거로 작용했다. 성경은 어려운 상황 속에서 끔찍한 죄를 저지른 많은 사람들의 이야기로 가득하다. 성경은 하나님이 그러지 않으시듯 우리도 고통을 절대로 가벼이 여겨서는 안 된다고 끊임없이 상기시킨다.

중요한 것은 하나님이 우리의 고통을 간과하지 않으시며 그 고통을 헤아리고 계신다는 사실이다. 하나님은 고통받는 우리에게 소망과 삶의 의미, 인생의 싸움에서 이길 만한 힘을 북돋우시려 그 아들 예수 그리스도를 구원자로 보내셨다. 예수님은 인간을 이해하는 데 있어서 위대한 공감자의 수준을 초월하는 분이시다. 그분은 다시 돌아오실 것이며 불의와 아픔과 이 세상의 부패를 완전히 끝내겠다고 약속하셨다. 어려운 삶을 살아가는 신자로서 우리 모두는 주님의 이름으로 다른 사람들을 섬기기 위해 부르심을 받았다. C. S. 루이스의 말처럼 우리는 이 세상의 상처를 가볍게 여기지 말아야 한다.

"기독교는 온갖 잔인함이나 배반에 대한 혐오감을 그저 억누르면서 살라고 권면하지 않는다. 오히려, 우리는 그것들을 미워해야 한다.…… 다만 성경은 우리 안에 있는 것들을 미워하듯이 이 부정적인 것들을 미워하라고 요구한다."[1]

우리는 마음을 생명의 근원으로 언급할 때, 그 마음속에 분명히 자리하는 고통을 결코 축소해서는 안 된다. 우리는 죄가 만들어 낸 상황과 죄의 궁극적인 원인을 명백히 구분해야 한다. 이 작업은 내 문제에 대한 해결책이 무엇인지 확실히 결정하게 돕는다. 이것은 또한 예수님과 나, 둘 중 누가 해결자의 영광을 받게 될지를 결정한다. 만일 나의 문제가 궁극적으로 나의 외부에 있다면, 우리는 예수님을 필요로 하지 않게 된다. 그러면 사랑과 은혜와 예수님의 권능을 경험할 기회가 다른 것으로 대체되고 만다.

---

[1] C. S. Lewis, *Mere Christianity* (New York: Macmillan Publishing Co., 1952), p. 106; 『순전한 기독교』, 장경철 외 옮김, 홍성사, 2001.

죄의 사건과 원인

　죄의 사건과 원인을 구분할 때, 우리는 앞서 논의한 '해결 방안들'이 비록 궁극적인 해결책은 아니더라도 사람들을 돕는 현명한 방책이 될 수 있음을 명심해야 한다. 예컨대 어떤 사람이 협박을 받고 있다면, 그를 피의자로부터 분리시키는 일은 적절한 도움을 준다. 심하게 학대받은 사람을 위로하는 일은 문제를 해결하지는 못하더라도, 그 자체만으로 매우 긍정적인 효과가 발휘된다. 예수님은 고통받는 자들에게 음식을 제공하셨다. 그분은 위로의 말을 건네셨으며 많은 기적들을 행하셨다. 이 모든 행사는 다만 그분이 하나님이심을 인증하는 것에 그치지 않았다. 모두 예수님이 상처받은 이들에 대한 연민을 가지셨기에 행하신 일이었다. 그러나 예수님은 더 깊이 다루어야 할 문제가 있음을 분명히 아셨다. 그분은 결코 사람의 심령을 무심히 지나치지 않으셨다(눅 6:43-45).

　누군가의 고통을 진지하게 받아들이고, 그들을 그리스도의 깊은 연민과 동정심으로 섬기는 일만으로는 충분하지 않다. 이러한 시도들은 마음의 문제를 직접 다루지는 않기에 누군가를 현저하게 변화시킬 정도로 도와주기 어렵다. 이런 식의 외적인 해결 방안은 오히려 복음의 핵심에서 벗어난다. 이런 방식은 그리스도를 불필요한 존재 혹은 해결책의 일부로 축소시킨다.

가장 큰 문제는 무엇인가?

　우리가 지닌 문제의 근원을 정확히 파악할 때, 우리는 그리스도의 은혜에 기인한 해결책으로 한 걸음 더 나아간다. 그런데 무엇보다 먼저 문제가 바로 나 자신에게 있음을 인식해야만 한다! 문제는 우리 마음의 깊은 곳에 자리한다. 이 사실에 대해 과연 어떻게 반응할 것인가? 충격적인가? 실망했는가? 감정이 상했는가? 화가 나는가? 문제의 원인이 자신이라는 말은 분명 우리가 듣고자 했던 그 대답이 아닐 것이다. 그러나 내가 자녀들에게 인내하지 못했을 때, 나는 결국 자녀들 탓을 하며 내 잘못을 정당화하고 싶어 하는 자신을 발견하고는 한다! 우리가 자신의 죄를 직시하지 않는다면, 우리는 참된 해결 방법에 이르지 못할 것이다. 우리는 성부 성자 성령 하나님의 구속하시는 사랑을 축소하거나 완전히 무시할 것이다. 이것은 그야말로 치명적인 잘못이다. 이보다 더 심각한 잘못은 없다!

성경은 나의 문제가 사실은 정신적(낮은 자존감, 충족의 욕구), 사회적(나쁜 관계나 영향), 역사적(과거) 혹은 생리학적(신체) 문제가 아니라고 말한다. 그것들이 주요한 영향을 끼치는 것은 사실이지만, 나의 문제는 진실로 영적인 상황(방황하는 마음과 그리스도를 필요로 함)에 기인한다. 나는 그리스도 대신 다른 것들로 이 마음을 대체했다. 그 결과 소망이 사라지고 버틸 힘을 잃었다. 요컨대 우리는 그리스도 대신 섬기던 것의 노예가 되었다. 가장 궁극적인 문제는 예배의 문제에서 비롯한다. 다음 내용은 우리의 잘못된 태도를 다루는 마음의 중요성을 강조하고 있다.

율법과 마음

십계명이 마음의 중요성을 강조한다고 생각하지 않을 수도 있겠다. 그러나 주의 깊게 살펴본다면 십계명 또한 그렇다는 사실을 알 수 있다.

"나는 너를 애굽 땅, 종 되었던 집에서 인도하여 낸 네 하나님 여호와라 나 외에는 다른 신들을 네게 두지 말지니라 너는 자기를 위하여 새긴 우상을 만들지 말고 위로 하늘에 있는 것이나 아래로 땅에 있는 것이나 땅밑 물 속에 있는 것의 어떤 형상도 만들지 말며 그것들에게 절하지 말며 그것들을 섬기지 말라 나 네 하나님 여호와는 질투하는 하나님인즉 나를 미워하는 자의 죄를 갚되 아버지로부터 아들에게로 삼사 대까지 이르게 하거니와 나를 사랑하고 내 계명을 지키는 자에게는 천 대까지 은혜를 베푸느니라 너는 네 하나님 여호와의 이름을 망령되이 일컫지 말라 나 여호와는 내 이름을 망령되이 일컫는 자를 죄 없는 줄로 인정하지 아니하리라 네 하나님 여호와가 네게 명령한 대로 안식일을 지켜 거룩하게 하라 엿새 동안은 힘써 네 모든 일을 행할 것이나 일곱째 날은 네 하나님 여호와의 안식일인즉 너나 네 아들이나 네 딸이나 네 남종이나 네 여종이나 네 소나 네 나귀나 네 모든 가축이나 네 문 안에 유하는 객이라도 아무 일도 하지 못하게 하고 네 남종이나 네 여종에게 너 같이 안식하게 할지니라 너는 기억하라 네가 애굽 땅에서 종이 되었더니 네 하나님 여호와가 강한 손과 편 팔로 거기서 너를 인도하여 내었나니 그러므로 네 하나님 여호와가 네게 명령하여 안식일을 지키라 하느니라 너는 네 하나님 여호와께서 명령한 대로 네 부모를 공경하라 그리하면 네 하나님 여호와가 네게 준 땅에서 네 생명이 길고 복을 누리리라 살인하지 말지니라 간음하지 말지니라 도둑질 하지 말지니라 네 이웃에 대하여 거짓 증거하지 말지니라 네 이웃의 아내를 탐내지 말지니라 네 이웃의 집이나 그의 밭이나 그의 남종이나 그의 여종이나 그의 소나 그의 나귀나 네 이웃의 모든 소유를 탐내지 말지니라"(신 5:6-21).

처음 세 계명은 예배가 무엇이며 누구를 예배해야 하는지에 초점을 맞춘다. 이 계명들은 우리에게 유일하신 참 하나님을 섬기라고 명령하며, 다른 신은 만들지 말라고 경고한다. 이때 계명들의 순서가 중요한데, 우상으로 향하는 우리 마음의 경향에 초점을 맞추면서 시작하고 있기 때문이다. 예배의 중심이 무엇인지 강조하는 신명기 6장 4-5절은 특히 처음 세 계명의 핵심을 잘 표현해 준다.

"이스라엘아 들으라 우리 하나님 여호와는 오직 유일한 여호와이시니 너는 마음을 다하고 뜻을 다하고 힘을 다하여 네 하나님 여호와를 사랑하라."

우리가 제4계명에서 제10계명까지 지키기가 어려운 이유는, 바로 이 처음 세 계명을 지키지 않았기 때문이다. 다시 말해 제1-3계명을 어기면, 제4-10계명도 자연히 어기게 된다. 우리의 가시, 곧 삶에 대한 죄악된 반응은 하나님을 떠나 다른 것을 예배하는 마음에서 자라난다.

이스라엘 백성의 상황을 떠올려 보자. 그들은 애굽의 속박에서 벗어나 가나안으로 가는 광야에서 방황했다. 약속의 땅을 향한 그들의 여정은 시험과 유혹, 수많은 적들과 고통으로 가득 차 있었다. 그런데 이 상황에서 하나님의 최고 관심은, 그들이 처한 상황(혹은 그들이 만나게 될 상황)이 아니라 그들이 누구를 예배하는가에 있었다. 하나님은 이스라엘 백성의 최대 걸림돌이 바로 그들의 마음임을 잘 아셨다. 모세가 행한 놀라운 기적과 하나님의 사랑을 경험한 직후에도, 그들은 여전히 하나님보다 다른 것을 더 소중히 여기며 예배했다. 하나님은 이스라엘 백성이 그분께 충성하며 신실해지지 않는다면, 약속의 땅에 들어가서도 범죄의 유혹에 굴복할 것을 잘 아셨다.

이제 제4-10계명을 살펴보자. 왜 그렇게도 이스라엘 백성은 율법을 지키는 일에 자주 실패했는가? 왜 우리는 그토록 자주 율법을 지키는 일에 실패하는가?

제4계명 안식일을 기억하라

네 번째 계명의 핵심은 우리가 예배를 드리든, 직장에서 일을 하든, 휴식을 취하든 하나님을 존귀하게 여기면서 그분께 복종하는 데 있다. 그러나 제1-3계명을 지키지 않으면, 우리는 자연히 자기 자신을 숭배하고 섬기며 모든 시간을 자신이 좋아하는 것에만 사용하게 된다. 예를 들어 자기 경력을 통해 스스로를 규정하면서 하나님보다 개인적인 평화와 위안을 우선시하게 된다.

제5계명 네 부모를 공경하라

다섯 번째 계명의 핵심은 권위 있는 사람들을 존중함으로써 하나님께 복종하며 공경하는 데 있다. 그러나 제1-3계명을 지키지 못하면 자신의 의지와 스스로를 섬기는 일이 만사에 우선하게 된다.

제6계명 살인하지 말라

여섯 번째 계명의 핵심은 다른 사람들을 사랑하고, 섬기며, 용서함으로써 하나님을 경배하고 하나님께 복종하는 것이다. 그러나 제1-3계명이 깨지면, 우리는 먼저 다른 이에게 사랑을 요구하면서 나를 섬기라고 명령하게 된다. 또한 손해를 입게 되면 어김없이 복수심에 불타오른다.

제7계명 간음하지 말라

일곱 번째 계명의 핵심은 성적으로 순결을 지키고 다른 사람들에게 한 약속을 완수함으로써 하나님께 경배하고 복종하는 것이다. 그러나 제1-3계명을 지키지 않으면, 우리는 그저 쾌락에 따라 살아가게 된다.

제8계명 도둑질 하지 말라

여덟 번째 계명의 핵심은 자신이 소유한 재원을 다른 사람들과 자유롭고 기쁘게 나눔으로써 하나님께 경배하고 복종하는 것이다. 그러나 제1-3계명을 지키지 않으면, 우리는 오직 자신을 위한 것만을 원하게 된다.

제9계명 거짓 증언하지 말라

아홉 번째 계명의 핵심은 다른 사람들을 세워 주고 진실하게 말함으로써 하나님께 경배하고 복종하는 것이다. 그러나 제1-3계명을 지키지 않으면, 스스로는 선하게 보이도록 하나 상대방은 나쁘게 만드는 데 말을 사용하게 된다.

제10계명 탐내지 마라

열 번째 계명의 핵심은 다른 사람들을 축복하는 즐거움을 통해 하나님께 경배하고 복종하는 것이다. 그러나 제1-3계명을 지키지 않으면, 자신이 무엇을 소유하기는 원하나, 다른 사람이 무엇을 소유하기는 원하지 않는다.

이상 십계명의 구조를 살펴보면, 우리가 제4-10계명을 지키지 못하는 이유는 바로 내 안에 있는 무언가가 잘못되었기 때문임을 알 수 있다. 즉,

살아계신 하나님 이외의 것에 마음을 두고 그것이 없으면 삶이 무의미하다는 거짓말을 믿게 된 것이다.

이런 관점을 견지하고 조의 인생을 들여다본다면, 우리는 어째서 그가 그토록 화를 내는지 보다 잘 이해할 수 있다. 즉 무언가가 그의 마음에서 참된 하나님을 예배하는 자리를 대신 차지한 결과이다.

조는 부인이 자신을 '존경'하기 원한다고 말한다. 이 욕구가 그에게 있어 하나님보다 더욱 중요한 것이 되고 말았다. 그는 구원자 하나님보다 '존경'을 더 귀히 여긴다. 바로 이런 사고방식을 행동으로 옮길 때, 조는 제1-3계명을 어기게 된다. 동시에 그가 그토록 원하는 존경심을 얻지 못할 경우, 그는 여섯 번째 계명을 어기고야 만다. 즉 인내하고 친절하게 대하며 사랑하는 대신 말을 통해 메리를 '살해'하는 것이다. 만일 그녀가 그에게 대항하거나 존경하려 들지 않으면, 그는 그녀와 화해하기를 거절한다. 악의를 품은 조는 메리를 괴롭히고 그녀의 잘못을 지적함으로써 바로 앙갚음한다. 그러나 메리는 사람이기에 완벽할 수가 없다. 즉 조가 여섯 번째 계명을 지키지 못한 것은 메리 때문이 아니다. 그는 이미 1-3계명을 지키지 않았기에 여섯 번째 계명도 지킬 수 없었다. 요컨대 의식적으로든 무의식적으로든 조는 자기 삶의 의미와 목적, 그리고 가치를 하나님보다 다른 어떤 것에 두기로 선택했던 것이다.

분명 조의 인생에서 외부적인 환경은 그가 죄로 가득한 반응을 하게 만들었다. 그러나 우리는 조가 성적으로 학대받았지만, 다른 면에서 죄를 시었다는 사실을 간과해서는 안 된다. 그와 동시에 우리는 그가 이러한 학대를 받은 직후에 죄인이 된 것은 아니라는 사실도 역시 지적해야 한다. 즉 그는 이런 일이 행해지기 이전에 이미 죄인이었으며, 그래서 죄된 방법으로 반응하게 된 것이다. 그러므로 우리는 하나님의 긍휼로 그를 위로하면서, 하나님은 그가 행한 죄만을 미워하신다는 사실을 그에게 알려 주어야 한다. 뿐만 아니라 이 모든 경험들이 어떻게 부인과의 관계에서 죄를 짓게 만들었는지 그 스스로가 깨닫도록 도와야 한다.

조가 메리에게 요구한 존경이란, 자신의 뜻 아래 메리를 완전히 복종시키고 그녀를 통제하려는 욕구이다. 이는 남편은 아내를 죽기까지 사랑하고 아내는 남편을 존경하라는 성경의 모범과 아무런 상관이 없다. 조가 말하는 존경(통제와 복종)은 조가 그 무엇보다 중히 여기는 한 가지에 불과하다. 그런데 하나님께 영광을 돌려야 할 그의 삶이 이로 인해 벼랑 끝에 서고 만 것이다. 어떻게 이런 일이 일어나게 되었던가?

조는 복음의 놀라운 능력이 자기 삶의 잘못된 곳을 치유하도록 허용하는 방식으로 하나님께 자신의 유년기 경험들을 맡기지 않았다. 대신에 그는 스스로 그 문제를 해결하리라 결정했다. 어느 누구도 다시는 자신에게 상처를 입히지 못하게 하겠다고 스스로에게 약속했다. 요컨대 자기 방어적인 반응이 그의 세계를 지배함으로써 다시는 거절당하지도, 이용당하지도 않으려는 사람을 만들어 낸 것이다. 메리가 여기에 도전하면서 조에게 압박을 가하면, 그는 언어폭력을 휘둘러 그녀를 복종시켰다. 조의 마음의 중심에서 밀려나신 하나님은 조가 메리의 말을 경청하고 자신의 죄를 인정하고, 용서를 구해야 하는 상황에서 일하실 자리가 없었다. 조는 거절에 대한 두려움, 존경에 대한 갈망, 끊임없는 확인의 노예가 되고 말았다. 하나님이 빠진 해결 방안은 그가 도망치는 데 일생을 허비하게 했다. 이 방안들은 가족들의 삶을 비참하게 만들었다. 조는 하나님과 다른 사람들을 사랑하는 자유롭고 평화롭고 겸손한 사람이 아니었다. 조가 성장하고 변화되도록 돕고 싶다면,

바로 이런 현실들을 간과해서는 안 된다. 오히려 이런 현실로 인해 조는 소망을 가질 수도 있다. 바로 이런 현실이 조의 마음을 그리스도께로 향하게 하기 때문이다.

'좋은 것'을 '궁극적인 것'으로 삼다

이렇게 질문하는 사람도 있을 것이다. "아내의 존중을 바라는 것이 잘못인가? 부부라면 모름지기 그래야 하지 않는가?" 물론 존경은 가치 있는 것이고, 존경을 원하는 것이 곧 죄는 아니다. 그러나 존경받기를 추구하는 조의 모습에서 우리는 기만적인 죄의 모습과 불안정한 인간의 마음을 목격한다. 로마서 1장 25절은 무엇이 잘못되었는지 우리가 보다 명확히 이해하도록 돕는다. 이를 좀 더 포괄적인 맥락 안에서 해석해 보자.

"하나님을 알되 하나님을 영화롭게도 아니하며 감사하지도 아니하고 오히려 그 생각이 허망하여지며 미련한 마음이 어두워졌나니 스스로 지혜 있다 하나 어리석게 되어 썩어지지 아니하는 하나님의 영광을 썩어질 사람과 새와 짐승과 기어다니는 동물 모양의 우상으로 바꾸었느니라 그러므로 하나님께서 그들을 마음의 정욕대로 더러움에 내버려 두사 그들의 몸을 서로 욕되게 하게 하셨으니 이는 그들이 하나님의 진리를 거짓 것으로 바꾸어 피조물을 조물주보다 더 경배하고 섬김이라 주는 곧 영원히 찬송할 이시로다 아멘"(롬 1:21-25).

특히 마지막 25절은 죄의 역동성과 하나님 이외의 어떤 대상을 예배하려는 인간의 심리적인 성향을 이해하는 데 꼭 필요하다. 즉 인간은 언제나 창조주보다는 창조물을 더 사랑하고 섬기려 한다. 그러면서도 거짓 숭배와 우상 숭배를 명확히 죄로 규정하며 산다. 그런데 25절은 우상 숭배가 피조물 가운데 좋은 것을 취해 최고의 자리에 올려 놓은 결과라고 말한다. 좋은 것들이 우리 마음과 삶에서 오직 창조주만이 계셔야 할 최고의 자리를 빼앗았다는 것이다. 온 세상 만물을 창조하셨을 때 하나님은 "좋았더라"라고 말씀하셨다. 즉 창조물 자체는 죄가 없다. 그것들은 우리가 오직 하나님만이 계셔야 할 자리에 그것들을 두고 높일 때 우상이 된다. 다음 사례들을 한번 살펴보자.

사례 1

아버지는 자녀가 자라면서 권위에 적대적인 사람이 되지 않도록 아버지를 존경하고 자신에게 순종하기를 바란다. 이는 하나님의 명령에 준하는 좋은 바람이다. 그러나 아버지를 존경하는 아이로 키우는 것이 그의 궁극적인 목표가 된다면 그것은 우상이 된다. 그것이 아버지로 하여금 아들을 조종해서 복종하게 만든다. 자녀가 복종하지 않는다면, 아버지는 분노를 표출하거나 더욱 통제력을 강화할 것이다. 그는 아들이 어떤 잘못을 저지른다면 매우 침체되고 말 것이다. 혹은 별로 순종하지 않는 자녀를 둔 부모들 앞에서 우쭐해하거나 거들먹거리거나 자기 의에 빠질 수 있다. 말하자면, 이런 아버지는 마치 조가 메리를 대하듯 아들을 대하는 것이다.

사례 2

어느 젊은 청년이 배우자를 찾기를 갈망한다. 그는 하나님이 결혼을 창조하셨으니 이를 바라는 것은 선한 열망이라고 이유를 댄다. 그러나 그는 이

성 관계를 극단적인 방향으로 끌고 간다. 여성들이 그를 무시하면 곧장 의기소침해지고 성적 유혹에도 보다 쉽게 빠진다. 이성의 관심을 끌기라도 하면, 너무 많은 관심으로 그녀를 질식시켜 관계를 파괴한다.

사례 3

자신의 직업에 재능이 있고 성공할 여건을 갖춘 한 여성이 있다. 그녀는 일이란 하나님이 만드신 선한 것이라고 여기면서, 자신의 재능과 경험에 자긍심을 갖고 다른 사람을 섬기고자 한다. 그러나 때때로 그녀는 자신이 할 일을 모두 잘해내고 있는지 걱정한다. 그러면서 집으로 일거리를 가져가고, 너무 많은 책임을 진 게 아닌가 걱정하면서 날마다 잠을 설친다.

앞서 예로 든 사람들은 모두 순종적인 자녀 양육이나 결혼에 대한 소망, 그리고 직업에서의 충실함 등 좋은 것들을 추구하며 자신의 삶을 꾸려 나간다. 그러나 모두 결국에는 창조물로 창조주이신 하나님을 대체하고 말았다. 요컨대 이 모든 좋은 것들이 신처럼 기능할 때 그만 우상이 되고 만다. 하나님을 대체한 것들에 대한 숭배는 부정적인 태도나 생각, 감정 그리고 행동을 돌출시키기 마련이다. 선물을 주신 하나님보다 선물 자체를 더욱 중요하게 여긴 탓에 축복의 결과로 주어진 것들이 도리어 축복의 근원이신 분을 몰아낸 판국이다. 피조물들이 창조주를 밀어냈다. 이런 일이 일어날 때, 죄악된 반응들이 필연적으로 그 사람의 삶에서 나타난다.

이런 관점을 견지한 채 다시 한번 조의 삶을 들여다보자. 조는 어떤 좋은 것을 그의 인생에서 하나님이 마땅히 계셔야 할 자리에 두었는가? 존경이나 인정에 대한 열망이 해롭게 보이지는 않을지라도, 그것이 하나님께는 배신의 한 형태일 수 있다. 이 열망이 그의 삶을 지배한다면, 그는 구원자 하나님께 헌신할 때조차 온전하게 헌신할 수 없다. 다른 무엇에 이미 그의 충성심을 쏟아부었기 때문이다. 적절히 주어진 존경과 인정은 감사함으로 받을 축복이다. 그러나 그것들이 궁극적인 목적이 되면 매우 파괴적인 결과를 초래한다. 조는 메리의 존경이 하나님보다 더욱 소중하고 필요하다고 여겼다. 그는 또한 하나님이 자신을 위험에서 보호해 줄 수 없다고 불신함으로써, 스스로 자기 세계를 통제해야 한다는 결론에 도달했다.

조가 은혜 안에서 성장하고, 스스로 하나님이 되어 주변 환경과 사람들을 지배하려는 시도를 포기하려면, 무엇보다 자신이 어떻게 하나님에 대한 진실을 거짓과 맞바꾸었는지 깨달아야 한다. 존경받는 일이 하나님보다 더 귀중하다는 생각은 거짓이다. 하나님은 선하지 않으시고 현명하지도 않으시며 사랑이 없는 분이어서 신뢰할 수 없다는 말도 거짓이다. 그러나 조는 오직 스스로만이 자신의 세계를 안전하게 만들 수 있다고 판단하는 잘못된 결론을 내렸다.

조는 제1-3계명을 지키지 못했다. 하나님보다 존경을 더 소중히 여기며 예배함으로써 다른 계명들 역시 지키지 못했다. 하나님의 능력을 무시하고 자기 자신의 능력으로 삶을 운영하려고 하다가 가정에서 그만 폭군이 되고 말았다. 몇몇 사람들은 진심으로 조를 도와주기 원했지만, 조가 자신의 분노와 지배적인 행동을 회개하도록 돕는 대신에 오히려 메리에게 그를 응원하고 격려하라고 조언했다. 변명하는 조와 항변하는 메리의 상황은 마치 맹렬히 타오르는 불에 가솔린을 퍼붓는 것 같았다. 급기야 둘은 갈등의 골이 깊어질 대로 깊어져, 조가 더 이상 하나님을 경외하려 들지 않는 지경에까지 이르렀다.

조에게 필요한 상담은, 복음의 소망과 위로를 제공하는 동시에 그의 잘못된 마음이 고통스런 과거에 어떻게 반응해 왔는지 보여 주는 것이다. 변화에 대한 하나님의 관점에 따르면, 조는 스스로 통제하려는 행동이 얼마나 심각한 것인지 직시해야 한다. 그는 과거에 받은 성적인 학대를 하나님 앞에 가져와야 한다. 그에게 가해진 죄악들은 그의 책임이 아니지만, 죄악된 본성에 대한 책임은 자신에게 있음을 인식해야 한다. 이 일이 쉽지는 않겠지만 변화된 삶을 향한 출구가 되어 줄 것이다. 한편, 그리스도 안에서 조의 형제자매가 된 이들은 현명하고 겸손하게 사랑과 신실한 조언과 기도로 그를 품어 주어야 한다. 또한 조가 확인받기를 갈망하며 분노를 이용해 교묘히 가족들을 조종하려 할 때 그에게 회개하기를 권면해야 한다. 메리 역시 은혜로 힘 있게 조에게 반응할 수 있도록 그리스도인 공동체의 도움을 받아야 한다. 특히 남편에 대한 보복을 단념하고 그를 용서하는 데 도움을 받을 필요가 있다. 조의 분노에 부딪힐 때마다, 그녀가 속한 교회의 영적 리더들이 그녀를 지지하리라는 사실을 메리는 알아야 한다. 그리고 교회의 영적 리더들은 조와 메리에 대한 사랑을 적절하게 표현해 주어야 한다.

야고보서의 사례

야고보서는 분노와 갈등의 원인과 치료에 대해 솔직하고도 사랑이 넘치는 논의를 제공한다. 야고보는 사랑을 이유로 완곡히 표현하지 않는다. 그의 말은 진리와 사랑을 동시에 전한다. 변화가 필요한 사람에게는, 언제 좋은 것이 하나님을 대신하게 되는지 알 수 있도록 사랑과 진리가 모두 담긴 이런 표현이 필요하다.

"너희 중에 싸움이 어디로부터 다툼이 어디로부터 나느냐 너희 지체 중에서 싸우는 정욕으로부터 나는 것이 아니냐 너희는 욕심을 내어도 얻지 못하여 살인하며 시기하여도 능히 취하지 못하므로 다투고 싸우는도다 너희가 얻지 못함은 구하지 아니하기 때문이요 구하여도 받지 못함은 정욕으로 쓰려고 잘못 구하기 때문이라 간음한 여인들아 세상과 벗된 것이 하나님과 원수 됨을 알지 못하느냐 그런즉 누구든지 세상과 벗이 되고자 하는 자는 스스로 하나님과 원수 되는 것이니라"(약 4:1-4).

두 사람이 대립할 때 눈에 보이는 싸움은 쉽게 드러나기 마련이다. 그러나 야고보에 따르면, 분쟁이란 각자 마음속에 있던 분쟁이 외적으로 표출된 것이다. 각자의 욕구가 충족되지 않으면, 사람들은 이를 만족시키기 위해 서로를 맹렬히 공격하기 시작한다. 4절에서 야고보는 이에 관해 좀 더 깊이 있는 사실을 언급한다. 즉 사람들이 믿음 없이 서로 대립하게 되는 까닭은, 그들이 하나님보다 누군가를 혹은 어떤 것을 더욱 숭배하고 있기 때문이다. 그들은 우상 숭배라고 하는, 또 다른 방식의 영적 간음이란 죄를 범하게 된다. 잘못된 애인에게 자신을 내준 것이다.

우리가 그것을 왜 하는지에 대한 이 단순하면서도 심오한 설명은 우리의 삶에 근본적인 영향을 미친다. 우리 마음의 우상을 이해하는 일은 복음의 가치를 인정하고 적용하는 계기를 열어 준다는 점에서 근본적이다. 마침내 우리는 어떤 사물의 본질에 도달함으로써 더 이상 표면을 겉돌지 않게 된다. 하나님은 그리스도와 성령님의 역사하심을 통해 우리의 마음을 되찾으신다. 우리에게 어려움을 주는 고통(또는 가시)을 경험할 때, 우리는 그 가시들 때문에 우리의 우상이 무엇이고, 하나님 대신 자리 잡고 있는 것이 무엇이며, 우리의 지배적인 욕구가 무엇인지 감지하게 된다. 우리는 자기 마음의 어디가 변화되어야 하는지를 알게 된다. 이런 깨달음은 은혜에 대한 갈구와 갈급함으로 우리를 이끈다. 야고보서 4장 5-10절은 정확히 이를 말하고 있다.

"너희는 하나님이 우리 속에 거하게 하신 성령이 시기하기까지 사모한다 하신 말씀을 헛된 줄로 생각하느냐 그러나 더욱 큰 은혜를 주시나니 그러므로 일렀으되 하나님이 교만한 자를 물리치시고 겸손한 자에게 은혜를 주신다 하였느니라 그런즉 너희는 하나님께 복종할지어다 마귀를 대적하라 그리하면 너희를 피하리라 하나님을 가까이하라 그리하면 너희를 가까이하시리라 죄인들아 손을 깨끗이 하라 두 마음을 품은 자들아 마음을 성결하게 하라 슬퍼하며 애통하며 울지어다 너희 웃음을 애통으로, 너희 즐거움을 근심으로 바꿀지어다 주 앞에서 낮추라 그리하면 주께서 너희를 높이시리라."

5절과 6절에서 야고보는 하나님이 시기하는 분이시며 우리의 사랑을 어느 누구와도 나누지 않으신다고 말한다. 이 "시기"라는 단어는 우리에게 적용하면 부정적으로 사용되지만, 하나님께 적용하면 긍정적인 뜻이 된다. 하나님의 사랑을 언급할 때, '시기'라는 단어는 '열망'으로 적절히 대체할 수도 있다. 하나님은 우리가 그분을 사모하는 마음을 회복하기를 열망하신다. 따라서 우리의 마음을 되찾기 위해 성령님이 일하신다. 놀라운 사실 아닌가? 우리 대부분은 불성실한 배우자를 원치 않는다. 그런데 하나님은 나의 허물에도 불구하고 나를 원하신다. 만일 내가 그분의 신부라면, 그분은 나를 영원히 방황하도록 내버려 두지 않으실 것이다. 이를 위해 고통스러운 일들을 우리 삶에 허락하실 수도 있다. 하나님은 우리가 그분을 삶의 가장 우선순위에 모시도록 기꺼이 그렇게 하신다.

하나님은 나를 향해 움직이시고(5-6절), 내가 그분을 바라보도록 초대하신다(7-10절). 하나님은 우리가 길을 잃고 헤매는 바로 그 순간 은혜를 베푸시며, 우리가 그분 앞에 회개하고 겸손히 자신을 내려놓을 때 약속을 주신다. 하나님은 겸손한 자에게 자비를 즐겨 베푸신다.

은혜 안에서 성장하기 위한 필수 요소는, 자기 삶에서 비신앙적인 반응을 촉발시키는 것이 무엇인지 돌아보려는 나 자신의 의지이다. 야고보는 "마음을 성결케 하라"고 말했다. 자신이 무엇에 하나님보다 더 매력을 느끼는지 살펴보라. 야고보는 또한 "손을 깨끗이 하라"고 말했다. 죄에 대한 관심을 경건한 관심으로 바꾸라. 이 모든 것은 오직 은혜로만 가능해진다. 그러나 이 말이 수동적이 되라는 명령은 아니다. 그리스도인의 영적 성장은 마치 전투와 같다. 영광스러운 하나님으로부터 우리를 멀어지도록 만드는 것이 무엇인지 발견하는 일은 힘들지만 가치 있는 일이다.

다음 질문들은 우리가 그 일을 더욱 효과적으로 수행하도록 도움을 준다. 진정한 회개는 명확하고 이성적이다. 우리는 막연히 죄를 범하지 않는다. 언제나 구체적이고도 특정한 방식으로 죄를 범한다. 이 말이 곧 사실이라면, 우리는 정직하게 자신의 삶, 곧 마음과 행동 모두를 살펴보아야 한다. 영적인 자각은 복이다. 이를 통해 우리는 변화를 체험할 수 있다. 다음 질문들을 통해 우상으로부터 등을 돌리고 그리스도의 자비와 능력으로 나아가라. 그러는 동안 자신이 그리스도의 신부라는 사실을 잊지 말라. 그리스도의 자산이 바로 나의 자산이다. 나의 죄는 십자가에서 이미 해결되었으니 자신을 깊이 성찰하기를 두려워할 이유가 없다.

자아 성찰을 위한 질문(X-ray Questions)[2]

1. 나는 무엇을 사랑하는가? 하나님이나 이웃보다 더욱 사랑하는 것이 있는가?
2. 나는 무엇을 원하고 바라는가? 내가 갈망하고, 소망하며, 기다리는 것은 무엇인가? 나는 어떤 욕구에 복종하는가?
3. 나는 무엇을 추구하는가? 나의 개인적인 기대와 목표는 무엇인가? 나의 관심사는 무엇인가? 나는 무엇을 위해 일하는가?
4. 나는 어디에 소망을 두는가? 나는 어떤 소망을 위해 일하며 어디에 나의 삶을 건축하는가?
5. 내가 두려워하는 것은 무엇인가? 두려움이란 욕망의 이면이다. 예컨대, 만일 내가 누군가에게 용납되기를 바란다면 나는 그의 거절을 두려워할 것이다.
6. 나는 무엇을 하고 싶은가? 하고 싶은 것은 곧 욕망의 동의어이다. 때때로 우리는 아이스크림을 한 통 쯤 먹고 싶기도 하고, 하루 종일 침대에 누워 있거나, 말을 하고 싶지 않을 때도 있다.
7. 내게 무엇이 필요하다고 생각하는가? 대부분의 경우, 사람이 느끼는 필요는 그 사람의 우상이 무엇인지를 보여 준다. 종종 우리가 꼭 필요하다고 생각하는 바는 실제적으로 우리 마음을 지배하는 위장된 주인이다. 그럴 듯하게 보이기 때문에 우리는 그것들이 자신을 지배하도록 방치한다. 사실 표면적으로도 그리 나쁘게는 보이지 않고, 그것들

---

[2] 이 질문들은 '성경적 변화의 역동성(Dynamics of Biblical Change)'이라는 CCEF 과정의 일부로써, CCEF 교수진인 데이비드 폴리슨(David Powlison)이 작성했고, 허락 하에 사용되었다.

을 원하는 것이 곧 죄악도 아니다. 그러나 나 스스로를 기분 좋게 하려고, 사랑받고 포용되고 싶어서, 성취감을 느끼기 위해, 경제적 안정감을 위해, 건강한 생활을 위해, 정돈되고 고통이 없고 행복한 삶을 살기 위해 그 '필요들'에 지배되어서는 안 된다.

8. 내가 성취하려는 계획, 아젠다, 목표 그리고 의도는 무엇인가? 내가 삶에서 진실로 추구하는 것은 무엇인가? 참으로 내가 얻고자 애쓰는 것은 무엇인가?

9. 나를 귀찮게 하는 것은 무엇인가? '나'라는 행성은 어떤 태양의 주위를 돌고 있는가? 나는 기쁨의 정원을 어디에서 찾는가? 나의 세계를 밝히는 것은 무엇인가? 내 삶을 지탱하는 음식은 무엇인가? 진실로 나에게 중요한 것은 무엇인가? 그리고 나는 무엇을 위해 사는가?

10. 나는 어디에서 안식과 안정, 위로 그리고 탈출구를 찾는가? 두렵고 낙심되고 화가 날 때 나는 어디로 달려가는가? 위로와 안정을 위해 하나님께로 달려가는가? 아니면 그 밖에 다른 어떤 것(예컨대 음식, 사람, 일 또는 고독)을 찾는가?

11. 나는 무엇을 신뢰하는가? 나는 편안하게 하나님 안에서 쉼을 얻는가? 나는 하나님의 임재와 약속 안에서 행복감을 찾는가? 아니면 다른 것이나 다른 사람으로부터 쉼을 얻는가?

12. 나는 누구의 행동에 주의를 기울이는가? 이 질문을 통해서는 자기 의존성의 정도나 자기 의를 추구하는지 여부를 알 수 있다. 오류를 범하거나 실패했을 때 의기소침해지는가? 나의 소원을 다른 사람에게 강요한 적 있는가? 남편이나 부인, 자녀 혹은 친구의 행위에 지나치게 의존적이지는 않은가?

13. 나는 누구를 기쁘게 하기 원하는가? 누구의 의견을 중요시하는가? 인정받고 싶거나 거절당할까 봐 두려운 상대가 있는가? 누구의 가치 체계를 따라 자기 자신을 판단하는가? 누구의 관점으로 살아가고 있는가?

14. 나의 역할 모델은 누구인가? 내가 존경하는 사람들은 누구인가? 나는 누구처럼 되기를 원하는가? 나의 '우상'은 누구인가? (우리 문화권에서 역할 모델이란 곧 우상의 다른 이름이다.)

15. 나의 삶에서 무엇이 계속되기를 간절히 원하는가? 나의 삶에 항상 있어야 하는 것은 무엇인가? 혹시 이것 없이는 못 산다는 것이 있는가?

16. 나는 성공이나 실패를 어떻게 규정하는가? 나의 기준과 하나님의 기준은 같은가? 성공을 자기 목표에 이르는 능력이라고 규정하는가? 다른 사람들을 존경하고 인정하는가? 나는 성공을 어떤 특정한 생활 양식을 유지하기 위해 특정한 지위나 능력을 지니는 것이라고 규정하는가? 예컨대 풍요로운 정도, 외모, 주위의 인정, 주거지, 성취한 바에 따라 성공을 규정하는가?

17. 무엇이 나를 풍요롭고 안정적이며 번영하게 하는가? 나를 행복하게 하는 것은 소유인가, 경험인가, 즐거움인가? 이에 대해 성경은 보물 비유를 사용한다.

18. 나를 가장 즐겁게 하는 것은 무엇인가? 또한 나를 가장 비참하게 하는 것은 무엇인가?

19. 누구의 정치력이 나를 더 유익하게 하는가? 이 질문을 꼭 국가적인 차원에서만 생각하지 말라. 직장과 교회에 이 질문을 적용해 보라. 누구의 일이 성공했으면 하는가? 그 이유는 무엇인가?

20. 누구의 승리와 성공이 나의 마음을 행복하게 하는가? 나는 승리와 성공을 어떻게 규정하는가?

21. 나의 권리는 무엇이라 생각하는가? 내게 어떤 자격이 있다고 생각하는가? 어떤 권리를 기대하고 찾고 필요로 하고 요구하는가?

22. 나는 어떤 상황에서 압박을 받거나 긴장을 느끼는가? 나는 언제 자신감이 오르거나 긴장이 해소되는가? 압박을 받을 때 어디를 향하고 무엇을 생각하는가? 무엇을 두려워하는가? 무엇으로부터 벗어나고 싶은가? 또 어떤 방향으로 나아가고 싶은가?

23. 나는 자신의 삶에 무엇을 진실로 원하는가? 내가 하는 일에 어떤 대가를 추구하는가? 일하는 만큼 무엇이 내게 돌아오기를 기대하는가?

24. 나는 무엇을 위해 기도하는가? 기도한다는 사실이 꼭 내가 영적으로 있어야 할 자리에 있다는 뜻은 아니다. 한편, 기도는 우리 마음의 우상을 드러내는 열쇠가 될 수도 있다. 기도를 통해 자기중심주의, 자기 의, 물질주의, 사람에 대한 두려움 등이 모습을 드러낸다.

25. 나는 무엇을 가장 많이 생각하는가? 아침에 일어나면 무엇이 본능적으로 머릿속에 떠오르는가? 지루한 업무를 할 때나 혼자 운전할 때 무엇이 정신을 사로잡는가? 내 마음은 무엇에 고정되어 있는가?

26. 나는 주로 무엇에 대해 말하는가? 다른 사람들과 주로 어떤 내용의 대화를 하는가? 친구들과 어떤 주제에 대해 반복해서 토론하는 경향이 있는가? 우리 입술의 말은 바로 우리 마음에서 나온다고 성경은 강조한다.

27. 나는 시간을 어떻게 사용하는가? 매일의 우선순위는 무엇인가? 매일 무슨 일에 시간을 투자하는가?

28. 나는 어떤 상상을 하는가? 밤에 무슨 꿈을 꾸는가? 나는 어떤 백일몽을 꾸는가?

29. 나의 신념 체계는 어떠한가? 삶에 대해, 하나님에 대해, 나 자신과 다른 사람들에 대해 어떤 믿음을 가지고 있는가? 나의 세계관은 무엇인가? 사물을 해석하는 방식의 근간이 되는 개인적인 '신화'는 무엇인가? 자신의 현재 상황을 구체적으로 어떻게 인식하고 있는가? 무엇을 가치 있게 여기는가?

30. 나의 우상이나 거짓된 신은 무엇인가? 어디에 나의 신뢰와 소망을 두는가? 내가 지속적으로 지향하거나 반복적으로 추구하는 것은 무엇인가? 나의 안식처는 어디인가? 나의 세계를 구원하는 자, 재판하는 자, 통제하는 자는 누구인가? 어떤 목소리가 나를 지배하는가?

31. 나는 자신을 위해 어떤 방식으로 살아가는가?

32. 나는 어떤 영역에서 마귀의 종노릇을 하는가? 마귀의 거짓말에 현혹되기 쉬운 영역은 어디인가? 마귀의 속임수 중 주로 어떤 부분에 속아 넘어가는가?

33. 어떤 상황에서 "만일 ~한다면" 하고 말하게 되는가? "만일 ~한다면" 이라는 말은 낙원에 대한 우리의 생각을 실제적으로 규정한다. 여기에는 우리의 가장 큰 두려움과 거대한 실망감이 담겨 있다. 또한 우리가 다른 사람들의 무엇을 부러워하는지도 드러낸다. 이 가정들은 삶을 다시 쓰고자 하는 우리의 소망을 나타내고, 우리가 어느 부분에 불만족하며 또한 무엇을 추구하는지 묘사한다.

34. 내가 본능적으로 옳다고 느끼는 것은 무엇인가? 진리라고 느끼는 것들에 대한 나의 견해는 어떠한가?

이 질문들은 자신이 하는 일들을 왜 해야 하는지 보다 명백하고 깊게 생각하도록 도울 것이다. 뿐만 아니라 우리의 삶에 더 나은 견해를 제공하며, 자신이 하나님께 받은 복이 얼마나 풍성한지 보도록 도울 것이다. 이런 발견은 정말이지 하나의 복이다.

이 책이 제안하는 변화 모델은 정직하게 자신을 살펴보기를 강권한다. 조와 메리는 십자가의 변화의 능력을 경험하기에 앞서 자기 삶의 죄악된 모습들을 명확히 할 필요가 있었다. 만일 조가 이 일을 감당하지 않는다면 그의 분노는 계속되어 결국 결혼 생활을 파괴할 것이다. 또한 그의 삶은 철저히 복음의 무력함을 보여 주는 예로 전락할 것이다. 한편 메리가 자신을 성찰하지 않는다면, 그녀는 두려움과 위협이 혼재하는 철저한 절망의 나락으로 떨어질 것이다. 그러나 우리에게는 여전히 다른 길이 있다. 우리가 하나님 앞에서 자기 죄에 대해 정직할 때 우리에게 자유와 변화를 주시는 성령님의 지혜와 능력의 길이다. 우리는 선한 것들이 악한 우상으로 변질될 수 있음을 직시해야 한다. 그러나 이를 깨닫고 회개하는 데는 도움이 필요하다. 우리 삶의 한 부분이라 확신하던 무언가를 떠나보내기란 (비록 그 대안이 그리스도라 할지라도) 두려운 일이다. 우리 마음은 참되신 하나님보다는 문제를 가져다 주는 하찮은 대체물에 너무 자주 흔들린다. 그러나 바로 이를 인식하는 순간, 우리는 변화의 시작이자 자유를 향한 길에 들어서는 것이다.

복음의 좋은 소식은 우리 죄를 배경으로 할 때 가장 밝게 빛난다. 그러니 자신을 살피기를 두려워하지 말라. 위 질문들에 대답하는 동안 기도하는 시간을 가지라. 그리스도와의 연합을 기억하고, 끈기 있게 우리를 사랑하고 변화시키시는 하나님의 약속을 기억하라. 이 일에 참여한다면, 우리가 다음 두 장에서 살펴볼 십자가의 좋은 소식을 경험할 준비가 된 것이다.

chapter 11

우리는 왜 변화될 수 있는가?
_십자가1: 새로운 정체성과 가능성

● 김영희 옮김

　우리는 모두 문제를 싫어한다. 우리는 모두 해결책을 원한다. 나만 해도 조립형 가구에 따라오는 설명서를 읽기가 무척이나 싫다. "조립할 필요 없음"이라는 문구를 볼 때마다 얼마나 마음이 평안해지고 기쁨이 넘치는지! 설명서를 읽지 않은 채 곧바로 복잡한 조립 과정에 들어가면, 반쯤 지난 후 더 이상 어쩔 도리가 없는 상황에 맞닥뜨리기도 한다. 약간 뜯어내고 억지로 끼우려고 시도하지만 끝내 분노와 좌절만이 몰려올 뿐이다. 그제야 설명서를 찾아 들고 처음부터 하나하나 읽기 시작한다. 어떤 경우에는 완전히 도로 분해한 다음 처음부터 다시 조립해야 하는 일도 생긴다. 처음부터 설명서를 따라 차근차근 조립했다면 30분이면 될 일을 두 시간 이상 걸리기도 한다. 아, 정말이지 이런 경험은 너무나 싫다! 개인적인 문제 혹은 대인관계 문제에서도 위와 비슷하게 처신하는 사람이 있을 것이다. 성경의 지혜로운 조언에 따라 시간을 들이기보다는, 혼자서 애를 쓰면서 골머리를 앓는 것이다. 시간을 아낀다고 생각하지만 나중에 가서는 큰 실수를 했음을 깨닫게 된다. 생명이 없는 가구를 조립할 때에야 별 문제될 것이 없겠지만, 사람들에게 이런 식으로 접근했다가는 참담한 결말을 맞을 수 있다.

　이 책을 여기까지 읽는 동안, 우리는 실로 삶의 심각한 주제인 변화에 대해 꼼꼼히 그리고 깊이 있게 숙고해 보았다. 저자된 입장에서는 기초 단계를 훌쩍 뛰어넘어 바로 이 내용부터 쓰고픈 유혹을 받기도 했다. 그랬더라면 아마도 무수한 오해를 불러일으켜 많은 독자들을 걸려 넘어지게 했을 것이다. 그리스도의 은혜와 성경적인 변화의 역학 관계는 우리의 상황과 죄악된 반응이라는 틀과 함께 이해할 필요가 있다. 그런 까닭에 우리는 우리를 화나게 하는 세상, 잠재적인 죄악된 반응 및 동기와 같은 구체적인 것들부터 살펴보았다. 이런 과정 없이는 허무한 결론을 얻을 것이 자명했기 때문이다. 우리 문제의 심각한 본질을 다루지 않고 건너뛴다면, (물론 예수님이 문제를 해결하실 테지만) 예수님이 왜 그 해법이 되시는지 전혀 알 도리가 없었을 것이다. 다시 말해 우리 존재의 실상에 대한 나쁜 소식을 직시하는 시간이 없다면, 기쁜 소식(복음)이 어째서 기쁜지를 깨닫지 못했으리라는 뜻이다. 그러나 우리의 진짜 문제를 솔직하게 살펴보았기에 이제는 그리스도의 은혜가 너무도 귀한 것임을 알게 되었다.

9장과 10장에서는 삶에 대한 우리의 '가시나무(죄악된) 반응'이 우리 마음에 근원을 둔 문제의 결과임을 알았다. 힘겨운 삶은 우리가 가시나무 반응을 하는 원인이 아니다. 우리의 반응은 우리 마음에서 나오는 생각과 동기에 의해 형성된다(히 4:12). 피조물을 향한 우리의 사랑이 창조주와 구세주에 대한 사랑을 대체할 때, 우리는 축복이든 역경이든 가시나무 반응을 보이게 된다.

이 상에서는, 우리 마음의 갈등을 해결하기 위해 우리가 그리스도 안에서 소유한 자원들을 살펴볼 것이다. 우리가 은밀하고도 강력한 우상과 싸울 때 그리스도께서는 우리에게 무엇을 주시는가? 우리의 가장 큰 문제는 우리 안에 있는데 왜 십자가가 우리의 유일한 소망인가? 십자가를 중심에 둔 소망으로 나아갈 때 우리의 삶은 어떻게 변화되는가?

고린도후서 5장 15절은 예수님이 오신 이유에 대해 다음과 같이 설명한다. "살아 있는 자들로 하여금 다시는 그들 자신을 위하여 살지 않고 오직 그들을 대신하여 죽었다가 다시 살아나신 이를 위하여 살게 하려 함이라." 이번 장에서부터는 그리스도 안에 있는 새 생명에 대한 약속이, 우리 삶을 조종하는 우상들로부터 우리를 어떻게 구하는지 주의 깊게 살펴보겠다.

성령님과 새로운 마음

모든 사람은 자신에게 잠재력이 있거나 잠재력이 부족하다고 생각하며 살아간다. 자녀가 태어날 때마다 느끼지만, 아기가 첫걸음을 떼는 과정은 정말이지 흥미롭다. 어느 시기에 이르면 아이는 일어서기 위해 소파나 의자를 의지한다. 그러다 몇 주가 지나면, 자신이 거기에서 손을 뗀 채로 아무런 도움 없이 걸어 다닐 수 있을지 가늠하는 게 보인다. '손을 놓아도 될까? 도움 없이도 걸을 수 있을까?' 하고 자문하는 것 같다. 처음 그 물건에서 손을 뗄 때면 두려움과 놀라움이 얼굴에 동시에 나타난다. 한두 걸음을 떼는 동안 아기는 팔을 위아래로 흔들다 곧 주저앉는다. 그 후에는 일어나 처음부터 다시 시도한다. 걸음마를 익히며 아이들은 무엇을 하는 것일까? 아이들은 자신만의 방식으로 스스로의 잠재력을 가늠하고 있다. 잠재력에 자신감이 붙으면, 아이는 의자에서 손을 뗀 채 걸음을 내딛기 시작한다. 즉 걸음마에 대한 자신감과 확신이 그들의 두려움을 억누르는 것이다.

어른들도 언제나 자신의 가능성을 가늠한다. 상사나 코치 혹은 선생님이 새로운 과제를 줄 때마다 우리는 내심 그 과제를 완수할 능력이 있는지 스스로를 평가한다. 예컨대 임신 막달의 임산부는 자신이 어떤 엄마가 될지 생각한다. 여자친구에게 청혼하려는 남자는 자신이 좋은 남편이 될 수 있을지 살핀다. 이와 같이 우리는 삶의 크고 작은 도전을 만날 때마다 자신이 그에 알맞은 자질을 가졌는지 되묻고는 한다. 이때 우리의 대답이 결정을 좌우한다. 성공에 필요한 자질이 없다고 판단되면, 앞에 놓인 과제를 하지 않기로 결정할 것이다.

축복과 역경에 직면해서도 우리는 자신에게 성공할 가능성이 있는지 가늠한다. 무엇이 나로 하여금 "싹수가 노랗군. 잘될 가망이 없어"라고 말하게 하는가? 무엇이 "이만 하면 해볼만 하겠어"라고 말하게 하는가? 무엇으로 자신의 가능성을 재는가? 과연 무엇이 자신으로 하여금 "자라는 동안 부모님은 내게 좋은 본보기가 되어 주셨지", "나는 좋은 교육을 받았어", "나는 이 일에 끼를 타고 났어", "나는 과거 경험에서 배웠어", "지난 번에도 그랬듯이 나는 이번에도 성공할 거야"라고 말하게 하는가?

그리스도인에게는 이 모든 평가들이 가치가 있다. 우리 주님께서 우리 삶의 모든 경험과 관계들을 주관하시기 때문이다. 이 모두를 통해 주님은 우리가 소명을 감당할 수 있도록 준비시키고 계신다. 하지만 이러한 자기 평가의 기준들은 여전히 그리스도인으로서 자신의 가능성의 핵심을 꿰뚫지 못하고 있다. 말하자면 이것만으로는 그리스도인으로서 스스로 준비가 되었는지 여부를 알 수 없다는 뜻이다. 과거의 실패와 현재의 연약함을 느끼는 일로는 아직 한 번도 해 보지 않은 일에 대한 가능성을 가늠하기란 어려운 법이다. 과거에는 비록 실패했지만, 새로운 방법으로 극복할 수 있을지 누가 알겠는가? 좋은 가정의 모범도 없고 성공한 경험도 없는데 삶의 갖가지 상황과 인간관계 속에서 뛰어난 잠재력을 발휘하는 사람도 있다. 그리스도인이 어제의 실패에도 불구하고 소망과 용기를 갖는 이유는 무엇인가?

좋은 가정과 양질의 교육, 무수한 끼와 경험 그리고 성공한 경험은 모두 가치가 있다. 그러나 이것들은 하나님의 자녀로서 우리가 지니는 가능성의 핵심을 꿰뚫지 못한다. 그렇다면 지금부터 우리가 그리스도 안에 있음으로 가지게 된 새로운 가능성에 대해 생각해 보자.

우리의 가능성: 내주하시는 그리스도

갈라디아서에서 바울은, 복음에 대해 변질된 이해를 가진 사람들에게 복음이 무엇인지를 설명한다. 일찍이 그는 다음과 같은, 받아들이기 불가능할 정도로 매우 놀라운 말을 했다. "내가 그리스도와 함께 십자가에 못 박혔나니 그런즉 이제는 내가 산 것이 아니요 오직 내 안에 그리스도께서 사시는 것이라 이제 내가 육체 가운데 사는 것은 나를 사랑하사 나를 위하여 자기 자신을 버리신 하나님의 아들을 믿는 믿음 안에서 사는 것이라"(갈 2:20). 바울의 이 말을 음미해 보자. 그리스도의 십자가에 의해 우리의 가능성이 결정되었기에, 우리의 잠재력은 훨씬 더 크고 심오해졌다.

바울은 여기서 단순히, 십자가 덕분에 우리는 하나님께 받아들여졌고 그분의 가족으로 입양되었다는 사실에만 초점을 맞추지 않는다(물론 매우 중요한 사실이다. 다음 장에서 이에 대해 살펴볼 것이다). 바울은 우리가 성령님을 통해 그리스도 안에서 소유하게 된 새 생명을 알기를 원한다. 이 사실을 아는 것이 중요하다. 많은 신자들이 십자가를 하나님과의 관계로 들어가는 입구 정도로만 생각하기 때문이다. 그러나 십자가는 그 이상이다! 또한 바울의 초점이 영생이 아님을 주목하라. 물론, 십자가는 우리에게 죄와 고통으로부터의 영원한 자유와 주님과 함께할 영원한 나날을 보장한다. 그러나 다시 말하지만,

많은 사람들이 십자가를 그저 영원한 형벌에서 영원한 낙원으로 가는 피난길 정도로만 생각하고 있다. 물론 바울도 십자가의 그런 역할을 알고 있지만, 십자가는 그 이상이라고 강조하는 것이다!

바울의 초점은 무엇인가? 우리는 그리스도 안에 살기에 '지금 여기'에서도 우리의 정체성과 잠재력이 십자가로 정의된다는 사실이다. 우리에게는 우리 안에 사시는 그리스도의 영(성령님)께서 함께하신다. 바울은 로마서 8장 9-10절에서 다음과 같이 말한다.

"만일 너희 속에 하나님의 영이 거하시면 너희가 육신에 있지 아니하고 영에 있나니 누구든지 그리스도의 영이 없으면 그리스도의 사람이 아니라 또 그리스도께서 너희 안에 계시면 몸은 죄로 말미암아 죽은 것이나 영은 의로 말미암아 살아 있는 것이니라."

바울에 의하면, 성령님을 통해 우리 안에 거하시는 그리스도께서 완전히 새로운 가능성을 가지고 살게 하는 새 마음과 새 힘을 우리에게 주신다. 그렇다면 갈라디아서 2장 20절이 말하는 바울의 세 가지 요점을 생각해 보자.

세 가지 구속사적 진실

1. 구속사적 사실: "내가 그리스도와 함께 십자가에 못 박혔나니 그런즉 이제는 내가 산 것이 아니요"

바울은 '그리스도께서 나를 위해 십자가에 못 박히셨다', 혹은 '그리스도의 십자가가 내게 유익을 끼쳤다'는 사실 그 이상을 말한다. 그는 그리스도께서 십자가에 못 박히셨을 때, 자신(바울)도 함께 못 박혔다고 말한다. 예수님이 실제로 돌아가셨을 때, 바울(그리고 모든 성도)은 영적으로 죽었다. 바울은 자신을 그리스도의 죽음에 연합된 존재로 보면서 "그런즉 이제는 내가 사는 것이 아니요"라고 말한다. 도대체 바울의 이 말은 무슨 뜻인가?

태어날 때부터 우리 모두는 죄의 통제와 지배 아래 있다. 그리스도의 죽으심은 패배가 아니라 승리이다(골 2:13-15를 보라). 그리스도께서는 육체적 죽음을 통해 우리를 지배하던 죄악의 영적인 힘과 권세를 깨뜨리셨다. "내가 그리스도와 함께 십자가에 못 박혔나니"(I have been crucified)라는 말씀을 다시 한번 보자. 이 동사의 시제는 과거에 완료된 행동을 가리키는 동시에 그 결과가 영원까지 진행 중이라고 말한다. 그리스도께서 십자가 위에서 하신 일이 '나는 지금 누구인가?'와 '나는 앞으로 계속 누구일 것인가?'의 문제를 영원히 바꾸어 놓았다. 바울은 여기서 더 나아가, "내가 사는 것이 아니요"라고 말한다. 그의 내부에서 일어난 변화가 인간으로서 자신이 누구인지에 대해 너무나도 근본적인 변화를 일으켰기에, "이제는 내가 사는 것이 아니요"라고 말하는 것이다. 그렇다. 그는 여전히 바울이지만, 그리스도와 함께 죽었기에 그는 중심이 완전히 달라진 바울이다.

신자로서 우리가 자기 안에서 일어난 변화의 본질을 파악하게 되면, 스스로 갖게 된 참 가능성에 대해서도 이해하게 될 것이다. 나는 더 이상 예전의 내가 아니다. 나는 영원히 변화되었다. 더 이상은 율법에 억눌린 채 죄의 지배 아래 살지 않는다. 그리스도의 죽으심이 율법의 요구를 모두 채웠고 죄의 권세를 부쉈으니, 더 이상은 자신을 죄에 내줄 필요가 없다. 그리스도께서 육신으로 죽으셨을 때 나도 영으로 죽었기에, 옛날과 똑같은 상황에도 다른 방법으로 살 수 있다. 이 근원적인 변화가 영원한 결과를 가져왔다! 당신은 과연 자신을 그리스도 안에서 주어진 새 생명이라는 잠재력을 가진 존재로 보는가?

2. 현재의 실상: "오직 내 안에 그리스도께서 사신 것이라"

바울은 그리스도의 죽으심이 자신을 단지 새롭게 만들었다고만 말하지 않는다. 그는 죽었을 때 예전의 바울이 좀 더 나아진 바울로 대치된 것이 아니라, 그리스도로 대치되었다고 말한다. 그렇다고 새 바울이 마음속 죄를 능히 다룰 수 있다고 말하는 것은 결코 아니다. 죄가 군림하던 곳을 이제는 그리스도께서 다스리신다고 말하고 있다. 우리 마음은 한때 죄의 다스림 아래 있었지만, 이제는 의와 지혜와 은혜와 능력과 사랑의 궁극적인 원천이신 그리스도께서 거하시는 곳이 되었다. 바로 여기에 우리의 잠재력에 대한 기쁜 소식이 있다. 그리스도께서 우리 마음에 영원히 사시려면 우리가 그리스도와 함께 죽는 일이 필요했다. 예전의 죄악된 나는 죽었다. 그런데 그 나는 좀 더 나은 나로 대치된 것이 아니다. 그리스도로 대치되었다! 그리스도께서 거하심으로 내 마음이 새로워졌고, 그분이 거하시며 생명을 주시니 마침내 내 마음이 살아났다. 더는 죄가 내 마음을 주장할 수 없으며, 그분의 은혜로운 통치로 내 마음이 해방되었기에 새로운 생명의 방식으로 반응하게 되었다. 그 결과 내 삶과 마음에서 놀라운 변화와 성숙의 가능성이 생겼다.

3. 일상에서 일어난 결과: "이제 내가 육체 가운데 사는 것은 나를 사랑하사 나를 위하여 자기 자신을 버리신 하나님의 아들을 믿는 믿음 안에서 사는 것이라"

바울은 그리스도께서 우리 마음에 거하심으로 우리가 현재 누리는 유익에 대해 말한다. 우리는 죄와 죽음이라는 옛 원리가 아닌, 우리 안에 지금

거하시는 그리스도의 능력과 은혜라는 새 원리에 의해 살아간다. 이것이 바로 "하나님의 아들을 믿는 믿음 안에서 산다"는 말의 참 뜻이다. 우리는 더이상 우리가 가진(즉 우리의 가정이나 교육, 경험에서 오는) 힘과 인격, 지혜에 대한 평가에 근거해서 사는 것이 아니다. 어떤 축복이나 고통에 직면할지라도 예수님이 우리 안에 거하시기에 우리는 옳은 것을 바라고, 생각하고, 말하고, 행동할 수 있다는 사실에 근거해 산다. 그리스도께서 우리의 잠재력이시다! 이 사실을 진실로 믿을 때, 우리는 하나님의 자녀로서의 참된 잠재력을 깨닫게 된다. 또한 우리 삶에서 새롭고 놀라운 열매가 자라나는 것을 목격하게 된다.

예전에는 분노의 말을 퍼붓던 엄마가 인내하며 아이에게 말을 건넬 때, 이제 그녀는 자기 안에 사시는 그리스도의 능력 안에서 사는 것이다. 직장에서 돌아온 남편이 피곤하지만 기꺼이 아내를 도울 때에도, 그는 내주하시는 그리스도의 능력 안에서 사는 것이다. 예전 같으면 절교를 했을 일이지만 여전히 우정을 유지하는 친구는 "내 안에 계신 그리스도"를 신뢰하는 믿음 안에서 살기로 결단한 것이다. 바울은 여기서 매우 실용적인 원리를 제시하고 있다. 이 원리에 우리가 매일 살아가고 반응하는 방식을 근본적으로 바꿀 잠재력이 있다.

세 가지 구속사적 결과

그리스도와 연합된 자로서의 잠재력에 근거해 자신을 평가한다면 우리의 삶은 어떤 모습일까? 그리스도께서 우리 안에 사시며 우리로 하여금 옳은 일을 하도록 힘을 실어 주신다는 사실을 진정으로 믿을 때 우리 삶은 과연 어떤 모습으로 변화될 것인가? 이 질문에 대한 답을 다음 세 가지로 나누어 간략하게 살펴보자.

1. 인격적으로 온전하게 살아갈 것이다

우리는 하나님의 말씀이란 거울로 자신을 기꺼이 비추어 살피며 자신에 대한 옳고 바른 이해를 구할 것이다. 우리는 과연 자신에 대한 성경적인 견해를 가지고 있는가?

우리는 변화가 공동체적 과제라는 사실을 받아들일 것이다. 우리는 그리스도 안에서 형제자매 된 이들에게 감사와 필요를 느끼며, 열린 마음으로 겸손하게 자신을 그들에게 기꺼이 내주며 살 것이다. 아직도 하나님의 백성들의 영적 자원을 회피하며 자신을 숨기는 부분이 있는가?

우리는 문제들에 솔직해질 것이다. 그리스도 안에 있는 바로 이 믿음은 우리로 고통과 번민, 두려움, 안달, 시기심, 분노, 행복, 감사와 기대를 포함한 모든 거룩한 감정들을 표현하게 한다. 자신의 감정을 솔직히 인정하거나 적절하게 표현하기가 두려운 나머지 겉치레하고 마는 면은 없는가?

2. 인간관계 속에 은혜를 가져올 것이다

우리는 용서받은 자로서 다른 이들을 용서할 것이다. 그리스도로부터 긍휼을 입은 자로서 다른 이들의 죄에 긍휼을 보일 것이다(막 11:25; 마 6:1-15). 혹시 마음에 품고 있는 다른 사람의 잘못이 있는가?

우리는 그리스도를 통해 자기 방어과 자기 합리화와 책임 전가와 다른 모든 종류의 자기 정당화에서 해방되도록 즉시 용서를 구할 것이다. 혹시 다른 사람들을 향한 자신의 죄를 인정하기가 어려운가?

우리는 베풀고 섬길 실제적인 방법을 찾을 것이다(롬 12:14-21). 바로 지금 하나님이 섬기라고 부르시는 곳은 어디인가?

우리는 그만두고 싶은 유혹을 느낄 때에도 지속하는 인내를 배울 것이다. 인내와 관용, 오래 참음, 끈기와 견딤은 성경이 꼽은 새로워진 마음의 특성이다. 분노해야 마땅한 상황에서도 옳은 일을 하는 것 역시 그렇다. 삶 가운데 포기하거나 도망가거나 손 떼고 싶은 영역이 있는가?

3. 은혜 속에서 용기 있게 진리로써 세워지며 행할 것이다

우리는 화합과 화평과 축복을 구하는 가운데 진실을 말할 것이다(레 19:17, 엡 4:29). 침묵하며 몸을 사리거나 불편을 모면하기 위해 진리를 건너뛰고픈 유혹을 받는 부분은 어디인가?

우리는 용서를 구하는 자를 기꺼이 용서할 것이다(눅 17:1-10, 엡 4:30-5:2). 은혜와 용서보다 보복과 쓴 마음을 품는 것에 더욱 끌리는 때가 있는가?

우리는 자신의 이기적인 바람, 타인의 기대 혹은 상황 그 자체에서 오는 압박감보다 구세주의 뜻에 의해 반응이 빚어질 것이다. 자신의 죄된 속성에 대해 단호히 "안 돼"라고 말하고 우리 주님의 부르심에는 기꺼이 "예"라고 말해야 할 부분이 어디인가?

'내 안에 계신 그리스도', 곧 십자가 중심적인 삶이 우리의 말과 행동에 목적과 방향을 부여할 것이다. 우리는 하나님이 우리 안에서 행하시는 바가 삶에 반영되도록, 오직 하나님의 은혜를 소망하면서, 우리 자신의 인간적인 성향에 휘둘리지 말아야 한다. 우리는 여기 이 세상에서 하나님이 우리 삶을 통해 일하시기를 바란다. 우리의 행위와 선택 그리고 하는 말들 속에서 이 놀랍고도 새로운 열매가 나타날 것이다. 한때는 분쟁을 일으켰던 곳에서 화평을 이룰 것이다. 한때는 사람을 두려워하며 너무 자주 "예"라고 했지만, 이제는 하나님의 뜻이 이루어지기를 바라며 "아니"라고 말할 때를 알게 될 것이다. 과거에는 하나님이 주신 은사를 자기 자신의 유익과 영광을 위해 썼다면, 이제는 남을 위해 그리고 하나님의 영광을 위해 사용하게 될 것이다. 과거에는 우리가 원하는 것을 얻고자 진리를 왜곡하고 편집했다면, 이제는 대가를 지불하고서라도 진리를 담대히 말할 것이다. 과거에는 쓴 마음과 분노를 품었다면, 이제는 주님께 맡기고 다른 사람에게 용서를 베풀 것이다.

자신의 삶 속에서 혹시 이런 새로운 열매를 보게 된다면, 어떻게 반응해야 할까? "와, 나는 정말 멋진 그리스도인이야"라고 말해야 할까? 아니다. "이제는 내가 산 것이 아니요 오직 내 안에 그리스도께서 사시는 것이라" 하고 말하면서 겸손히 주님을 인정해야 한다. 이 아름다운 행동은 우리 구주 예수님의 임재와 은혜, 사랑, 지혜 그리고 능력에 돌리는 찬송이란 열매로 나타날 것이다.

만약 실패한다면?

그리스도께서 우리에게 능력을 주셨음에도 불구하고 우리는 단 하루도 실패하지 않는 날이 없다. 그리스도와의 연합으로 풍성한 은혜를 받았지만, 여전히 죄가 우리 안에 존재하기 때문이다. 그렇기에 우리는 예수님이 죄의 권세를 깨뜨리셨다는 사실을 알아야 한다. 우리 안에서 격렬히 일어나는 전쟁 때문에 놀라지 말라. 우리는 힘을 얻었다. 그러나 아직 우리는 완전하지 않다.

죄 짓고 실패했을 때 우리는 무엇을 하는가? 스스로를 변명하고 합리화하는가? 자기 자신을 무너뜨리는 죄책감과 후회 속에서 허우적거리는가? 십자가는 이 두 가지 반응으로부터 우리를 떼어 놓는다. 십자가는 우리에게 죄를 인정하고 회개할 자유를 준다. 우리의 죄가 얼마나 크든, 우리는 그것 때문에 죽으신 분을 실망시킬 수 없다. 우리는 그리스도께서 자신에게 지우신 그 죄들을 짊어질 필요가 없다. 우리가 치를 수 없는 그 대가를 그리스도께서 대신 치르셨다. 그래서 우리는 그 값을 다시 치를 필요가 전혀 없다.

혹시 또 다시 실패한다면, 예수님과 그분이 하신 사역을 기억하라. 주님께로부터 도망가지 말고 오히려 주님께 달려가라. 주님의 용서를 받아들이고 힘을 얻어 다시 한 번 그분을 따르라. 넘어질 때마다 그리스도께서 이런 나를 위해 죽으셨음을 깨닫고, 자신이 이만한 사랑을 받을 신분이 되었음에 감사하라. 우리가 매번 겪는 실패는 우리로 하여금 예수 그리스도께서 죽으셔야 했던 이유를 상기시킬 것이다. 또한 매번의 죄 고백은 우리로 하여금 십자가가 있었기에 우리에게 가능했던 용서를 기억하게 할 것이다.

다음 장에서는 우리에게 믿음과 회개가 계속 필요한 이유를 살펴볼 것이다. 그리고 그리스도를 통해 우리에게 주어진 놀라운 축복에 대해 좀 더 생각해 볼 것이다. 우리는 성령님을 통해 새로운 마음만을 소유하게 된 것이 아니다. 그리스도인으로서 확신과 소망을 가지고 매일을 살아갈 새로운 근거 또한 소유하게 되었다.

chapter 12

무엇이 우리를 변하게 하는가?
_십자가2: 십자가와 매일의 삶

● 이은규 옮김

어떤 신생아는 세상에 태어날 때 힘차게 울면서 출산길을 빠르게 쑥 빠져나온다. 어떤 신생아는 별로 울지도 않고 느긋하게 빠져나온다. 세상에 태어나는 모습은 제각기 다르지만, 그들이 태어났다는 사실은 한 가지로 똑같다. 그리스도인이 되는 과정도 그렇다.

앞에서 우리는 그리스도께 나아오는 사람은 내면에서 무언가 심오한 경험을 한다는 사실을 찬양했다. 하나님은 강력한 은혜로써 영적으로 죽은 자에게 성령님을 보내사 그들이 영적으로 살아나게 하신다. 이 순간 어떤 이는 매우 격렬하고도 즉각적인 변화와 강렬한 감정을 경험한다. 어떤 이는 이 순간이 꽤 일상적으로 지나가서 변화하기까지 시간이 걸린다.

이처럼 드러나는 모습은 다 다르지만, 새로운 영적 생명의 내면에서 일어나는 일은 모든 신자에게 똑같다고 성경은 말한다. 베드로는 우리가 "신성한 성품에 참여하는 자"(벧후 1:4)가 되었다고 말하고, 사도 요한은 예수님의 말씀을 인용하며 우리가 "거듭났다"(요 3:3)고 말한다. 바울은 우리가 "새로운 피조물"(고후 5:17)이 되었다고 선언한다. 구약성경은 '새로운 마음'이라는 표현으로 이 영적인 실재를 묘사했다(겔 36:26; 렘 31:31-34). 바울은 안에서부터 새로워진 존재라는 신약적 실재를 설명하기 위해 할례라는 구약 예식을 들었는데(롬 2:29, 골 2:11), 이는 사람의 손이 아닌 성령님에 의해 행해진다.

그리스도인으로서 변화되는 삶을 살고 싶다면, 우리는 반드시 이 강력한 신약적 실재를 확신해야 한다. 우리는 성령님을 통해 개인적으로 그리스도와 연합된다. 하나님이 우리 안에 거하시기에 우리는 새로운 자원과 잠재력을 갖게 되었다. 모든 신자의 기본적인 영적 DNA가 달라졌고, 이제 우리는 모든 피조세계를 포함한 구속의 새로운 이야기에 합류하게 되었다.

성령님의 사역: 그리스도를 확대해서 보여 줌(magnify)

내주하시는 성령님의 사역 중 하나는 우리로 회심 전에는 보지 못했던 것을 보게 하는 것이다. 신자는 이제 영적 진리를 이해할 수 있다. 고린도전서 2장 6-16절에서 바울은 우리가 지혜를 받았다고 말하는데, 이 지혜에 특별히 주목해 보자.

"그러나 우리가 온전한 자들 중에서는 지혜를 말하노니 이는 이 세상의 지혜가 아니요 또 이 세상에서 없어질 통치자들의 지혜도 아니요 오직 은밀한 가운데 있는 하나님의 지혜를 말하는 것으로서 곧 감추어졌던 것인데 하나님이 우리의 영광을 위하여 만세 전에 미리 정하신 것이라 이 지혜는 이 세대의 통치자들이 한 사람도 알지 못하였나니 만일 알았더라면 영광의 주를 십자가에 못 박지 아니하였으리라 기록된 바 하나님이 자기를 사랑하는 자들을 위하여 예비하신 모든 것은 눈으로 보지 못하고 귀로 듣지 못하고 사람의 마음으로 생각하지도 못하였다 함과 같으니라 오직 하나님이 성령으로 이것을 우리에게 보이셨으니 성령은 모든 것 곧 하나님의 깊은 것까지도 통달하시느니라 사람의 일을 사람의 속에 있는 영 외에 누가 알리요 이와 같이 하나님의 일도 하나님의 영 외에는 아무도 알지 못하느니라 우리가 세상의 영을 받지 아니하고 오직 하나님으로부터 온 영을 받았으니 이는 우리로 하여금 하나님께서 우리에게 은혜로 주신 것들을 알게 하려 하심이라 우리가 이것을 말하거니와 사람의 지혜가 가르친 말로 아니하고 오직 성령께서 가르치신 것으로 하니 영적인 일은 영적인 것으로 분별하느니라 육에 속한 사람은 하나님의 성령의 일들을 받지 아니하나니 이는 그것들이 그에게는 어리석게 보임이요, 또 그는 그것들을 알 수도 없나니 그러한 일은 영적으로 분별되기 때문이라 신령한 자는 모든 것을 판단하나 자기는 아무에게도 판단을 받지 아니하느니라 누가 주의 마음을 알아서 주를 가르치겠느냐 그러나 우리가 그리스도의 마음을 가졌느니라."

성령님은 우리가 "하나님께서 우리에게 은혜로 주신 것들을 알도록"(12절) 도우신다. 우리는 그리스도와 함께 오는 모든 것들과 더불어 그리스도를 받았다. 다시 말해, 성경이 말하는 지혜란 한 존재이신데, 바로 예수님 그분 자신이시다! 요한복음 16장에서 예수님은 성령님이 우리가 무엇을 알고 경험하도록 도우시는지 자세히 설명하신다.

"지금 내가 나를 보내신 이에게로 가는데 너희 중에서 나더러 어디로 가는지 묻는 자가 없고 도리어 내가 이 말을 하므로 너희 마음에 근심이 가득하였도다 그러나 내가 너희에게 실상을 말하노니 내가 떠나가는 것이 너희에게 유익이라 내가 떠나가지 아니하면 보혜사가 너희에게로 오시지 아니할 것이요 가면 내가 그를 너희에게로 보내리니 그가 와서 죄에 대하여, 의에 대하여, 심판에 대하여 세상을 책망하시리라 죄에 대하여라 함은 그들이 나를 믿지 아니함이요 의에 대하여라 함은 내가 아버지께로 가니 너희가 다시 나를 보지 못함이요 심판에 대하여라 함은 이 세상 임금이 심판을 받았음이라 내가 아직도 너희에게 이를 것이 많으나 지금은 너희가 감당하지 못하리라 그러나 진리의 성령이 오시면 그가 너희를 모든 진리 가운데로 인도하시리니 그가 스스로 말하지 않고 오직 들은 것을 말하며 장래 일을 너희에게 알리시리라 그가 내 영광을 나타내리니 내 것을 가지고 너희에게 알리시겠음이라 무릇 아버지께 있는 것은 다 내 것이라 그러므로 내가 말하기를 그가 내 것을 가지고 너희에게 알리시리라 하였노라"(5-15절).

성령님은 우리가 예수님을, 그리고 우리가 그분 안에서 가진 모든 것을 보게 하신다.

그리스도인의 일상생활

성령님의 사역을 이해하는 것이 왜 그리 중요한가? 우리가 아직도 죄에 대항해 투쟁하기 때문이다. 3장에서 우리는 우리의 필연적인 영화, 곧 우리가 완전히 그리스도를 닮은 모습으로 변화될 그날의 위대한 소망을 살펴보았다. 11장에서는 하나님의 중생 사역, 곧 우리의 죄를 위해 그리스도께서 죽으심으로써 우리를 새 마음을 지닌 새 피조물로 만드신 일에 대해 알아보았다. 이미 시작된 이 과정은, 하나님의 관점에서 이야기한다면 이미 완성되었다.

그러나 알겠지만, 이 위대한 새 생명이라는 현실은 죄가 우리를 둘러싸고 있으며 우리 안에 죄가 남아 있다는 지금의 현실과 부딪힌다. 이렇게 질문하는 사람도 있을 것이다. "만약 성령님에 대한 이 모든 이야기가 사실이라면, 나를 비롯한 그리스도인들은 어째서 그렇게나 열심히 죄와 싸워야 하는가? 내적으로 새로워졌음에도 불구하고, 나는 왜 거의 변화되지 않은 듯 느껴지는가?" 이러한 의문들은 정확히 "성령님의 점진적인 사역을 이해하는 것이 왜 그렇게 중요한가?"라는 질문과 직결된다. 성령님은 우리의 중심과 마음을 예수님과 그분께서 우리를 위해 행하신 모든 일들에 연결시키신다. 성령님은 우리로 하여금 십자가 중심의 삶을 살도록 돕기 위해 오셨다. 우리는 매일의 일상적인 많은 순간에 왜 예수님을 매일 바라보아야 하는지 즉각적으로 깨닫고는 한다. 나의 경험을 들어 이를 살펴보자.

나의 현실: 첫 번째 시나리오

나는 편안함을 좋아한다. 아니, 나는 편안함을 사랑한다. 힘든 하루 일과를 마치면, 으레 편안히 쉴 조용한 시간을 기대하면서 집으로 향한다. 내 삶의 '더위'는 삶의 걱정거리로부터 멀어져 휴식을 취하라고 나를 부추긴다. 편안함은 선한 것이다. 하나님은 휴식과 여가라는 축복을 그분의 창조에 포함시키셨다. 하나님도 일곱째 날에 쉬지 않으셨는가!

그런데 내가 집에 가서 쉬겠다는 기대에 부푼 동안, 무슨 일인가 일어난다. 나의 마음이 로마서 1장 25절의 말씀과 같이 바뀌는 것이다. 원래는 선한 것이 경배의 대상이 되어서 내 마음속에서 오직 참 되신 한 분 하나님만이 차지하셔야 할 자리를 침범한다. 나는 단지 그 선한 것을 즐거워하기만 할 뿐 아니라, 거기에 어떤 권리를 준다. '오늘 하루 종일 열심히 일했으니 나는 쉴 자격이 있다!' 나는 이 생각을 소중히 여기며 묵상한다. 주차를 할 때쯤 나는 이미 편안함이란 유혹에 넘어가 그 품에 기꺼이 몸을 던진다. 편안함은 더 이상 선한 것이 아니다. 나는 편안함을 하나님보다 더 원하게 되었다.

그런데 집에 들어서자마자 편안함이란 나의 우상이 곧 위협을 받는다! 두 아이가 내게로 달려오는 것이다. 그들은 어서 오시라는 인사도 없이 컴퓨터를 서로 쓰겠다고 다툰다. 그 와중에 다른 아이가 와서 숙제를 도와달라고 한다. 아내는 피곤하다고 손사래를 친다. 상황은 종결됐다. 이 모든 일들은 이제 내 몫이다.

편안함이 내 마음을 통치하는 신일 때, 그는 나를 훈련 조교로 바꾼다. 나는 아이들에게 명령조로 외친다. "여동생이 30분 동안 컴퓨터를 쓴 다음, 네가 30분을 쓰면 되잖아!" 나는 거칠고 강압적으로 아이들을 대한다. 아이들이 말대꾸라도 할라치면 더욱 윽박지른다. 마지막에는 컴퓨터를 끄라고 위협하기도 한다. 이 두 '편안함 강탈자들'을 진압하자마자, 나는 다른 아이에게 가서 숙제하라고 지시한다. 만약 말대꾸를 하면, 나는 다시금 강압적으로 대하거나 위협함으로써 아이를 제압한다. 아이들 모두가 고분고분해지면, 이제는 아내에게 몇 마디 할 차례다. "내가 오기 전에 애들을 좀 통제할 수는 없는 거야? 하루 종일 지치도록 일하고 오자마자 왜 이런 일들까지 해야 하는 거야!" 그러나 아내에게도 대꾸할 말은 있기 마련이다.

무슨 일이 일어났던가? 나의 마음은 온통 죄로 헝클어졌고, 그것이 곧 나의 행동이 되어 나타났다. 나의 예배 대상은 하나님 대신 편안함이 되어 버렸고, 이 잘못된 수직적 관계가 가족에 대한 수평적 관계에 재빨리 적용되었다. 나는 내가 원하는 것을 얻기 위해 가족들을 통제함으로써 가족에게 죄를 지었고 하나님을 모독했다. 집에 오는 길에 이미 제1-3계명을 어겼기에, 제4-10계명도 어기게 된 것이다. 나는 하나님이 아닌 다른 무언가에게 내 삶을 지배하도록 허용했다. 나의 예배는, 가족을 축복하고 하나님을 영화롭게 하는 방법으로 그들을 사랑할 수 있도록 방향이 급진적으로 바뀔 필요가 있다. 오직 십자가 중심으로 살 때에만 이 모든 일이 가능해진다.

십자가 중심의 삶

십자가 중심의 삶이란 어떤 삶인가? 바울이 그의 서신들에서 십자가라는 말을 어떻게 사용하는지 유의하라. 고린도전서 1장 23절에서는 "우리는 십자가에 못 박힌 그리스도를 전하니 유대인에게는 거리끼는 것이요 이방인에게는 미련한 것이로되"라고 말한다. 고린도전서 2장 1-2절에서는 "형제들아 내가 너희에게 나아가 하나님의 증거를 전할 때에 말과 지혜의 아름다운 것으로 아니하였나니 내가 너희 중에서 예수 그리스도와 그가 십자가에 못 박히신 것 외에는 아무 것도 알지 아니하기로 작정하였음이라"라고 말한다. 골로새서 1장 28-29절에서는 "우리가 그를 전파하여 각 사람을 권하고 모든 지혜로 각 사람을 가르침은 각 사람을 그리스도 안에서 완전한 자로 세우려 함이니 이를 위하여 나도 내 속에서 능력으로 역사하시는 이의 역사를 따라 힘을 다하여 수고하노라"라고 이야기한다.

바울이 십자가에 초점을 맞출 때 그는 그리스도의 사역 전체를 요약하여 말한 것이다. 바울의 가르침을 다른 성경 저자들의 견해와 함께 볼 때 그는 단지 예수님의 죽으심에 대해서만 말한 것이 아니다. 그가 말하는 십자가는 예수님의 하늘 영광, 성육신, 고난과 순종의 생애, 십자가에서 죽으심, 부활과 승천, 지금 우리를 위한 중보, 그리고 장차 있을 재림에 이르기까지 모든 것을 포함한다. 즉 성경이 십자가에 초점을 맞출 때에는 언제나 죄를 위한 예수님의 희생적 죽음 없이는 그리스도 안에서의 그 어떤 유익도 불가능하다고 강조하는 것이다! 우리는 대속자가 필요하다. 그러므로 십자가 중심의 삶을 이야기할 때 우리는 예수님에 관한 모든 것, 곧 우리를 위한 그분의 사역과 그분으로 인해 우리가 누리는 모든 유익들, 우리를 택하심, 부르심, 중생, 칭의, 양자 됨, 성화, 궁극적 영화까지를 포함시켜야 한다.

이렇게 생각해 보자. 우리는 모두 '자신이 누구인지, 자신의 가치는 무엇인지'와 같은 스스로에 대한 실제적인 판단과 정체성에 근거해 살아간다. 우리 대부분은 자신이 어떤 관점으로 스스로를 바라보는지 특별히 인식하지는 않지만, 실상 이러한 관점이야말로 우리가 사는 동안 직면하는 모든 일에 대한 스스로의 응답, 특히 삶에 대한 열정의 정도를 결정하는 기준이 된다.

11장에서는 그리스도인이 자신을 그리스도 안에서 새로운 피조물로 재정의하는 것에 대해 알아보았다. 돌처럼 완고한 마음이 살처럼 부드러운 마음으로 바뀌었다. 이번 장에서는 십자가 중심의 관점이 우리가 죄에 대항해 투쟁하고 회개하는 동안 어떻게 우리를 은혜 안에서 성장하게 하는지 알아볼 것이다. 십자가는 반드시 중심에 있어야 한다. 오직 십자가만이 우리가 누구인지, 우리가 어떤 존재가 되어 가는지, 그리고 우리는 누가 될 것인지 정의할 수 있기 때문이다!

나는 누구인가?

많은 그리스도인이 십자가 중심의 삶을 산다는 것이 무엇인지 거의 생각하지 않는다. 당신은 어떠한가? 당신이 스스로를 바라보는 방식은 예수님이 십자가에서 우리를 위해 행하신 일에 얼마나 많은 영향을 받는가? 매일 아침 잠자리에서 일어날 때 어떤 실제적인 정체성이 당신이 오늘을 살아갈 방법을 결정하는가? 당신의 정체성은 당신이 가진 특정한 기술이나 직업에 기반하는가? "나는 여성 사업가다", "나는 목사다", "나는 부모다" 이런 생각이 정체성의 측면에서 어떻게 작용하는지 주목하라. 혹시 지난 사건에 비추어서 스스로를 정의하는가? 그래서 "나는 성폭력 피해자다", "나는 알콜 중독자다", "나는 결손가정에서 성장한 사람이다"라는 정의들에 지배받는가? 대개 우리는 현재 벌이는 전투의 관점에서 스스로를 정의하기 마련이다. 말하자면 "나는 우울하다", "나는 이중적이다", "나는 화를 잘 내는 사람이다"와 같은 문장들이 동원되는 것이다.

그리스도인은 개인의 은사들, 과거의 문제들, 현재의 투쟁들을 결코 축소시켜서는 안 되지만, 이것들은 그리스도 안에서의 우리의 정체성을 대체하지 못한다. 우리는 그리스도 안에서 새로운 피조물로서 여성 사업가, 목사, 부모인 것이다. 예수님은 우리가 받은 어떤 특별한 부르심이나 직업으로 우리를 정의하지 않으신다. 우리는 그리스도인으로서 과거의 상처, 우울증, 분노와 싸운다. 우리가 지금까지 무엇과 투쟁을 했든 그리스도의 십자가 안에서 얻은 우리의 근본적인 정체성이 이들을 모두 대체한다.

매일 십자가 중심의 삶을 산다는 것은 무엇인가? 어떤 그리스도인은 십자가를 그리스도인이 되고 천국에 가는 데 필요한 것이라고만 생각한다. 그들은 자신이 죽었을 때 하나님의 심판을 피하기 위해 죄 사함을 받아야 한다고 생각한다. 일단 그 문제가 해결된다면, 이제 중요한 것은 그리스도의 본을 따르는 것이다. 그러니 소매를 걷어 올리고 일을 시작해 보자! 이 관점이 까다로운 것은 부분적으로 옳기 때문이다. 한 번 그리스도인이 되면, 우리는 점진적인 성화에 참여하게 된다. 우리는 믿음을 따라 적극적으로 순종해야 한다(롬 1:5, 16:26; 갈 5:6을 보라). 우리는 영적 전투에 임한다! 그러나 그분을 닮아가는 그 길을 가는 동안 우리에게는 지속적으로 그리스도의 자비와 능력이 필요하다는 사실을 간과해서는 안 된다.

정상적인 그리스도인의 삶?

5년 전에 그리스도인이 된 앤디의 경우를 살펴보자. 회심한 직후 3년간, 앤디는 매일 아침 일찍 일어나 기도하고 한 시간 동안 성경을 읽었다. 다른 신자들과 정기적으로 교제하며 자신의 신앙을 신실하게 나누기도 했다. 그러나 최근 2년간, 앤디는 죄와 고군분투하고 있다. 교회 친구들과도 멀어졌으며 그리스도에 대해 말하고자 하는 원동력도 잃어버렸다. 게다가 앤디는 과식 때문에 고생하기 시작했다. 그는 시시때때로 인터넷 쇼핑몰을 방문해 필요 없는 물건을 사기도 했다. 앤디는 그냥 스트레스를 푸는 거라고 말했지만, 결국은 그리스도인이 되기 이전에 그를 지배했던 습관에 도로 빠지고 말았다.

친구들은 그가 큐티(Q. T.)를 빼먹으면서 문제가 시작되었다고 말했다. 이 말에 귀를 기울인 앤디는 성경 읽기와 기도에 한층 신경 썼다. 그러나 어쩐지 전과 같지 않았다. 성경은 재미없고 기도할 때에는 마음이 흐트러졌다. 무엇이 잘못된 거지? 앤디를 아는 사람들은 그가 점점 더 게을러졌으며, 그의 성장을 도우시는 하나님께 그가 협조하지 않는다고 말했다. 성경 읽기, 기도, 교제, 사역, 봉사의 모든 영역에서 정말로 그랬다. 앤디의 믿음은 눈에 띄게 식어가고 있었다.

그러나 그의 문제는 눈에 보이는 것보다 훨씬 깊었다. 실제로 앤디의 문제는 그가 큐티를 빼먹기 오래전부터 시작되었다. 다시 말해 그리스도인이 되자마자 그는 그리스도의 십자가의 필요성에 대한 시력을 잃고 말았다. 그리스도인이 된 후 첫 3년간 앤디의 모습을 본다면, 개인적인 헌신이나 증거를 힘들어하는 사람들을 질책하는 어떤 자신만만하고 참을성 없는 사람을 보게 되었을 것이다.

앤디는 자신이 길을 잃었으며 그리스도의 자비 외에는 소망이 없음을 깨닫고 구원을 위해 그리스도께 나아왔지만, 그리스도인으로서 성장하는 것은 모두 자기 몫인 양 스스로를 채찍질했다. "예수님이 나를 받아 주셨으니, 나머지 일은 내 몫이다"라는 것이 사실상 그의 정체성이었다. 처음 3년 동안은 정말이지 스스로가 자랑스러웠다. 성장하기 위해 참으로 열심이었기 때문이다. 그러나 앤디는 이미 용서를 받았다고 방심했기 때문에 그리스도의 십자가에 대한 아주 작은 필요조차 보지 못했다. 하나님께 받아들여졌다는 자부심이 그의 시선을 그리스도께서 그를 위해 행하신 일로부터 빠르게 떠나게 했다. 성공적인 초심자로서 앤디는 상대적으로 덜 훈련된 사람들을 향해 자기 의를 곧잘 드러냈다. 또한 남을 판단하는 반면 자기가 비판받을 때에는 방어하기 급급했다.

최근 2년간 앤디의 외적인 행동은 완전히 바뀌었지만, 문제는 여전히 그대로 남아 있었다. 앤디는 자기 의를 자랑하는 대신 부끄러움과 죄책감과 침체되는 마음과 옛 유혹의 공격을 받았다. 자신은 정말이지 실패한 것만 같았다. 더 이상 일상을 유지하기조차 힘겨웠다.

과연 무엇이 앤디의 진짜 문제일까? 바로 앤디 자신의 노력들로 인해 그리스도께서 그를 위해 십자가에서 하신 일이 아주 빠르게 축소되었다는 것이다. 앤디의 첫 3년은 자만심과 자부심을 낳는 '그리스도 없는 행동주의'를 영락없이 보여 준다. 그리스도 없는 행동주의는 겉으로는 그리 나빠 보이지 않지만, 최근 앤디의 모습, 곧 죄책감과 우울증과 나쁜 습관들을 낳는 '그리스도 없는 소극주의'만큼이나 위험하다.

안타깝게도 우리는 앤디와 같은 경우를 흔히 목격할 수 있다. 많은 신자들이 그리스도의 필요성을 분명히 이해하며 그리스도인의 삶을 시작하지만, 아주 빠르게 그리스도 중심의 시각을 잃어버린다. 만약 앤디가 처음 3년 동안 십자가 중심의 삶을 유지했다면, 그는 선한 모든 일들이 그 안에서 역사하시는 그리스도의 은혜 덕분임을 분명히 깨달았을 것이다. 또한 십자가를 통해 그는 그리스도께서 그에게 새로운 정체성을 주셨고, 죄를 정직하게 처리할 안전한 장소도 주셨음을 기억했을 것이기에 최근 2년간의 많은 고통과 실패들도 잘 처리할 수 있었을 것이다.

믿음과 회개가 열쇠다

그리스도 없는 삶에 이끌리는 것을 어떻게 피할 수 있을까? 그 대답은 순간순간의 믿음과 회개에서 발견할 수 있다. 믿음은 우리로 하여금 그리스도의 은혜와 자비를 계속 붙들게 함으로써 절망하지 않게 한다. 회개는 우리로 하여금 죄와 우리의 계속되는 투쟁을 직면하게 함으로써 교만하지 않게 한다. 이것이 바로 모든 그리스도인에게 필요한 것이다.

아직도 많은 그리스도인이 믿음과 회개를 단지 그리스도인다운 삶에 들어가는 통로로만 생각하고, 믿음과 회개가 우리를 날마다 그리스도께로 연결시킨다는 사실을 깨닫지 못한다. 믿음은 '그리스도의 영광과 은혜를 보고서 그분께로 향하는' 길이며, 회개는 '죄를 인정하고 그로부터 돌아서는' 방편이다. 한 동전의 양면과도 같은 믿음과 회개는 그리스도인의 삶에 필수적이다.

믿음: 자신이 그리스도 안에서 누구인지를 보는 것

회개, 곧 죄로부터 돌아서기란 결코 쉽지 않다. 자신이 잘못의 근원임을 인정해야 하기 때문이다. 사람들은 대개 이런 일을 피한다. 누군가에게 잘못을 고백하면서 용서를 구했던 경험을 떠올려 보라. 그때 무엇이 가장 어려웠는가? 의심의 여지없이 자존심이 방해물이었을 것이다. 혹은 그럼에도 상대방이 용서하지 않거나 그 일로 상대방에게 공격을 받을까 봐 두려웠을 수도 있다. 하지만 상대방이 기쁜 마음으로 당신을 환영한다는 사실을 안다면 어떻게 달라질까? 잘못을 인정하고 용서를 구하는 일이 믿을 수 없을 만큼 자유로운 경험으로 바뀔 것이다. 정말로 그렇다!

요한일서는 그리스도인으로서 자신의 삶을 점검하라고 엄격하게 권하는 편지이다. 우리는 여기서 그리스도 안에서 자신이 누구인지에 관한 풍부한 이미지를 발견한다. 죄를 인정하고 돌아서기 원한다면 반드시 그리스도를 바라보아야 한다. 요한일서는 우리가 9장에서 다룬 심오한 진리인 새로운 출생으로 인해 우리가 안에서부터 새로워졌다고 가르친다(요일 2:29). 또한 앞서 1장에서 배웠듯 우리는 언젠가 완전하게 변화될 거라고 가르친다(요일 3:2). 그뿐 아니라 우리가 새로운 신분을 얻었다고 말한다. 우리는 하나님께 의롭다 칭함을 받았으며 그분의 자녀로 입양되었다. 이 모두는 그리스도인의 삶에 매우 중요한 기본 요소들이다.

이제부터 우리의 새로운 법적 지위를 자세히 알아보자. 이를 이해할 때 우리는 회개할 수 있고 거룩을 추구할 수 있다.

우리는 의롭다 하심을 얻었다

요한일서 2장 1-2절에서 우리는 칭의에 관한 메시지와 마주한다.

"나의 자녀들아 내가 이것을 너희에게 씀은 너희로 죄를 범하지 않게 하려 함이라 만일 누가 죄를 범하여도 아버지 앞에서 우리에게 대언자가 있으니 곧 의로우신 예수 그리스도시라 그는 우리 죄를 위한 화목제물이니 우리만 위할 뿐 아니요 온 세상의 죄를 위하심이라."

1절은 그리스도인이 계속해서 죄와 투쟁해야 한다고 말한다. 사도 요한은 그의 편지를 읽는 사람들을 신앙 안에서 그의 자녀라고 칭하는데, 그들 안에는 아직 죄가 있고, 그들이 더욱 성장하기를 바란다고 말한다. 우리가 7장과 8장에서 이미 보았듯이, 우리가 십자가를 얼마나 많이 필요로 하든 전혀 지나치지 않다!

1절은 예수님이 우리를 지키시며 변호하신다고 말한다. 우리가 죄를 지을 때마다, 예수님은 우리 대신 아버지께 말씀하신다. "〇〇〇는 죄 때문에 벌을 받아서는 안 됩니다. 제가 이미 그를 위해 대속했기 때문입니다." 그분은 계속해서 이렇게 변호하신다. "아버지, 저는 〇〇〇가 죄를 지었고 이제는 그의 삶에서 변화가 일어나야 한다는 사실을 압니다. 그러나 아버지께서 그를 정죄하시는 것은 불공평합니다. 그러면 동일한 죄에 심판을 두 번 요구하시는 것이기 때문입니다. 그에게 한 번, 그리고 저에게 한 번 말이지요." 요한일서 1장 9절이 말하는 바가 바로 이것이다. "만일 우리가 우리 죄를 자백하면 그는 미쁘시고 의로우사 우리 죄를 사하시며 모든 불의에서 우리를 깨끗케 하실 것이요."

우리의 칭의에 있어 많은 그리스도인이 보지 못하는 부분이 있다. 그리스도께서 우리 죄를 위해 값을 치르심으로써 우리는 다만 용서만 받은 것이 아니라는 사실이다. 하나님은 우리를 율법을 완전히 지킨 자로 보신다. 그리스도께서 우리를 위해 율법을 완전히 지키셨기 때문이다. 예수님이 곧 우리의 '의'이시다. 정말이지 놀라운 일이 아닌가!

우리는 입양되었다

우리를 의롭다 칭하신 것만으로는 부족하셨는지, 하나님은 한 걸음 더 나아가셨다. 요한일서 3장 1-3절에 나오는 우리의 양자 됨에 관한 생생한 묘사를 보자.

"보라 아버지께서 어떠한 사랑을 우리에게 베푸사 하나님의 자녀라 일컬음을 받게 하셨는가, 우리가 그러하도다 그러므로 세상이 우리를 알지 못함은 그를 알지 못함이라 사랑하는 자들아 우리가 지금은 하나님의 자녀라 장래에 어떻게 될지는 아직 나타나지 아니하였으나 그가 나타나시면 우리가 그와 같을 줄을 아는 것은 그의 참모습 그대로 볼 것이기 때문이니 주를 향하여 이 소망을 가진 자마다 그의 깨끗하심과 같이 자기를 깨끗하게 하느니라."

1절은 그리스도인이 하나님과 근본적으로 새로운 관계를 맺은 사실을 즐거워한다. 의롭다 칭함을 받은 우리는 하나님의 임재와 그분의 가족 안에서 환영을 받는다. 하나님은 더 이상 우리의 심판자가 아니시다. 우리의 아버지이시다. 요한의 이 기쁨은 하나님이 우리를 의롭다 하신 것 이상을 행하셨다는 사실에서 비롯되었다. 우리는 그분의 충만하심을 세 가지로 알 수 있다.

1. 대부분의 번역에서는 분명하지 않지만, 요한은 "보라"라고 말하며 1절을 시작한다. 곧 요한은 "멈추고 이에 대해 생각하라! 이 엄청난 진리를 빠뜨리지 말라!"라고 말하는 것이다.
2. "어떠한"으로 번역된 이 표현은 문자적으로 '어떤 나라로부터 온'이라는 의미이다. 아버지의 사랑은 너무도 광대해서, 하나님이 아닌 다른 어디에서 왔다고는 생각할 수 없다!
3. 요한이 "우리가 그러하도다"라고 말할 때, 그는 자신이 거기에 포함된다는 사실이 믿기지 않았다. 그는 말한다. "이것을 믿을 수 있겠는가? 우리는 단지 의롭게만 된 것이 아니다. 우리는 하나님의 자녀가 된 것이다. 이 얼마나 놀라운 사랑인가!

2절과 3절은 나아가 '아버지의 이 놀라운 사랑이 우리로 하여금 그분을 위해 살도록 강권한다'고 말한다. 옳게 이해한다면, 하나님의 사랑이 우리로 은혜 안에서 성결과 성숙을 향하게 한다는 뜻이다. 이 순서가 중요하다. "나는 새로운 피조물이고, 용납받았으며, 양자가 되었고, 자유를 얻었다. 그러기에 나는 하나님을 기쁘시게 하기 원한다." 그러나 이런 순서로 말해서는 안 된다. "나는 새로운 피조물이 되고, 하나님께 용납받고, 하나님의 양자가 되고, 내게 자유를 주시는 하나님의 소망을 얻기 위해 그분을 기쁘시게 하려고 노력한다."

이것이 진리다. "나는 이미 죄에 대해 죽었다(11장). 그리스도께서 나를 위해 행하신 바로 그 일 덕분에 나는 이제 아버지와의 새로운 관계 안에 있다(12장)." 우리는 매일 자신에 대해 이와 같이 생각해야 한다. 성부 성자 성령 하나님은 실제로 놀라운 일을 행하셨다. 삼위일체 하나님은 죄인들이 그분께 가까이 나아오는 것을 가능하게 하셨다! 그런데 이러한 깨달음은 그리스도인의 삶 속에서 어떤 결과를 이끌어 낼까? 이 사실은 우리가 죄를 정직하게 바라보게 하고, 우리에게 매일 회개할 자신감과 깊은 감사를 가져다준다. 뿐만 아니라 내가 양자되었다는 사실은 자신이 그리스도의 몸된 새로운 가정의 일원임을 깨닫게 한다. 변화의 과정은 반드시 그리스도 안에서 형제자매된 자들과의 관계 속에서 일어나야 한다.

회개: 죄로부터 돌아서기

새로운 정체성에 기초한 그리스도인의 삶은 회개하는 삶 자체를 통해 구현될 것이다. 누가복음 15장 11-32절은 탕자의 비유를 들어 믿음과 회개를 설명한다. 여기서 우리는 죄의 추함과 십자가의 아름다움을 동시에 이해할 수 있다.

"또 이르시되 어떤 사람에게 두 아들이 있는데 그 둘째가 아버지에게 말하되 아버지여 재산 중에서 내게 돌아올 분깃을 내게 주소서 하는지라 아버지가 그 살림을 각각 나눠 주었더니 그 후 며칠이 안 되어 둘째 아들이 재물을 다 모아 가지고 먼 나라에 가 거기서 허랑방탕하여 그 재산을 낭비하더니 다 없앤 후 그 나라에 크게 흉년이 들어 그가 비로소 궁핍한지라 가서 그 나라 백성 중 한 사람에게 붙어 사니 그가 그를 들로 보내어 돼지를 치게 하였는데 그가 돼지 먹는 쥐엄 열매로 배를 채우고자 하되 주는 자가 없는지라 이에 스스로 돌이켜 이르되 내 아버지에게는 양식이 풍족한 품꾼이 얼마나 많은가 나는 여기서 주려 죽는구나 내가 일어나 아버지께 가서 이르기를 아버지 내가 하늘과 아버지께 죄를 지었사오니 지금부터는 아버지의 아들이라 일컬음을 감당하지 못하겠나이다 나를 품꾼의 하나로 보소서 하리라 하고 이에 일어나서 아버지께로 돌아가니라 아직도 거리가 먼데 아버지가 그를 보고 측은히 여겨 달려가 목을 안고 입을 맞추니 아들이 이르되 아버지 내가 하늘과 아버지께 죄를 지었사오니 지금부터는 아버지의 아들이라 일컬음을 감당하지 못하겠나이다 하나 아버지는 종들에게 이르되 제일 좋은 옷을 내어다가 입히고 손에 가락지를 끼우고 발에 신을 신기라 그리고 살진 송아지를 끌어다가 잡으라 우리가 먹고 즐기자 이 내 아들은 죽었다가 다시 살아났으며 내가 잃었다가 다시 얻었노라 하니 그들이 즐거워하더라 맏아들은 밭에 있다가 돌아와 집에 가까이 왔을 때에 풍악과 춤추는 소리를 듣고 한 종을 불러 이 무슨 일인가 물은대 대답하되 당신의 동생이 돌아왔으매 당신의 아버지가 건강한 그를 다시 맞아들이게 됨으로 인하여 살진 송아지를 잡았나이다 하니 그가 노하여 들어가고자 하지 아니하거늘 아버지가 나와서 권한대 아버지께 대답하여 이르되 내가 여러 해 아버지를 섬겨 명을 어김이 없거늘 내게는 염소 새끼라도 주어 나와 내 벗으로 즐기게 하신 일이 없더니 아버지의 살림을 창녀들과 함께 삼켜 버린 이 아들이 돌아오매 이를 위하여 살진 송아지를 잡으셨나이다 아버지가 이르되 얘 너는 항상 나와 함께 있으니 내 것이 다 네 것이로되 이 네 동생은 죽었다가 살아났으며 내가 잃었다가 얻었기로 우리가 즐거워하고 기뻐하는 것이 마땅하다 하니라."

회개의 세 가지 요소

회개에는 세 가지 필수 요소가 있다.

1. 자각: 그는 정신을 차렸다(17절)

회개는 자신의 가장 큰 문제가 환경이 아닌 자기 자신임을 인정하는 일이다. 정말 어려운 일이지만, 하나님을 알고 하나님이 아시는 바가 되는 것이 우리에게 가장 필요하다. 탕자의 경우 그의 눈이 열려 자신의 진정한 상태를 보도록 고난과 가난이 사용되었다. 하나님은 우리의 자각을 위해 종종 '더위'를 허용하신다. 그렇다면 우리의 얄팍한 회개가 성숙해질 때 어떤 일이 일어나는가? 다음과 같은 일이 일어난다면 변화가 시작된 것이다.

- 삶이 선악에 관한 광대한 드라마로 보인다.
- 죄의 실재, 고난, 은혜의 필요성을 새롭고도 냉정한 시각으로 본다.
- 순간적인 쾌락에 더 이상 미혹당하지 않는다.
- 자신의 상황을 생각할 때 성경의 진리가 납득되기 시작한다.
- 성경이 개인적으로 다가온다. 성경은 단지 그들에 대한 이야기가 아니다. 바로 나 자신에 관한 이야기이다.
- 마음과 행동이 일치한다.
- 하나님이 은혜와 자비의 하나님이심을 알고 그분께 더 매료된다.

2. 자백: 그는 자신의 죄를 인정했다(18절)

탕자의 자각에는 회개가 뒤따른다. 이 일을 직접 경험한 사람은 하나님의 은혜를 가볍게 여길 수 없다. 여기에는 다음 세 가지가 포함된다.

1. 육적인 슬픔이 아닌 경건한 슬픔을 느낀다.

탕자는 자신이 아버지께 죄를 지었음을 깨달았다. 이때 그가 느낀 슬픔은 육적인 슬픔이 아닌 경건한 슬픔이었다(고후 7:10을 보라). 육적인 슬픔이란, 우리가 자신의 기준과 잠재력에 걸맞게 사는 데 실패하거나 자신이 죄의 영향력에 휩싸였음을 알아차렸을 때 느끼는 일종의 유감이다. 육적인 슬픔은 다분히 자기중심적이다. 그러나 경건한 슬픔은 어떻게 하나님께 범죄하고 타인에게 상처를 주었는지에 초점을 맞춘다. 특히 경건한 슬픔은 (단지 그분의 명령뿐만 아니라) 하나님의 사랑을 가벼이 취급했던 것에 대한 슬픔이다. 요컨대 육적인 슬픔은 자기 동정의 눈물을 자아낸다면, 경건한 슬픔은 진실된 겸손의 눈물을 자아낸다.

2. 겉으로 드러나는 죄 아래 숨겨진 죄성을 본다.

행동으로 드러나는 죄 아래 있는 내면의 죄, 그렇게 행동하도록 만드는 자신의 우상이 무엇인지 보기 시작한다. 우리는 제4-10계명을 범하기 전에 이미 하나님의 자리에 다른 것을 둠으로써 제1-3계명을 범했다는 사실을 기억하라. 이를 깨달은 후에야 비로소 자신이 얼마나 영적으로 눈멀었는지 알 수 있다. 그러면 더 이상 변명을 늘어놓거나 다른 것에 책임을 전가할 수 없다. 이제는 오직 정직한 자기 점검만이 있을 뿐이다. 우리는 방어적이 되거나 우울해지지 않고서도 자기 비판적인 입장을 취할 수 있다.

3. 죄와 의에 대해서 회개한다.

우리는 단지 자기 죄만이 아니라, 자기 의에 대해서도 회개하기 시작한다. 이것은 무슨 의미인가? 매 순간 우리는 자기 삶을 그리스도와 분리된 자기 정체성에 세우려고 한다. 이는 자기 스스로를 의롭게 하려는 시도이다. 자신의 능력으로 하나님과 타인들과 스스로에게 받아들여졌다고 느끼기 원하는 우리는 그리스도와 분리된 의를 창조하려고 한다. 그러나 그리스도인은 이런 거짓 정체성에서 비롯된 거짓 행동들을 분별할 수 있을 뿐 아니라, 하나님이 아닌 우상에 의해 유발된 그럴 듯한 일들을 가려낼 수 있다. 그리스도인은 그런 것들을 회개한다. 예를 들어, 하나님과 타인 혹은 자기 자신에게 인정받고자 친절하거나 신중하게 행동하는 것 등을 회개한다. 이 경우 우리는 그리스도가 아닌, 희생적인 사람이라는 이미지 위에 모든 소망을 건 셈이다. 성경적인 회개는 바로 이런 노력들에 대한 회개로 우리를 인도한다. 의롭고자 하는 모든 시도들 역시 하나님과의 올바른 관계를 방해하기 때문이다.

3. 중심 이동: 그는 아버지께 은혜로 받아들여졌다(20절)

자기 죄의 심각함을 인정하고 회개할 때 우리는 탕자가 그랬듯 성부 성자 성령 하나님의 사랑에 완전히 매료된다. 그동안 나를 미혹한 거짓 정체성이나 우상들은 이제 그 매력을 잃어버린다. 그리스도의 사랑을 경험하기 시작하자 그 결과가 바뀐다. 탕자의 비유에서 아버지의 사랑이 얼마나 아낌없이 큰지에 주목하라. 아버지는 돌아온 아들에게 곧장 달려간다. 이 장면이 진실한 회개에 대해 우리에게 말하는 바는 무엇인가?

- 자기 죄를 고백하고 용서와 은혜를 간구할 때, 우리는 그리스도의 사역 안에서 안식할 수 있다.
- 우리는 점점 더 낮아지고 그리스도는 점점 더 커지신다. 자기 혐오와는 전적으로 다른 경건한 자기 망각을 경험한다.
- 단지 우리의 죄만을 보는 것이 아니라, 그리스도를 본다.
- 우리에게 새로운 힘과 기쁨, 감사, 소망, 인내 그리고 목적이 주어진다.

11장에서 우리는 하나님이 우리를 그리스도 안에서 새로운 피조물로 만드실 뿐 아니라, 우리 삶 가운데 숨은 죄의 권세를 부수셨음을 살펴보았다. 그리고 12장에서는 죄 문제 가운데 십자가를 의지하는 것이 어떤 의미를 지니는지 알아가는 중이다. 자신은 새사람이 되었고, 의롭게 되었으며, 주님의 자녀로 입양되었음을 알고 이 새로운 정체성을 기억하며 살아갈 때, 우리는 반드시 성장할 것이다. 우리의 새로운 정체성과 능력이 우리가 죄를 인정하고 죄로부터 돌아서도록, 그리고 하나님을 기쁘시게 하는 일들을 추구하도록 힘을 북돋울 것이다. 그리스도인의 삶 속에 놀라운 자유가 찾아오는 것이다!

매일의 삶과 그리스도 안에서 우리의 새로운 정체성

좋은 신학이 매일의 삶에 적용되면 그 힘은 배가되기 마련이다. 이제는 서두에서 예로 든, 편안함이라는 우상과 나의 전투로 다시 돌아가 보자. 그 사건을 십자가 중심의 관점으로 다시 구성해 보겠다.

나의 현실: 두 번째 시나리오

사무실에서 긴 하루를 보내며, 나는 퇴근 후 집에서 늘어져 있기를 꿈꾼다. 하지만 성령님은 내게 편안할 권리가 없음을 상기시키신다. 편안함을 중심에 둔 삶이 얼마나 죄된 방법으로 가족을 대하도록 조종하는지, 나는 이제 너무나 잘 알고 있다. 집에 도착하자마자 나는 자신의 마음을 들여다본다. 나의 가장 큰 문제는 다른 그 무엇이 아닌 나 자신이라는 사실을 깨닫는다. 그리스도를 기쁘시게 하는 삶에 필요한 모든 것이 그리스도 안에서 주어졌다는 사실도 역시 잘 알고 있다. 뿐만 아니라, 내가 주님보다 편안함을 더 숭배하기 원한다는 사실도 잘 알고 있다. 내게는 회개가 필요하며, 타락한 마음을 회복시킬 보다 영광스러운 이의 도움이 절실하다. 나는 편안함에 파묻힌 나와 그리스도의 영광 안에 놓인 나를 비교해 본다. 그 후에는 감사로 주님께 응답한다.

참되고 진실한 새 마음을 얻기 위해 나는 빌립보서 2장 1-11절에 기초해 만든 질문 목록을 자주 활용한다. 이 질문들은 우리를 위해 고통받으시고, 죽으시고, 부활하시고자 이 땅에 오신 그리스도께서 하신 일을 강조한다.

1. 편안함아, 너는 정말이지 꿈만 같구나. 그러나 네가 언제 나를 위해 굳건한 네 자리를 떠난 적이 있느냐? 나를 위해 겸손히 기뻐한 적은 있느냐?
2. 편안함아, 너는 내 대신 고통받기 위해 나의 세계로 들어온 일이 있느냐?
3. 편안함아, 너는 내가 죄로부터 사함을 받도록 너의 피를 흘린 적이 있느냐?
4. 편안함아, 너는 죽음을 떨치고 일어난 적이 있느냐? 내게 새로운 생명과 힘을 약속한 적은 있느냐?

5. 편안함아, 너는 내가 이 땅의 편안함을 위협받을 때에도 내가 하나님을 기쁘시게 할 수 있도록 내게 성령님을 보내서 참된 안식을 주겠다고 약속한 적이 있느냐?
6. 편안함아, 너는 내가 시련 속에서 강해질 수 있도록, 하늘에 계신 아버지께 나를 위해 중보하기를 약속한 적이 있느냐?
7. 편안함아, 너는 내가 사로잡혀 종노릇하게 된 것들로부터 나를 자유롭게 한 일이 있느냐? 꼭 다시 오리라고 약속한 적이 있느냐?

믿음으로 이렇게 묻고 나면, 나는 그리스도의 영광과 그분 안에서 누리는 유익이 무엇인지 깨닫게 된다. 나는 편안함을 우상으로 삼았음을 회개하며, 다시금 편안함을 적당한 자리로 되돌려 놓는다. 편안함은 즐길 만한 어떤 것이지 숭배의 대상이 아니다.

그날 나는 운전을 하며 집에 가던 중에 성령님의 역사를 경험했다. 나는 회개와 믿음을 통해 행위의 죄 아래 숨겨진 마음의 죄를 밝혀냈다. 나는 복음이란 강력한 현실을 내 삶에 적용했다. 편안함이란 우상의 뿌리가 시들해지면서, 나는 참 포도나무이신 예수님께 나 자신을 더욱 깊이 뿌리내리게 되었다.

하나님께로 되돌아가는 이 수직적인 방향 전환은 이전과 같은 상황 속에서도 내가 새로운 방식으로 가족에게 반응하도록 돕는다. 나는 가족을 섬기면서 친절과 인내 그리고 부드러움을 추구할 것이다. 때때로 아이들에게 단호하게 말할지라도 훈련 조교가 아닌, 목자의 자세로 그렇게 할 것이다. 그리고 마치 아내는 나를 편안하게 해 줄 의무가 있다는 듯 생각하지 않을 것이다. 대신 아내를 우리 삶의 도전들을 함께 나눠질 동반자로 생각할 것이다. 그러면 아내는 그리스도 안에 자신의 정체성을 둔 남편, 그리고 그녀도 그렇게 하기를 격려하는 남편을 마주하게 될 것이다.

믿음과 회개는 우리의 타고난 죄성으로 인한 악한 행실을 죽이고 우리가 점점 더 의롭게 살게 한다. 우리를 순종의 길로 부르신 아버지께서는 우리가 순종하는 데 필요한 모든 것을 그리스도 안에서 주셨다. 그분은 우리가 실패해도 결코 우리를 떠나거나 버리지 않겠다고 약속하셨다. 성령님이 우리를 돌이키셔서 우리로 죄를 고백하고 회개하게 하시고 더욱 큰 은혜를 주실 것이다. 나는 그리스도인 남편이자 그리스도인 아버지로서 그 은혜에 감사할 뿐이다!

chapter 13

무엇이 변해야 하는가?
_열매1: 진정한 마음의 변화

● 박행렬 옮김

우리는 앞서 2장을 다음과 같은 말로 시작했다. "변화가 필요하다는 사실보다 더 분명한 것은 없다. 그리고 변화에 무엇이 필요하며 변화가 어떻게 일어나는지보다 더 불분명한 것도 없다." 바라건대 지금쯤은 이 말에 대해 이 책을 막 읽기 시작했을 때보다는 덜 동의했으면 한다! 우리가 구속주와의 관계 속에서 살며 그분이 주시는 모든 유익을 누릴 때 변화는 가능하고, 변화는 일어난다.

진단: 지금부터 시작

그러나 아직 끝이 아니다. 이쯤에서 분석을 중단하고 마무리하고픈 유혹이 들기도 하겠지만 성경에 의하면, 그런 식의 변화는 그저 졸렬한 모조품일 뿐이다. 만일 변화가 자신의 삶과 관계 속에서 가시적으로 나타나지 않는다면 이는 진정한 변화가 아니다. 우리가 무엇을 이해했다고 해서 그것을 다 해결했다고 할 수는 없다.

예컨대 차가 작동하지 않는다고 하자. 차를 공장으로 가져가면 엔지니어가 차를 걸어놓고 여러 가지 복잡한 기계들을 조사한다. 그리고 진단을 내린다. "크랭크 관이 잘못되었네요." 엔지니어는 유압 선반에서 차를 내리고는 청구서를 내밀면서 별안간 차가 다 고쳐졌다고 말한다! 당신은 어떻게 반응하겠는가? 틀림없이 그에게 차를 다시 원 위치에 올려놓고 크랭크 관을 고치라고 말할 것이다.

그리스도인의 삶 역시 마찬가지다. 문제를 진단하는 것만으로는 충분하지 않다. 참되고 구체적인 변화가 우리 행동에 나타나야 한다. 야고보는 "행함이 없는 믿음은 죽은 것"(약 2:26)이라고 분명히 말했다. 바울 역시 "믿어 순종하게 한다"(롬 1:5; 16:26)고 동일하게 말했다. 갈라디아서 5장 6절에서는 "사랑으로써 역사하는 믿음"의 중요성을 이야기한다.

지금까지의 내용을 되돌아보자. 자기 백성을 향한 하나님의 사랑은 죄와 그 파괴성을 어떻게 이기는가? 시련의 한가운데에서조차 선한 열매는 절대적으로 맺어진다. 하나님 중심의 삶, 하나님의 능력과 아름다움을 나타내는 그리스도를 의지하는 삶이 특별히 경건한 사람들에게만 주어지는 것은 아니다. 어떤 신자라도 그리스도를 의지하기만 하면 이러한 경건을 경험할 수 있다. 이 장에서는 선한 열매를 맺는 마음이 무엇인지 보게 될 것이다. 이어 14장에서는 그 열매가 어떠한지 살필 것이다.

마음에서부터 흘러넘치다

성경은 사람의 중심에 있는 자기 자신을 묘사하기 위해 '마음'[1]이라는 단어를 사용한다. 성경에서 마음으로 번역된 히브리어와 헬라어는 여러 구절에서 '무언가의 중심에 있는 상태'를 가리키기 위해 사용되었다. 요나는 파

---

1) 성경은 정신(mind), 영혼(soul), 영(spirit), 생각(thoughts), 동기(motives) 등의 단어로 '속사람'(inner person)을 가리킨다. 마음(heart)은 이 모든 말을 아우르는 보다 보편적인 단어이다.

도의 중심에 있었다(요 2:3). 예수님은 땅 깊은 곳에 묻히셨다(마 12:40). 성경은 그리스도인의 삶을 이야기할 때 어김없이 온 마음을 다해 하나님을 사랑하라고 말한다. 하나님은 우리 삶 가장자리에 계시는 것으로는 만족하지 않으신다. 우리의 중심이 아닌 다른 곳에는 결코 정착하지 않으신다!

이는 그리스도인의 삶에 관한 대중적인 견해와는 극명하게 대조된다. 비그리스도인 대부분이 (많은 그리스도인과 마찬가지로) 그리스도인의 삶을 법을 지키는 문제와 연관시킨다. 물론 하나님은 사람의 행위에 관심이 있으시다. 그러나 성경은 신자의 삶에 대한 보다 많은 구속의 그림을 보여 준다. 성경은 그리스도인의 삶을 우리 존재의 중심에서 시작해 일상으로 흘러넘치는 하나님과의 소망 가득한 새로운 관계로 묘사한다.

그리스도인은 하나님의 거룩한 사랑에 삶이 침노당한 사람이다. 하나님은 새로운 마음에서 흘러나오는 순수한 사랑을 우리 안에 창조하기 원하신다. 심지어 하나님은 우리와의 친밀한 관계를 묘사하시고자 결혼을 비유로 드신다. 결혼은 하나님이 바라시는 우리와의 관계를 묘사하는 한 그림이다. 이 그림은 우리가 왜 하나님의 명령에 순종하고 거룩한 삶을 추구해야 하는지 이해하도록 돕는다.

사랑과 규칙은 서로 배타적이지 않다

한 미혼 여성이 큰 회사에서 일을 막 시작했다고 가정해 보자. 그녀는 새로운 사장을 아직 만나 보지 못했다. 사무실 한구석에 앉은 그녀는 사장실 옆에 붙은 게시판을 본다. 사장은 지시 사항과 규칙들을 게시판에 붙여 놓았다. 이때 그녀는 사장과 그의 게시판에 대해 어떻게 생각할까? 아마도 사장에 대한 두려움과 존경심을 동시에 느낄 것이다. 또한 게시판의 규칙들에 대해서도 동일한 두려움과 거리감을 지닐 것이다. 그녀는 자신의 행동을 통제하고 업무수행 능력을 극대화하도록 주어진 그 규칙들을 보며 영감이나 동기를 얻기보다 해고당하지 않기 위해 저것들을 따라야겠다고 생각할 것이다. 규칙 그 자체는 비인격적이고 냉정할 따름이다. 그런데 수개월 후 이 미혼 여성과 사장이 연인 관계로 발전했다고 상상해 보자. 그들은 마침내 결혼을 한다. 그러는 사이 그녀가 게시판을 바라보는 관점은 남편에 대한 마음의 변화만큼이나 달라졌을 것이다. 이제 그 규칙들은 자기를 돌보는 이로부터 주어지는 지혜롭고 사랑스러운 인도로 보인다. 그녀는 더 이상 그것들을 짐으로 취급하지 않는다. 자신의 남편이자 사장인 분을 존경하고 기쁘게 하는 특별한 방법들로 인식할 것이다.

무엇이 변했는가? 규칙들은 변하지 않았다. 바로 그 규칙을 준 사람과의 관계와 태도의 본질이 변했다. 물론 이것은 불완전한 예로, 일터에서 데이트를 함으로써 발생할 수 있는 온갖 문제들을 무시한 것이다. 그러나 어느 정도는 그리스도인의 삶에 관한 진실을 말해 준다. 새로운 삶의 양식, 즉 신자의 삶에서 겉으로 나타나는 열매는 하나님의 명령에 대한 엄격한 순종에서 자라나지 않는다. 그 명령을 주신 분에게 사로잡힌 마음에서 자라난다. 순종이 어려울 때도 있을 것이다. 그러나 하나님이 우리를 개인적으로 돌보시기 때문에 그 규칙들이 존재한다는 것을 의식하면서 점차 그 투쟁에서 벗어날 것이다. 성경은 우리 마음에서 동기가 부여된다고 말한다. 성경을 보면 마음이라는 단어가 900곳 이상 나온다. 그렇다면 성경은 하나님께 순종하는 일에 있어 새로운 마음의 중요성을 어떻게 강조하는가? 다음 몇 가지 구절을 통해 살펴보자.

순종의 마음

그리스도인을 간단히 정의해 보라고 한다면 무어라 말하겠는가? 율법 교사들로부터 질문 공세를 받을 때 예수님은 진정한 순종이란 변화된 마음에서 자란다고 하셨다. 주님은 하나님이 수백 년 동안 계시하신 말씀의 핵심은 '마음으로부터의 순종'이라고 상기시키셨다. 마음이 변화의 중심이다. 그에 미치지 못한다면 모두 공허하고 위선적일 뿐이다.

"서기관 중 한 사람이 그들이 변론하는 것을 듣고 예수께서 잘 대답하신 줄을 알고 나아와 묻되 모든 계명 중에 첫째가 무엇이니이까 예수께서 대답하시되 첫째는 이것이니 이스라엘아 들으라 주 곧 우리 하나님은 유일한 주시라 네 마음을 다하고 목숨을 다하고 뜻을 다하고 힘을 다하여 주 너의 하나님을 사랑하라 하신 것이요 둘째는 이것이니 네 이웃을 네 자신과 같이 사랑하라 하신 것이라 이보다 더 큰 계명이 없느니라"(막 12:28-31).

이 본문에서 예수님은 마음에 초점을 맞추어 십계명 중 처음 세 계명을 강조하신다. 요컨대 진정한 경건은 마음에서 시작한다.

구약에서의 마음

사무엘상 16장 1-13절에서 하나님은 사무엘에게 다윗과 그의 형제들을 평가할 때 무엇에 집중해야 할지 말씀하신다. 하나님은 양치기 소년 다윗의 마음을 직시하셨다.

"여호와께서 사무엘에게 이르시되 내가 이미 사울을 버려 이스라엘 왕이 되지 못하게 하였거늘 네가 그를 위하여 언제까지 슬퍼하겠느냐 너는 뿔에 기름을 채워 가지고 가라 내가 너를 베들레헴 사람 이새에게로 보내리니 이는 내가 그의 아들 중에서 한 왕을 보았느니라 하시는지라 사무엘이 이르되 내가 어찌 갈 수 있으리이까 사울이 들으면 나를 죽이리이다 하니 여호와께서 이르시되 너는 암송아지를 끌고 가서 말하기를 내가 여호와께 제사를 드리러 왔다 하고 이새를 제사에 청하라 내가 네게 행할 일을 가르치리니 내가 네게 알게 하는 자에게 나를 위하여 기름을 부을지니라 사무엘이 여호와의 말씀대로 행하여 베들레헴에 이르매 성읍 장로들이 떨며 그를 영접하여 이르되 평강을 위하여 오시나이까 이르되 평강을 위함이니라 내가 여호와께 제사하러 왔으니 스스로 성결하게 하고 와서 나와 함께 제사하자 하고 이새와 그의 아들들을 성결하게 하고 제사에 청하니라 그들이 오매 사무엘이 엘리압을 보고 마음에 이르기를 여호와의 기름 부으실 자가 과연 주님 앞에 있도다 하였더니 여호와께서 사무엘에게 이르시되 그의 용모와 키를 보지 말라 내가 이미 그를 버렸노라 내가 보는 것은 사람과 같지 아니하니 사람은 외모를 보거니와 나 여호와는 중심을 보느니라 하시더라 이새가 아비나답을 불러 사무엘 앞을 지나가게 하매 사무엘이 이르되 이도 여호와께서 택하지 아니하셨느니라 하니 이새가 삼마로 지나게 하매 사무엘이 이르되 이도 여호와께서 택하지 아니하셨느니라 하니라 이새가 그의 아들 일곱을 다 사무엘 앞으로 지나가게 하나 사무엘이 이새에게 이르되 여호와께서 이들을 택하지 아니하셨느니라 하고 또 사무엘이 이새에게 이르되 네 아들들이 다 여기 있느냐 이새가 이르되 아직 막내가 남았는데 그는 양을 지키나이다 사무엘이 이새에게 이르되 사람을 보내어 그를 데려오라 그가 여기 오기까지는 우리가 식사 자리에 앉지 아니하겠노라 이에 사람을 보내어 그를 데려오매 그의 빛이 붉고 눈이 빼어나고 얼굴이 아름답더라 여호와께서 이르시되 이가 그니 일어나 기름을 부으라 하시는지라 사무엘이 기름 뿔병을 가져다가 그의 형제 중에서 그에게 부었더니 이 날 이후로 다윗이 여호와의 영에게 크게 감동되니라 사무엘이 떠나서 라마로 가니라."

하나님은 사무엘에게 겉모습을 너무 보지 말고 내면의 성향을 보라고 조언하신다. 후일에 다윗은 자신을 살피며 쓴 시편을 통해 그가 이 진리를 배우고 있음을 보여 준다. "하나님이여 나를 살피사 내 마음을 아시며 나를 시험하사 내 뜻을 아옵소서 내게 무슨 악한 행위가 있나 보시고 나를 영원한 길로 인도하소서"(시 139:23-24). 우리는 자신의 삶을 점검할 때 자기 마음에 얼마나 주안점을 두는가?

성경은 우리가 하나님으로부터 벗어난 사람이라고 분명하게 묘사한다. 순종은 근본적인 변화를 요구한다. 예레미야 31장과 에스겔 36장은 살아 계신 하나님에 의해 다시금 사로잡힌 마음에서 흘러나오는 순종에 대한 놀라운 약속들로 가득 차 있다. 이 구절들에는 새로워진 마음과 새 언약에 대한 낙관론이 울려 퍼진다.

"여호와의 말씀이니라 보라 날이 이르리니 내가 이스라엘 집과 유다 집에 새 언약을 맺으리라 이 언약은 내가 그들의 조상들의 손을 잡고 애굽 땅에서 인도하여 내던 날에 맺은 것과 같지 아니할 것은 내가 그들의 남편이 되었어도 그들이 내 언약을 깨뜨렸음이라 여호와의 말씀이니라 그러나 그 날 후에 내가 이스라엘 집과 맺을 언약은 이러하니 곧 내가 나의 법을 그들의 속에 두며 그들의 마음에 기록하여 나는 그들의 하나님이 되고 그들은 내 백성이 될 것이라 여호와의 말씀이니라 그들이 다시는 각기 이웃과 형제를 가르쳐 이르기를 너는 여호와를 알라 하지 아니하리니 이는 작은 자로부터 큰 자까지 다 나를 알기 때문이라 내가 그들의 악행을 사하고 다시는 그 죄를 기억하지 아니하리라 여호와의 말씀이니라"(렘 31:31-34).

이와 같은 방식으로, 에스겔은 새 언약과 새 마음에 관해 다음과 같이 예언한다.

"내가 너희를 여러 나라 가운데에서 인도하여 내고 여러 민족 가운데에서 모아 데리고 고국 땅에 들어가서 맑은 물을 너희에게 뿌려서 너희로 정결하게 하되 곧 너희 모든 더러운 것에서와 모든 우상 숭배에서 너희를 정결하게 할 것이며 또 새 영을 너희 속에 두고 새 마음을 너희에게 주되 너희 육신에서 굳은 마음을 제거하고 부드러운 마음을 줄 것이며 또 내 영을 너희 속에 두어 너희로 내 율례를 행하게 하리니 너희가 내 규례를 지켜 행할지라 내가 너희 조상들에게 준 땅에서 너희가 거주하면서 내 백성이 되고 나는 너희 하나님이 되리라"(겔 36:24-28).

예레미야와 에스겔 두 본문이 하나님의 법과 마음을 어떻게 연결시키는지 주목하라. 특히 에스겔 36장 27절은 우리가 순종하도록 성령님이 강권하시는 새 마음을 강력하게 묘사한다. 곧 구속자에 의해 사로잡히고 변화된 마음에서 샘솟은 자발적인 순종을 보여 준다.

신약에서의 마음

앞서 살펴본 구약의 구절들이 앞으로 올 것에 대한 예표였다면, 에베소서에서 우리는 이 약속들이 실현된 것을 볼 수 있다. 에베소서에서 바울은 다음과 같이 기도한다.

"이로 말미암아 주 예수 안에서 너희 믿음과 모든 성도를 향한 사랑을 나도 듣고 내가 기도할 때에 기억하며 너희로 말미암아 감사하기를 그치지 아니하고 우리 주 예수 그리스도의 하나님, 영광의 아버지께서 지혜와 계시의 영을 너희에게 주사 하나님을 알게 하시고 너희 마음의 눈을 밝히사 그의 부르심의 소망이 무엇이며 성도 안에서 그 기업의 영광의 풍성함이 무엇이며"(엡 1:15-18).

예수님이 마가복음 12장에서 모세의 말을 상기시키셨듯, 바울은 구약의 모든 약속들을 완성하신 그리스도를 본다. 예수님은 그 마음에서부터 아버지의 명령에 완벽하게 순종하시고, 범죄자인 우리가 받아 마땅한 형벌을 대신 받으심으로써 우리를 하나님과 화해시키신 분이다. 예수님은 또한 성령님을 보내셔서 믿는 자들에게 새로운 마음을 주시고, 그 마음에 율법을 새기고 하나님의 명령에 순종할 수 있는 새로운 힘과 갈망을 주신다. 에베소서 4-6장에서 바울은 그 결과 그리스도인의 삶이 어떻게 나타나는지 자세히 묘사한다.

이 구절들보다 더 우리에게 소망과 자유를 주는 말씀은 없다. 우리의 삶은 성장 과정이나 신체적 특징, 문화, 감정 또는 다른 무엇으로 결정되지 않는다! 하나님이 우리에게 필요한 모든 것을 공급하셔서 우리의 가장 근본적인 필요, 즉 구속의 문제를 해결하셨다. 그러므로 우리는 변화가 확실히 있으리라는 확신과 함께 기쁨을 얻는다. 우리의 가장 큰 문제와 장애인 반항적인 죄악된 마음은 이미 해결되었다! 하나님이 우리를 구속하시고 새로운 마음을 주셨다.

우리 삶을 둘러싼 환경에 대해서는 어떻게 반응해야 할까? 자신의 삶에서 좋은 열매가 보이는가? 나를 화나게 하는 사람에게 인내했는가? 나를 두렵게 하는 사람에게 사랑으로 대했는가? 어떤 어려운 상황이나 축복이 나를 시험했는가? 그때 내 믿음은 진실하다고 증명할 수 있었는가? 이 질문 중 하나를 택해서 이런 열매를 맺는 마음에 대해 생각해 보라. 나는 어떻게 자신의 명철을 내려놓고 나의 구속자를 의지할 수 있는가? 내가 그렇게 행동하게 되기까지 특별히 회개하거나 믿은 사실이 있는가? 아니면 회개를 미루거나 믿기를 미룬 사실이 있는가? 구주에 관한 어떤 새로운 진리가 내 마음을 채우고 내 삶을 변화시키기 시작했는가?

사례 연구[2]

우리는 이론적인 차원에서 변화를 이야기할 수 있다. 그러나 이를 실제 자기 삶에 가져오는 것은 또 다른 문제다. 여기, 어려움에 직면하고는 그 경험을 통해 교훈을 얻은 한 사람이 있다. 사도 바울이다. 그가 자신의 육체적인 연약함, 고난 그리고 죄의 문제를 어떻게 다루었는지 살펴보자. 빌립보서에서 그의 반응을 볼 수 있다.

---

[2] 이 빌립보서 연구는 데이비드 폴리슨(David Powlison)의 강의 '성경적 변화의 역동성'(Dynamics of Biblical Change)을 발전시킨 것으로, 그의 허락 하에 사용되었다.

사도행전 16장은 바울과 실라가 빌립보에 교회를 세웠다고 말한다. 그곳에 있을 때 그들은 여종을 치료한 일로 감옥에 갇히게 된다. 이후 또 다시 감옥에 갇힌 바울은(아마도 로마에서였을 것이다), 빌립보 교회에게 어려운 상황에서도 기뻐하라고 격려하면서 이 편지를 썼다. 어떻게 그럴 수 있었을까? 바울로 하여금 어려운 상황 속에서도 평안과 기쁨을 유지하도록 했던 원동력은 무엇일까? 이때 바울의 삶에 역사한 복음은 우리 삶에도 동일하게 역사한다.

빌립보서를 읽고 다음 일곱 가지 질문을 생각해 보라. 각각의 경우에 대한 바울의 반응을 살펴본 후 개인적으로 이를 적용해 보라. 이 과정을 통해 우리는 이 책에서 배운 내용을 하나씩 정리할 수 있을 것이다. 곧 더위(7장과 8장), 가시(9장과 10장), 십자가(11장과 12장) 그리고 열매(13장과 14장)의 큰 그림을 우리 각자의 삶에 적용시키는 실제적인 방법이 될 것이다. 개인적으로 어려운 영역을 짚어 보라. 먼저 바울의 삶을 살핀 후, 그의 관점을 스스로에게 적용해 보라.

더위

1-1. 바울의 상황은 어떠한가?

바울이 실제적으로 혹은 잠재적으로 느낀 짐과 압력, 고통, 유혹은 무엇인가? 바울은 지금 감옥에 있다. 그는 자기 사명을 수행할 수 없다. 그가 돌보는 교회와 대적 사이의 대립으로 마음이 심란하다. 바울의 상황이 그를 흔들고 있다. 그의 마음속에 진정 무엇이 있는지 드러날 것이다.

1-2. 나의 상황은 어떠한가?

나는 지금 어떤 어려움에 직면해 있는가? 건강, 가족 관계, 직장 문제, 비판, 범죄한 사실 등에 대한 고통스러운 사실과 씨름하는가? 나는 어떤 유혹들을 다루고 있는가? 가까운 혹은 먼 장래의 환경들을 걱정하거나 두려워하는가? 바울이 죄와 고통이 존재하는 세상 속에 사는 것을 피할 수 없었듯이 우리도 그러하다. 자신의 상황에 대해 정직하라. 현실을 직시하라. 그리스도의 은혜를 경험하기 전에 반드시 어떤 도움이 필요한지 확인해야 한다. 7장과 8장을 다시 살펴보고 자신의 위치를 확인하라.

가시

2-1. 어려운 상황에 처한 사람에게 어떤 반응을 기대하는가?

빌립보서에서 바울은 경건한 반응을 보여 준다. 그러기에 여기서는 불경건한 예를 찾을 수는 없다. 그러나 만일 내가 바울이었다면 어떻게 반응했을지 생각해 보라. 분노, 좌절, 실망, 하나님의 선하심과 지혜에 대한 의문, 믿음을 버림, 자만심, 스스로 의롭게 여김, 자신의 안락에 집착하는 것 등. 죄에 대한 가능성은 각 개인마다 차이가 있다.

2-2. 어려운 환경에 대한 나의 반응은 어떠한가?

첫 번째 질문에 나온 압박들에 대한 자신의 전형적인 반응은 무엇인가? 자신의 생각, 언어, 태도, 감정, 행동은 어떠한가? 또 일이 잘될 때 전형적으로 어떻게 반응했는지 생각해 보라. 축복이 있을 때 어떤 유혹이 있었는가? 우리가 하나님께 영광을 돌리는 데 방해가 될 법한 일을 하나님이 하실 때 좌절하게 되는가? 삶에 어려운 일이 생길 때마다 우리는 종종 하나님의 지혜와 선하심, 능력, 긍휼에 의문을 품는다. 그러나 이는 결코 '미미한' 죄가 아니다. 이는 하나님의 성품을 손상시키고 그분의 동기를 비난하는 죄이다. 어려운 일을 당할 때 혹시 자기 연민에 빠지지 않는가? 9장에 요약된 전형적인 반응을 복습하라. 거기에서 자신의 모습을 발견하는가?

3-1. 어떤 갈망과 신념이 사람의 마음을 지배하고 불경건한 반응을 이끄는가?

바울과 같은 상황에 처한다면 나는 어떤 거짓 주인의 지배를 받겠는가? 먼저 바울이 맞닥뜨린 몇 가지 예를 보자.

- 자만심: 빌 1:17; 2:3; 2:21; 3:19
- 자기 의: 빌 3:1-7
- 분노: 빌 2:28; 4:6, 12

3-2. 어떤 갈망과 신념이 나의 마음을 지배하는가?

압박이 커지면 그 상황에서 하나님을 구하려고 하는가, 아니면 관련된 사람을 의지하려고 하는가? 이용당하고 조작당한다는 생각이 들어 하나님을 신뢰하기가 어려운가? 사람들의 생각과 말과 행동을 두려워하며 그리스도 안에서 얻는 용기를 잃는가? 쉽게 남을 판단하고 비판하고 험담하거나 불평하는가? 시련에 대응하는 나의 전형적인 방식은 무엇인가? 안전 지향적인가, 두려움으로 반응하는가, 사람을 기쁘게 하는 방식으로 반응하는가? 10장으로 돌아가 요약된 것 가운데 나의 마음을 지배하는 것들이 있는지 살펴보라. 자신이 선택한 상황 가운데 떠오르는 특별한 것들을 확인하라.

4-1. 죄악된 반응에는 무엇이 따르는가?

어떤 악순환이 빌립보 교회를 위협하는가? 그들의 죄악된 반응들이 어떻게 어려움을 복잡하게 만들고 새로운 문제를 일으키며 축복을 망치는가? 나의 죄악된 반응의 결과는 무엇인가?

- 시기와 경쟁: 빌 1:15-18
- 개인적인 멸망과 영원한 형벌: 빌 3:18-19

상황에 대한 우리의 반응에는 그에 따르는 결과가 있다. 또 경건하든 그렇지 않든 우리의 반응은 새로운 상황을 만드는 데 도움을 준다. 만일 자녀가 잘못하지 않았는데도 야단을 친다면 나는 어떤 새로운 상황을 만드는 것이다. 내가 죄를 짓는다면, 자녀가 내게 순종한다 할지라도 나는 상황을 악화시킬 것이다. 물론 내가 경건하게 반응한다 해도 자녀가 내가 원하는 대로 반응하리라는 보장은 없다. 그러나 적어도 이때 나는 자녀의 삶 가운데 행하시는 하나님의 일을 방해하지는 않을 것이다.

4-2. 죄악된 행동 후 어떤 결과를 직면했는가?

상황에 대한 자신의 반응을 살펴보니 그 결과는 어떠한가? 그리스도가 아닌 다른 것의 지배를 받았을 때 문제는 어떻게 더 악화되었는가? 어떤 노력이 문제를 더 악화시켰는가?

십자가

5-1. 무엇이 삶을 내적으로, 외적으로 변화시키는가? 무엇이 마음을 지배하고 경건한 반응을 일으키는가?

빌립보서에서 하나님은 얼마나 구체적으로 자신을 나타내시는가? 그분은 누구신가? 그분은 어떤 분이신가? 그분은 무엇을 하셨는가? 그분은 무엇을 하시는가? 그분은 무엇을 하실 것인가? 빌립보서를 통해 하나님에 관해 알아야 할 한 가지가 있다면 무엇인가? 바울은 그리스도에 관해 구체적으로 무엇을 보는가? 무엇이 바울을 지배하는가? 그의 삶은 믿음에 의해 어떻게 결정되는가? 만족과 평화와 감사와 기쁨의 '비밀'은 무엇인가? 바울은 무엇을 믿고 의지하고 두려워하고 바라고 사랑하고 구하고 순종했는가? 구속자에 대한 믿음은 어떻게 세상을 바라보는 관점을 바꾸는가? 어떻게 믿음이 우리를 실제적으로 변화시키는가? 감사와 평화와 만족은 어떻게 하나님을 믿고 의지하고 두려워하는 것에서 직접적으로 흘러나오는가?

- 은혜와 화평이 그리스도를 통하여 우리의 것이 됨: 빌 1:2
- 신실한 주권자이신 하나님: 빌 1:6
- 그리스도의 영: 빌 1:19
- 부활하신 그리스도에 대한 확신: 빌 1:20-21
- 그리스도께서 자신의 백성을 겸손히 섬기심: 빌 2:1-11
- 그리스도의 고난과 동일시함: 빌 2:1-8; 3:10-11 (그가 고난을 받으셨으니 우리도 고난을 받는 것이 마땅하지 않은가? 고난은 피할 수 없다. 고난은 구속적이며 나와 그리스도가 연합했다는 증거이다.)

- 높임을 받으신 그리스도를 신뢰함: 빌 2:9-11, 16 (그분이 높임을 받으셨으면 우리도 언젠가 그렇게 될 것이다! 이 세상은 내 집이 아니다.)
- 나를 위해 그리스도께서 행하신 일 안에서 안식을 취함: 빌 3:1-9
- 그리스도의 안전이 나의 삶을 붙잡음: 빌 3:12-14
- 그리스도의 재림과 나의 변화: 빌 3:20-21
- 다른 사람들의 예: 빌 1:1, 5, 14, 25; 2:19; 3:17; 4:10, 18
- 다른 사람들의 기도: 빌 1:9, 19
- 하나님이 우리가 변화되도록 도우심: 빌 2:12-13
- 하나님을 진정으로 경배함: 빌 4:4-7
- 진리를 묵상함: 빌 4:8-9

5-2. 무엇이 나의 삶을 변화시키는가? 무엇이 나의 마음을 지배하는가?

무엇이 자기 마음에서 그리스도를 대치하는지 확인했다면, 이제 우리는 성령님이 인도하시는 회개와 믿음의 길 안에 있는 것이다. 기억할 것은 우리는 십계명의 제4-10계명을 지키지 못하기에 앞서, 처음 세 계명을 지키지 못했다는 사실이다. 다시 말해 표면적으로만 회개할 것이 아니라, 그 죄의 진정한 심각성을 알고 회개해야 한다. 자신이 구체적으로 회개해야 할 것이 무엇인지 알아야 그리스도께서 우리 삶과 마음에서 전면에 나서셔야 할 곳이 어디인지 알게 된다. 11장과 12장을 보며 그리스도에 관해 자신이 다시 보아야 할 것이 무엇인지를 생각해 보라. 자신의 마음과 삶을 돌아볼 때 빌립보서의 어떤 진리가 가장 눈에 띄는가? 이 진리들은 다만 나의 생각을 바꾸기 위한 도구가 아니다. 또한 그리스도를 향한 우리의 사랑을 키우기 위해 마련되었다!

열매

6-1. 어떤 구체적인 좋은 열매가 발견되는가?

바울은 부정적이거나 긍정적인 상황에 대해 어떤 반응을 보이는가? 나는 구체적으로 하나님께 어떻게 순종해야 하겠는가?

- 다른 사람을 위한 사랑과 기도: 빌 1:3-11
- 자신의 아닌 그리스도의 명성에 대한 관심: 빌 1:12-13, 15-18
- 감사: 빌 1:3
- 용기: 빌 1:6, 12, 19-26; 2:9-11; 3:13, 20-21
- 격려, 위로, 그리스도와 성령님과의 교제: 빌 2:1
- 겸손, 부드러움, 긍휼: 빌 2:2-4
- 어려움 중에 거룩을 추구함: 빌 2:12-18
- 부당한 일을 당해도 피해 의식에 사로잡히지 않음, 만족감: 빌 411-12
- 분투하는 가운데 경건한 감정들: 빌 2:19-30

6-2. 나의 삶 속에서 발견되는 특정한 좋은 열매가 있는가?

나의 삶 속에서 좋은 열매를 발견하는가? 나는 인격적으로 온전하게 자라고 있는가? 나의 죄를 직시하고 주님께 그것을 가져가는가? 나는 도움의 손길을 뻗는가? 나는 경건하게 감정을 표출하는가? 용서를 받아야 하거나 용서해야 할 사람에게 다가가는가? 다른 사람의 약점과 죄를 다룰 때 인내하는가? 복음이 나의 언어를 순화시키는가? 하나님이 환경을 사용해 나를 거룩하게 하실 때 기뻐하는가?

7-1. 바울이 환경을 다루는 방식은 어떤 좋은 열매를 맺는가?

그가 어떤 은혜로운 공동체를 만들었는가? 어떤 긍정적인 결과가 발견되는가? 어떤 도전이 여전히 남는가? 어떤 새로운 긴장이 생기는가?

- 사람들에게 복음이 전해짐: 빌 1:13
- 신자들이 담대하도록 격려를 받음: 빌 1:14
- 신자들이 기도하도록 격려를 받음: 빌 1:19

오늘날의 독자들도 동일한 경험을 한다!

7-2. 내가 환경을 다루는 방식은 어떤 좋은 열매를 맺는가?

경건한 방식으로 사는 것이 항상 쉽지는 않다. 그 대가로 바울은 감옥에 갇혔다! 그러나 경건한 행동이 삶에 평안과 온전함을 가져오는 경우가 더 많다. 나를 둘러싼 상황에서 내가 취하는 행동은 어떻게 긍정적으로 되돌아오는가? 나의 행동이 내 세계를 어떻게 더욱 도전적으로 만드는가?

성경은 바울이 어떻게 자신이 처한 환경에 놀랍고도 경건하게 반응했는지 보여 준다. 이 열매는 복음을 길어 마시는 마음에서 자라난다. 이를 믿음으로 구한다면 우리도 바울처럼 반응할 수 있다. 바울의 삶은 그리스도인의 삶이 단지 법을 지키며 사는 삶 이상이라고 알려 준다. 그리스도인의 삶은 살아 계신 그리스도와의 관계 안에 사는 삶이다. 우리가 믿고 순종하면 하나님을 영화롭게 할 것이다. 그뿐 아니라 더욱 큰 은혜를 받으며 다른 사람에게도 도움을 줄 것이다.

How people change

chapter 14

변화는 어떤 모습으로 나타나는가?
_열매2: 새롭고 놀라운 결과

● 강병문 옮김

성경의 명령과 원칙이 현실에서는 통하지 않는다고 생각한 적 있는가? 이 문제 투성이 세상 속에서 과연 그리스도의 은혜만으로 우리 안에 좋은 열매를 맺을 수 있을지 우리는 의심하고는 한다. 아래와 같이 생각한 적은 없는가?

- '유순한 대답은 분노를 쉬게 한다'고 하지만, 그 글을 쓴 사람은 우리 애들을 키워 보지 않았어.
- 내가 다른 뺨을 내놓으면 오히려 그가 나를 이용하려 들 거야.
- 나는 그녀를 용서하려고 최선을 다했지만, 그녀를 볼 때마다 그녀가 내게 했던 일이 자꾸 생각나서 가슴이 미어져.
- 약할 때 하나님의 은혜가 가장 강력히 임한다고 하지만, 나로서는 약할 때 그저 무기력할 뿐이야.
- 내가 섬기려고 노력하니 남들이 나를 종으로 알아.
- 내 친구와 가족도 사랑하지 못하는데 어떻게 내 원수를 사랑하겠어?
- 그리스도께서 교회를 사랑하신 것처럼 아내를 사랑해야 한다는 건 알지만, 아내는 가끔씩 나를 미치게 해.
- 그렇게 무례한 10대 애들에게 친절히 대하기란 불가능한 일이야.

- 열심히 일하는 직원의 급료를 깎는 사장을 존경하기란 너무 어려워.
- 교회가 사역에 대한 나의 은사를 인정하지 않아서 헌신하기 힘들어.

성경은 우리의 두려움, 나태, 불신앙의 경향에 대해 매우 분명하게 말한다. 성경은 우리가 일상생활 속에서 만나는 가난, 불의, 죄에 대한 속박, 폭력, 부패, 깨어진 인간관계, 썩어져 가는 피조물에 대해 놀랍도록 정직하게 기록하고 있다. 성경은 또한 축복과 풍요의 유혹, 그것들을 현명하게 사용하는 일의 어려움도 빼놓지 않는다. 풍요는 생각지도 못한 투쟁의 주된 원인이 될 수 있다. 그러나 무엇보다 하나님의 말씀은 우리에게 기대 이상의 가능성이 있음을 보여 주면서 큰 소망으로 우리에게 충격을 준다. 몇 번이고 성경은 하나님의 자녀들이 시냇가에 심겨 열매를 주렁주렁 맺은 나무와 같다고 묘사한다(사 55:1-2; 58:11, 렘 31:12; 호 14:5-7). 우리는 삶에 시험과 유혹이 찾아오면 하나님 눈에 우리가 바짝 마른 땅이나 시든 식물처럼 보일 거라고 생각한다. 그러나 성경은 사막 한가운데 자리한 은혜의 오아시스에 대해 이야기한다.

이 장에서 우리는 그리스도께서 우리 마음을 변화시키실 때 일어나는 행동과 반응의 근본적인 양상을 면밀히 살펴볼 것이다. 새 언약의 소망은 날마다 새로워지는 마음으로 증거된다. 그런데 어떤 이들은 이를 알고도 이렇게 말하면서 우리 안에 하나님이 하실 일에 대한 기대를 제한하려 한다.

- 내게는 좋은 일들이 영 생기지 않아.
- 하나님의 법이 다른 사람들에게는 맞을지 몰라도 나에게는 맞지 않아. 시험 중에도 그 법을 지키려 했지만 오히려 좌절만 낳게 되었어.

- 이 죄와 싸우며 이기고자 기도했지만, 다른 사람들이 경험했던 그런 결과가 내게는 해당되지 않더군.
- 성경 이야기들은 놀랍지만, 그들이 경험한 바가 내게는 일어나지 않아.

우리는 자신뿐 아니라 다른 사람들도 그럴 거라고 생각한다. 그리고 고난이란 더위 속에서도 성령의 열매가 자랄 수 있다고 믿기를 그만두고는, 서로를 포기한다. 그러므로 이 사실을 기억하는 것이 중요하다. 우리 마음을 새롭게 하시는 하나님이 우리가 인생의 더위를 새로운 방식으로 다루도록 도우실 것이다.

동굴과 용납 속에서

이런 경우를 한번 생각해 보자. 수많은 사람에게 영향을 주며 능력 있고 매우 존경받는 지도자가 있었다. 그런데 그는 유독 자기 가족에게는 아무런 힘을 발휘하지 못했다. 그의 아들은 반항적일 뿐 아니라 아버지의 지위를 빼앗기 위해 할 수 있는 모든 일을 다 했다. 어느 순간 아버지는 충성된 많은 부하들이 아들에게 넘어간 것을 알아차렸다. 상황은 나빠질 대로 나빠져서 아들이 자기를 죽이려 한다는 사실도 알게 되었다. 그는 자신의 지위를 지키려고 차마 아들을 죽일 수 없어서 집에서 멀리 도망쳤다.

자신이 바로 이 아버지의 입장이라고 가정해 보라. 그의 슬픔과 고통을 상상해 보라. 은혜를 모르는 아들에게 그동안 자신이 베푼 것을 이야기하는, 비통과 분노에 빠진 한 남자의 모습이 보이지 않는가? 하나님께 신실하려고 노력했던 그 모든 시간들이 다 무엇이었는지 하나님께 질문하는 그의 모습이 떠오르지 않는가? 다른 이들의 영적인 조언에 귀를 닫고는 소망을 잃고 냉소적이 된 도망자 신세의 한 남자를 말이다. 내가 누구 이야기를 하는지 이미 눈치챘을지도 모르겠다. 바로 사무엘하 14-18장에 나오는 다윗 왕과 그 아들 압살롬의 이야기다. (이 비극적인 가정의 이야기를 시간을 내서 읽어 보기를 권한다.)

다윗의 행동과 반응에서 우리는 일반적으로 예상했던 바를 거의 발견하지 못한다. 그의 말과 행동에는 우리를 냉소주의에서 깨어나게 할 놀라운 무언가가 있다. 시편 4편에 이 엄청난 비극을 겪는 다윗의 마음이 잘 묘사되어 있다.[1]

"내 의의 하나님이여 내가 부를 때에 응답하소서 곤란 중에 나를 너그럽게 하셨사오니 내게 은혜를 베푸사 나의 기도를 들으소서 인생들아 어느 때까지 나의 영광을 바꾸어 욕되게 하며 헛된 일을 좋아하고 거짓을 구하려는가 (셀라) 여호와께서 자기를 위하여 경건한 자를 택하신 줄 너희가 알지어다 내가 그를 부를 때에 여호와께서 들으시리로다 너희는 떨며 범죄하지 말지어다 자리에 누워 심중에 말하고 잠잠할지어다 (셀라) 의의 제사를 드리고 여호와를 의지할지어다 여러 사람의 말이 우리에게 선을 보일 자 누구뇨 하오니 여호와여 주의 얼굴을 들어 우리에게 비추소서 주께서 내 마음에 두신 기쁨은 그들의 곡식과 새 포도주가 풍성할 때보다 더하니이다 내가 평안히 눕고 자기도 하리니 나를 안전히 살게 하시는 이는 오직 여호와이시니이다."

---

[1] 데렉 키드너(Derek Kidner)는 이 시편에 대한 주석에서 "시편 3편에 나타난 압살롬의 반역이 이 시편의 배경일 수 있다"라고 쓴다. "그때 다윗은 수치를 당하고(2a절) 거짓(2b절)과 분노(4절)와 압박(6절)에 둘러싸여 있었다." *Tyndale Old Testament Commentaries, Psalms 1-72* (Downers Grove, IL: IVP, 1973), p. 55; 『시편 I·II : 틴데일 구약주석 시리즈 15·16』, 임요한 옮김, CLC, 2017.

시편 3편과 4편은 다윗이 압살롬을 피해 다니던 시절 아침과 저녁에 쓴 시다. 시편 4편을 쓰게 된 배경을 알았을 때 우리는 다윗의 마음과 행동에 놀라지 않을 수 없다. 다윗은 개인적으로 몹시 고통스러운 경험 가운데 있었다. 그런데 그의 태도는 과연 어떠한가?

1. 다윗은 결코 하나님으로부터 도망치지 않았다.

그는 성경의 약속과 원칙이 지켜지지 않았다고 하나님의 신실하심을 의심하며 원망하지 않았다. 오히려 다윗은 하나님께 자신을 다시금 맡긴다. 우리는 시련 중에 하나님의 선하심을 의심하며 절망하고 그분으로부터 돌아서기 쉽다. 그러나 다윗은 하나님을 향해 서서 자신의 기도에 응답해 주시기를 간구한다.

2. 다윗은 하나님의 자녀라는 자신의 정체성을 기억한다.

우리의 정체성은 삶에 대한 우리의 반응을 결정한다. 다윗은 스스로를 가리켜 "하나님의 택하신 자"라고 말한다. "하나님이 왜 이런 어려움을 내 삶 속에 두셨는지 모르지만 내가 부르짖을 때 그분이 내 기도를 들어주실 것을 안다"고 말한다. 다윗의 정체성에 담긴 핵심 진리는, "나는 그분의 것이고 그분은 나의 것이며, 그분은 내 기도를 들어주신다"는 사실이다(3절).

3. 다윗은 자신의 마음을 살핀다.

다윗은 우리가 시련의 때에 본능적으로 행하는 것과는 아주 다른 방식으로 행동한다. 일반적으로 우리는 시험을 하나님의 선하심과 신실하심 그리고 사랑에 의문을 제기할 타당한 구실처럼 여긴다. 우리는 끊임없이 문제를 제기하면서 다른 사람들을 비판한다. 그러나 다윗은 자신의 형편이 얼마나 나쁜지, 자신의 아들이 얼마나 나쁜지 되뇌지 않는다. 대신 다윗은 자기 마음을 살핀다. 고난 중에는 자기 마음에 대해 더욱 잘 알 수 있기 때문이다. 시험은 우리로 하여금 자신의 마음을 좀 더 잘 알고 경계하도록 돕는다. 시험을 당할 때 우리는 환경이 아닌 그 상황에서 우리가 열망하는 것에 떠밀린다(5절).

4. 다윗은 예배를 드린다.

고통과 고난 중에 우리는 개인적인 경건의 시간과 공적인 예배를 외면하는 경향이 있다. 그래서 소그룹이나 사역에 참여하지 않는다. 기쁨으로 충만하던 예배는 의심과 분노, 두려움, 낙망, 질투, 원한, 냉소주의라는 감정으로 대체된다. 그러나 시편 4편의 동굴 속을 들여다보자. 다윗은 결코 불평의 늪에 빠지지 않았다. 오히려 다윗은 하나님을 경배한다(5절).

5. 다윗은 다른 사람들을 섬긴다.

다윗은 혼자가 아니다. 신실한 추종자들이 그와 함께한다. 그러나 다윗이 하나님을 경배할 때 이 추종자들은 흥분해서 "누가 우리에게 어떤 선한 것을 보여 주겠느냐"(6절)고 말한다. 이 두 가지 반응, 곧 다윗의 반응과 두려워하며 불평하는 이들의 반응을 비교해 보라. 그리고 우리가 시험과 문제에 대해 불평하는 사람들에게 어떻게 반응하는지 떠올려 보라. 다윗은 그들이 마땅히 알아야 할 바를 모른다고 성급하게 말하거나 판단하지 않는다. 또는 너희가 나를 미치게 만든다고 소리치고 홀로 나가 버리지도 않는다. 낙심되고 긴장되는 상태에서도 다윗은 결코 주변 사람들과 싸우지 않는다. 오히려 할 수 있는 한 최선을 다해 그들을 섬긴다. 그는 하나님이 임재의 빛을 비추어 주사 그들도 자신처럼 안식할 수 있기를 구한다(6절).

6. 다윗은 안식한다.

고난이 닥치면, 우리는 근신하며 하루를 보내고 밤에는 슬퍼하면서 잠을 이루지 못한다. 확실히 다윗도 슬퍼하고 있다. 아들이 그를 대적하고 있으며, 하나님이 주신 모든 것, 심지어 그의 생명까지 위험한 지경에 처했다. 어떻게 슬퍼하지 않을 수 있겠는가? 그러나 놀랍게도 다윗은 기뻐하며 평안히 잔다고 고백한다! 어떻게 그는 두려움이나 원한, 분노, 공포 없이 지낼 수 있었을까? 그 대답은 단순하지만, 심오한 진리를 품고 있다. 즉 다윗의 마음은 하나님의 다스리심을 받았다! 가장 귀중한 한 가지를 다윗은 결코 잃어버리지 않았다. 그는 하나님이 함께하시기에 자신이 동굴에 있어도 궁중에서처럼 안전함을 알았고, 그래서 엄청난 실망 속에서도 편히 누워 잠잘 수 있었다.

다윗에 대해 읽은 후 스스로 어떤 반응을 보였는가? "도대체 이런 사람이 어디 있어?"라고 말했는가? 사실 다윗의 가장 잘못된 선택은 고난이 아닌 축복 속에서 이루어졌다. 궁중에서 지내며 권력의 정점에 있을 때 그는 남의 아내를 범하고 그 남편을 살해했다. 다윗은 기계적인, 완벽한 사람이 아니었다. 얼마든지 우리처럼 범죄하기 쉬운 죄인이었다.

우리처럼 다윗도 어떤 날에는 하나님의 자녀라는 정체성을 지키며 살았고, 어떤 날에는 그러지 못했다. 바로 이것이 우리가 이 시편에서 많은 소망을 얻는 이유이다. 이 시편은 우리와 같은 죄인을 향한 하나님의 은혜를 보여 준다. 보통 사람들의 삶에 찾아오는 시험이라는 혹독한 더위 속에서 열매 맺는 나무가 자란다.

시편 4편을 읽고서 "이렇게 살아야 된다고? 아니, 나는 절대 이렇게 살 수 없어"라고 단정하지 말라. 대신 이렇게 되뇌어 보자. "하나님이 바로 이와 같이 내 안에서 역사하시겠구나. 다윗의 구속자가 나의 구속자 되시니 내게도 이런 일들이 일어날 수 있어. 다윗의 마음을 지배하시고 고통의 순간에 평화를 주신 하나님이 내게도 역시 그렇게 하실 거야. 나는 아무리 혹독한 삶의 도전을 받더라도 선한 선택을 하고 선한 일들을 하고 선한 열매를 맺을 수 있어!"

시편 4편은 우리에게 성경의 원리들에 기계적으로 순종하라고 말하지 않는다. 올바른 일을 하기 위해 필요한 것이 오직 지식이라면 예수님이 굳이 이 땅에 오실 필요가 없었을 것이다. 우리가 이 시편에서 실제로 목격하는 것은 인간의 마음에 역사하셔서 우리가 스스로의 힘으로는 불가능한 일들을 하도록 도우시는 하나님의 은혜다. 십자가로 인한 그리스도의 구속은 우리가 어떤 형편에 있든지 하나님의 은혜를 받게 한다.

요컨대 하나님은 '더위'로부터 우리를 구해 내는 일 이상을 하신다. 하나님은 우리를 구원하시되 단지 더위를 견디게 하실 뿐 아니라, 좋은 열매를 맺게 하신다. 가정에 어려움이 찾아올 때 사랑이 자랄 수 있다. 인정받지 못하는 희생을 하는 중에도 인내심이 자랄 수 있다. 육체적 고통 중에 평화와 강한 믿음이 생겨난다. 욕망의 한가운데, 한때는 탐욕과 이기심이 자라던 곳에서 베푸는 마음이 자라난다. 가난해도 평화로울 수 있다. 개인적인 성공의 시기에 겸손이 자랄 수 있다. 활활 타오르는 거절의 불길에 데여도 기쁠 수 있다. 비통한 시기를 지나면서도 소망은 꽃핀다.

사막에 흐르는 강

요한복음 7장 37-38절에서 예수님은 우리에게 힘을 주는 놀라운 말씀을 하신다. 곧, 그분을 믿는 자는 누구나 그 안에서 생수의 강이 흐른다는 것이다. 요한은 이에 대해 예수님이 성령님을 말씀하신 거라고 설명한다. 성령님을 통해 영적 생수의 강이 흘러들어가면 죽었던 자가 살아난다. 갈라디아서 5장 13절-6장 10절에서 우리는 성령님의 역사를 통해 자라는 열매에 대해 알 수 있다.

"형제들아 너희가 자유를 위하여 부르심을 입었으나 그러나 그 자유로 육체의 기회를 삼지 말고 오직 사랑으로 서로 종 노릇 하라 온 율법은 네 이웃 사랑하기를 네 자신 같이 하라 하신 한 말씀에서 이루어졌나니 만일 서로 물고 먹으면 피차 멸망할까 조심하라 내가 이르노니 너희는 성령을 따라 행하라 그리하면 육체의 욕심을 이루지 아니하리라 육체의 소욕은 성령을 거스르고 성령은 육체를 거스르나니 이 둘이 서로 대적함으로 너희가 원하는 것을 하지 못하게 하려 함이니라 너희가 만일 성령의 인도하시는 바가 되면 율법 아래에 있지 아니하리라 육체의 일은 분명하니 곧 음행과 더러운 것과 호색과 우상 숭배와 주술과 원수 맺는 것과 분쟁과 시기와 분냄과 당 짓는 것과 분열함과 이단과 투기와 술 취함과 방탕함과 또 그와 같은 것들이라 전에 너희에게 경계한 것 같이 경계하노니 이런 일을 하는 자들은 하나님의 나라를 유업으로 받지 못할 것이요 오직 성령의 열매는 사랑과 희락과 화평과 오래 참음과 자비와 양선과 충성과 온유와 절제니 이같은 것을 금지할 법이 없느니라 그리스도 예수의 사람들은 육체와 함께 그 정욕과 탐심을 십자가에 못 박았느니라 만일 우리가 성령으로 살면 또한 성령으로 행할지니 헛된 영광을 구하여 서로 노엽게 하거나 서로 투기하지 말지니라…… 형제들아 사람이 만일 무슨 범죄한 일이 드러나거든 신령한 너희는 온유한 심령으로 그러한 자를 바로잡고 너 자신을 살펴보아 너도 시험을 받을까 두려워하라 너희가 짐을 서로 지라 그리하여 그리스도의 법을 성취하라 만일 누가 아무 것도 되지 못하고 된 줄로 생각하면 스스로 속임이라 각각 자기의 일을 살피라 그리하면 자랑할 것이 자기에게는 있어도 남에게는 있지 아니하리니 각각 자기의 짐을 질 것이라 가르침을 받는 자는 말씀을 가르치는 자와 모든 좋은 것을 함께 하라 스스로 속이지 말라 하나님은 업신여김을 받지 아니하시나니 사람이 무엇으로 심든지 그대로 거두리라 자기의 육체를 위하여 심는 자는 육체로부터 썩어질 것을 거두고 성령을 위하여 심는 자는 성령으로부터 영생을 거두리라 우리가 선을 행하되 낙심하지 말지니 포기하지 아니하면 때가 이르매 거두리라 그러므로 우리는 기회 있는 대로 모든 이에게 착한 일을 하되 더욱 믿음의 가정들에게 할지니라."

어쩌면 당신은 성령님이 내 안에 계시며, 그분은 생수로 비유된다는 성경 지식을 이미 가졌을지 모르겠다. 그러나 실제로 시험과 유혹에 직면했을 때 이 지식이 나를 어떻게 도울지는 확신하기 어려울 것이다. 갈라디아서 5장과 6장, 요한복음 7장의 말씀은 그리스도께서 말씀하시고자 했던 바를 잘 설명해 준다.

갈라디아서 5장 13-15절이 방종에 대한 경고로 시작한다는 사실을 알아챘는가? 우리는 모두 다른 그 누구보다도 자기 자신으로 인해 더욱 죄를 짓는다. 일상적인 교통 지옥에서, 마트 계산대에서 줄을 서면서, 아침에 먼저 샤워하려 노력하면서, 마지막 남은 과자를 먹으려고 하면서, 다른 사람의 애정을 갈구하면서, 직장에서 승진을 바라면서 우리가 서로 경쟁하는 이유가 바로 이 때문이다. 즉 죄는 다른 사람의 행복보다 자신의 행복에 더 관심을 갖게 만든다. 그런 자기중심성이 관계를 파괴하고 더욱 해를 끼친다.

그러나 이 구절은 투쟁에 대해 말하는 데서 끝나지 않는다. 나아가 사역에 헌신하는 사람들, 다른 사람의 짐을 지려고 노력하는 사람들, 선을 행하는 사람들을 보여 준다(갈 6:1-10). 가시나무 반응으로 시작했던 이 본문은 열매 맺는 나무의 삶으로 끝난다. 무엇이 차이를 만드는가? 바로 생수이신 성령님이시다! 성령님은 우리 대신 우리의 죄된 성품과 싸우신다. 그분 덕분에 우리는 육체에 굴복할 필요가 없다(19-21절). 그분 덕분에 우리는 우리를 반대 방향으로 이끄는 강력한 열망과 감정과 열정에 "아니오"라고 단호히 말할 수 있다(24절 참조).

우리가 성령님께 "예"라고 대답한다면 하나님의 생수가 우리 마음속에서 새로운 열매를 맺을 것이다. 사랑, 희락, 화평, 오래 참음, 자비, 양선, 충성, 온유, 절제라는 열매를 말이다. 이런 성품들은 하나님이 우리에게 짐 지우신 이상적인 기준이 아니다. 성령님이 우리에게 주신 선물이다. 우리 안에서 시작된 변화는 우리 주변의 것들(더위)에 대한 우리의 반응을 변화시킨다. 그리고 그 결과 이런 일들이 열매로 맺힌다. 자비는 선을 행할 길을 찾는다. 인내와 충성은 사람들이 일을 망칠 때 도망치지 않는다. 사랑은 죄인을 섬긴다. 온유는 고통 중에 있는 사람의 짐을 나누어 진다. 갈라디아서 5장과 6장은 이러한 소망들로 가득 차 있다.

우리는 그리스도인의 삶을 볼 때 하나님이 성령님을 통해 우리 안에서 행하시는 일보다 우리가 해야 하는 일을 더 강조하는 관점을 반드시 거절해야 한다. 하나님이 우리에게 뜻하신 변화는 불가능하다거나 영원한 나라에서만 가능하다는 식의 관점도 모두 거절해야 한다. 우리 안에서 매일 일어나는 이 싸움을 무시하거나 하나님이 우리를 위해 함께 싸우신다는 사실을 무시하는 그 어떤 관점도 받아들여서는 안 된다! 성경은 삶의 시험 가운데 하나님이 우리를 만나시며, 하나님은 다만 율법만이 아니라 그분의 아들도 주셨다고 말한다! 그분으로 인해 우리가 하도록 부르심 받은 그 일들은 현실이 된다.

열매 맺는 나무는 고난이란 불볕더위 속에서도 열매를 맺는다고 성경은 가르친다. 자기 자신에게, 나는 하나님의 자녀이며 열매 맺는 나무라고 거듭 말하라. 그 열매는 하나님의 선물로 성령님이 맺으신다. 우리는 가시나무 반응에 만족하지 않는다. 우리는 하나님이 말씀하신 그대로의 자신, 사막 한가운데서도 열매 맺는 나무가 될 수 있다.

새롭고 놀라운 열매

마음이 새로워졌을 때 우리의 삶은 어떻게 변할까? 우리는 열매, 곧 삶의 변화를 생각할 때 변화된 행동의 목록만이 아니라 예수님이 주신 것들을 더불어 생각해야 한다. 예수님은 우리에게 새로운 생명, 새로운 지혜, 새로운 성품, 새로운 소망, 새로운 힘, 새로운 자유 그리고 새로운 열망을 주셨다. 성경은 그리스도께서 십자가에서 구속을 완수하심으로써 우리에게 새 마음을 주셨다는 말로 이를 요약한다. 우리 마음은 성령님으로 말미암아 새 생명을 얻게 되었다.

우리가 바르게 생각하고 원하고 말하고 행동할 때, 이는 스스로를 칭찬하거나 임무 달성 목록에 표시할 기회가 아니다. 올바른 일들을 행할 때마다 우리는 그리스도께서 우리를 위해 공급하신 것들을 경험한다. 우리는 11장에서 그리스도께서 맺으시는 열매들을 알아보았는데, 이제부터는 그 토론을 확장할 것이다.

나는 완전한 삶을 살 것이다

그리스도께서 주시는 완전한 용서로 인해 나는 하나님의 말씀이라는 거울로 자신을 비추어 보기를 두려워하지 않는다. 나는 더 이상 자신을 방어하거나 변명하거나 합리화하거나 누군가 혹은 어떤 다른 것에 책임을 전가할 필요가 없다. 나는 더 이상 죄를 부인하거나 피할 이유가 없다. 용서와 지혜 그리고 능력의 하나님이 내 안에서 더불어 사시는데 내가 왜 나의 연약함이나 죄와 대면하기를 두려워하겠는가? 이제 나는 자신을 직시하는 가운데 스스로를 성숙시키는 일에 헌신할 수 있다. 나는 하나님의 말씀이 내 마음의 거울이며, 하나님이 자신을 더 정확히 보도록 나의 삶 속에 사람들을 보내셨다는 사실에 기뻐한다. 나는 배우고 변화하고 그리고 성장하는 자신을 몹시 즐거워한다.

나는 또한 하나님의 도우심을 구한다. 십자가는 나를 죄에서 해방시킬 뿐 아니라 나를 하나님의 은혜의 자원들과 연결시킨다. 그 자원들 중 하나가 바로 그리스도의 몸이다. 내 안에 사시는 궁극적인 보혜사의 격려를 받아 나는 그리스도의 몸 안에서 그분이 주시는 모든 자원을 얻을 수 있다. 나는 혼자 살아가지 않을 것이다. 나는 가능한 한 성경의 모든 가르침을 취할 것이다. 나는 그리스도의 몸으로 함께 교제하는 소그룹을 찾을 것이다. 나는 목회자의 목양을 받을 것이다. 성숙한 형제자매의 지혜를 구할 것이다. 친밀한 관계가 주는 책임으로부터 유익을 얻도록 노력할 것이다. 그리고 마음과 행동의 갈등에 대해 정직하게 말함으로써 이 모든 자원들의 유익을 얻을 것이다.

이 모든 것을 행할 때 나는 경건한 감정을 표현할 것이다. 갈보리 사건의 현장보다 더 절절한 장면은 없다. 그리스도께서는 고통을 당하고 죽으실 때 아버지께 부르짖으셨다. 십자가는 나 또한 하나님 아버지께 부르짖도록 초청한다. 그리스도께서는 자신이 죽임 당할 때 침묵하신 아버지께 부르짖으셨다. 그래서 나는 내게 귀를 기울이시며 내가 살아가는 데 필요한 모든 것을 주시는 아버지께 부르짖는 것이 가능해졌다.

하나님이 누구시며 하나님이 나를 어떤 사람으로 만드셨는지 이해하면 할수록, 우리는 그리스도인의 삶이란 무감각하거나 금욕적인 삶이 아님을 깨닫게 된다. 이 땅에 계실 때 주님은 모든 감정을 표현하셨고, 우리 또한 그리스도 안에서 자라나기에 그럴 것이다. 참된 성숙은 올바른 때에 올바른 방법과 올바른 감정으로 드러난다. 그리스도인으로서 우리는 지상에서 가장 슬픈 사람들(죄의 황폐함을 이해하는 까닭에)인 동시에 가장 기쁜 사람들(십자가에서 죽으신 그리스도의 은혜를 체험하기 때문에)이다.

슬픔과 두려움, 질투, 행복, 감사, 기대, 후회, 애도 그리고 흥분 등에는 적절한 때가 있다. 그리스도인의 삶은 마치 그리스도의 빛으로 빛나는, 다양한 감정들의 색채로 풍성한 스테인드글라스와 같다.

십자가가 나의 관계를 빚게 할 것이다

하나님의 넘치는 은혜를 받은 사람으로서 이 은혜를 다른 이와 나누는 것이 마땅하다. 예수님은 마태복음 18장 21-35절에서 이 원리를 놀라운 예화로써 말씀하셨다.

"그 때에 베드로가 나아와 이르되 주여 형제가 내게 죄를 범하면 몇 번이나 용서하여 주리이까 일곱 번까지 하오리이까 예수께서 이르시되 네게 이르노니 일곱 번뿐 아니라 일곱 번을 일흔 번까지라도 할지니라 그러므로 천국은 그 종들과 결산하려 하던 어떤 임금과 같으니 결산할 때에 만 달란트 빚진 자 하나를 데려오매 갚을 것이 없는지라 주인이 명하여 그 몸과 아내와 자식들과 모든 소유를 다 팔아 갚게 하라 하니 그 종이 엎드려 절하며 이르되 내게 참으소서 다 갚으리이다 하거늘 그 종의 주인이 불쌍히 여겨 놓아 보내며 그 빚을 탕감하여 주었더니 그 종이 나가서 자기에게 백 데나리온 빚진 동료 한 사람을 만나 붙들어 목을 잡고 이르되 빚을 갚으라 하매 그 동료가 엎드려 간구하여 이르되 나에게 참아 주소서 갚으리이다 하되 허락하지 아니하고 이에 가서 그가 빚을 갚도록 옥에 가두거늘 그 동료들이 그것을 보고 몹시 딱하게 여겨 주인에게 가서 그 일을 다 알리니 이에 주인이 그를 불러다가 말하되 악한 종아 네가 빌기에 내가 네 빚을 전부 탕감하여 주었거늘 내가 너를 불쌍히 여김과 같이 너도 네 동료를 불쌍히 여김이 마땅하지 아니하냐 하고 주인이 노하여 그 빚을 다 갚도록 그를 옥졸들에게 넘기니라 너희가 각각 마음으로부터 형제를 용서하지 아니하면 나의 하늘 아버지께서도 너희에게 이와 같이 하시리라."

우리가 그렇듯, 우리 주변에 있는 사람들은 모두 여전히 죄인이다. 그러기에 그들은 실패하고 죄를 지으며 우리를 실망시킬 것이다. 그때가 바로 받은 은혜를 다른 이들에게 전할 기회이다. 우리의 분노, 성가심, 성급함, 정죄, 쓴 뿌리 그리고 복수의 감정은 그들과 우리 삶에서 결코 선한 것을 만들 수 없다. 그러나 우리가 하나님의 은혜를 삶 속에서 기꺼이 나타낼 때, 하나님은 사람들 안에서 선한 일들을 이루신다. 그때 우리는 하나님이 그들의 삶에서 하시는 일을 방해하는 대신 그 일의 일부가 된다. 그렇다면 십자가가 우리의 관계를 빚게 하라는 말은 어떤 의미인가?

먼저, 기꺼이 용서할 마음이 준비된 상태를 뜻한다(막 11:25; 마 6:12-15). 용서하기로 결심하는 것은 무엇보다 내가 하나님과 마음으로 교제하고 있다는 뜻이다. 다른 사람의 잘못에 대한 집착이나 어떤 식으로든 그를 심판하겠다는 욕망을 기꺼이 포기하는 것이다. 하나님이 의롭고 정의로운 분이심을 믿기에 우리는 그 사람과 그의 범죄 행위를 하나님께 맡긴다. 그리고 은혜와 용서의 태도로 그를 대하기로 결심한다. 요컨대 하나님과 나 사이의 수직적인 관계는 나와 내게 범죄한 사람 사이의 수평적인 관계에서도 용서할 준비를 하게 한다.

우리는 모두 죄인이기에 하루라도 용서가 필요하지 않은 날이 없다. 용서하지 않는 것, 마음에 받은 상처를 되새기려는 유혹, 심판과 복수에 대한 생각은 하나님이 우리로 그분을 더욱 닮게 하고자 의도하신 모든 관계를 손상시킨다. 실상 모든 관계는 하나님의 은혜가 일하는 작업실이다. 십자가는 이 중요한 용서의 영역에서 첫째, 그리스도께서 나를 위해 값주고 사신 것과 같은 용서를 다른 이들도 알게 되기를 원하게 한다. 둘째, 나를 변화시켜서 내가 다른 이들을 진심으로 용서할 수 있게 한다.

한편 십자가는 나로 하여금 겸손하게 용서를 구하게 한다. 용서를 구할 때는 어떤 자기 합리화나 변명 혹은 비난 없이 상대에 대한 나의 죄책을 인정해야 한다. "제가 ~한 잘못을 저질렀습니다. 저를 용서해 주세요. 제가 당신에게 준 고통에 대해 사과합니다." 이 세 가지 요청은 용서를 구한다는 것이 무엇인지 보여 준다. 용서를 구하는 일은 첫째, 누군가에게 겸손과 정직으로 다가가는 것이다("제가 ~한 잘못을 저질렀습니다"). 둘째, 내가 누군가에게 죄를 지었음을 인정하고, 그 사람에게 용서의 과정에 참여해 주기를 요청하는 것이다("용서해 주세요"). 단순히 미안하다는 말로는 충분하지 않다. 그것만으로는 실제로 용서라는 축복을 베푸는 그 사람을 부인하는 것이기 때문이다. 셋째, 나의 죄가 불러온 고통을 안타까운 마음으로 인정해야 한다("제가 당신에게 준 고통에 대해 사과합니다"). 우리는 이 과정을 통해 그리스도의 십자가의 결과를 다시금 체험하게 되고, 자신이 그리스도의 죽으심을 필요로 하는 죄인이라는 사실을 기억하게 된다. 그런데 십자가는 여기서 더 나아간다. 즉 나의 마음을 변화시킬 뿐 아니라 내가 몰랐던 죄에 대해 민감하게 반응하게 하고 내가 변명했던 것들을 기꺼이 인정하게 한다.

십자가가 나의 관계를 빚을 때 나는 다른 사람들의 죄와 연약함에 대해 은혜로 대하게 된다. 혹시 자신보다 남에게 더 높은 잣대를 적용하지는 않는가? 그가 죄인임을 기억하면서 정작 자신이 죄인임은 잊어버리는가? 다른 사람의 작은 잘못을 지나치지 못하는가? 혹시 남의 장점보다 단점을 찾는 데 더 많은 시간을 들이는가? 나는 사람들을 용납하고 사랑하는가, 아니면 판단하고 비판하는가? 주변 사람들의 약함이나 죄, 실패에 대해 어떻게 반응하는 경향이 있는가?

십자가는 또한 나로 하여금 긍휼과 온유, 용납, 친절, 인내, 사랑의 마음으로 다른 이들을 섬기게 한다. 사람들과 가까워질수록 이런 태도가 더욱 필요해지는 까닭은 내가 그들의 연약함과 죄로부터 영향을 받기 때문이다(그 반대의 경우를 위해서도 필요하다). 따라서 우리는 모두 이렇게 자문해야 한다. "가까운 인간관계 안에서 나는 어떤 태도를 취하는가?" 그리스도께서는 우리 자신으로부터 우리를 구하기 위해 우리 안에 사신다. 때문에 비록 죄인된 우리일지라도 서로를 사랑하며 은혜를 베풀 수 있다. 남을 섬기기 위해 자신의 욕망을 내려놓을 때마다, 우리는 십자가의 결과 그대로 살아가는 것이다.

십자가가 나의 말과 행동에 목적과 방향을 제시한다

하나님은 우리가 그리스도 안에서 받은 은혜를 반영하는 방식으로 행동하기를 바라신다. 그렇다면 문제는 "나의 인간관계가 하나님의 은혜로 빚어지느냐?"는 점이다. 믿음으로 새롭게 맺는 열매들, 곧 그리스도께서 우리에게 뜻하신 십자가 중심의 행동에는 무엇이 있는지 알아보자.

- 십자가는 하나님의 자녀들로 하여금 화평을 이루는 자가 되게 한다(약 3:13-18). 내 삶의 어느 영역에서 평화가 필요한가?
- 십자가는 하나님의 자녀들로 하여금 진리를 말하게 한다(엡 4:25). 지금 내가 진리를 분명히 말함으로써 문제가 풀리고 관계가 회복되고 사람들이 축복을 받게 될 부분은 어디인가?
- 십자가는 하나님의 자녀들로 하여금 다른 이들을 섬기게 한다(갈 5:13-15). 하나님은 나를 지금 어디에서 섬기라고 부르시는가?
- 십자가는 하나님의 자녀들로 하여금 용서를 구하는 모든 이들에게 용서를 베풀게 한다(눅 17:1-10). 하나님께 나의 상처를 올려 드리고 복수하기를 포기할 때, 나는 내게 상처를 준 사람을 마음으로 용서하게 된다.
- 십자가는 하나님의 자녀들로 하여금 "아니오"라고 말하는 법을 배우게 한다. 복음서에서 예수님은 사람들의 모든 요구를 들어주지 않으셨다(요 2:3-4; 4:43-54; 6:15, 26-27, 30-40; 7:3-10; 8:48-59; 10:30-39; 11:1-6, 21-27; 13:8-10; 18:19-24, 33-37). 예수님은 오직 하나님 아버지의 뜻에 따라 행하

셨다. 그리스도인의 사랑은 다른 사람들의 문제에 종속되는 것이 아니다. 다만 그리스도의 종으로서 기꺼이 다른 이들을 섬기는 것이다. 그러므로 때로는 다른 사람들의 요구에 "아니오"라고 답하는 것이 오히려 주님께 사랑스럽고 올바른 일을 하는 셈이다.

- 십자가는 하나님의 자녀들로 하여금 하나님의 영광과 다른 사람들의 유익을 위해 자신이 받은 은사를 인지하고 키우고 사용하게 한다(롬 12:1-8). 자신이 받은 하나님의 은사는 무엇인가? 그 은사를 하나님이 나를 두신 그곳에서 어떻게 사용할 수 있는가?

종합하기

내가 베티나와 마주 앉았을 때, 그녀는 다소 피곤해 보이기는 했지만 낙심한 것처럼 보이지는 않았다. 지난 6개월간 그녀는 자신의 한가로운 삶이 완전히 산산조각 나는 것을 지켜봐야 했다. 교외에 있던 그녀의 큰 집은 이제 가물가물한 추억거리가 됐다. 즐거운 삶을 함께 꾸리던 친구들도 결혼 생활의 파탄과 더불어 멀어졌다.

베티나의 남편은 다른 여자 때문에 그녀를 배신했을 뿐 아니라, 그녀를 비참하게 만들고자 가능한 모든 일을 다했다. 예전에는 풍성한 은행 잔고와 한없는 신용 한도를 갖고 있던 그녀가 이제는 생필품도 사지 못할 지경에 이르렀다. 컨트리클럽에서 놀던 그녀는 이제 하루 열 시간의 노동을 해야 했다. 교회마저 이곳저곳을 전전하는 형편이었다. 그런 베티나가 내 앞에 마주 앉았는데, 내 눈에 비친 그녀는 그리 낙담하거나 분노하는 것처럼 보이지 않았다.

그때 나는 이것이 바로 하나님의 은혜가 일하시는 모습이라고 생각했다. 그것이 아니라면 이 슬픈 이야기의 주인공인 베티나의 느긋함을 설명할 길이 없었다. 하나님은 이 뜨거운 고난의 더위 속에서 베티나의 마음을 드러내셨을 뿐 아니라 그녀를 변화시켰다. 예전에는 환경으로 인해 안정감을 가졌으나, 지금은 주님 안에서 안식함을 의지하게 되었다. 예전에는 작은 어려움에도 불평했는데, 지금은 용기와 인내를 가지고 살게 되었다. 예전에는 남을 헐뜯던 그녀가 이제는 참된 용서의 모범이 되었다. 예전에는 자기를 위해 살던 그녀가 이제는 기쁨으로 남을 섬기게 되었다.

베티나는 자신의 변화를 다음과 같이 요약했다. "물론 다시는 이런 일을 겪고 싶지 않아요. 생각했던 것보다 훨씬 더 힘들었거든요. 저는 때때로 하나님의 존재를 의심하면서 도저히 감당하지 못하겠다고 괴로워했어요. 하나님이 옳다고 말씀하신 대로 행하기란 불가능해 보였어요." 잠깐 머뭇거린 그녀는 곧 말을 이어 갔다. "하지만 이제는 하나님이 제게 주신 것을 얻기 위해서라면, 그 경험을 다시 해도 좋다고 말할 수 있어요. 하나님이 저를 얼마나 완전히 변화시키셨는지 저는 정말이지 다른 사람이 되었답니다!"

베티나의 이야기는 하나님이 단지 우리가 겪는 고난의 더위를 식히실 뿐 아니라, 그 가운데서 우리를 변화시키신다는 진리를 여실히 보여 준다. 결혼 생활로 인한 상흔은 베티나가 죽을 때까지 남아 있겠지만 그녀는 더 이상 분노나 의심, 상처, 질투에 사로잡히지 않을 것이다. 하나님의 은혜를 통해 이제 그녀는 삶에 대해 반응하는 방식에 근본적인 변화를 일으키는 과정 중에 있다.

베티나의 이야기는 곧 우리 자신의 이야기이기도 하다. 우리 역시 삶에서 힘든 시험들, 우리를 유혹하는 축복들, 관계적인 갈등들을 맞닥뜨린다. 그러나 우리도 구속주이신 그리스도의 선물을 받았다. 그분의 역사는 지금 이 순간에도 우리의 마음과 삶에 대한 반응을 변화시킨다. 이 사실을 부디 기억하라.

1. 그리스도께서 이루신 일로 인해 나는 이미 열매 맺는 나무가 되었다. 나의 삶 속에는 이미 경건한 성품과 능력의 증거가 있다. 복음과 성령님의 일하심에 응답한 결과 맺히는 선한 열매를 믿음으로 인정하라.
2. 그리스도인의 삶이란 그리스도 안에서 하나님이 주시는 가능성과 특권을 누리며 믿음으로 사는 삶이다. '웃으면서 참으라'는 식으로 마지못해 규칙을 지키는 생활 방식이 아니다.
3. 그리스도께서 우리를 새로운 피조물로 만드셨기에 고난 속에서도 선한 일들이 가능하다. 그분의 일하심이 우리 마음으로 하여금 선한 열매에 반응하게 한다.
4. 우리는 그리스도와 연합되었으며 우리 안에 성령님이 거하시기에 시험과 유혹을 하나님의 능력을 체험할 기회로 받아들인다.
5. 하나님은 우리를 그리스도 안에서 새로운 정체성("나는 누구이다")과 새로운 방식의 삶("그래서 나는 이것을 할 수 있다")으로 부르신다. 변화는 지식의 정도나 규칙의 종류, 신학적 틀, 행동 기술에 의한 것이 아니다. 변화는 부활하신 주님으로 인한 우리 마음의 결과이다. 하나님의 은혜가 우리 마음을 지배할 때 우리는 그분의 계명을 지키게 된다.

오직 예수님만이 우리가 필요로 하는 모든 것이기에, 우리에게는 여전히 소망이 있다.

주님과 함께하는 삶을 잘 표현한 아래 시로 이번 장을 마무리하겠다.

매일 아침이 소망으로 가득합니다.
내가 성공적으로 무엇을 해내서가 아니라,
내 주위의 사람들이 내게 감사를 표해서가 아니라,
환경이 순탄해서가 아니라,
하나님이 계시며, 그분이 곧 나의 아버지이시기 때문입니다.
다른 시선으로 아침을 맞이한다면
거짓을 믿는 것이겠지요.
소망 중에 사는 것은 진리 안에 사는 것이며,
진리 안에 사는 것은 그분께 영광을 돌리는 것입니다.
매일매일 하나님께 영광을 돌리는 것이
가장 귀한 예배의 모습입니다.

How people change

chapter 15

적용1: 어느 부부 이야기

● 심수명 옮김

　마지막 두 장에서는 지금껏 기술한 내용을 결혼과 교회라는 두 영역에 대입해 보려고 한다. 부디 이 책이 개인의 삶과 교회의 삶에 도움이 되기를 바란다.

　낯선 누군가의 이야기를 갑자기 들을 때면 마치 내 앞에 조각퍼즐 수천 개가 쏟아진 듯한 느낌이 든다. 이 조각들이 서로 짝이 맞기는 한지, 이 모두를 어떻게 맞추어 갈지 실로 막막하다. 마찬가지로 어떤 사람의 고투를 자세히 이해하는 일 역시 매우 벅차고 혼란스러울 수 있다. 그러나 우리가 이 책에서 살펴본 내용이 틀리지 않았다면, 그런 혼란을 겪지 않아도 될 것이다. 이제부터 우리가 배운 것들을 테드와 지니의 결혼 생활에 적용해 보도록 하자.

테드와 지니

　삶에 지친 한 젊은 부부가 담임 목사와 한 시간 정도 상담하기를 요청했다. 이내 목사는 그들에게 한 시간보다 더 많은 도움의 시간이 필요함을 알아차렸다. 테드는 자신의 삶이 곤경에 처한 것을 인정하기 어려워했다. 그는 의연하게 버티고 있었지만 누구라도 그가 길을 잃었음을 알 수 있었다.

지니는 그렇게 냉정하지 못했다. 그녀는 눈물로 일그러진 얼굴을 하고 있었다. 지니의 표정은 "어떻게 여기까지 오게 되었는지, 어떻게 나아가야 할지 정말 모르겠어요"라고 말하고 있었다. 혼란스러운 이야기가 또 다른 이야기와 겹쳐지면서 혼돈의 덩어리가 최선의 길을 막아선 것 같았다.

테드와 지니는 너무 어린 나이에 결혼을 했다. 그들은 결혼이 각자에게 어떠한 결과를 가져올지 거의 생각하지 않았다. 그들이 처음 만났을 때 테드는 회심의 조짐을 보이며 이제 막 새신자가 된 상태였다. 아직은 불량소년의 모습이 남아 있어서, 예수님을 믿기는 했지만 자신의 결심이 얼마나 본질적이며 인생을 전환시키는 실마리가 되는지에 대한 개념은 없었다. 반면 지니는 신실한 그리스도인 가정에서 자랐다. 그녀의 사회적, 영적 생활은 교회를 중심으로 이루어졌다.

테드와 지니는 유원지에서 놀이기구를 타려고 줄을 서서 기다리다가 만났다. 처음부터 지니는 위험할 정도로 테드에게 끌렸다. 테드는 부모님이 먹지 말라고 하신 사탕 같았다. 하지만 지니는 바로 그를 원했다. 한편 테드에게 지니는 무언가 다르고 순수해 보였다. 그들은 전화번호를 교환하고 헤어졌다. 지니는 테드에 관해 실제로 아는 바가 없었지만 그를 안다고 생각했다. 이내 그들은 매일 밤 통화하기 시작했다. 딸의 행동을 이상하게 여긴 지니의 어머니는 그녀에게 누구와 통화를 길게 하는지 물었다. 지니는 교묘하게 둘러댔다. 얼마 지나지 않아 테드와 지니는 서로 만났다. 이후 지니는 가장 친한 친구에게 비밀을 지켜달라고 하면서, 자신의 인생에서 가장 흥분된 밤을 보냈다고 고백했다. 이들의 비밀스러운 만남은 계속되었다. 그러나 비밀이 영원히 지켜지기란 어려운 법이다. 이윽고 지니는 어머니에게 테드에 대해 말할 기회를 찾기 시작했다.

며칠 후, 지니는 부모님과 저녁 식사를 하다가 엉겁결에 "정말 좋아하는 남자를 만났어! 나는 그와 만나는 것이 좋아"라고 말했다. 분위기는 썩 좋지 않았다. 부모님은 지니가 벌써부터 몰래 테드를 만나고 다녔음을 알고는 무척이나 마음이 상했다. 부모님이 직접 테드를 만나 볼 때까지 지니가 테드를 만나는 것은 금지되었다. 3일 후 테드는 지니의 집에 찾아왔다. 테드는 여러모로 그리스도인 부모님의 마음에 들지 않는 사람이었다. 지니의 부모님은 그가 기독교에 대해 아무것도 모른다는 사실을 알아차리고는 둘의 만남을 허락하지 않았다. 그러자 지니는 그 어느 때보다 분노했다. 지니와 부모님 사이의 관계가 냉랭해졌다. 지니는 점점 더 버릇없이 굴었고, 어서 고등학교를 졸업한 뒤 대학에 들어가 집을 떠나게 될 날만 손꼽아 기다렸다.

집에서 한 시간 거리에 있는 캠퍼스에 도착하자마자 지니는 테드를 만나기 시작했다. 그들은 집을 떠나 첫 주말을 함께 보냈고 이후에도 계속해서 매 주말을 함께 보냈다. 지니는 자신의 믿음을 테드와 나누었다. 그러나 그는 믿음에 관한 그 어떤 깨달음이나 흥미를 느끼지 못했다. 지니는 계속해서 그들이 같은 믿음을 갖는 것이 얼마나 중요한지 말했다. 테드는 이내 그녀와 함께 교회에 나가기로 결정했다. 지니의 부모님이 그들의 새로운 관계에 대해 듣게 되었을 때, 가장 먼저 들려온 소식은 테드가 구원을 받았다는 이야기였다. 지니는 테드가 이미 신앙고백을 했음에도 불구하고, 그의 구원을 확실히 보이려고 테드를 강대상 앞에 세워 간증하게 했다. 그들은 지니의 부모님이 이 소식에 긍정적으로 반응해 주기를 원했다. 하지만 부모님은 지니가 또다시 속인 것에 마음이 상했고, 테드가 정말 회심했는지도 의심이 되었다.

부모님과 친구의 지지 없이 지니는 테드와 계속 교제했다. 학기를 마친 그 여름 내내 그들의 관계는 계속되었다. 이듬해 1월, 지니는 부모님께 전화를 걸어 테드와 결혼할 거라고 말했고, 물론 부모님은 매우 걱정이 된다고 답했다. 그때 지니는 차마 임신 소식을 부모님께 전할 수가 없었다.

이러한 상황에서도 지니의 부모님은 훌륭한 결혼식과 좋은 출발을 만들어 주려고 최선을 다했다. 그러나 그들의 결혼 생활은 처음부터 문제를 일으켰다. 테드는 한 직업에 정착할 줄 모르고 이 일 저 일 옮겨 다녔다. 지니는 그가 어디에 있는지 모를 때도 많았다. 더욱이 테드는 끊기로 약속한 술을 다시 마시기 시작했다. 5년 동안 세 명의 아이가 태어나는 동안, 지니는 점점 더 고립된 채 적의와 분노에 찼다. 그들은 매일 밤 싸웠다. 그러던 어느 날 밤, 테드는 지니의 뺨을 여러 번 때렸다.

그날 밤 지니는 아이들을 데리고 집을 나왔고 자신의 힘든 상황에 대해 도움을 구하기로 결심했다. 지니는 친정에서 남편에게 전화를 걸어 상담을 받자고 제안했다. 테드는 마지못해 동의했고 일주일 후 그들은 처음으로 목사님을 만났다. 목사님은 믿음과 용기를 가지고 그들이 빠진 어려움의 늪으로 서서히 들어갔다. 목사님은 이야기를 열심히 들어주었고 하나님이 그들의 깊은 실망과 몸부림을 이해하고 계심을 그들이 알도록 도와주었다(더위). 시간을 들여 목사님은 그들 부부가 상황과 관계에서 그릇되게 반응했음을 인정하도록 도왔다(가시). 그러면서 이 잘못된 반응은 상황이 아닌 바로 그들 마음에서 비롯되다고 설명해 주었다. 목사님은 그들을 용서하신 바로 그 예수님이 그들을 변화시킬 준비를 하고 계심을 알려 주었다. 예수님이 그들의 관계를 본질적으로 변화시키실 것이다(십자가). 목사님은 그들 부부가 하나님과 함께하는 새로운 삶의 방식에 헌신하도록 격려했다(열매). 비록 그들의 결혼은 더위와 투쟁하며 말라가는 가시나무처럼 시작되었지만, 점점 변화된 마음과 새로운 열매를 주렁주렁 맺는 나무가 되었다.

혼란 또는 명료함

혹시 테드와 지니의 이야기를 읽으며 당황했는가? 많은 사소한 일들과 뒤죽박죽된 사실들에 좌절과 혼란을 느끼는가? 성경적인 명료함을 가지고 인생을 바라보기란 자연스러운 일도 쉬운 일도 아니다. 인생은 너무나 빠르게 지나가는데, 우리 대부분은 자신의 삶을 돌아볼 시간을 충분히 갖지 않는다. 이런 우리가 어둠 속에 남겨지지 않도록 성경을 주신 하나님께 감사할 따름이다. 성경은 은혜 안에서 자란다는 것이 무엇인지 생각해 보라고 권한다. 바울은 에베소서 5장 15절에서 "그런즉 너희가 어떻게 행할지를 자세히 주의하여 지혜 없는 자 같이 하지 말고 오직 지혜 있는 자 같이 하여"라고 말한다. 바울은 우리 주변에서 일어나는 일들과 우리 안에서 일어나는 상황 모두에 주의를 기울이라고 강조한다. 이 책이 제시하는 변화의 모델은 테드와 지니의 혼돈에 명료한 통찰력을 제공하고 변화가 가능하다는 소망을 준다. 그렇다면 우리가 죄와 정직하게 싸울 때 이것이 어떻게 그리스도를 영원한 변화의 근원으로 가리키는지 생각해 보자.

현재의 문제: 마음의 결과

성경에서 가장 겸손하며 도움이 되는 구절 중 하나는 갈라디아서 6장 7-8절이다. "스스로 속이지 말라 하나님은 업신여김을 받지 아니하시나니 사람이 무엇으로 심든지 그대로 거두리라 자기의 육체를 위하여 심는 자는 육체로부터 썩어질 것을 거두고 성령을 위하여 심는 자는 성령으로부터 영생을 거두리라." 테드와 지니는 그들이 심은 것을 거두며 살고 있었다. 우리도 그런 식으로 열매를 거두며 살아간다. 이 열매를 거두게 한 씨앗은 무엇인가? 우리는 변화에 앞서 그 씨앗과 열매를 먼저 알아야 한다.

불행히도 우리는 자기 열매를 부인하는 데 상당히 익숙하다. 눈앞의 명백한 일도 부인하는데 하물며 분명하지 않은 일, 즉 우리 마음속에서 일어나는 일들을 부인하기란 얼마나 쉬운가? 그럼에도 불구하고 테드와 지니가 자신의 삶이 스스로 뿌린 씨앗의 열매임을 깨달은 바로 그 순간, 변화가 일어났다. 그들이 무엇을 거두었는지 살펴보자.

가장 눈에 띄는 것은, 이들 부부가 하나님이 제공하시는 지혜와 도움에서 얼마나 단절되었는가 하는 것이다. 이 단절은 하향곡선을 그리던 그들의 관계에 더욱 가속도를 붙였다. 그들의 냉담하고 형식적인 기독교는 그들 삶의 문제나 하나님과의 진정한 교제에 전혀 영향을 미치지 못했다. 두 사람이 하나님이 설계하신 교회 공동체를 벗어난 후, 어느 누구도 그들의 삶에 관여할 수 없었다. 그들에게는 하나님과 자신을, 서로를, 그리고 그들과 다른 신자들을 연결시킬 영적인 중심이 없었다. 공동체와의 단절은 그들에게서 성령님을 통한 회개와 용서와 화해라는 회복 과정을 빼앗았다. 그 대신 자기 방어적이고, 분노하고, 잘못을 기억하고, 용서하지 않는 관계가 지속되었다. 마귀가 그들을 속이고 종속시킬 계략을 실행할 기회가 충분했다.

테드는 부정적인 친구 관계와 나쁜 습관에서 편안함을 찾았다. 지니는 자기 연민과 쓴 마음에 굴복해 버렸다. 두 사람이 각자 유혹에 굴복함으로써 삶의 결과는 더욱더 악화되었다. 그들은 점점 더 쓴 뿌리의 노예가 되어 갔고, 분노는 그들의 결혼 생활에 더욱 깊숙이 침투했다. 둘 다 분노를 없애려 하지 않고 단순히 분노를 통제하려고만 했기 때문이다. 그러는 동안 테드와 지니의 아이들은 죄에 노출되었고 혼란과 분노에 사로잡혔다. 테드와 지니가 도망치려고 한 것은 너무나 당연한 일이다.

이 부부가 너무 심한 경우라고 여기지는 말라. 우리 모두 그들과 비슷하다. 우리는 공적인 삶과 사적인 삶 사이에 경계선을 긋고 살아가는 경향이 있다. 더욱이 우리 안에는 빛보다는 어두움 가운데 머물기를 좋아하는 무엇이 있다. 우리는 자신이 얼마나 악한지에 대해서는 최소화하면서 다른 사람들이 얼마나 악한지에 대해서는 최대화하기를 원한다. 사실 우리 자신에게서 흠을 찾기보다 다른 사람에게서 흠을 찾기가 훨씬 쉽다. 만일 하나님을 자기 삶의 변두리에 모신다면, 우리의 신앙은 은혜와 소망과 변화의 관계라기보다 규칙들과 신조들의 빈 껍질이 될 것이다. 테드와 지니의 삶에 자신의 삶을 비추어 보라. 하나님이 우리의 삶에서 그분의 은혜의 깊이와 능력이 필요한 곳을 짚어 내시도록 하라.

더위: 테드와 지니의 세계

테드와 지니의 결혼 생활은 곧 그들이 삶의 더위에 그렇게 반응한 결과이다. 삶의 더위는 곤경과 축복 모두를 포함한다. 더위의 정체를 밝히는 일은 삶이라는 복잡한 퍼즐을 맞추기 위해 먼저 모든 테두리 조각을 찾는 것과 같다. 테드와 지니는 어떤 식으로든 그들의 세계에 반응해 왔다. 여기서 우리는 이렇게 물을 필요가 있다. 무엇이 그들의 반응에 가장 중요한 영향을 미쳤는가? 다음은 테드와 지니의 세계를 정의하는 테두리 조각들이다.

과거의 더위

지니의 세계를 보자. 그녀는 기독교 가정에서 활동적인 부모님 손에 자라면서 어린 시절부터 복음을 듣는 축복을 누렸다. 그러나 동시에 그녀는 자신이 집에서 배운 것과는 다른 가치를 지닌 세상에서 살았다. 유원지에서 테드를 만난 지니는 자신이 가지지 못한 부분, 곧 테드가 가진 '불량소년' 이미지에 매료되었다. 지니는 부모님이 테드를 환영하지 않을 것도 이미 알았다. 부모님의 기대는 테드의 세계와 전혀 들어맞지 않았다.

한편 테드는 성경과 교회와 복음에 대한 지식이 없었다. 그는 세상적인 가치관에 따라 살았다. 그가 자라 온 환경이 곧 테드의 더위였다. 테드는 지니의 순결함과 순수함에 끌렸다. 그러나 '불량소년' 이미지는 그가 그런 삶에서 멀어졌을 때에도 여전히 남아 있었다. 비록 바로 그 점이 지니를 매료시켰지만, 테드는 자신이 그녀의 세계에서 결코 받아들여지지 않을 것을 알았다.

테드의 더위와 지니의 더위가 서로 만났을 때, 그 더위는 더욱더 강력해졌다. 한 사람은 다른 사람의 금지된 열매였다. 그들은 서로 만나지 말라는 부모님의 결정에 반응해야 했다. 그런데 바로 이 시기에 지니가 대학에 가기 위해 집을 떠나게 되면서, 부모님의 속박으로부터 벗어났다.

우리도 그들과 같지 않은가? 하나님이 금하신 것에 유혹을 느껴 본 적 없는 사람이 누구인가! 읽지 말아야 할 잡지, 차마 뿌리치기 힘든 초콜릿 케이크, 전화로 다른 사람 험담하기, 배우자 외에 다른 이성과 맺는 정서적 관계, 직장에서의 성희롱, 적의를 숨기는 것, 혹은 우리를 결혼 생활과 가족과 그리스도의 몸으로부터 멀어지게 하는 승진 같은 것! 유혹은 단순히 "너는 그것을 가질 수 있어"라고 말하지 않는다. "네가 그것을 가져도 별일 없을 거야"라고 말하며 우리를 교묘히 낚는다. 유혹은 우리에게 마치 자유로운 삶을 열어 보이는 듯하지만, 사실은 우리를 속박하고 죽음에 이르는 길로 인도한다. 테드와 지니는 모두 이러한 유혹에 굴복했고, 그 결과 현재의 상황에 이르게 되었다.

현재의 더위

이제 지니는 자신이 어찌할 수 없는 남자와 결혼했다는 사실을 안다. 그는 거의 집에 들어오지도 않고, 술만 많이 마시며, 심하게 화를 내고, 주님에 대해서는 흥미가 없으며, 한 직업을 계속 유지할 수도 없고, 차분한 대화도 불가능하며, 점점 더 옛날 친구들과 어울릴 뿐이다. 아이들을 혼자서 키우는 동안 지니는 점점 더 희망을 잃었다. 심지어 테드가 진 빚을 갚으라는 독촉 전화가 오기도 한다. 이것이 바로 지니의 더위이다.

한편 테드는 매일 아침 아내의 성화에 일어난다. 지니는 주변 사람들에게 무뚝뚝하고, 적의에 가득 차 있으며, 매사에 비판적이고, 무엇보다 그를 불쾌하게 대한다. 테드는 대화를 할 때마다 지니가 적대적이고 비관적이며 그녀와는 말이 통하지 않는다고 생각한다. 더욱이 그들은 가족, 교회와 연을 끊었기 때문에 의지할 사람도 없다. 테드와 지니는 그들이 과거와 현재에 저지른 기만의 결과를 안고 산다. 하나님만이 그들에게 무슨 일이 일어나고 있는지를 아셨고, 그래서 누구도 그들을 이해하거나 도울 수 없었다. 그들은 스스로 이 상황을 극복할 수 없었고, 이제 절망에 빠졌다.

테드와 지니의 경험은 하나님이 성경에서 말씀하시는 이 세상에서의 삶과 동일하다. 그들처럼 성경 인물들도 늘 옳은 선택만 하는 도덕적인 영웅은 아니었다. 그들은 유혹과 싸우는 흠 많은 사람이었고, 하나님은 그들을 반복해서 구원하셔야 했다. 가인, 야곱, 다윗, 모세, 요나, 제자들, 바울, 디모데, 야고보를 생각해 보라. 그들을 향한 말씀은 또한 우리를 향한 말씀이기도 하다. 복음이 테드와 지니의 죄와 혼란에 대해 어떻게 말하는지 알려면, 우리는 특히 그들이 더위에 어떤 반응을 보였는지 알 필요가 있다. 그러면 무엇이 그들의 행동을 이끌었는지 이해하는 데 도움이 될 것이다.

가시: 더위에 대한 테드와 지니의 반응

테드와 지니는 다음 네 가지 방식으로 그들이 처한 환경에 반응했다.

1. 그들은 하나님이 부여하신 권위에 반항했다

하나님은 지니의 부모님을 그녀의 삶 가운데 시험거리나 방해물로 주신 것이 아니다. 지도와 보호를 제공하는 계속적인 자원으로 주셨다. 그러나 테드와 지니는 그들의 관계에 부모님이 관심을 보일 때마다 그 권위를 선한 것으로 여기지 않았으며, 극복해야 할 방해거리로 여겼다.

2. 그들은 현명한 조언을 무시했다

성경의 달콤한 약속 중 하나는 하나님이 자기 자녀에게 지혜를 주신다는 것이시만, 그들은 절대로 이 지혜를 애용하지 않았다. 지니의 부모님이 주신 조언은 다만 부모님의 의견이 아니었다. 그것은 지니에게 지혜를 주시겠다는 하나님의 약속이 실현되는 수단이었다. 지니는 테드에게 너무 강하게 끌렸기에 그들의 관계에 대해 현명하게 생각할 수 없었다. 이 때문에 하나님은 그녀를 돕고자 부모님을 보내 주셨다.

3. 그들은 원하는 것을 얻기 위해 규칙을 깨뜨렸다

테드와 지니는 그들이 원하는 것을 얻기 위해서라면 어떠한 규칙이라도 깨뜨리는 공범 관계 속에서 둘 사이를 견고하게 세우려 애썼다. 부모님의 명령에 불복하고, 속이고, 뻔뻔하게 거짓말하는 것도 개의치 않았다. 하나님의 법을 무시하고, 자기들만의 법칙을 세우고는 개인적인 행복만을 추구했다.

4. 그들은 비밀스러운 삶을 살았다

테드와 지니는 금지된 관계를 유지하기 위해 비밀스러운 삶을 살았고, 이는 두 사람의 관계를 얽어매는 덫이 되었다. 불복하겠다는 결정은 곧 비밀스럽게 관계를 이어가야 한다는 뜻이었다. 그들은 곧 교회 공동체의 도움이나 지도, 돌봄에서 차단되고 말았다. 이제 그들은 항상 불안해하고, 저지르고 후회하기를 반복할 뿐이다. 그들은 보호하고 인도하시는 하나님의 은혜를 누리지 못했다.

지금까지 테드와 지니가 어떻게 더위에 반응했는지 살펴보았다. 그들이 왜 그렇게 반응했는지 알아보기 전에 우리 자신을 돌아보려 한다. 이 이야기 속에 자신의 모습은 없는가? 권위를 기뻐해야 할 유익이 아닌 회피해야 할 방해꾼으로 본 적은 없는가? 나의 속마음을 들추려 한다는 이유로 현명한 조언을 무시하고 싶었던 적은 없는가? 원하는 것을 얻기 위해 규칙을 깨뜨리려 한 적은 없는가? 자신의 갈등을 알리고 싶지 않아서 비밀을 만든 적은 없는가? 우리도 모두 테드와 지니가 받은 유혹을 경험한다. 우리는 과연 이 문제들에 어떻게 대처하고 있는가?

가시: 반응 뒤에 숨겨진 마음

더위에 대한 두 사람의 반응을 아는 것은 시작일 뿐이다. 이런 반응들을 바꾸라고 조언하는 것만으로는 충분하지 않다. 외적 행위만 멈추어서는 문제가 해결되지 않기 때문이다. 그들의 마음을 파고들어가 그 동기를 물어보아야 한다.

무엇이 지니의 삶에 의미 있는 변화를 가져올 수 있을까? 그녀는 복음적이고 성경적인 가치에 기반한 가정에서 자랐다. 모든 것을 종합해 볼 때, 지니는 스스로 믿음을 획득했다고 생각한 것 같다. 무엇이 지니를 이 방향으로 이끌었을까? 그 해답을 찾지 못한다면, 지니의 문제에 대한 이해나 해결책은 모두 얕은 수준에 머물 것이다. 테드의 경우 역시 마찬가지다. 바로 이 지점에서 우리는 성경적 모델의 도움을 받을 수 있다. 성경적 모델은 삶에 대한 포괄적인 본을 제시한다. 잠언 20장 5절은 이렇게 말한다. "사람의 마음에 있는 모략은 깊은 물 같으니라 그럴지라도 명철한 사람은 그것을 길어 내느니라."[1] 이 구절은 우리 행동의 직접적인 동기를 더 깊게 파고들 성경적 근거를 준다. 이 문제를 파고드는 데 실패한다면, 우리 변화의 핵심이신 그리스도와 그분의 은혜를 간과한 해결책만을 내놓을 것이다.

로마서 1장 25절은 우리가 다른 피조물로 창조주를 대치하는 여러 경우를 보여 준다. 여기서 우리는 하나님이 만드신 세상과 하나님에 대해 그리고 우리에 대해 아주 심오한 사실을 알게 된다. 지니의 경우, 테드를 향한 끌림과 그와의 관계에 대한 기대가 하나님과의 관계보다 더 매력적으로 보

---

1) 이 비유는 대양이 아니라 우물에 있는 깊은 물을 의미한다. 지혜로운 사람이 사람의 마음속에 있는 것을 끄집어내는 것을 연상해 보라. 어떤 사람이 하나님의 세계와 인간의 마음에 대해 올바르게 생각한다면 그 마음의 깊이를 알 수 있을 것이다.

였다. 바로 이 때문에 그녀는 기꺼이 권위에 반하고, 현명한 조언을 무시하고, 규율을 어기고, 비밀 속에서 살게 되었다. 하나님이 아니라 테드에 대한 욕망이 그녀를 지배했기 때문이다. 더 놀라운 것은 이 일이 얼마나 교묘하게 일어났는가이다. 한편 테드에게 있어 지니는 그가 결코 들어갈 수 없는 세계를 의미했다. 그녀는 좋은 가정에서 자란, 순수하고 교육을 잘 받은 여성이었다. 당시에는 느끼지 못했지만 테드가 지니에게 끌린 동기는 이기적인 것이었다. 그러기에 하나님의 은혜를 떠난 테드의 이기심과 지니의 결혼에 대한 꿈은 필연적으로 충돌할 수밖에 없었고 결국 그들은 충돌했다.

로마서 1장 25절이 논하는 것은 우상 숭배이다. 인간은 숭배하는 존재이다. 다시 말해, 인간은 언제나 무엇인가를 숭배하게 된다. 테드와 지니가 그랬듯이, 하나님의 은혜를 떠난 인간은 늘 창조주가 아닌 피조물 가운데 무언가를 선택한다. 잘못된 숭배는 전형적으로 다음과 같이 나타난다.

- 영적인 것보다 육적인 것이 더 중요하다.
- 영원한 것보다 일시적인 것이 더 가치 있다.
- 하나님과의 관계보다 사람과의 관계가 우리를 더 만족시킨다.
- 하나님이 내게 필요하다고 말씀하신 것보다 나의 욕망이 더 세다.

이 모델은 우리의 마음을 드러냄으로써 자신이 왜 그렇게 행하는지 이해하도록 돕는다. 마찬가지로 테드와 지니에게도 그들의 갈등의 깊이를 보여 줌으로써 하나님의 자비와 은혜를 갈망할 기회를 주었다.[2]

---

2) 10장에 나온 "자아성찰을 위한 질문"을 기억해 보자. 창조주가 아닌 피조세계에 있는 수많은 것을 숭배할 때 우리는 얼마나 창조적인가!.

십자가: 변화에 대한 소망

문제의 뿌리가 마음에 있음을 깨닫는 순간, 우리는 어떤 행동을 바꾸고 어떤 행동을 추구해야 하는지, 그런 조언만으로는 충분하지 않다는 사실을 알게 된다. 문제가 된 행동에 구체적인 지침을 주는 것도 중요하지만, 변화하려는 의지가 십자가에 뿌리를 두거나 새로워진 마음에 대한 약속에 기반을 두지 않는다면 그 변화는 오래가지 못할 것이다.

소망과 동기를 주는 그리스도의 십자가와 함께 살아가는 일은 테드와 지니에게 어떤 의미를 지닐까? 두 사람에게 가장 필요한 것은 예수님이 바로 그들과 같은 사람들을 위해 오셨음을 이해하는 일이었다. 그들은 고집스럽고 혼란스러우며 종속되었고 자기 자신에게 그리고 스스로 필요하다고 생각하는 것에 헌신했다. 로마서 5장 6-8절 말씀은 그런 자들에게 넘치는 소망을 준다.

> "우리가 아직 연약할 때에 기약대로 그리스도께서 경건하지 않은 자를 위하여 죽으셨도다 의인을 위하여 죽는 자가 쉽지 않고 선인을 위하여 용감히 죽는 자가 혹 있거니와 우리가 아직 죄인 되었을 때에 그리스도께서 우리를 위하여 죽으심으로 하나님께서 우리에 대한 자기의 사랑을 확증하셨느니라."

테드와 지니는 혼자가 아니다. 그들의 상황 역시 절망스럽지만은 않다. 성부 성자 성령 하나님이 그들의 죄를 씻어 주시고 변화할 능력을 주시기 때문이다. 테드와 지니는 죄를 고백하고 그리스도를 사랑하면서 날마다 회개와 믿음 안에서 성장할 수 있다. 하나님이 자신을 얼마나 사랑하시는지,

그리스도께서 얼마나 큰 소망을 주시는지 알아가는 동안, 그들의 삶에서 하나님의 자리를 차지했던 것들이 서서히 제자리를 찾아간다. 그리고 그리스도께서 그분이 원래 계셔야 할 자리, 곧 우리가 살아갈 이유와 가치가 되시는 오직 한 분의 자리로 올라가신다. 테드와 지니는 실제적으로 다음과 같이 할 필요가 있다.

1. 삶의 나쁜 열매는 그들이 자초한 결과이며 그들의 책임이라는 사실을 인정한다

지니는 부모님이 자신을 이렇게 몰아갔으며 테드가 그리스도인인 척 자신을 속였다고 비난했다. 한편 테드는 지니가 결코 만족하는 법이 없고 그가 결코 이룰 수 없는 꿈을 좇게 했다고 비난했다. 그 결과, 아무런 변화도 얻을 수 없었다. 그 상황이 되도록 그들이 한 일을 둘 다 인정하지 않았다. 그러나 일단 자신의 선택과 행동에 대한 책임을 인정하기 시작하자, 그들은 자신의 마음과 삶에서 성령님이 하시는 일에 참여하게 되었다.

2. 마음의 동기와 생각이 그 결과의 뿌리임을 인정한다

테드와 지니 모두 외부에서 해결책을 찾았다. 지니는 테드가 완벽한 동반자가 되어 주기를 원했다. 한편 테드는 지니가 자신의 부족한 부분을 채워 주기를 원했다. 그들은 여전히 마음의 우상을 붙잡고 있었기에 이러한 '해결책'들을 원했다.

마침내 지니는 자신이 마음에서부터 하나님을 가장 열망하지 않은 지가 아주 오래되었다는 사실을 깨달았다. 지니는 행동적인 죄뿐만 아니라 마음의 죄도 고백하기 시작했다. 그러자 그녀는 전보다 덜 비판적이고 덜 요구하게 되었다. 테드 역시 매우 힘든 과정을 거쳐 자신이 처음부터 얼마나 이기적이었는지 인정하기 시작했다. 테드는 자신이 원하는 것은 늘 손에 넣고야 말았는데, 지니도 그 가운데 하나였다. 자신의 동기에 대해 하나님 앞에서 정직해지자 테드는 자신이 결혼 생활을 얼마나 엉망으로 만들었는지 보게 되었다. 그는 더 나은 길을 바라기 시작했다.

3. 그리스도의 용서를 받아들인다

테드와 지니가 그동안 그들의 우상 숭배와, 그 결과 나타난 행동들이 얼마나 파괴적이었는지 보기란 쉽지 않았다. 이 모두를 인정하는 일은 참으로 두렵고 자신을 낮춰야 하는 일이다. 그러나 두 사람은 문제 속에서 그들이 한 일을 부정하기보다 예수님을 신뢰하고 용서와 변화에 대한 그분의 약속을 믿기로 결정했다.

테드와 지니는 그들이 꿈꾸던 것보다 훨씬 더 좋은 곳으로 그들을 초대하시는 하나님을 보기 시작했다. 놀라운 하나님의 은혜가 그들이 수년간 하나님 대신 좇은 빈약하고 천박한 우상들을 제압했다. 그리스도의 사랑과 하나님의 자녀라는 정체성으로 인해 지니는 이상적인 남편이나 인간적인 애정을 추구하지 않게 되었다. 온 우주가 자신을 위해 존재해야 한다던 테드의 고집도 그를 위해 자신을 내주신 그리스도의 희생적인 사랑 앞에서 무너지기 시작했다.

4. 주님의 부르심에 따른다

복음의 능력으로 변화된 테드와 지니는 하나님의 명령에 실제적으로 더욱 이끌렸는데, 적어도 네 가지 면에서 그랬다.

- 생각: 하나님의 말씀 안에서 발견한 진리가 그들 자신의 것보다 더 믿을 만하다는 사실을 깨달았다. 그들은 이 진리를 믿고 순종하기로 결단했다.
- 동기: 하나님의 목적과 자신의 욕망 사이에서 일어나는 마음의 전쟁을 더 많이 알아차리기 시작했다. 그들은 더 이상 자신의 본능적인 반응을 옳고 선한 것으로 믿지 않았으며 무엇이 옳은지 하나님께 여쭈었다.
- 행동: 주님이 그들을 대하는 방식으로 서로를 대하기 시작했다.
- 언어: 평화, 사랑, 연합, 용서 그리고 소망을 불러일으키는 방식으로 서로에게 말하기 시작했다.

5. 주님의 임재와 공급을 믿는다

테드와 지니는 수년간 하나님 없이 결혼 생활을 유지했다. 문제의 뿌리가 깊었고 하루아침에 바뀔 상황이 아니었다. 변화의 과정은 실로 어려웠다. 매일 믿음이 흔들렸다. 그래서 두 사람은 그리스도께서 그들의 투쟁 가운데 그들과 함께하심을 알아야 했다. 그들은 어떤 기술이나 시스템에 소망을 두는 대신 그들 안에 계신 그리스도께서 참된 소망이라는 사실을 붙들었다. 그들이 성숙하는 과정에서 시편 46편 1-2절은 점점 더 의미가 깊어졌다.

"하나님은 우리의 피난처시요 힘이시니 환난 중에 만날 큰 도움이시라 그러므로 땅이 변하든지 산이 흔들려 바다 가운데에 빠지든지……."

오직 그리스도만이 우리의 마음을 변화시킬 수 있다. 테드와 지니는 새로운 궤도에 함께 올라섰다. 둘은 그들의 결혼과 가정에 대해 생각할 때 소망을 발견하기 시작했다.

새 마음, 새 열매, 새 추수

몇 주, 몇 달이 흐르자 분명한 변화가 나타났다. 테드는 더욱 섬기는 마음을 품게 되었다. 집에서 더 많은 시간을 보냈고, 더욱 책임감을 갖고 일했다. 화도 적게 내고, 화를 냈을 때도 기꺼이 돌아와 자기 죄를 인정하고 고백하고 용서를 구하고 그에 대한 책임을 졌다. 지니 역시 완벽한 남편이라는 우상을 버리고 나니 테드를 비판하는 일이 줄어들고 그를 기꺼이 섬기며 격려하는 일이 늘어났다. 그들은 자기 죄의 심각함과 그리스도의 공급하심이 충분함을 더욱 알게 되면서, 숨어 있던 곳에서 나와 가족 공동체와 교회 공동체 안으로 들어갔다.

이러한 새로운 삶의 방식은 새로운 열매를 맺었다. 지니는 부모님과 화해하고 고등학교 이후로는 갖지 못했던 가족 안에서의 새로운 관계를 누렸다. 테드는 교회 친구들을 사귀기 시작했다. 그의 이야기는 결혼으로 상처받은 다른 이들에게 종종 위로가 되었다. 더불어 테드와 지니의 자녀들도 은혜가 그들의 가족을 빚는 새로운 방식으로부터 혜택을 누리기 시작했다. 그럼에도 테드와 지니는 여전히 날마다 갈등에 직면한다. 이것이 바로 변화가 일어나는 방법이다. 우리 존재가 그렇듯 영원의 이편에서는 늘 순금과 불순물이 혼합되어 있다. 그러나 하나님은 지금 바로 여기에서 우리가 그분의 은혜의 축복을 경험하도록 허락하신다.

이 사실이 새롭게 느껴진다 할지라도 전혀 새로운 것은 아니다. 이 사실은 그 말씀이 들어 있는 성경만큼이나 오래되었다. 성경은 우리 자신에 대한 참된 지식과 변화의 길에 대한 참된 통찰력을 주며, 더불어 변화가 실제로 가능하다는 참된 소망을 준다. 이 모두는 우리의 구원자이며 왕이신 주님께 달려 있다. 우리가 그분 안에 있고 그분이 우리 안에 있다면 이제 우리에게는 소망이 있다!

"깊도다 하나님의 지혜와 지식의 풍성함이여, 그의 판단은 헤아리지 못할 것이며 그의 길은 찾지 못할 것이로다 누가 주의 마음을 알았느냐 누가 그의 모사가 되었느냐 누가 주께 먼저 드려서 갚으심을 받겠느냐 이는 만물이 주에게서 나오고 주로 말미암고 주에게로 돌아감이라 그에게 영광이 세세에 있을지어다 아멘"(롬 11:33-36).

chapter 16

적용2: 어느 교회 이야기

● 전요섭 옮김

　주일 오전마다, 레이크 글렌 장로교회(Lake Glen Presbyterian Church, 이하 LGPC)에는 500여 명의 신자들이 모인다. 가족 단위로, 누구는 혼자서, 어린 아이부터 노인에 이르기까지 성소로 모여든다. 전형적인 복음주의 교회의 전형적인 주일 모습 같지만, 지금 LGPC는 중요한 혁신의 과정에 있다.

　그렇다고 해서 이 교회가 새로운 신학을 도입한 것은 아니다. 주일 예배도 전과 다름없이 드린다. 여전히 아이들은 주일학교에 참석하며, 매주 모이는 청소년 예배도 변함이 없다. 여전히 복음과 사역을 강조하고, 주중에 만나는 구역 모임을 통해 신자들도 꾸준히 늘고 있다. 하나님 말씀을 분명히 전하는 일과 새신자를 교육하는 일에도 계속 헌신할 것이다. LGPC의 변화는 사실 그 핵심에서 일어나고 있었다.

　LGPC는 창립 당시, 단 두 명의 목사에 의해 시작되었다. 이 교회를 개척한 목사 가운데 한 명은 20년 동안 사역을 했고, 또 다른 목사는 10년 이상 사역을 했다. 개척 당시 목사와 초창기 신자들은 강한 사명감을 가지고 교육 사역에 헌신했다. 수년에 걸쳐 시행된 이 사역은 실로 많은 결실을 가져다주었다. 교회는 계속해서 성장하여 부지를 매입하게 되었고, 건물도 지었으며, 사역이 배로 증가해서 전임 목사 세 명이 더 부임해 왔다. 여러 면에서 건강하고 견고하게 성장하는 교회처럼 보였다.

그렇지만 점차 리더들은 교회가 변화되어야 한다는 데 한목소리를 냈다. 교회를 정직하게 분석해 보니 건강하지 못하다는 징후가 포착되었다. 교인들의 공공연한 별거와 이혼이 잇따랐고, 리더들은 교인들의 결혼 생활이 전반적으로 건강한지 의심하게 되었다. 청소년부 출석률이 점차 떨어졌고, 구역 모임에 참여하는 교인의 비율도 아주 낮았다. 남성 사역과 여성 사역은 방향을 잃고 갈팡질팡했다. 전도에 대해 말하자면 제대로 진행되는 것이 별로 없었다. 리더들의 관심을 끈 부분은 이것만이 아니었다. 전임 목사 세 명이 감당하기에는 상담량이 너무 많았다. 이러한 모든 것들이 리더들로 하여금 LGPC의 사역 문화를 면밀히 검토하게 했다.

그처럼 집중적인 공동 탐색 작업은 이전까지 한 번도 없었다. 그러나 변화가 필요하다는 징후가 분명히 나타났고, 모든 사람들이 문제를 인정했다. 하나님이 LGPC 안에, 그리고 LGPC를 통해 하신 긍정적인 일들이 많았지만, 리더들은 안주해서는 안 된다는 사실을 알았다. 교회가 사람들이 성장하는 장소가 되려면 변화가 일어나야 했다. 그러나 그 변화는 무엇이며 도대체 어떻게 일어날 수 있겠는가?

조용한 변화

1장에서 우리는 '집 한가운데 있는 구멍'을 비유로 들어 많은 신자들이 의식하지 못하는 신앙생활의 괴리를 설명했다. 우리는 과거에 받은 죄 사함과 장차 약속된 천국을 어느 정도 의식하며 살지만, 바로 지금 여기서 복음의 능력을 이해하거나 경험하지 못하고 살아간다. 단조로운 삶은 우리를 잠들게 하고, 우리는 그리스도의 놀라운 임재를 그리워한다.

이와 똑같은 일이 교회에서도 일어날 수 있다. 즉, 집단 차원에서 현재의 복음의 능력을 잊어버릴 수 있다는 뜻이다.

그러나 그리스도인 개인으로서도, 교회로서도 그 반대여야 한다고 성경은 말한다. 우리는 복음을 잊은 상태로 너무 오래 살아서는 안 되며 그럴 수도 없다. 하나님은 그분의 자녀 한 사람 한 사람을 그리스도의 몸 안에 두셔서 우리의 매일을 위한 복음의 가치를 지속적으로 기억하게 하셨다. 교회가 제 기능을 발휘한다면 공동체 모든 면면에 은혜의 메시지가 스며들어서 신자들이 어디를 향하든 복음의 능력으로 변화되도록 도전받고 격려받을 것이다. LGPC 리더들은 교회가 제대로 기능하지 않는다는 사실을 깨닫고는, 곧바로 행동을 취했다.

피할 수 없는 여섯 가지 사실

다음은 LGPC 리더들에게 동기 부여가 된, 지역 교회에서 볼 수 있는 여섯 가지 기본적인 사실이다.

- 사실 1: 매주 교인들은 다양한 문제를 가지고 지역 교회에 나온다.
- 사실 2: 성경은 사람들을 돕는 데 필요한 모든 것이 우리에게 주어졌다고 말한다(벧후 1:3).
- 사실 3: 사람들은 대개 전문 상담가에게 가기 전에 친구나 가족, 목사에게 도움을 요청한다.
- 사실 4: 이들은 친구와 가족, 목사에게 아무런 도움을 얻지 못하거나, 바람직하지 않은 도움을 얻거나, 복음 중심적인 도움을 받을 수 있다.

- 사실 5: 만일 의미 있는 도움을 얻지 못한다면 이내 다른 곳에서 도움을 찾을 것이다.
- 사실 6: 이들은 도움이 된다고 생각되는 것들로 다른 이들을 도우려 애쓸 것이다.

LGPC의 리더들은 이런 진행 과정의 중요성을 알았다. 당신의 경우는 어떠한가? 만일 지역 교회가 복음을 바탕으로 한 의미 있는 도움을 제공하지 못한다면 사람들은 다른 곳으로 떠날 것이다. 그들은 복음의 능력을 보도록 격려를 얻거나, 아니면 복음이 삶의 문제를 충분히 해결하지 못한다고 확신하게 될 것이다. 만일 후자의 경우라면 교회는 애매모호한 장소가 되고 만다. 그러면 복음의 능력과 영향이 아주 약화되거나, 완전히 다른 메시지와 방법으로 대치될 것이다. 다시 말해, 그들은 그리스도 안에서 하나님의 구속 사역의 견고한 토대 위에 세워지지 않은 다른 변화의 수단을 찾을 것이다. 바울은 골로새서 2장 6-8절에서 바로 이 문제에 우려를 표했다.

"그러므로 너희가 그리스도 예수를 주로 받았으니 그 안에서 행하되 그 안에 뿌리를 박으며 세움을 받아 교훈을 받은 대로 믿음에 굳게 서서 감사함을 넘치게 하라 누가 철학과 헛된 속임수로 너희를 사로잡을까 주의하라 이것은 사람의 전통과 세상의 초등학문을 따름이요 그리스도를 따름이 아니니라."

바울은 이 문제를 간과할 수 없었다. 이는 하나님의 영광을 훔치고 하나님의 백성에게서 변화에 대한 유일한 소망을 빼앗는 타협이었다. 그리스도 안에 있는 우리에게 주어진 자원에 대해서는 타협의 여지란 없다.

사역의 목표

골로새서 1장 28-29절에서 우리는 지역 교회에 은혜의 문화를 만드는 데 있어 분명하고 타협 불가능한 목표를 발견한다.

"우리가 그를 전파하여 각 사람을 권하고 모든 지혜로 각 사람을 가르침은 각 사람을 그리스도 안에서 완전한 자로 세우려 함이니 이를 위하여 나도 내 속에서 능력으로 역사하시는 이의 역사를 따라 힘을 다하여 수고하노라."

바울의 목표는 살아 있는 그리스도의 메시지에 온전히 헌신하는 교회 공동체를 보는 것이다. 모든 사람이 그리스도의 장성한 분량에 이르도록 모든 사람을 가르쳤다는 바울의 말에 주목하라. 바울은 고린도전서 2장 1-2절에서도 이를 확실히 했다.

"형제들아 내가 너희에게 나아가 하나님의 증거를 전할 때에 말과 지혜의 아름다운 것으로 아니하였나니 내가 너희 중에서 예수 그리스도와 그가 십자가에 못 박히신 것 외에는 아무 것도 알지 아니하기로 작정하였음이라."

그리스도 안에서 하나님의 은혜에 푹 잠기지 않은 그리스도인 공동체란 바울에게는 상상조차 할 수 없는 것이었다. 그리스도께서 중심이 아니라면 신자들의 몸은 제대로 기능할 수 없다. 다른 메시지가 그 중심을 차지하게 될 것이기 때문이다.

공동체를 위한 비전

LGPC 리더들은 신자 개인의 삶이 곧 교회 공동체의 삶에 반영된다는 사실을 깨달았다. 그리스도인 개인은 복음을 잊어버리지 않도록 끊임없이 싸워야 한다. 우리 마음은 그리스도 안에서 새로워졌지만, 여전히 교묘한 거짓에 새로운 거짓을 더하며 복음의 진리에서 벗어나려고 저항하는 죄악된 성향이 남아 있기 때문이다. 우리는 하나님의 은혜 없이 변화될 수 있다거나 선한 싸움을 싸우기 위해 그리스도 외에 무엇이 더 필요하다는 속임수에 넘어가고는 한다. 신자의 삶에서 왕의 자리를 차지하려는 가짜 복음이 얼마나 많은지!

교회 공동체에서도 이 같은 일이 고스란히 나타난다. 복음을 잊어버리는 것과 싸우기 위해 우리는 공동체 차원에서 하나로 뭉쳐야 한다. 이론적으로는 은혜의 중심적인 역할을 주장하면서도, 외면에 역점을 두어 교회를 지도함으로써 교회의 복음 정체성이 대체되는 경우가 많다. 이를테면 형식주의, 율법주의, 신비주의, 행동주의, 실천주의, 성경주의 그리고 심리주의, 관계주의 등이 서서히 공동체 전체에 영향을 미치고 인기를 끌 수 있다. 이런 대체물들은 진리의 한 측면을 담고 있지만, 궁극적으로 그리스도인의 삶이 무엇인지에 대해 어떤 일부만을 강조하는 것이다. 이것들은 그리스도께 가장 주목해야 할 교회의 초점을 훔치고, 교회를 약하고 빈곤하게 한다.

이런 현실에서 LGPC 리더들은 복음을 교묘하게 다른 것으로 대체하려는 현상으로부터 교회를 지킬 필요가 있음을 깨달았다. 그리스도께서 중심이 되는 변화의 말씀이 교회에 충만하도록 노력해야 했다. 우리 역시 교회의 모든 영역에서 십자가만이 중심이 되는 그런 신자들의 공동체를 추구해야 한다. 어떤 경우 이를 위해 완전한 구조 조정이 필요할지 모른다. 혹은 그리스도의 은혜를 가장 우선한다는 게 무엇인지 분명하고 명확하게 할 필요가 있을 것이다. 그림 16.1은 우리가 추구하는 바를 도식화한 것이다.

교회 공동체의 모든 층에는 변화를 위한 복음의 메시지가 깃들어 있다. 목회적 돌봄과 설교, 신앙 안에서의 교제에 이르기까지 복음이 가장 기본적인 메시지요 사역이다.

그림 16.1 복음 중심적 사역 문화

LGPC의 리더들은 전반적인 교회의 상태를 점검하기로 했다. 그들이 진리로 믿는 누가복음 6장 45절, "마음에 가득한 것을 입으로 말함이니라"는 말씀처럼 그 사람의 정체성이 그 사람의 행동을 결정할 것이다. 다시 말해, 우리가 무엇을 섬기느냐에 따라 우리 행동이 달라진다. 교회 공동체 역시 마찬가지다. 그림 16.2는 지역 교회의 정체성이 어떻게 그 교회가 기능하는 방식을 만드는지 보여 준다.

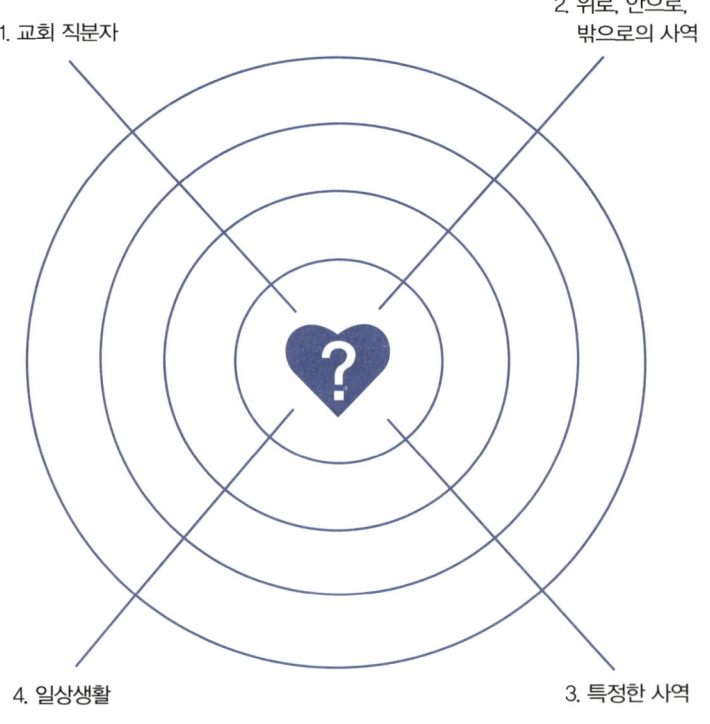

그림 16.2 무엇이 우리 교회를 이끄는가

교회의 실제적인 (이론이 아닌) 정체성에 따라 교회는 생각하고 행동하며 사람들을 가르치고 그들이 그렇게 살도록 준비시킨다. 어떤 교회에서는 인종, 계급, 교육 수준, 연령과 같은 사회적 속성이 교회를 움직이는 주요 요인이다. 그러나 모든 교회가 자문해야 할 것은 "정체성을 가지고 있는가?"가 아닌 "어떤 정체성을 가지고 있는가?"이다. 우리 교회의 정체성은 우리가 교회로서 행동하는 방식을 어떻게 형성하는가? 그리스도께서 우리 교회의 중심이신가? 아니라면, 무엇이 중심에 있는가? 주의하라. 심지어 선한 것들도 교회의 머리이며 생명의 근원이신 그리스도의 자리를 빼앗을 수 있다.

예를 들어 LGPC는, 성경적인 진리를 선포하는 교회가 적은 지역에 위치해 있다. 교회 초창기 구성원들은 교리적으로 건전한 교회를 세우기 위해 모든 노력을 다했다. 이것은 선한 일이지만 동시에 위험할 수도 있다. LGPC에서는 신학적 정확성(선한 것)에 너무 치중한 나머지 많은 설교가 신자들을 오류로부터 안전하게 지키기 위한 신학 강의가 되어 버렸다. 그 결과 그들에게 그리스도인의 삶이란, 올바른 교리를 매일의 삶에서 충분히 살아내는 것이 아닌, 지지하는 것 정도로 축소되었다.

교인들은 교회의 특별한 교리에 동의할 만큼 지식이 늘었으니 자신을 성숙한 신자로 생각하게 되었다. 그러나 곧 균열이 나타나기 시작했다. '옳은 것'을 지지하는 리더들과 교인들의 삶에서 추문이 일었다. 교회의 많은 사역들은 진리가 그들의 삶 속에 어떤 능력을 주는지 보여 주기보다, 신학적 오류를 경계하는 목적으로 계획되었다. 그리고 신자들과 교회가 관계를 맺었어야 할 그리스도께서는 점차 추상적인 사고 체계처럼 바뀌었고, 그 변화를 누구도 알아차리지 못했다. 이는 건전한 교리와 같은 선한 것이 어떻게 개인과 교회의 중심에서 그리스도를 대신할 수 있는지 보여 주는 슬프고도 흔한 예이다. (1장에서 우리는 교회와 개인의 삶의 능력을 빼앗아가는 복음의 대체물들을 더 많이 다루었다.)

우리 교회는 어떠한가?

우리 교회에서는 어떤 일이 일어나고 있는지 점검하는 것이 중요하다. 리더들은 이를 점검해야 할 책임이 있다. 어떤 다른 정체성이 교회의 정체성을 지배하고자 비집고 들어올 때, 개인과 교회는 결코 중립적이 되어서는 안 된다. 그리스도께서 다른 것으로 대체되었을 때, 바로 그것이 우리를 통제하며 그것을 의지하도록 조장할 것이다. 이런 일이 일어나면, 교회는 분투하는 사람들을 달가워하지 않게 된다. 그보다는 같은 생각을 가지고 잘 적응하는 사람들이 모여 그들이 얼마나 잘하고 있는지 자화자찬하는 곳이 되고 만다. 그러면 교인들이 매일 그리스도를 기뻐하면서 회개와 믿음으로 자라나도록 돕는 교회의 능력을 잃고 만다.

교회 사역 점검하기

교회 문화를 점검할 때는 모든 사역과 모든 계층의 리더십을 확실히 점검해야 한다. 다음을 참고하라. 완전하지는 않지만 도움이 될 것이다.

1. 교회 직분자

목회자, 장로 그리고 집사의 역할을 어떻게 정의하는가? 다음은 교회가 빠지기 쉬운, 복음 중심성을 약화시키는 세 가지 방향이다. 첫째, 리더들이 교회의 CEO가 되어 비전을 제시하고 지시사항을 내려 주기를 기대한다. 둘째, 리더들을 교회의 구조와 제도와 질서를 책임지는 관리자로 취급한다. 셋째, 리더들을 목표와 목적을 정하는 사람들로 여기고, 순이익과 생산성으로 성공을 평가한다.[1]

이 모두는 교회 직분자가 맡아야 할 타당한 역할의 일부일 수 있지만, 무엇이 가장 중요한지 리더들의 눈을 가릴 수 있다. 곧 교인들은 고용주나 소비자가 아니며 그들은 은혜 안에서 자라나야 한다는 사실을 말이다! 복음이 전면에 설 때 교회 직분자들은 성경에 역점을 두고 교인들의 영적 성숙을 추구하게 된다. 교회 생활은 모든 층면에서 성화로 이어져야 한다. 십자가가 중심에 있을 때 개인과 공동체 모두가 은혜 안에서 자라나고 하나님이 영광을 받으신다.

2. 위로, 안으로, 밖으로의 사역

모든 교회 사역은 다음의 세 가지 측면을 지닌다. '위를 향하는 사역'으로는 예배와 설교가 있다. '안을 향하는 사역'으로는 교제와 훈련이 있다. '밖을 향하는 사역'으로는 전도와 자선과 선교가 있다. 만일 십자가 외에 다른 것이 중심을 차지한다면, 교회의 모든 사역은 균형을 잃을 것이다. 예컨대 위를 향하는 사역이 강조되어 나머지 사역이 배제된다면, 교회는 전문가들이 모여 모든 일을 하는 하나의 커다란 설교 센터가 될 수 있다. 이런 경우 사역과 성숙이 정기적이고 형식적인 모임으로 제한된다. 한편, 안을 향하는 사역이 우선되면 교회는 배타적이고 자기 만족적이 될 수 있다. 또 밖을 향

---

[1] E. Glenn Wagner, *Escape from Church, Inc.: The Return of the Pastor Shepherd* (Grand Rapids: Mich.: Zondervan Publishing House, 1999), p. 94.

하는 사역이 가장 우선될 때는 어떻게 하면 비그리스도인이 복음을 필요로 하게 만들지에 역점을 두게 되고, 이 경우 그리스도인 역시 살아가는 데 복음이 필요하다는 사실을 축소시킬 수 있다. 그러면 복음은 '우리'가 아닌 '그들'만을 위한 무엇이 되고 만다. 이들은 모두 교회 사역의 선한 측면이 위험스러울 정도로 강조되는 한 예이다. 선한 것도 과하면 결국 악한 것이 될 수 있다!

이제 십자가 중심의 대안을 생각해 보자. 복음이 사역의 각 차원에서 핵심적으로 기능할 때에만 균형 잡힌 교회, 건강한 교회로 자리할 수 있다. 첫째, 복음이 예배와 설교의 중심이 될 때 신자들은 자신이 우월하지 않으며, 자신 또한 다른 이들과 나누도록 부르심 받은 그 은혜가 동일하게 필요한 가난한 존재임을 겸손하게 떠올리게 된다. 둘째, 복음이 그리스도 안에서 형제자매된 이들과의 관계를 생각하는 방식을 바꾸어 놓기에 안을 향하는 사역도 보호될 것이다. 우리는 다른 이들의 행복이 아닌, 다른 이들의 거룩을 위해 존재한다! 우리는 상호간의 섬김과 사역이라는 렌즈로 관계를 보아야 한다. 셋째, 복음은 자비와 동정을 가지고 세상을 향해 나아가게 하기에 밖을 향하는 사역도 강화될 것이다. 자기 의나 하나님께 인정받으려는 의도로는 세상을 사랑하라는 부르심을 따를 수 없다. 하나님이 먼저 우리에게 오셨기에 우리는 밖을 향해 나간다. 다시 말하지만, 그리스도의 은혜가 중심에 있을 때 교인들의 영적 성숙이 중심이 된다. 그럴 때 우리를 낮추어 자기 죄에 정직하게 하시는 하나님의 은혜와, 다른 이를 위해 우리를 사용하시는 하나님의 약속에 대한 소망과 확신 안에서 사역이 균형을 이룬다. 복음 중심의 예배는 우리의 초점을 살아 계신 하나님께로 재조정하여(수직적인 차원), 다른 이들의 구속을 위해 밖을 향해 나아가게 한다(수평적인 차원).

3. 특정한 사역

LGPC는 십자가 중심에 초점을 맞추어 교회의 모든 사역을 살폈다. 영아부, 어린이부, 청소년부, 청년부, 장년부, 가족 사역, 소그룹 활동, 새신자부, 리더십 훈련, 전도 활동, 구제 활동, 선교 활동, 예배, 목양, 심방 등 우리 교회는 이들 사역에서 복음이 우선되고 있는가? 모든 교회 활동에서 복음이 일관되게 강조되는가?

복음에 대한 인식이 매우 부족한 대표적인 영역이 바로 아동 사역이다. 아이들이 교회에서 단순히 친구들과 사이좋게 지내라거나 부모님께 순종하라는 가르침을 받고 집에 돌아온 날이 얼마나 많은지 모른다! 둘 다 성경적인 교훈이지만, 외적인 순종만을 강조한다면 그리스도의 은혜에 대한 기본적인 이해에서 멀어질 수 있다. 복음만이 우리 마음을 변화시킬 수 있다. 복음은 우리가 실패했을 때 우리의 유일한 의지이다. 안타깝게도 은혜롭지 않은 예들은 이보다 많다. 과연 십자가가 어린이부 사역자들이 매주 가르치는 내용에뿐 아니라, 그들 자신에게도 일관되게 적용되는가?

4. 일상생활

복음을 중심으로 매일의 삶을 이해하지 않으면, 자기 점검과 회개, 믿음이 축소되고 만다. 그러면 결혼 생활, 양육, 일, 여가, 시민의식, 유혹, 분투 등을 하나님이 준비하신 두려움과 떨림의 구원의 장으로 보지 못하고(빌 2:12-13) 그리스도와 교제하는 일상의 의미를 놓치게 될 것이다. 일상생활에서 복음이 어떻게 일하는지 배우지 못한다면, 인생의 중요한 순간에 쉽게 유혹에 넘어질 것이다. 이 책의 목적은 개인과 교회가 삶의 모든 문제를 보다 깊이 있게 지속적으로, 무엇보다 성경적으로 생각하도록 돕는 데 있다.

교회의 메시지 점검하기

LGPC는 탄탄한 설교로 유명했지만, 리더들은 강단에서 전달되는 메시지를 점검하는 것이 도움이 되리라고 생각했다. 이는 교회의 다른 모든 부서들이 전하는 메시지에도 영향을 미친다. 앞에서 다룬 '더위-가시-십자가-열매'라는 개념을 가지고 교회의 다양한 부서들이 전하는 메시지를 점검해 보자.

더위

우리 교회의 메시지는 사람들이 삶에서 맞닥뜨리는 더위를 진지하게 다루는가? 아니면 변화를 너무 쉽게 말하며 사람들의 고투를 사소하게 다루는가? 혹은 그 반대로, 사람들의 고투를 지나치게 무겁게 다루며 절망감을 안겨 주는가? 복음은 우리가 현실적인 낙관론을 유지하도록 돕는다. 인생은 도전이지만, 복음은 생명과 경건에 속한 모든 것을 우리에게 준다(벧후 1:3). 변화는 쉽지 않지만, 항상 가능하다. 변화는 순식간에 일어나지 않지만, 우리 안에서 일하시는 그리스도의 능력을 의지한다면 변화가 자기 속도로 일어날 것이다.

가시

우리 교회의 메시지는 사람들이 자신의 죄악된 반응을 보게 함으로써 그리스도 중심의 자기 점검을 하도록 돕는가? 그들 마음의 차원에서 일어나는 일을 알게 함으로써 사람들이 육적인 슬픔을 넘어 경건한 슬픔을 느끼게 하는가? 혹은 외적인 행동 변화에 만족하는가? 복음 중심이 된다면, 사람들은 외적인 변화에 점점 덜 만족하게 될 것이다. 단순히 행동을 변화시키기 위한 해결책을 구하기보다 그 행동의 이유를 적극적으로 묻게 될 것이다. 복음은 우리가 자신의 삶을 자세히 들여다보고 예수님 외에 무엇을 더 소중히 여기는지 마주할 자유를 선사한다. 그리스도인의 삶은 나쁜 행동을 거절하는 것 이상이다. 요컨대 영적인 열정이 자라남과 더불어 내면에서부터 새로워져야 한다.

십자가

우리 교회의 메시지는 복음에 바탕을 둔, 정직하고 자신감 있으며 겸손하고 지적인 회개와 믿음에 참여하도록 돕는가? 그저 회개에 치우쳐 사람들에게 변화하라고만 말하지 않는가? 혹은 믿음에 치우쳐 당신은 그리스도 안에서 사랑을 받고 있다고만 말하지 않는가? 아니면, 그리스도 안에서 하나님의 거룩한 사랑을 마주하게 하는 진정한 회개와 믿음을 함께 갖추도록 돕는가?

복음이 중심에 있을 때 우리는 자신이 행동으로 범한 죄뿐만 아니라 그 아래 숨겨진 마음의 죄를 정직하게 볼 수 있다. 진정한 회개는 우리가 그리스도를 어떻게 버렸는지 진지하게 바라보게 한다. 그때 우리는 그리스도만이 계셔야 할 가장 높은 자리에 다른 무언가를 허용했음을 깨닫고 슬픔을 느끼며 자신을 낮추게 된다. 그러면 믿음이 회개하는 사람에게 주어지는 사랑과 은혜를 붙들게 한다. 회개와 믿음이 이런 식으로 함께할 때 사람의 마음은 그리스도에게 다시 사로잡힌다. 바로 이것이 우리 내면에서부터 지속적인 변화를 낳는다.

열매

우리 교회의 메시지는 우리가 그리스도를 통해 어떤 존재가 되고 무엇을 할 수 있는지 보여 줌으로써 교인들에게 소망을 주는가? 경건한 삶에서 맺히는 선한 열매가 어떻게 구체적으로 나타나는지 보여 주는가? 복음이 중심에 있을 때 설교자는 구체적인 경건한 삶으로 교인들을 부르기를 두려워하지 않게 된다. 그가 그리스도 안에서의 정체성에 뿌리를 더욱 내릴수록 자신감을 가지고 교인들을 향해 구체적으로 삶을 변화시키라고 전할 수 있다. 우리는 구체적으로 죄를 짓기에 복음은 우리를 구체적인 은혜 안에서 자라게 한다. 매일의 죄악된 욕망에서 우리를 해방시키기 원하시는 거룩하신 하나님은 일상의 압박에 대한 우리의 모든 생각, 행동, 태도 그리고 반응에 관심이 있으시다.

요약

우리는 교회 각 부처에서 사역자들이 가르치는 메시지를 점검해야 한다. LGPC 리더들에게 도움이 되었던 다음 질문들이 우리에게도 도움을 줄 것이다.

- 교회의 설교, 교육, 예배에서 매주 선포되는 것은 무엇인가?
- 그것은 그리스도 중심적인가?
- 교회는 사역자들과 목회자들을 어떻게 무장시키고 있는가? 예비 사역자나 리더들을 어떻게 훈련시키는가?
- 삶의 자유를 주는 그리스도 중심의 변화를 배제하고 교리적인 정통 신앙과 기술만을 강조하려는 경향은 없는가?

- 사역이 그리스도 중심적 변화라는 관점에서 기능하고 있는가?
- 그렇다고 어떻게 확신하는가?
- 정기적으로 점검하는가? 기꺼이 변화할 의향이 있는가?
- 모든 교인들이 복음의 능력으로 매일을 살도록 도움을 받고 있는가?
- 우리의 모든 노력은 복음 전도를 통해 교회로 인도된 비신자들에게까지 미치고 있는가? 혹시 기술, 프로그램, 죄책감 그리고 행복한 삶에 대한 그릇된 약속들에 만족하는 경향이 있는가?
- 교인들이 그리스도 중심적인 방식으로 성경을 읽고 기도하며 성례에 참여하는가? 교인들이 그리스도 안에서 그들의 소유가 된 약속들과 축복들을 그들의 마음과 삶에 구체적으로 연결시킬 수 있는가?
- 어떤 장애물들이 이런 문화를 방해하는가? 어느 부분을 더 좋게 바꾸고 싶은가? 어떻게 그리고 어디서 시작해야 하겠는가?

변화를 위한 전략

자기 자신부터 시작하라

LGPC 리더들은 점검을 통해 교회에 변화가 필요하다고 확신하게 되었다. 그들은 교회의 여러 장점과 하나님이 그들에게 수년간 베푸신 복을 확인하는 동시에 교회의 약점을 직시하고 이를 다루는 어려운 일을 하려 했다. 그런데 사역자들을 이끌고 교회의 방향을 제시하는 데 너무 전념한 나머지 그들 자신에게도 변화가 필요하다는 사실을 때로 잊었다! 그럴 때마다 그들은 교회와 사역자들과 가족들에게 유익을 주려는 일을 잠시 중단했다. 이것은 흔하게 맞닥뜨리는 유혹이다. 만일 이런 상황에 처한다면, 이 책에서 배운 것을 스스로에게 적용하며 처음부터 시작해 보기를 권한다. 히브리서 10장 19-25절 말씀이 우리를 도울 것이다.

"그러므로 형제들아 우리가 예수의 피를 힘입어 성소에 들어갈 담력을 얻었나니 그 길은 우리를 위하여 휘장 가운데로 열어 놓으신 새로운 살 길이요 휘장은 곧 그의 육체니라 또 하나님의 집 다스리는 큰 제사장이 계시매 우리가 마음에 뿌림을 받아 악한 양심으로부터 벗어나고 몸은 맑은 물로 씻음을 받았으니 참 마음과 온전한 믿음으로 하나님께 나아가자 또 약속하신 이는 미쁘시니 우리가 믿는 도리의 소망을 움직이지 말며 굳게 잡고 서로 돌아보아 사랑과 선행을 격려하며 모이기를 폐하는 어떤 사람들의 습관과 같이 하지 말고 오직 권하여 그 날이 가까움을 볼수록 더욱 그리하자."

이 본문은 섬김으로의 익숙한 부르심으로 끝을 맺는다. 그런데 이 마지막 부분을 앞의 내용과 분리해서는 안 된다. 이 본문은 다른 이들을 섬기도록 우리를 부르기 전에 우리 자신을 복음에 뿌리내리라고 강조한다. 19-21절이 그 명령들에 대한 복음적인 토대이다. 우리는 그리스도의 피로 씻음 받았고, 우리의 위대한 대제사장이신 그리스도로 인해 하나님께 나아갈 자유를 얻었다. 그분은 우리를 위해 새로운 생명의 길을 여셔서 우리가 하나님을 알고 그분께 알려지게 하셨다. 일단 이 진리가 적용된 사람은, 하나님을 예배하고(23절), 하나님을 모르는 사람들에게 그분의 증인이 되고(24절), 그리스도의 몸과의 구속적인 교제 안에 들어가도록(24-25절) 초대받는다. 변화가 자기 자신에서부터 시작되지 않는다면, 우리는 다른 이들을 도울 수 없다. 우리의 노력은 자기중심성에 의해 곧잘 왜곡되기 때문이다.

겸손하게 교회의 변화를 추구하라

자신을 점검했다면, 이제 교회에 대해 다음 몇 가지 사항을 정직하게 살펴보자. 우리는 체계적으로, 또한 기도하며 교회의 다양한 영역을 점검해야 한다. 먼저 자신이 섬기는 영역을 점검하고, 그곳에서 자신이 어떻게 변화를 도울 수 있을지 질문하라.

1단계: 목회자

LGPC의 리더들은 그들이 여러 면으로 복음 중심으로 성장할 필요가 있다고 보았다. 만일 당신이 목회자라면, 다른 사역자들과의 관계를 어떻게 성장시킬 수 있겠는가? 복음을 생각하고 나누고 적용하는 데 자신의 시간을 어떻게 사용할 수 있을까? 복음을 기반으로 한 자원들 중 무엇을 사용해 자신이 살아가고 다른 이들을 섬길 방식을 형성하는가? 아마도 이 책을 함께 읽거나 이와 관련된 제자 훈련을 받을 수도 있을 것이다.[2] 목회자들은 교회 사역의 일환으로 복음을 살아낼 필요가 있다. 이 단계를 놓치지 말라! 이 단계가 교회 정체성을 형성하는 열쇠이다.

2단계: 장로와 집사

LGPC는 장로회와 집사회가 이들의 주요 사안이라고 숙고 끝에 결론을 내렸다. 그렇다면, 장로회와 집사회에서 다룰 안건은 무엇인가? 물론 그들이 모여서 내려야 할 결정은 언제나 많다. 그런데 모임 가운데 그리스도께

---

[2] CCEF는 지역 교회에 맞춤한 제자도 도구를 제작했다. 복음에 관한 구명을 다룬 본서와 목회적 구명을 다룬 *Helping Others Change*는 이런 목적으로 쓰인 것이다. CCEF의 웹 사이트 www.ccef.org에 접속하면 더 많은 정보를 얻을 수 있다.

서 자기 백성들의 삶에 행하실 일에 대한 설레임이 있는가? 내가 섬겼던 한 교회에서는 직분자들이 맡은 구역을 심방한 다음, 복음이 교인들의 삶과 상황을 어떻게 변화시켰는지 나누었다. 모든 직분자들이 매주 적어도 한 가지씩은 나눌 실례가 있었는데, 이것이 얼마나 격려가 되었는지 모른다! 교회의 리더십은 그들의 사역과 추구하는 바를 분명히 할 필요가 있다. 우리는 사도 바울의 본을 따라 그리스도를 중심에 두고, 모든 일에 있어 그리스도의 은혜와 그분의 영광의 권능에 이끌리기를 유일한 열망으로 삼아야 한다. 리더로서 우리의 사역과 모임은 이 열망에 사로잡혀 있는가?

3단계: 주요 사역자

현명하게도 LGPC는 목회자, 장로, 집사를 점검하는 것에서 멈추지 않았다. 그들은 또한 교회의 여러 부처에서 주요한 역할을 담당하는 사역자에 대해서도 생각했다. 그들은 곧 내일의 집사이며 장로이고, 지금도 수많은 사람들의 삶에 영향을 미치고 있다. 주요 사역자란, 영아부부터 선교부에 이르기까지 교회의 모든 부처에서 소그룹을 인도하는 등 다양하게 섬기고 헌신하는 리더들을 말한다. 주요 사역자들이 그들의 사역을 하나님의 은혜의 수단으로 생각하도록 교회가 어떻게 준비시키고 있는가?

예를 들어, 주일 예배 찬양팀은 성도들의 성화를 염두에 두고 예배를 구상하는가? 이 책에서 다룬 더위, 가시, 십자가, 열매 모델은 어떻게 그들이 찬양을 인도하는 데 도움을 주는가? 앞으로 한 시간 동안 하나님만을 진정으로 예배하자는 인도자의 말을 어떻게 생각하는가? 언뜻 성경적으로 들리지만, 실상은 교인들로 지난 6일을 어떻게 살았는지 잊게 하는 헬라식 이원론에 입각한 표현이다. 그러나 하나님은 지난 6일 동안 우리의 삶에 가장 많은 관심을 두신다! 우리가 맞닥뜨리는 더위에 대한 인식은 우리의 망가진 삶을 그분 앞에 가져가도록 우리를 이끈다. 이는 보다 실제적이고 의미 있는 예배를 위한 단순한 방법이다. 예배와 교회 생활의 다른 영역들에서 은혜의 메시지가 과연 두드러지는지 더위, 가시, 십자가, 열매 모델을 통해 생각해 보라.

4단계: 구성원들

마지막으로 LGPC 리더들은 교회 내 모든 신자들이 듣고 배우는 것들을 생각하기 시작했다. 그들은 위에서 아래로 전달하는 방식 이상의 복음 중심적인 문화를 원했다. 즉 아래에서 위로 향하는 전달 방식, 풀뿌리 운동을 교회에서 실행하기 원했다. 이 방식을 각자의 교회에서도 한번 진지하게 고려해 보라.

신자 대부분은 3단계 주요 사역자의 리더십 아래 있다. 이들은 교회 사역에 참여하는 사람들이며 미래의 잠재적 리더들이다. 이들은 설교 시간 외에 어디에서 복음의 중심성을 떠올리게 되는가? 이들은 그리스도인의 삶에 대해 생각하는 방식을 어떤 맥락에서 형성하게 되는가? 아마도 분명히 소그룹, 주일학교, 새신자반, 축구 모임, 사적인 모임 등에서 형성될 것이다. 이것 말고도 교회마다 다양할 것이다. 가장 중요한 질문은, 교회 생활의 이 모든 영역들은 어떻게 구성원들이 복음으로 변화된다는 것의 의미를 이해하도록 돕거나 혹은 방해하는가 하는 것이다. 이들은 그리스도인의 삶이 어떻게 변화되는지 아는가? 이 단계에 있는 신자들이 은혜 가운데 자라난다는 것의 의미를 알도록 교회는 어떤 자원을 제공할 수 있는가?

은혜를 기념하기 위한 행동 계획

점검을 마친 LGPC 리더들은 행동 계획을 짜기 시작했다. 이번 장은 각자의 교회에서도 그렇게 할 수 있도록 도울 것이다. LGPC가 그랬듯이, 먼저 자신이 속한 교회의 문화를 점검하며 시작하라. 변화가 일어나야 할 곳을 알아내려면 한 걸음 뒤에서 관찰해야 한다. 그런 다음, 사람들을 준비시킬 2-3년 계획을 구상하라. 앞에서 논의한 네 단계를 참고하여 각 영역에 그리스도 중심의 변화를 일으킬 방법을 생각해 보라. 당신이 목사라면, 이 주제에 대한 일련의 설교를 통해 비전을 나누는 것도 좋은 방법이다. 그러나 거기서 멈추어서는 안 된다! 신자들이 교회 구조 안에서 어떤 프로그램을 통해 이 책에 담긴 내용을 배우고 흡수하고 적용할 수 있을지 살펴보라. 이를 위해 몇 가지를 제안해 보면 다음과 같다.

1. 교회 직분자들이 먼저 이 책을 읽고 정기 모임 때 나누라.
2. 이 내용을 가지고 소그룹 리더들을 훈련시키라.
3. 주요 사역자들 모임을 갖고 이 내용이 그들의 사역을 어떻게 이끌 수 있을지 보여 주라.
4. 꾸준히 도움을 청하는 교회 구성원을 찾으라. 그들과 함께하며 이 변화 모델로 그들을 훈련하라.
5. 새신자반 교육에도 이 내용을 일부 포함시키라.
6. 교회에 새롭게 등록한 사람들도 이 내용을 알도록 향후 3년 동안 소그룹에서 여러 차례 가르치라.

조용한 변혁이 시작되다

지금도 LGPC에서는 500명의 사람들이 주일마다 모인다. 겉으로 보기에는 이전과 동일한 목회자들, 동일한 조직, 동일한 리더들로 교회가 운영되는 것 같다. 교회가 따르는 교리도 이전과 동일하다. 그러나 실제로는 교회가 성장했다! 모든 것이 겉보기에는 동일하지만, 그 아래에서 중요한 변혁이 일어났다. 무엇보다도 그리스도께서 교회 사역의 중심이 되셨다. 그리스도인의 삶에 대한 그리스도 중심적인 시각이 남편과 아내, 부모와 자녀 그리고 그리스도 안에서 형제자매된 신자들의 대화를 빚었다. 수동적이었던 신자들이 보다 적극적으로 변했다. 온 교회가 그리스도의 몸으로 함께 살면서 변화를 경험하고 설명할 준비를 갖추게 되었기 때문이다.

교회에 이런 생각이 자리잡기까지 인내하며 기도하라. 변화는 가능하고 하나님의 은혜가 모든 상황에 충분하다는 사실이 교인들에게 점점 더 분명해질 것이다. 성경은 우리가 복음을 자신의 삶과 친구들, 배우자, 자녀들의 삶에 적용할 때 믿음의 공동체 안에서도 변화가 일어난다고 강조한다.

그리스도인 개개인뿐 아니라 교회 전체가 복음의 축제, 곧 그리스도 안에서 우리에게 임한 놀라운 은혜의 축제에 참여하게 되기를 소망한다. 성부 성자 성령 하나님이 오늘도 우리 안에서 일하시며 교회를 순결하고 영광스럽게 빛나는 신부로 준비시키고 계시다. 이 비전이 우리를 개인의 행복을 넘어 더 높은 곳으로 이끌 것이다. 우리가 그분이 베푸시는 복을 기뻐하며 다른 이들에게 전하게 할 것이다. 이 책이 믿음의 공동체 안에서 개인의 은혜로운 성장을 도울 수 있기를 바라고 기도한다.

"오직 우리 주 곧 구주 예수 그리스도의 은혜와

그를 아는 지식에서 자라 가라

영광이 이제와 영원한 날까지 그에게 있을지어다"

_ 벧후 3:18

사명선언문

너희가 흠이 없고 순전하여……세상에서 그들 가운데 빛들로
나타내며 생명의 말씀을 밝혀 _ 빌 2:15-16

1. 생명을 담겠습니다
만드는 책에 주님 주신 생명을 담겠습니다.
그 책으로 복음을 선포하겠습니다.

2. 말씀을 밝히겠습니다
생명의 근본은 말씀입니다.
말씀을 밝혀 성도와 교회의 성장을 돕겠습니다.

3. 빛이 되겠습니다
시대와 영혼의 어두움을 밝혀 주님 앞으로 이끄는
빛이 되는 책을 만들겠습니다.

4. 순전히 행하겠습니다
책을 만들고 전하는 일과 경영하는 일에 부끄러움이 없는
정직함으로 행하겠습니다.

5. 끝까지 전파하겠습니다
모든 사람에게, 땅 끝까지, 주님 오시는 그날까지
복음을 전하는 사명을 다하겠습니다.

서점 안내

광화문점	서울시 종로구 새문안로 69 구세군회관 1층 02)737-2288 / 02)737-4623(F)
강남점	서울시 서초구 신반포로 177 반포쇼핑타운 3동 2층 02)595-1211 / 02)595-3549(F)
구로점	서울시 동작구 시흥대로 602, 3층 302호 02)858-8744 / 02)838-0653(F)
노원점	서울시 노원구 동일로 1366 삼봉빌딩 지하 1층 02)938-7979 / 02)3391-6169(F)
일산점	경기도 고양시 일산서구 중앙로 1391 레이크타운 지하 1층 031)916-8787 / 031)916-8788(F)
의정부점	경기도 의정부시 청사로47번길 12 성산타워 3층 031)845-0600 / 031)852-6930(F)
인터넷서점	www.lifebook.co.kr